A URBE E O TRAÇO

UMA DÉCADA DE ESTUDOS SOBRE O URBANISMO PORTUGUÊS

WALTER ROSSA

A URBE E O TRAÇO

UMA DÉCADA DE ESTUDOS SOBRE O URBANISMO PORTUGUÊS

ALMEDINA

A URBE E O TRAÇO
UMA DÉCADA DE ESTUDOS
SOBRE O URBANISMO PORTUGUÊS

AUTOR
WALTER ROSSA

EDITOR
LIVRARIA ALMEDINA
www.almedina.net
editora@almedina.net

DESENHO GRÁFICO
FBA. FERRAND, BICKER & ASSOCIADOS
info@fba.pt

EXECUÇÃO GRÁFICA
G. C. - GRÁFICA DE COIMBRA, LDA.
producao@graficadecoimbra.pt

ISBN 972-40-1798-2
DEPÓSITO LEGAL: 187092/02
OUTUBRO, 2002

Toda a reprodução desta obra, por fotocópia ou outro qualquer processo,
sem prévia autorização escrita do Editor, é ilícita e passível
de procedimento judicial contra o infractor.
© ALMEDINA, JOAQUIM MACHADO LDA.

ÍNDICE

Apresentação   7

1.ª SECÇÃO
ENSAIOS & PROVOCAÇÕES

História do Urbanismo e Identidade – a arte inconsciente da comunidade   13
(Abril de 2000)

A Cidade – palco expressivo da *portugalidade*   25
(Setembro de 2000)

Cidade: o sonho de Nero, o desenho, o comércio tradicional
e outras provocações expressas de forma desordenada   35
(Março de 2000)

2.ª SECÇÃO
LISBOA MODERNA

Elementos da estrutura urbana de Belém até ao século XVIII   47
(Março de 1989)

Carlos Mardel   53
(Outubro de 1992)

Episódios da evolução urbana de Lisboa entre a Restauração
e as Invasões Francesas   71
(Abril de 1994)

A imagem ribeirinha de Lisboa – alegoria de uma estética urbana
barroca e instrumento de propaganda para o Império   87
(Setembro de 2000)

3.ª SECÇÃO
TERRITÓRIO & ENGENHARIA MILITAR

Os aquedutos de utilidade pública em Portugal na Idade Moderna
– alguns casos 125
(Setembro de 1993)

Baçaim – 7 alegações para uma aproximação ao espaço físico 135
(Setembro de 1998)

A Engenharia Militar e a *cidade portuguesa* – pretexto para abordagem
a evoluções recentes da historiografia do urbanismo 163
(Setembro de 1997)

Da experimentação ao *método lusitânico* – breve percurso pelas
fortificações coloniais portuguesas 173
(Maio de 1999)

O or(de)namento do território 183
(Fevereiro de 1994)

4.ª SECÇÃO
LEITURAS DA *CIDADE PORTUGUESA*

A cidade portuguesa 193
(Março de 1995)

O *urbanismo regulado* e as primeiras cidades coloniais portuguesas 361
(Novembro de 1996)

Da certeza à interrogação – breve reflexão acerca dos trilhos
da historiografia do urbanismo colonial Português da Idade Moderna 391
(Novembro de 1999)

No primeiro dos elementos – dados para uma leitura sintética
do Urbanismo e da Urbanística Portugueses da Idade Moderna 405
(Fevereiro de 2000)

Recenseando as invariantes: alinhamento de alguns casos de morfologia
urbana portuguesa de padrão geométrico 425
(Setembro de 2001)

APRESENTAÇÃO

Reuniram-se neste volume os 17 textos dispersos mais significativos da minha produção científica na última década do século passado. Trata-se de uma década alargada, pois contém um texto de 1989 e outro de 2001. O primeiro porque seria esta a derradeira oportunidade de o juntar a outros através dos quais dediquei atenção ao urbanismo de Lisboa; o último porque é, de certa forma, o corolário de muito do que nesta década consegui fazer e, em especial, o resultado de um trabalho colectivo com alguns dos alunos do meu Seminário de Cultura do Território no Departamento de Arquitectura da Universidade de Coimbra. A verdade é que foi também em 1989 que iniciei a minha carreira docente e em 2001 que a consolidei com um grau superior. Com tudo isto, considero suficientemente justificada/esclarecida a deformação imposta à década em causa.

Em boa medida, foi para estudantes que esta colectânea se produziu e é dessa forma que devem ser entendidas as características da presente edição. Pretendeu-se proporcionar-lhes um acesso fácil e minimamente digno a alguns dos textos que lhes surgem nas bibliografias de algumas disciplinas e a outros que, eventualmente, possam contribuir para a construção personalizada de uma ideia sobre o *espaço de conhecimento* onde viverão e desenvolverão as suas actividades. Aos meus alunos será agora eventualmente mais fácil entender o discurso do professor. A eles dedico este livro.

Claro que foi também da comunidade científica, de alguns grupos profissionais e do público em geral que nos lembrámos quando decidimos editar estes textos. É que alguns deles nunca foram publicados e entre os demais só um ou outro é fácil de encontrar. Alguns colegas e amigos poder-se-ão finalmente livrar de uns pequenos molhos de fotocópias que de mim receberam, na maior parte das vezes em saudável escambo.

Pese embora o esforço de normalização gráfica, entendi não dever introduzir alterações estruturais nas diversas formas usadas de texto para texto em tudo o que diz respeito ao aparato bibliográfico, de citações, referências, etc. Na maior parte dos casos, tal dependeu da encomenda e/ou do contexto para o qual foram produzidos – o que vai esclarecido junto a cada título – e pareceu-me indevida qualquer alteração. O mesmo não foi considerado no que diz respeito à necessidade de uma ou outra *reparação* ortográfica, semântica ou sintáctica, no que decerto só continuo a pecar por defeito.

Idêntico foi o critério no que diz respeito à (virtual?) necessidade de actualizações. Para todos os textos é dada com precisão a data da sua redacção, o que deve ser tido em linha de conta para esse fim. Apenas no caso de A *Cidade Portuguesa* se deixaram em rodapé algumas notas – instrumento a que para o texto propriamente dito se não recorreu – sobre questões nas quais o (meu) conhecimento actual é já substancialmente diverso. Ainda nesse texto, redigido em 1995, foi feita a actualização dos dados de algumas referências bibliográficas, entretanto publicadas em edições de maior circulação.

Lamentavelmente, o desejo de disponibilizar um livro com baixos custos impôs à edição condições que inviabilizaram a inclusão de um aceitável número de imagens, isso para aqui não entrar em detalhes acerca da qualidade e características da reprodução e impressão das que foram consideradas imprescindíveis. A verdade é que também só num ou outro caso já havia sido possível fazer melhor nas versões originais.

A arrumação dos textos dentro do volume teve como origem dois objectivos centrais: tornar claro o carácter de cada um dos textos; disponibilizar e/ou facilitar, na medida do possível, a leitura de uma ideia geral sobre o Urbanismo Português, a qual considero estar subjacente – porque dela resultou – à minha produção científica.

Em boa medida, a 1.ª Secção, constituída por 3 pequenos textos, é uma introdução sobre o que motiva a minha investigação e docência e permite perspectivar algumas linhas de trabalho futuro, as quais, felizmente, não me são exclusivas.

Na 2.ª Secção reunem-se 4 textos filiados na minha dissertação de mestrado, já publicada em livro, através dos quais pretendi aprofundar os conhecimentos sobre o processo de formação urbanística da cidade de Lisboa compreendido entre os períodos melhor conhecidos. De uma forma algo inconsciente, estes trabalhos acabaram por se focarem bastante sobre alguns dos protagonistas do desenho e, em especial, na relação entre a cidade e o rio.

Na 3.ª Secção encontram-se 5 textos que reflectem o interesse que as questões do território e de alguns dos principais agentes da sua transformação acabaram por ter no processo de formação que empreendi durante aquela primeira década de actividade. Talvez seja aqui que, de forma mais imediata, se consiga entender a *escola* e a *arrumação* que estrutura a totalidade dos textos já por mim produzidos.

Na 4.ª e última secção alinham-se os textos pelos quais mais directamente contribuí para a compreensão desse fenómeno identitário do universo cultural português a que se convencionou chamar *cidade portuguesa*. É esse o título original do primeiro texto da secção, o qual ocupa cerca de um terço de todo o volume, ainda que surja subdividido. Foi durante a sua redacção que, pela primeira vez, logrei construir uma leitura pessoal, mas fundamentada, da evolução do urbanismo e da urbanística portugueses, se não mesmo da nossa *cultura do território*, a matéria de fundo do que me move.

Entre os aspectos mais fascinantes desse objecto de estudo cotam-se as suas continuidade, universalidade e experiência plena, no quadro daquilo que se convencionou designar por *civilização ocidental*. Apesar de algo periférico, o território de origem – o que hoje é Portugal – viveu com intensidade os processos que constituíram a consubstanciação do fenómeno urbano do Ocidente. Depois sofreu as principais transformações que levaram à caracterização-base da cidade europeia, sem, contudo, perder a experiência da outra face do desenvolvimento do processo civilizacional mediterrânico, o Islão. No final da Idade Média, Portugal, para além de ter sido o primeiro país da Europa a ver consolidada a sua relação entre nação e território, tinha estabilizada a estrutura territorial e a rede urbana.

Foi em boa medida pela perificidade e em virtude daquela estabilidade que, com alguma naturalidade, no século XV se impuseram os projectos de *expansão*, os quais na génese pouco ou nada têm a ver com a *modernidade*. Foi com a experiência da fundação e consolidação da nacionalidade que se ocuparam e estruturaram os novos territórios, adaptando-os às mais diversas situações. Com grandes dificuldades e grande invenção, a pequena nação, aberta ao auxílio directo (se individual) e à cultura das demais, logrou evoluir e acompanhar territorialmente o ímpeto das *descobertas*, transitando, como nenhuma outra, do medievalismo para a modernidade através da experiência, ou seja e no nosso domínio, fazendo cidades, adaptando e estruturando territórios.

O *corpus* teórico – a *tratadística portuguesa* – foi escrito em colectivo sobre o terreno, enquanto outros, nomeadamente italianos, o faziam individualmente sobre papel. É por tudo isto, e pelo mais que daí se deduz, que, à luz daquilo que se pode considerar uma cultura ocidental média, encontramos *dislexias temporais* na produção urbanística portuguesa, inclusive e em especial na do período universalmente reconhecido como de maior impacto e refinamento: o século XVIII. De Lisboa a Goa, passando essencialmente pelo sertão do Brasil – então e por essa forma reclamado para a *civilização* – encontramos uma cultura do território insistentemente ecléctica, experimental, universal e fortemente inovadora.

Menos histórica do que o que parece, foi essa a realidade que fui observando e questionando ao longo da última década. Sob a forma de alguns apontamentos aqui fica arquivada uma síntese.

Pelourinho de Esgueira, Julho de 2002.

1.ª SECÇÃO
ENSAIOS & PROVOCAÇÕES

História do Urbanismo e Identidade – a arte inconsciente da comunidade
(Abril de 2000)

A Cidade – palco expressivo da *portugalidade*
(Setembro de 2000)

Cidade: o sonho de Nero, o desenho, o comércio tradicional
e outras provocações expressas de forma desordenada
(Março de 2000)

Carlos Julião, "*Configuração da Entrada da Barra de Goa* [...] *a Praça de Dio* [...] *a Entrada do Rio de Janeiro* [...] *a Ilha de Moçambique* [e...]", c.1779, Gabinete de Estudos Arqueológicos de Engenharia Militar, Lisboa

HISTÓRIA DO URBANISMO E IDENTIDADE
A ARTE INCONSCIENTE DA COMUNIDADE *

"O urbanismo emergiu, nos últimos vinte anos, como área de interesse voraz – uma indústria em crescimento – entre os historiadores, tanto portugueses como brasileiros" (A. J. Russell-Wood, in *Robert C. Smith 1912-1975 – a investigação na História de Arte* [catálogo da exposição], Fundação Calouste Gulbenkian, Lisboa, 2000, p. 53)

A VISÃO que nos principais centros de investigação na área das Humanidades se terá do florescimento recente da *História do Urbanismo Português*, será, em síntese, próxima da deste eminente historiador americano. Se quisermos, poderemos nela considerar implícito um ligeiro reparo sobre a falta de coordenação dos esforços de que dá conta. Penso que tal leitura pode ser considerada tão justa, quanto efectivamente ausente nos contextos culturais a que directamente diz respeito, embora deva ser relativizada em função das muitas diferenças de região para região.

Com efeito devemos começar a reconhecer a genérica ausência de uma estratégia concertada entre investigação e divulgação, através da qual se deveria, não só tornar continuadamente públicos os resultados da investigação, mas também apresentá-los sob uma forma operativa para os domínios do Planeamento e, concomitantemente, da salvaguarda do Património e da Identidade.

É, também, quase intuitiva a razão por que numa cultura que se difundiu e desenvolveu essencialmente sobre territórios desconhecidos e, em grande parte, por ordenar e urbanizar, o processo da construção física e mental do espaço (ainda em curso) exerce um fascínio que vai muito para além da mera curiosidade histórica e científica.

---

* Texto de Abril de 2000 encomendado e publicado pela revista *História*, n.º 27, História – Publicações e conteúdos multimédia, Lisboa, 2000, pp. 40-47.

Por tudo isto e pelo que, daí, cada leitor deduzirá, se terá decidido que nesta revista se procurasse dar breve notícia desse pequeno fenómeno, expondo-se essencialmente algumas pistas sobre os principais conceitos em jogo e assim se estimulando o interesse e a avaliação de cada um.

Desde logo se me impõe uma caracterização do âmbito científico e disciplinar em presença. Grande tem sido a confusão, mesmo em obras com pretensão científica, entre termos e designações de facto muito parecidos, mas que têm significados específicos e bem diversos. Tal terá como explicação a recente e célere evolução e apuramento dos conceitos – como as diferenças entre as sedes linguísticas onde têm ocorrido –, mas também encontra razões na evidente diferença entre os territórios que foram objecto do processo civilizacional da Antiguidade e os restantes.

O estabelecimento e o funcionamento integrado da rede urbana nos territórios em torno do Mediterrâneo foram factores determinantes na cristalização da civilização do Ocidente. Pese embora a complexidade dos processos históricos que essa rede entretanto sofreu e em razão dos quais se cindiu, a verdade é que foi dali que, durante séculos, irradiou o arquétipo de cidade que, em parte, ainda inspira a nossa inteligência da condição urbana. Hoje, numa altura em que a ideia e as fronteiras entre cidade, território, espaço nacional, etc., se esbatem num processo que ainda não conseguimos compreender e, por isso, dominar. Talvez daí provenham reacções como as que visam definir operativamente a(s) identidade(s).

Não é este o lugar para (cartesianamente) se começar pelo princípio e se estabelecerem as origens e a evolução dos termos *cidade* e *urbe*, nem as implicações no estatuto de civilidade que a sua existência ou ausência implicam (até porque ainda não estão consolidadas as diferenças semânticas regionais). Mas interessa-nos de sobremaneira ter claro que, para o universo Português – e outros cultural e linguisticamente afins –, a primeira, *cidade* designa um bem mais vasto, complexo e impreciso âmbito de questões do que a outra. É que *urbe*, para além de manter à parte o estatuto do objecto em causa, não diz respeito a uma qualquer quantidade ou sequer implica a unidade (como totalidade). Por outro lado *urbe* também não tem implícita uma qualquer outra relação com o território que vá além do que lhe é específico. Poder-se-á dizer que apenas remete para uma situação de complexa interacção comunitária, num determinado tempo e espaço: a condição urbana.

História Urbana e *História do Urbanismo* são coisas diversas que convergem essencialmente no objecto de reflexão: a cidade. Daí que estabeleçam processos de partilha e de interacção sobre uma razoável quantidade de conceitos, métodos e conhecimentos, sem no entanto confundirem âmbitos e discursos.

De uma forma simples e numa dimensão operativamente dissociada da História, pode dizer-se que: *urbano* se refere a tudo quanto diga respeito à cidade, nomeadamente às relações que cada um dos seus utentes estabelece com os demais entes dessa comunidade e com o ambiente que o rodeia; *urbanismo* corresponde à realidade do espaço edificado que, em constante transformação, suporta e influencia aquelas relações. Para o último concorrem essencialmente dois vectores de acção/conhecimento: a *urbanística* e a *urbanização*. A primeira consiste no conhecimento formulado e expresso pela produção teórica reflexiva (o tratado, a crítica, etc) e operativa (o *projecto*, o *plano* ou, tão-só, o *desenho urbano*) sobre o espaço da cidade; a segunda corresponde à acção – do desejo à reacção comunitária – de transformação da urbanística em *urbanismo*. É o acto de construção.

Assim, no rol de temas que a *História Urbana* por definição se propõe tratar estão incluídas (entre outras) a política, a economia, a sociologia e a cultura da(s) comunidade(s) envolvida(s). Pelo seu lado, a realidade que a *História do Urbanismo* almeja explicar diz essencialmente respeito ao processo pelo qual ocorreu o desígnio, a instalação, o desenvolvimento e a permanente transformação espacial de um núcleo urbano, ou de uma sua fracção. É-lhe fundamental o que levou à inevitável adulteração do desígnio inicial ou do projecto no processo de implementação e uso, ou seja, proceder à sempre profícua avaliação. E depois há as sínteses dessas ocorrências para vários casos, com as quais se pretendem encontrar padrões comuns que conformam a cultura/identidade espacial da comunidade, num âmbito mais lato.

A dependência que a *História do Urbanismo* tem *da História Urbana* é óbvia, mas para esta são também muito relevantes as potencialidades da espacialização retrospectiva proporcionada por aquela. O *urbanismo* é, em boa medida, a expressão material mais persistente da cultura de uma comunidade, nomeadamente no que diz respeito à legibilidade das tensões geradas pelo exercício do Poder ao longo da História. Um traçado urbano ou a implantação de um edifício quase inevitavelmente deixam marcas físicas (resíduos) que perduram muito para além do seu próprio desaparecimento.

É fundamentalmente por isso que *a História do Urbanismo* tem sido desenvolvida por investigadores com formações variadas. Arqueólogos e também alguns antropólogos têm-se essencialmente interessado pelos casos mais recuados no tempo, precisamente aqueles para os quais as evidências de estudo são fundamentalmente as persistências materiais. Em paralelo, recorrendo ao estudo dos próprios objectos, da teoria e/ou das notícias documentais e críticas que a eles dizem respeito, perfilam-se os historiadores. Os geógrafos, pioneiros na matéria, mantêm um interesse por regra dirigido às questões que relacionam a forma com o território de suporte. Reflectem ainda sobre as temáticas da rede e da macro-escala funcional, franja de conhecimento onde, de forma estreita, partilham interesses com a Sociologia e a Economia, que progridem já bem no seio da *História Urbana*. Num outro âmbito surgem-nos os filósofos que, ao reflectirem sobre a condição urbana, quase sempre acabam por abordar questões relacionadas com a sua materialidade espacial. Por fim, os principais agentes do urbanismo, os arquitectos.

Por razões óbvias têm sido essencialmente arquitectos e historiadores quem tem vindo a erguer o edifício científico da *História do Urbanismo*, certo é que sobre sólidos alicerces estabelecidos pelos geógrafos. Mas, ao contrário destes, historiadores e arquitectos têm-se interessado, para além da evolução da forma da cidade – a *morfologia urbana* – pelos conteúdos culturais, as suas mensagens, ou seja, o espaço da cidade como objecto expressivo. É sob esta perspectiva que a *História do Urbanismo* mais se relaciona com a *História da Arte* – não é a Arte simplesmente tudo aquilo que, com propósito explicitável, impressiona? Mas os métodos, processos, tempos e produção são diversos, implicando uma especialização diferente que questiona a própria consideração do *urbanismo* essencialmente como Arte. Senão vejamos.

Em primeiro lugar, os edifícios e o espaço público têm processos de génese muito mais complexos e prolongados no tempo que as obras de pintura, escultura, tapeçaria, etc. O plano (ou o projecto urbano) não é equiparável aos estudos para um quadro ou escultura; enquanto estes constituem antevisões da obra, o plano mostra, não o aspecto do futuro espaço urbano, mas as regras da sua concepção no domínio da arquitectura. Mesmo quando se trata de maquetas ou perspectivas – que passam obrigatoriamente pela Arquitectura –, tão pouco podemos falar de antevisões, porque entre projecto e obra se interpõe a conversão imposta pela escala e pela bidi-mensionalidade não táctil. Entre plano e obra, sobretudo em tempos pré--contemporâneos, não havia continuidade obrigatória, sucedendo que ao desenho urbano raramente correspondia o projecto de arquitectura e, por sua vez, este ao espaço realmente edificado.

Em segundo lugar, a tradução mental do desenho em espaço – a leitura do plano – implica uma capacidade e especialização bastante mais elabo-radas que aquelas que, por exemplo, são necessárias à apreciação de uma pintura. A realidade dos materiais, do tempo, da luz e da ocupação afecta obrigatoriamente a forma de modo mais profundo do que, por exemplo, a diferença entre óleo e têmpera na pintura. Para além das histórias das Ideias, da Cultura, da Política, da Economia, etc, a *História do Urbanismo* convoca ainda as da Técnica, da Ciência, da Arquitectura, da Representação, o que não sucede necessariamente com as Artes plásticas.

Em terceiro lugar, a pluralidade de intervenientes nos processos de projecto, construção e utência do espaço urbano é incomensuravelmente mais vasta que em qualquer das outras artes. Quiçá presos à tradição modernista, tendemos a determinar autores da forma das cidades, quando sabemos à partida que apenas os há para o plano, sendo a realidade – o *urbanismo* – produto colectivo de uma comunidade. E a singularidade de autoria do plano foi em tempos pré-contemporâneos a excepção mais rara, não a regra, pois para além dela devemos ter em conta a formulação do programa (a encomenda), a concretização e a utência que, desde o primeiro momento, vão influenciando e alterando incessantemente as concretizações.

Um outro aspecto fundamental é também o facto de não existir qualquer meio possível, mesmo que difuso, de cindir o *urbanismo* entre popular e erudito. Nem sequer se pode considerar o *urbanismo* como popular e a *urbanística* como erudita. Também não se podem considerar como populares ou vernáculos os espaços urbanos de produção orgânica, aditiva ou de ensamblagem, nem considerar eruditos os regulares ou determinados por pré-desenho.

Pelo meio de tudo isto se vai descortinando porque é que a *História do Urbanismo* não é exactamente uma área *da História da Arte*, mas também porque tão-pouco é *urbanismo*. É que urbanismo é a realidade que temos em resultado do processo histórico estudado por aquela disciplina – a tal que vive a fase de afirmação tão peculiarmente caracterizada na citação com que iniciei este texto.

Para os desígnios da História do Urbanismo é importante caminhar no sentido da mais correcta compreensão do espaço urbano, na forma como ele era entendido no momento da sua conformação. Ora, compreender uma cidade na sua pura materialidade é um equívoco: objecto algum é independente da apreciação que individualmente dele fazemos – é que, em doses diversas, a objectividade de cada um é apenas um contributo para a subjectividade colectiva. Igual cuidado é extensível à própria representação da cidade – cartografia, gravura, pintura, desenho, fotografia, etc. –, nomeadamente quando as qualidades estéticas do instrumento em uso podem ofuscar a realidade que se pretende conhecer. Enfim, é também necessário contextualizar as obras e os processos e, para tal, são precisos os métodos e instrumentos da História: a pesquisa e crítica das fontes mais variadas; o exame rigoroso dos factos que rodearam o projecto, a construção e a fruição permanentemente transformadora/renovadora do espaço.

Tais recursos da História são indispensáveis para não se confundirem e amalgamarem factos que são formalmente parecidos, mas que tiveram processos de génese e produção distintos. A História obriga a uma investigação concreta de cada caso em todas as suas determinantes, lançando a suspeita sobre exercícios frequentes (e muito divulgados) em que se estabelecem paralelismos formais e fortuitos entre diversas ocorrências. Tal tipo de tarefas, úteis no desenvolvimento de aptidões plásticas e sensoriais, são profundamente mistificadoras da verdade histórica, constituindo-se na própria negação da sua cientificidade. A *História do Urbanismo* deve, pois, aliar o binómio conhecimento/sensibilidade ao espaço urbano com a mais sólida e permanente acareação histórica.

Esboçados o *objecto*, o *âmbito* e os *métodos*, devemos agora progredir na compreensão do *interesse operativo*.

Para além de uma mera curiosidade, o conhecimento da evolução física do nosso *habitat* é uma base essencial para a instalação de sistemas espaciais harmoniosos para a nossa vivência e a compreensão da sua identificação connosco. Com efeito, nas comunidades mais desenvolvidas, o aumento do interesse pelas questões do Ambiente e do Património edificado tem-se desenvolvido em paralelo. Não é uma mera coincidência, mas sim a dupla prova de que Património é tudo o que nos rodeia, ou seja, é sinónimo de meio ambiente. Em tudo isso concorre ainda uma outra prosaica realidade: a sua preservação obsessiva – plena de juízos de valor e/ou de valores sem juízo – esbarra naquilo que é mais específico da condição humana, a evolução e a permanente reinvenção.

Não cabe aqui a necessariamente complexa reflexão sobre a evolução desses conceitos e a sua distinção de outros com os quais por vezes se confundem – Monumento e Ecologia, para dar um exemplo de cada um dos (só aparentes) lados. Porém, não é demais vincar como é importante para o próprio equilíbrio do indivíduo e das comunidades, a inteligência do seu relacionamento com o meio ambiente e a forma como tal tem evoluído, até segundo uma perspectiva antropológica. O Homem, há muito preocupado em conhecer o ciclo ecológico da sua própria biologicidade e, concomitantemente, o dos restantes seres vivos, tardou a interiorizar a necessidade de investigar e reflectir sobre os ciclos naturais que lhe são mais específicos: os processos da sua racionalidade e da sua espiritualidade.

As crescentes restrições à violação de todos esses ciclos tem levado à inversão de uma tal tendência. Hoje é já inquestionável que qualquer acção que tenha como objectivo o incremento do nível da qualidade de vida de uma qualquer comunidade passa pela potenciação da realidade física e formal do seu *habitat*. O problema é que nem sempre é devida e previamente estabelecida a necessária *carta de potencialidades* e tais intervenções, ainda que onerosas e/ou formalmente qualificadas, acabam por se revelar desajustadas à realidade sobre a qual operaram, degradando-a e desqualificando-se rapidamente.

O mais grave para o indivíduo é a irreversível descaracterização do ambiente e a perda da sua identidade topológica. A acelerada urbanização das sociedades implicou o crescimento exponencial das cidades. Por razões várias, de uma forma geral o processo não foi acompanhado pela estruturação do espaço, não sendo assim possível promover a sua *urbanidade*, ou a identificação positiva dos novos habitantes com a sua cidade. Uma das soluções adoptadas com sucesso tem sido, entre outras, a devolução do núcleo fundacional da sua cidade ao conjunto dos cidadãos, dotando-o de uma grande acessibilidade e de atracções que, em permanência, desenvolvem o seu pulsar de identidade. Trata-se (nem mais) da exploração das características de centralidade de qualquer centro urbano. Por tudo isto, não é correcto classificar tais espaços como "centros históricos", pois a atitude que metodologicamente se impõe é considerá-los como *centros de identidade urbana*.

Estudos desenvolvidos ao longo de vários anos acerca do desenvolvimento global de grandes metrópoles, têm vindo a demonstrar como, invariavelmente, a mole urbana pré-existente se afirma determinantemente (para o bem e para o mal) na estruturação do crescimento urbano. Igual sucede relativamente ao território. Ou seja, o *urbanismo* como um todo integrado dos vários *layers* históricos do espaço transformado, é um dado tão importante para o planeamento e o desenho de *ensanches* urbanos quanto o programa ou a topografia, para apenas referir dois dos habitualmente mais considerados.

Independentemente do desejo de conhecimento em si, a *História do Urbanismo* – não a literatura (muito ficcional) sobre *urbanismo*, as monografias bairristas ou outros géneros afins – impõe-se-nos, assim, como um instrumento elementar para a definição de alguns dos parâmetros fundamentais para um desenvolvimento sustentado das sociedades.

São estas algumas das ideias inspiradoras deste artigo: as contribuições para a *História do Urbanismo do Português*. Com efeito, nos últimos anos têm-se sucedido os estudos, as publicações e as reuniões científicas sobre a matéria. Tudo isso teve, no entanto, o seu início a par com o despontar da disciplina no seio de outras culturas, em especial nas décadas de 1950 e de 1960 no Brasil. As ditaduras em Portugal e no Brasil terão constituído o verdadeiro travão no seu desenvolvimento: tratava-se de um domínio sensível a qualquer tentame de isolamento de métodos e conteúdos ou, pior ainda, à sua manipulação ideológica. Da cronologia da evolução da disciplina dá conta, por exemplo, uma sua qualquer bibliografia básica.

Ainda hoje é evidente a dificuldade de uma visão abrangente da globalidade cronológica e geográfica da cultura urbanística portuguesa. O ciclo comemorativo dos *descobrimentos*, para além de proporcionar o desenvolvimento e acessibilidade de estudos específicos e afins, apoiou e precipitou a convivência disciplinar entre especialistas de vários pontos do globo. A própria Comissão Nacional para as Comemorações dos Descobrimentos Portugueses acolheu e promoveu um projecto nesse sentido – *a Cidade como Civilização: o Universo Urbanístico Português 1415-1822* –, no seio do qual se realizaram algumas reuniões científicas e se estabeleceu um pequeno plano editorial, agora em conclusão. O último número da revista *Oceanos* (o n.º 41), editada por aquela instituição, foi igualmente dedicado ao tema.

Neste contexto, muitos mitos têm sido questionados e definitivamente desmontados. A existência de uma cultura de pré-desenho urbano, por exemplo, foi durante décadas dada como inexistente ou, pelo menos, improcedente. Tudo quanto de espaço urbano obviamente regular se identificasse era explicado como não sendo, sequer em parte, português. S. Luís do Maranhão (como francês) e Recife (como holandês), no Brasil, ficam aqui apenas como dois registos de entre os casos hoje já esclarecidos, pois está demonstrado como em ambos a determinação da matriz espacial foi essencialmente portuguesa.

A demora no reconhecimento dessas realidades ficou, em grande medida, a dever-se à diversidade de soluções adoptadas, entre outros factores fundamentais. Por exemplo, sabemos hoje como então se desenvolveu um método com raízes profundas no contexto e conteúdo científico (de raiz essencialmente matemática) da *expansão*, estruturado no seio da instituição militar, sustentado por um corpo legislativo específico e praticado numa ampla escala geográfica e de realizações.

Recuando no tempo, aí vemos entroncar um outro trilho de investigação em pleno desabrochar, o do urbanismo medieval. É que, afinal, também em Portugal desde sempre se formularam e concretizaram políticas de gestão territorial nas quais são reconhecíveis desígnios de ordenamento (espacial) à escala urbana. Note-se, por exemplo, como a actual rede urbana portuguesa corresponde essencialmente à estruturada durante os primeiros séculos da nacionalidade. Também por cá se fundaram cidades pré-determinando a expressão fundamental da sua actual morfologia urbana. Igual sucedeu relativamente à reforma e extensão/*ensanche* dos núcleos pré-existentes. Ainda para contextos medievais, têm-se ainda vindo a identificar, a nível nacional, acções de normalização e instalação do parque de equipamentos urbanos, bem como a aplicação de sistemas de proporções aritméticas à composição dos espaços públicos e da arquitectura que os conforma. É que, como já vimos, sem arquitectura pode haver *urbanística*, mas não *urbanismo*.

Avançando na cronologia, deparamo-nos com uma evolução técnica e científica permanente com a qual se explica o fenómeno das realizações urbanísticas do governo do Marquês de Pombal e para as quais durante muito tempo se julgou não existirem antecedentes. Na realidade, o *pombalino* já não pode ser considerado um estilo, mas tão-só o clímax da evolução de um fenómeno cultural que não devemos ter pejo de designar por *Escola Portuguesa de Urbanismo*. Para esse *corpus* de cultura e *praxis*, encontramos amarração institucional na rede de Academias (ou Aulas) de Fortificação e Engenharia Militar que um pouco por todo o Império floresceram a partir da de Lisboa, fundada em 1647 no âmbito da Guerra da Restauração. Nelas se ensinava, praticava e teorizava, sendo inúmeros os manuais ali produzidos e traduzidos. O grande espaço de tirocínio foi o Brasil que desde então foi sendo reconhecido e urbanizado, ou seja, estruturado.

Antecederam essas muito flexíveis estruturas académicas, outras ainda pouco esclarecidas e por isso envoltas em diáfanos fumos de mito. Para todo o período da *união ibérica*, sobre esta matéria de pouco mais temos a certeza que da existência de um fortíssimo intercâmbio de experiências e conhecimento entre ambos os lados da barreira, então episodicamente rebaixada. E sobre o período imediatamente anterior – a áurea idade da *expansão* – pesem embora os avanços recentes, ainda não se logrou destrinçar de forma cabal entre o que se herdou da Idade Média e o que veio do estrangeiro. A abertura ao exterior é, aliás, uma constante em toda a *História do Urbanismo Português*, o que só prova a firmeza de convicções sobre o que da identidade é essencial.

A propósito, e também como derradeira referência, refira-se o mítico caso de algumas das cidades quinhentistas portuguesas na Índia. Damão, Chaul e Baçaím, que foram durante décadas consideradas como um medíocre resultado da aplicação cabal dos preceitos das *cidades ideais* do Renascimento italiano. Mais do que sabermos porque é que uma tal ideia se formulou e divulgou, temos hoje a certeza que isso não correspondeu à verdade, ainda que os nossos *funcionários do urbanismo* de então estivessem perfeitamente a par das novidades italianas – e delas sempre terem respigado aspectos que enriqueceram a prática em curso.

De forma pessoal e abreviada aqui deixo algumas pinceladas da vivacidade com que nos últimos tempos se tem vindo a consolidar como disciplina, a *História do Urbanismo Português*. O aumento do intercâmbio entre especialistas e do apoio ao trabalho de investigação de campo, tem permitido constatar e reflectir acerca das semelhanças matriciais e expressivas das cidades portuguesas espalhadas um pouco pelo globo e, fundamentalmente, compreender com maior profundidade a estratégia global – o desígnio – que com a sua fundação se visou servir. Também assim nos vamos aproximando do que é verdadeiramente uma *invariante*, ou seja, uma essência da cultura portuguesa. Na realidade, a *História do Urbanismo Português* – a história de uma *arte inconsciente* dessa enorme e dispersa comunidade – é um dos mais apaixonantes domínios da percepção e do estudo da *portugalidade*.

Carlos Julião, *"Elevasam e Fasada, que mostra em prospeto pela marinha a Cidade do Salvador Bahia de todos os Santos [e…]"*, c.1779, Gabinete de Estudos Arqueológicos de Engenharia Militar, Lisboa

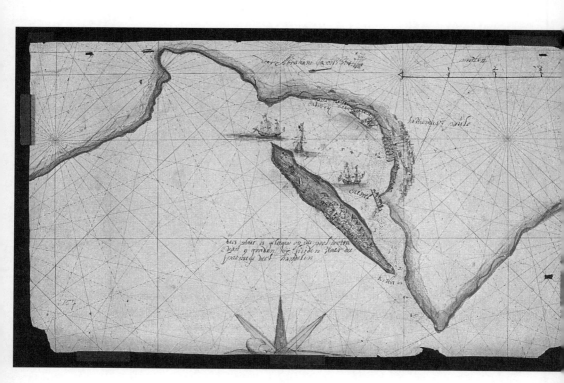

Carta holandesa da baía de S. Paulo de Luanda, séc. XVII, Algemeen Rijksarchief, Haia

A CIDADE
PALCO EXPRESSIVO DA PORTUGALIDADE *

ESCREVER SOBRE CIDADE, com algum proveito, no número de uma revista essencialmente orientado para o Brasil deveria traduzir-se num exercício sobre o devir, ou melhor, num contributo para os contínuos debates e acções que no presente constróem o futuro. Como na maior parte do Novo Mundo, trata-se de um país de limite e matriz territorial há muito definidas, onde a abundância de espaço e de potencial natural quase só encontra paralelo na pujança do desenvolvimento da rede urbana e no desigual (ou desequilibrado) crescimento das suas cidades. Enfim, para uma sensibilidade fundamentalmente urbanística e territorial, o mais forte da imagem de síntese do Brasil é aquilo que ilusoriamente possa profetizar o futuro.

Mas no presente contexto – uma revista e um autor portugueses – a imagem que a isso corresponde tem forçosamente muito vivas as velaturas e fundos da História menos recente. No entanto, como para além de uma evidência é também um lugar comum o facto de ser com materiais da história que se constrói o amanhã, são dispensáveis quaisquer outras considerações sobre a importância que o conhecimento do passado tem para a construção sustentada do futuro. Mais do que um quesito de cultura e de identidade é um problema de fundamento e equilíbrio, ou melhor, de ecologia do ser. Desde logo assim fica simultaneamente declarada a mais redutora tendência deste texto, mas também o potencial de operacionalidade da temática que aqui apenas se propõe indiciar.

Por outro lado, escrever em geral sobre *cidade* será sempre uma tarefa enciclopédica e por isso cada vez mais impossível, pois todos os domínios do saber e da cultura se cruzam nesse genuíno vórtice de civilização. Porque a imagem é cada vez mais parte importante da comunicação e também

---

* Texto de Setembro de 2000 encomendado e publicado pela *Camões – Revista de Letras e Culturas Lusófonas*, n.º 11, Instituto Camões, Lisboa, 2000, pp. 24-31.

pela natureza da encomenda deste texto, da *cidade* interessa-nos aqui essencialmente o seu espaço, ou seja, o seu *urbanismo*. De uma forma necessariamente simples, podemos dizer ser ele a estância de materiais com os quais cada um de nós constrói as suas imagens de cidade, ou seja, o suporte físico sobre o qual se desenrola e com o qual continuamente interage a nossa relação com a comunidade.

A percepção, conduta e vivência urbanas de cada um nós é muito variada, o que não só afecta substancialmente o relacionamento com o habitat, mas também com os demais convivas da nossa existência. Da mais simples galeria de imagens mentais (que todas o são) composta por ícones urbanos e pontos de referência do dia-a-dia, aos esquemas abstraticizados numa planta de memória, cada um de nós tem uma forma específica de ver e de assim se relacionar com o espaço urbano.

Para a quase generalidade das pessoas é na arquitectura, no tratamento do espaço público e, em parte, no território (con)vertido em paisagem, que se recolhem os elementos que integram as imagens mentais (conscientes ou não) da cidade. Nelas, aliás, nunca deixa de ser fundamental o uso e outras experiências sensoriais para além das visuais, ou seja, a mais completa vivência do quotidiano. Também para os especialistas e profissionais das questões do espaço urbano, a arquitectura, o espaço público e o território da cidade são fundamentais, pois é com eles que se desenha e concretiza a forma urbana, conceito que diz respeito à matriz depois redutoramente registada em desenho de projecção ortogonal, as plantas ou levantamentos.

Ambos os domínios, o da imagem e o da forma urbanas, constituem-se assim como as principais plataformas de abordagem e análise à realidade urbanística de qualquer cidade. Porém, a resistência à transformação e perda de memória é muito menor na arquitectura e, ainda mais, no tratamento do espaço público, do que na forma ou traçado urbanos. E é assim que em muitas cidades contemporâneas onde hoje não existem exemplares arquitectónicos do que terá sido a imagem global do conjunto em tempos mais recuados, a matriz urbana fundacional persiste em conservar o seu papel regulador do espaço. Mantêm-no quer dentro dos limites iniciais, quer pela inevitável determinação dos seus eixos de crescimento ou pela interpretação do território que as lógicas de implantação, estruturação e fraccionamento próprios registaram.

Quando a este propósito se fala de arquitectura é importante fazer notar a sua enorme abrangência. Por razões óbvias tendemos a associar ao termo os conjuntos edificados com especial destaque, seja ele devido à qualidade artística, a uma característica algo insólita ou à respectiva importância comunitária e/ou urbanística. Mas no que diz respeito apenas à arquitectura, a cidade não é só feita com edifícios de referência. Pelo contrário, são as construções anónimas e, na maior parte das vezes, algo repetitivas da mole urbana e a forma como cada uma delas se relaciona com a envolvente – o já referido tratamento do espaço público ou, em linguagem própria, o *desenho urbano* ou a ausência dele – que lhe conferem os principais traços do seu carácter plástico, espacial e pictórico.

Qualquer acareação da actualidade com as representações antigas de um determinado espaço urbano comprova como as mais ligeiras alterações nesses (aparentemente insignificantes) domínios implicou importantes alterações na imagem global, sem que sejam tão frequentes e profundas as alterações da forma urbana. Enfim, se a imagem da cidade é directamente afectada pela algo volátil materialidade da sua aparência imediata, já o mesmo não sucede com o seu traçado e relação com o território.

Esta sumária evocação de alguns dos aspectos de uma área disciplinar – o *urbanismo* – que a generalidade dos cidadãos considera distante e feudo de iniciados, tem importância para a compreensão cabal da temática que aqui se pretende aflorar. Com efeito, se nos centros (ditos) históricos de muitas dos principais pólos urbanos brasileiros e em muitas outras cidades paradas no tempo é imediata a semelhança daquilo que ali se vê com o que se pode ver em muitos outros núcleos urbanos do antigo Império Português, o que cada vez mais interessa ir constatando é o facto de, em muitos locais onde essa imagem desapareceu sem ter sido reposta, a matriz urbana ser ainda a original.

Casos como Ouro Preto ou Olinda são ex-libris de um urbanismo colonial, diria até que de uma imagem colonial que hoje é desejada, quanto mais não seja por razões promocionais. A recuperação algo extremada de outro ex-libris colonial, a área do Pelourinho em Salvador, é disso exemplo bastante. São casos onde as características do território de implantação e as especificidades conjunturais da história urbana levaram a que a arquitectura dos edifícios comuns pudesse atingir a relevância paisagística dos equipamentos colectivos, nomeadamente igrejas, conventos e casas de câmara e cadeia.

Muitos outros núcleos urbanos espalhados por todo o território brasileiro poderiam aqui ser alinhados ao lado daqueles e com eles se estabeleceriam com a maior facilidade paralelos "fotográficos" com cidades de outras áreas geográficas do antigo universo colonial português, nomeadamente na costa ocidental da Índia, nas Ilhas Atlânticas e, claro, em Portugal. Notar-se-iam diferenças na moldura natural, na luz, nos materiais, nas gentes e nos adereços urbanos e pessoais. Seriam essencialmente diferenças de cor indiciando outras que a imagem por si só não transmite, como a atmosfera, o clima, os ruídos e os odores. Mas numa análise gráfica e volumétrica a preto e branco, nas massas, nas aberturas, nas soluções para as coberturas e abertura de vãos, nas proporções, nas soluções de encosto e fusão de volumes, enfim, na arquitectura, teriam (têm!) características constantes. É como se um programa, um partido arquitectónico único, tenha sido imposto para uma *dócil* imagem de unidade e, porque não, de poder.

De certa forma sabemos que assim foi, mas mais por necessidade que por determinação. O espaço era demasiado e a necessidade de urbanizar uma evidência desde o momento em que os novos territórios passaram a ser cobiçados por outros povos. A experiência acumulada no Norte de África e no Oriente, pesem embora as totalmente diversas realidades preexistentes, aconselhava então uma célere militarização da metodologia do processo, agenciando tudo e todos para a territorialização de um Império que até então pouco mais era que marítimo e comercial. Num processo racional, evolutivo, mas lento, o sistema colonial português investiu no reconhecimento, medição e demarcação dos seus territórios com um inequívoco desígnio de unidade, aliás único por entre todas as demais potências coloniais apostadas na América. Em boa medida a tudo isso se deve a unidade e extensão territorial do Brasil e a coerência genérica que esse vasto território tem, se visto à macro-escala geral da geografia do continente sul-americano. Refiro-me, claro, à mítica (e circum-navegável) "Ilha Brasil".

A imagem colonial que ainda está bem presente em algumas cidades brasileiras é assim o resultado de um programa e método pragmáticos e ímpares relativamente aos restantes processos coloniais na América. Seguindo caminhos e obtendo resultados bastante diversos, só o Império Espanhol logrou materializar um feito idêntico, pois as nações que emergiram da América Inglesa e Francesa foram territorialmente reconhecidas, balizadas e urbanizadas já após as respectivas independências. Num rápido exemplo, note-se como as treze colónias inglesas que se uniram para a revolução que conduziria à formação dos Estados Unidos, para além dessa característica fragmentária, eram então territórios relativamente pequenos onde a expressão espacial dos próprios núcleos urbanos de maior importância era, salvo raras excepções, rarefeita ou quase rural.

Também nas opções construtivas se fixaram diferenças. A expressão e a perenidade arquitectónica e urbanística resultantes da construção em madeira é necessariamente diversa da das alvenarias ou taipas da ancestral cultura técnica ibero-mediterrânica. Pelas mesmas razões, também a estrutura cadastral e a forma urbana são afectadas, pois até a dimensão dos lotes é forçosamente diversa quando, por razões construtivas, as soluções de encosto ou a dimensão máxima praticável para os vãos dos compartimentos dos edifícios comuns diferem. Ao nível da essência arquitectónica das respectivas imagens, as cidades açoreanas ou brasileiras eram necessariamente diferentes das da Virgínia ou Nova Inglaterra coloniais. Já agora, tal como Lisboa divergia de Londres.

Enfim, através deste muito incompleto sumário podemos vislumbrar como um sem número de questões levaram ao apuramento de especificidades próprias às cidades coloniais no território brasileiro. A comparação com outros processos, que, com excepção para as antigas colónias espanholas, continua por fazer de forma aprofundada, será sempre um meio expedito de o verificar.

Mas tudo isso – o domínio da imagem e a subjacente importância da arquitectura – não deixa de ser o mais óbvio e imediato. Como já aqui referi, é também o mais volátil. No entanto, também as antigas cidades portuguesas no Brasil onde o processo histórico levou a que a obliteração da imagem se adiantasse à era das preocupações e do interesse pelo Património, mantêm na sua materialidade urbanística muito daquilo que então eram. Refiro-me ao traçado, à forma urbana e/ou ao partido urbanístico fundamental.

Fixemo-nos no Rio de Janeiro. Para além do Paço e da quase totalidade dos edifícios religiosos implantados na área conhecida como o Centro, pouco ou nada resta em termos de evidências arquitectónicas da velha cidade colonial. Uma cintura viária e portuária, bem como uma densa e alta mole de edifícios de serviços, contribuem consideravelmente para a caracterização de uma paisagem urbana que em nada tem a ver com as imagens do passado. O próprio morro onde os portugueses primeiro estabeleceram uma estrutura com características urbanas – o Morro do Castelo – foi rapado para dar lugar ao conjunto urbano de serviços hoje postado entre os jardins que envolvem o Museu de Arte Moderna, a zona da Praça 15 e o Aeroporto Santos Dumont.

No topo daquele morro, para além da tímida estrutura defensiva que lhe deu o nome, estiveram no início a Casa da Câmara e Cadeia, a Casa da Fazenda, a primeira igreja matriz carioca e o colégio jesuíta. Dali partiu para Oeste o primeiro eixo viário da várzea, ligando o núcleo urbano fundacional com o Convento de S. Bento. Bem cedo seria conhecida como Rua Direita e hoje não é mais nem menos que a buliçosa Rua Primeiro de Março.

Aquela rua, como outras de igual importância em tantas outras cidades portuguesas, era paralela à praia, mas já então potencialmente interior. Em termos locativos, mas também no que diz respeito à geometria da implantação, à topografia e à lógica da relação que estabeleceu entre aqueles dois importantes pólos urbanos, estava fadada para ser o eixo estruturante do desenvolvimento urbano e urbanístico. À medida que se iam secando os terrenos, cedo ali se foram fixando importantes instituições. Mais ou menos a meio do seu curso conformar-se-ia uma praça – o Largo do Carmo, hoje Praça 15 – onde em posição emuladora da do Paço da Ribeira lisboeta veio a ser erguido o Paço dos Governadores, também ele Paço Real quando em 1808, na prática, a cidade passou a ser a verdadeira cabeça do Império Português.

Porém, bem mais importante para o raciocínio seguido neste texto é o facto de ter sido através de um arruamento de perpendiculares e paralelas que se estruturou a cidade à medida que crescia. O tabuleiro reticulado que ainda hoje rege a estrutura viária do Centro carioca já nada tem do casario da cidade colonial, mas mantém na sua matriz geométrica e no ritmo da sua divisão cadastral praticamente tudo quanto desde a sua implantação para ali se estabeleceu. Inclusive parte considerável da toponímia de ruas e locais persiste, igual acontecendo com a lógica de orientação dos eixos de crescimento e ligação a outros pólos da cidade, muitos deles também de fundação remota. Isto é, a matriz da cidade colonial continua a sê-lo para a pululante metrópole dos nossos dias, ainda que uma possante estrutura de grandes eixos viários lhe tenha sido sobreposta. Refiro-me, obviamente, às avenidas Rio Branco, Presidente Vargas, etc.

Como já aqui foi declarado, casos como o Rio de Janeiro são correntes. E são-no não só na persistência da forma e traçado urbanos coloniais, mas também na respectiva regularidade e racionalidade, ou seja, na geometria do desenho da sua planta. É essa outra realidade da maior importância para a caracterização da cidade colonial brasileira. Matéria hoje incontestada entre especialistas, o facto é que uma arreigada tradição historiográfica continua a manter a ideia de que a regra para as cidades portuguesas no Brasil foi a desordem, ou melhor, o estabelecimento e crescimento urbanos processados de forma orgânica. Que definitivamente se tire daí a ideia.

Na realidade os casos mais pitorescos e emblemáticos – a título de exemplos, porque não referir novamente Ouro Preto e Olinda – aparentam uma estrutura planimétrica longe de qualquer regra geométrica ou opção racional. Mesmo esta asserção é discutível, embora tal não possa aqui ser desenvolvido. São, no entanto, casos pontuais, estabelecidos e desenvolvidos fora da mais directa alçada do poder real. Porque este quando entendeu e pôde intervir, como na Praça Tiradentes em Ouro Preto, fê-lo com ordem, aliás, com o claro desígnio de finalmente a estabelecer. De facto, a regra por entre as cidades fundadas pelo rei – recordemos apenas (e simbolicamente) a primeira cidade e capital do Brasil, Salvador, e a capital mineira bem junto a Ouro Preto, Mariana – é a regularidade e ordenamento do traçado, da distribuição de lotes (cadastro) e das próprias construções.

Nem os meios nem o método castrenses atrás referidos poderiam ter conduzido a qualquer outro resultado. Nem a sistemática urbanização de vastas áreas pelo interior, como a Amazónia ou o Mato Grosso através da fundação de dezenas de vilas e cidades em escassas décadas, poderia ter sido concretizada com recurso a meios menos expeditos. O que nos tem iludido é, uma vez mais, a aparência multifacetada, a inteligência na escolha dos locais e a criativa diversidade de soluções formais, dimensionais e planimétricas propostas e implementadas pela Engenharia Militar Portuguesa. Com efeito, dotados de uma profunda e actualizada formação teórico-científica nas Academias de Fortificação espalhadas pelo Império e tirocinados em operações onde a arquitectura e o urbanismo era apenas um dos vectores da sua acção, os engenheiros militares portugueses constituíram-se no verdadeiro escol de agentes polivalentes do Estado nos territórios do Império.

Na sua globalidade, a política de ordenamento pela medição e urbanização foi um dos aspectos mais relevantes na consolidação do sistema colonial português, sendo, por isso mesmo, ainda hoje um dos mais fortes e vivos elos de identidade entre as comunidades que delas usufruem, nomeadamente no Brasil, precisamente o território mais extenso. Estudos segundo metodologias variadas e oriundos de campos disciplinares bastante diversos, têm de facto vindo a tornar evidente como esse fenómeno civilizacional a que, por conforto e abuso, aqui poderemos chamar *portugalidade*, ficou registado no espaço de forma quiçá menos evidente, mas tão ou mais viva e perene que a própria língua. Aliás, numa perspectiva ocidental *língua* e *cidade* constituem-se como premissas basilares de qualquer *civilização*, até porque são fundamentais e complementares à comunicação numa dinâmica de comunidade.

O entendimento dos territórios abordados pelos portugueses na sua diáspora expansionista e descobridora, ocorreu não só segundo a realidade em que consistiam, mas também pela cultura com que cada colono os percepcionava. E a importância deste último factor amplia-se quando procuramos entender as opções tomadas ao longo das acções de fixação e de desenvolvimento da presença portuguesa fora do continente europeu.

Hoje, quando temos uma clara percepção do globo terrestre, já logramos medi-lo e cartografá-lo com razoável exactidão e se encontram claramente definidos os limites dos territórios entre países (até em situações de conflito extremo), só na nossa relação com o espaço extra-Terra nos é possível vislumbrar e sentir uma incerteza semelhante à dos nossos antepassados quando chegaram à costa oriental da América e perscrutaram o interior, ou até quando já tinham reconhecido a totalidade do perímetro desse imenso continente. Essa interacção entre o conhecimento e o desconhecido, a tentativa e a experiência teve, obviamente, efeitos de retorno para a nação de origem, mas também para outros territórios por vezes tão distantes quanto meio mundo, estabelecendo-se circuitos de comunicação susceptíveis de formar comunidade e cultura pré-globais.

No Brasil de hoje, como desde então, a urbanização prossegue, expandindo-se as cidades, mas também a rede urbana, que de facto ainda não cobriu o sertão. Na era da cidade do automóvel e dos grandes e encerrados *malls* comerciais, a evolução dos modelos urbanos vai apresentando características cada vez mais distantes do que são as matrizes dos velhos centros urbanos coloniais. Mas são opções sobre as quais a cultura espacial dos utentes, em conjugação com novos comportamentos urbanos, acaba por levar à introdução, inclusão ou recuperação de pequenos focos de evocação da memória e da identidade. Pelo meio de enormes problemas e dificuldades, assim se ministra uma capacidade recriadora e selectiva própria à evolução sustentada da urbanidade.

Estudantes hindus do Colégio de S. Paulo em Diu, 1994

Giovanni B. Piranesi, *veduta do Antigo Circo Máximo*, in *Le Antichità Romane*, Roma, 1756

CIDADE
O SONHO DE NERO, O DESENHO, O COMÉRCIO TRADICIONAL
E OUTRAS PROVOCAÇÕES EXPRESSAS DE FORMA DESORDENADA *

NÃO É NOVIDADE para ninguém o facto de a cidade ser o principal objecto do exercício do poder. Digo objecto e não palco ou cenário (como é mais frequente), porque o poder só se exibe quando é exercido e por tal razão acaba por lhe ser essencial a matéria de acção e a sua maior ou menor ductibilidade. Nesse âmbito o espaço só é relevante enquanto parte do todo e não apenas como moldura ou suporte físico do acto.

Falo, obviamente, da cidade no seu todo cultural e civilizacional e não pela perspectiva habitualmente atribuída aos arquitectos, que de facto tendem a (simular) confundir (ou a hiper-valorizar) uma pequena série de coisas com o todo. Mas não são, de forma alguma, a excepção. O problema é que, sobre a superfície do planeta, jamais alguém logrará deter a necessária capacidade omnisciente para ver a cidade na sua totalidade, ou seja, sem um filtro de deformação pessoal e profissional. Ainda bem! Boa, má ou assim-assim todos temos uma personalidade... e todos temos direitos de cidadania... e o dever de a compartilhar... (que pena!) Claro que "em automático" organizamos essa partilha por forma a abdicar o menos possível do quinhão em que somos especialistas ou, pelos menos, para o qual fomos treinados.

Talvez por facilidade, por entender que o estudo das vanguardas dá o pulsar do futuro ou por mero gozo, a literatura especializada na cidade tende a expor e dissertar sobre o meio demiúrgico ou *pró-totalitário* a que pertence, seja ele o do Urbanismo, o da Economia, o da Sociologia ou outros, sob a forma de estudos, planos, projectos, propostas, promessas, intenções, impressões, sensações, desilusões, etc. E não é por acaso que

---
* Texto de Março de 2000 encomendado e publicado pela revista ECDJ, n.º 3, Departamento de Arquitectura da Faculdade de Ciências e Tecnologia da Universidade de Coimbra, Coimbra, Novembro de 2000, pp. 19-26

cada uma dessas áreas do saber tem um apêndice de história. É que, para além da legitimação, por vezes interessa-lhe a História para justificar opções que hipoteticamente visam evitar a repetição de erros, acção verdadeiramente desnecessária se linear, porque na realidade a história nunca se repete e é só aquilo que nós hoje pensamos sobre as justificações do presente.

Mas é grave que nem sempre se leiam na História as matrizes e tendências da evolução através de uma espécie de método a que se poderia chamar a *ecologia* da civilização ou do processo histórico. Grave é quando se considera o tecido urbano do passado como meramente histórico, ou seja, apenas como um testemunho e não como uma realidade, opção ou variável do presente. O problema é que por mais esforço que se faça nunca se vive como no passado e o restauro, a conservação ou a reabilitação só fazem sentido quando a "matéria de facto" conserva algo de significativo nos referenciais comunitários da identidade.

No útil, desejável e inevitável estado de coisas que buliçosamente jaz por trás do que acaba de ser escrito, tem tido muito pouca visibilidade e estudo o fogoso exercício de poder desenvolvido pelo conjunto dos cidadãos. Mas o espaço que habitamos é, em boa medida, consequência dessa acção, nomeadamente na sua mais específica materialidade – o urbanismo – assunto que obviamente aqui mais nos interessa. Igual sucede com as permanentes e irritantes "alterações ao projecto" que os eruditos da cidade vêm ser introduzidas às utopias totalitárias – passo o circunlóquio – laboriosamente e sabiamente arquitectadas pelos especialistas sob a forma de planos. É que da *Urbanística* ao *Urbanismo* vai a distância a que corresponde a intervenção da sociedade como promotora do acto e processo de *Urbanização*.

Sendo um claro resultado de uma sensação genérica de desenvolvimento, não deixa de ser interessante o gradual crescendo de interesse que a opinião pública – leia-se no sentido de "opinião de mais pessoas que o habitual, alimentada em espiral e expressa em público" e não no abusivo sentido de consenso – tem vindo a demonstrar pelas questões relacionadas com o meio ambiente urbano e, em especial, pelo urbanismo. Ou seja, aquilo que os arquitectos um dia almejaram poder capitanear – talvez porque os outros "não entendessem" – é hoje objecto de interesse de parte considerável da sociedade que também assim pretende exercer os seus direitos de cidadania, ou melhor, o seu poder. Será esse finalmente o trilho para um qualificado *Urbanismo Democrático?*

Esse comportamento nem sempre é exercido com vista à defesa de interesses comuns, o que de um ponto de vista "antropológico" até nem tem mal. A moda, a sedimentação de novas matrizes de vida, a comunicação, a uniformização global levam a que os desejos individuais de diferença surjam de forma padronizada. Assim se constituem autênticas opções de conjunto, por mais individualizado e exclusivo que seja o desígnio de cada um ou mais distante e bizarro o modelo de inspiração. O individualismo não deixa de produzir efeitos comuns e de grupo, verdadeiros componentes de padrões culturais da sociedade de que, por muitas vezes, se quer destacar. Por outras palavras, o individualismo é "vulgar" e um motor da sociedade, em especial quando na generalidade temos vindo a alinhar pela liberalização global, ou seja, pela desenfreada massificação do individualismo.

Mas o que pode isso interessar à análise dos processos urbanísticos? Em minha opinião uma e outra coisa correspondem-se. A resolução de muitos dos problemas de incompatibilidade demonstrada entre a Urbanística mais refinada/erudita e os processos urbanos resultará, quiçá, da construção desse entendimento. A globalização dos costumes e das condutas leva as comunidades a óbvios problemas de evolução da identidade e esta a ainda mais evidentes desalinhos na identificação com os espaços de referência. O falhanço do "estilo internacional" em arquitectura parece que virá a ser compensado pelos "estilos internacionais" no que diz respeito à urbe. Persistirão por certo imagens únicas e características locativas específicas, mas no seu todo os comportamentos tendem ao estereótipo. É um facto civilizacional e, se assim for, incontornável, mas talvez seja susceptível de qualificação.

Tudo quanto aqui exprimo diz respeito a uma cidade em evolução e pouco tem em linha de conta a feliz inevitabilidade e eficácia de focos de resistência. Os modelos urbanos actuais, com maior ou menor expressão e autenticidade, serão preservados e re-interpretados em muitos espaços do planeta. Como sempre, a evolução permanecerá desigual no espaço e no tempo para qualquer ponto considerado. Mas desta feita interessa-nos inquirir alguns aspectos de uma tendência da vanguarda dos processos urbanos.

No mundo ocidental durante séculos a evolução foi marcada pelas dinâmicas europeias, cabendo aos latinos a preponderância no que diz respeito à própria consolidação e evolução do conceito de urbanidade. A cidade como tradicionalmente a entendemos é, fundamentalmente, uma criação mediterrânica. Independentemente do peso económico do mundo rural, em toda a História anterior ao fim do Antigo Regime sempre foi a cidade o referente civilizacional da sociedade. E assim continuou e, de certa forma, continua a ser, embora a emergência de novos equilíbrios proporcionados pela maioridade das nações do Novo Mundo tenha introduzido fortes alterações. Quanto mais não seja porque entre elas têm crescente desempenho hegemónico algumas cuja origem colonial e de soberania teve vincado carácter rural, como é o caso dos próprios Estados Unidos. O crescimento do Brasil poderia vir a ser a excepção, se entretanto a sua própria evolução no sentido da aproximação aos modelos urbanos norte-americanos cessasse. Mas porquê e para quê?

Por entre os desafios da contemporaneidade vão de facto ganhando destaque os da cidade, até porque nos aproximamos do "pleno" da urbanidade. Parte considerável dos grandes debates actuais centram-se sobre temas urbanos, sendo relevante a importância do espaço como um dos elementos congregadores daquele conceito. Se em História do Urbanismo a maior parte dos casos de referencia correspondem a realizações mais ou menos corporizadas por indivíduos ou pequenas oligarquias, o inevitável alastrar de uma mediana democracia fará com que esta disciplina gradualmente passe a integrar as resultantes da acção de grupos cada vez mais alargados, num progressivo crescimento dos estudos pluridisciplinares. Cada vez mais o desenho sem a Sociologia, a Economia e o Direito (por exemplo) não produz urbanismo e não é um objectivo em si. É por isso que os indicadores e debates urbanos mais simples têm uma importância fulcral.

Num texto com estas características seria ainda mais pretensioso fingir abordar de forma conveniente sequer um dos temas desses debates. Mas é possível prosseguir na linha de uma razoável coerência de contradições. Algumas acções recentes levaram-me a alinhar de forma simples umas escassas considerações banais que, no conjunto, me parecem configurar certas tendências urbanas susceptíveis de a médio prazo influenciarem o desígnio urbano e até, porque não, o urbanismo de que usufruímos.

Um dos aspectos que parece de mais simples abordagem é a questão da mobilidade. Se assim o pretendermos, numa ou outra situação, num ou noutro meio mais elitista, por entre ambientes mais ou menos "eco-esquizofrénicos", poderemos encontrar indícios de um futuro com menos automóveis no meio ambiente urbano, de quase integral recurso a transportes públicos ou a habilidades equilibristas (trotinetes, bicicletas, patins), mas a maioria da população, mesmo vigorosamente fustigada por acusações de exibicionismo de status recém adquirido, recusar-se-á sempre a chegar ao emprego esbaforida, descomposta e odorosa, para não dizer o pior. Numa caricatura, não me parece provável uma evolução que permita e dê meios às pessoas para se "arranjarem" depois de chegar ao emprego com os trajes menores com que largaram o leito e os filhos num infantário ou escola.

Na realidade esquecemo-nos que os sacrifícios de vanguarda são coisa para pessoas e comunidades que podem suportar o custo de quem lhes trate dos problemas comezinhos da… retaguarda. Sejamos realistas, jamais um país pobre poderá económica e socialmente suportar o ónus de abandonar o usufruto dos pequenos "luxos" recém conquistados. Seja qual for a solução tecnológica, no "terceiro" mundo (que é monstruosamente maior do que isso), mas também no ínfimo "primeiro", um meio confortável de transporte individual será cada vez mais preferido pelas massas, ainda que disfarçado pela individualidade das marcas, modelos, cores e adaptações.

Por mim, e também sem qualquer esperança, o automóvel na cidade (para a qual foi feito) preocupa-me infinitamente menos do que no meio rural (no qual até faz todo o sentido). Aliás, de certa forma o automóvel é uma forma de compensação entre ambos os pólos, ou melhor, tem vindo a cumprir um importante papel de diluição. A verdade é que entre nós já quase não há meio rural, mas tão só muita ruralidade. Temos vindo a caminhar para uma mescla de sinais e formas de vida, das quais uma das mais recentes e insignificantes é a sistemática utilização citadina de veículos todo-o-terreno.

Numa crescente fobia pela ruralidade, o "urbanita de todo-o-terreno" estraga sistematicamente os outrora pacatos fins-de-semana dos rurais – uma espécie em vias de extinção – e busca na cidade a forma de viver *o sonho de Nero*, de preferência num ambiente fechado com via-rápida à porta, onde os laços de vizinhança jamais corresponderão a uma rural comunhão de vidas, mas tão só a um igual compartilhar de status. Como a Nero – que, como sabemos, destruiu o centro de Roma para ali erguer um idílico palácio que, entre outras "miudezas" menos exemplares, foi dotado com um lago artificial – pouco importa a destruição do espaço público e do sentido tradicional de cidade, se a individualidade pretensamente rural se sublimar numa estrutura urbana apenas vocacionada a conectar as idiosincresias de cada um e os equipamentos de grupo. Pior é quando se interpreta o campo ou as áreas ditas de reserva como espaços de fruição individual, dignos para si, mas nem sequer para uma comunidade de "urbanitas de condomínio fechado"... ou "de todo-o-terreno".

De facto pouco adiantam as zonas de reserva, seja ela ecológica, natural, integral, indígena, etc. Se verdadeiramente alguém quisesse proteger ou reservar algo dos "nefastos" urbanitas bastaria promover as respectivas áreas como livres de internet, telemóvel, televisão, etc. Desde logo os raids se extinguiriam nesse meio adverso à condição humana, onde na realidade o ar assim se tornaria verdadeiramente irrespirável para qualquer humano realmente civilizado. Mas um dia tudo será cidade numa ruralidade sofisticada e assim todas as formas de vida sobreviverão. Afinal, segundo um enfoque meramente urbano e humano, *formas de vida* e *formas de viver* são apenas variações semânticas de uma mesma realidade.

No meio ambiente urbano, a procura de originalidade tem algumas excepções formais. Uma delas é a súbita nostalgia por uma realidade que à escala da História é efémera, mas rotulada de "tradicional": uma determinada forma de comércio. O *comércio tradicional*, conforme é entendido e defendido, é uma realidade recente, quiçá com um século de existência, e de facto faz cada vez menos sentido face ao pragmatismo e racionalismo de uma sociedade moderna. Não é por acaso que cada vez que se tenta implantar numa nova área, mais cedo ou mais tarde acaba por se consolidar como pólo de estabelecimentos de restauração e animação lúdica. Afinal não será o grande e "odiado" centro comercial a emulação mais fiel da velha loja da aldeia onde se vendia tudo o que era necessário à comunidade? A responsabilidade pela mudança de escala é nossa, pois cada vez mais não nos contentamos apenas com o que vemos.

Gradualmente as pessoas vão-se recusando a sair de casa para ir fazer as suas deambulações consumistas em percursos desprotegidos e mal equipados, embora um dos problemas principais talvez seja a falta de identificação entre as imagens do bombardeamento publicitário dos media e os códigos das lojas de rua. Hoje em dia tendemos a sentir-nos perdidos e desconfiados quando não reconhecemos "a marca", pois julgamos saber aquilo que queremos. Produtos genuínos, isto é, sem certificado de origem controlada? Isso só "na terra" ou em lojas de amizades recentes, essas sim "certificadas". Certo, o logro é total, mas faz parte do encanto de ir às compras.

A dura realidade é que as principais instituições que promovem o rejuvenescimento do *comércio* dito *tradicional*, no fundo são as mesmas que quase mensalmente analisam avidamente as últimas estatísticas sobre o crescimento do "comércio on-line" e estudam formas de lhe dar maior segurança e credibilidade. São ainda as mesmas que nos arranjam forma de pôr tudo em casa, embora o saudoso pão fresco pendurado na porta pela madrugada não tenha ainda regressado. Essa sim deveria ser considerada uma instituição a "tradicionalizar" e proteger.

O logro é, de facto, total, mas de certa forma faz sentido. "Sair" para deambular entre os dejectos dos "pets" urbanitas e voltar esfalfado? E porque não "sair" apenas para me divertir? Perdida a relação habitacional de rua e a referida forma efémera de comércio, parece ser esse o verdadeiro e afunilado futuro do espaço público tradicional, ou seja, o não exclusivamente viário ou o do comércio encerrado em feéricos *malls* comerciais. Entre as zonas de lazer de referencial arquitectónico (uns *restaurantódromos* e *baródromos* com ou sem "docas" e "ginásios de fitness") e paisagístico (os parques, complexos desportivos e outras formas de tortura física ao ar livre) desenrolar-se-ão nas próximas décadas os episódios da vida urbana não exclusivamente doméstica e laboral? Por exemplo, a massificação diurna das praias dará lugar a arnados de urbanidade nocturna? Por outro lado tem-me causado grande estranheza as crescentes decisões de iluminar os jardins e parques urbanos em nome da segurança. Mas porque é que as pessoas hão-de querer ir para um parque à noite a não ser para correr (com) determinados riscos?

No fundo as questões da mobilidade, do comércio e do lazer, entre outros, têm-se vindo a constituir na moldura que enquadra o "problema do centro". Uma cidade como a que aqui tenho caricaturado terá fundamentalmente características de subúrbio, o que até pode nem ser mau se recorrermos a exemplos de subúrbios qualificados, que também os há e em número crescente. Obviamente estas questões inserem-se no quadro mais vasto (em extensão e temática) da tendência conurbadora ou megalopolitana de zonas como, por exemplo, as faixas litorais de muitos territórios, mas não ilude a arreigada necessidade cultural de um *centro de identidade*, uma referência de centralidade não necessariamente histórica, mas congregadora de um necessário e ainda que virtual espírito de comunidade, ou seja, de História.

A luta por uma plenitude de direitos e pela qualidade de vida tem vindo a desaguar no crescimento de um sector da economia e até de um certo estilo de vida. Todos sabemos como a era industrial parece estar a ser rendida por uma idade de serviços. Até parece que o anátema dos desequilíbrios ambientais e psíquicos motivados pela indústria se está a deixar substituir pelo stress da escolha perante a colossal variedade das tentações. A automatização electrónica não nos libertou o tempo extra para o lazer como esperávamos, mas constitui-se tão só na oportunidade (e na exigência) de fazermos mais e, a par com a mobilidade física, deu-nos um acesso virtual a tanta coisa que continua realmente inacessível. Na fobia totalitária pelo bem-estar continuamos, como sempre, a compensá-lo com novas formas de mal-estar. É o sentido da evolução e da Vida.

Foi sempre com Arquitectura que se construiu a materialidade visual da cidade. Alguma monumental e de referência, mas a maioritária sendo comum ou até medíocre. É a realidade triste, mas tão inquestionável quanto a necessidade de continuar a lutar pela sua qualificação. E se hoje globalmente se vai invertendo a tendência de a arquitectura ser feita por "não-credenciados", sabemos como isso é apenas uma garantia genérica de qualidade (ordinária?) e uma novidade no contexto geral da História. Mas estaremos atentos para a necessidade de garantir a qualidade do desenho das "cidades virtuais" que em jogos, mas não só, vão formando o imaginário urbanístico das futuras gerações activas? Isto é, estão os arquitectos aptos e com apetite para desenhar a *imaterialidade urbanística*, a imagem da *cidade virtual*? E depois, quem lhe confere a patine do uso? Ou será que não a deve ter, constituindo-se a *cidade virtual* na tão utópica oportunidade de se construir e viver a *cidade ideal*?

É que, conduzidos por um predominante sentido elitista da crítica, tendemos a desligar a qualidade global (por isso essencialmente urbana) da Arquitectura, da análise específica do objecto. Nesse âmbito o utente ou é um "arquitectófilo" ou pouco conta, sendo inconscientemente constituído como a patine do edifício, um "térmita" que, tal como os intervenientes no processo da construção, tudo fará para lhe retirar a graça do projecto. Mas um projecto não é Arquitectura. Discuta-se pois a sua qualidade quando se acabou de concretizar, uma vez que assim é mais fácil de analisar, mas discuta-se também em sede de projecto o seu contributo social, ou seja, a sua urbanidade.

Porém uma crítica fundamentada à arquitectura só é possível algum tempo depois, quando cumprido o tempo suficiente para a sua entrada em pleno funcionamento e integração no quotidiano. Será uma crítica também feita pelo usufruto, quando já adquiriu a tal patine constituída pelos seus ocupantes, quando deixou de ser uma surpresa na cidade apenas pela sua novidade e manteve a sua individualidade no concerto do espaço urbano. Nessa re-aproximação da Arquitectura à cidade, e fazendo dela um preponderante instrumento da Urbanística e do Ordenamento do Território, devemos ter em linha de conta que, mais do que no universo dos edifícios, não há cidade alguma que tenha sido concretizada como foi concebida. As eventualmente irritantes "alterações ao projecto" efectuadas pelos cidadãos, em especial arquitectos em acções individualizadas, são de facto constantes e de uma surpreendente variedade de escalas. Porém todos sabemos como as mais recorrentes imagens de paisagem urbana são resultado de tudo isso e não a cristalização de um fantástico ou inspirado pecado/esboço original.

Sabemos também como as marcas originais sobre o território, sejam elas produzidas de forma orgânica ou planeada, em fundação ou extensão, perduram como vincos matriciais da espacialidade urbana. De facto, em Urbanismo a caracterização da forma – o remate – consiste na relação da cidade com a sua principal infra-estrutura, o território. Mas uma vez mais como na Arquitectura, se o carácter se concentra nos remates, já a poética se espraia pela penumbra formal das massas e espaços intersticiais. Não foi por acaso que a adopção quase extrema pelo modernismo da máxima de Luis Sullivan "take care of the terminals and then the rest will take care of itself" produziu os resultados críticos que todos sabemos, quer na arquitectura, quer no urbanismo.

Há pois uma ecologia da forma e do desenho urbanos, uma lógica cultural e evolutiva que não pode prescindir de utopias e de vanguardas, mas também exige bom senso e, ainda mais, capacidade de análise e de compreensão de tudo o que nos rodeia. Interpretar e questionar a própria evolução é uma acção vital para a humanidade. Como parte dos agentes da urbanidade, o arquitecto deverá continuar a usar o desenho como o seu instrumento específico, mas não poderá continuar a deixar em outras mãos o exclusivo do conhecimento sensível das mais diversas realidades e alhear da sua disciplina o conhecimento da cidade e da sociedade que lhe poderá ser proporcionado por outros. Afinal o desenho como desígnio não resulta de actos místicos ou iniciáticos, mas tão só de uma metodologia e disciplina de síntese. Síntese que, no entanto, nem deve enveredar pelos trilhos da demagogia, nem enfiar a racionalidade na areia ou, melhor, deve evitar continuar a pretender enfiar a Suíça (paisagem, país ou pastelaria) na Betesga.

2.ª SECÇÃO

LISBOA MODERNA

Elementos da estrutura urbana de Belém até ao século XVIII
(Março de 1989)

Carlos Mardel
(Outubro de 1992)

Episódios da evolução urbana de Lisboa entre a Restauração e as Invasões Francesas
(Abril de 1994)

A imagem ribeirinha de Lisboa – alegoria de uma estética urbana barroca
e instrumento de propaganda para o Império
(Setembro de 2000)

Henrique L'Evêque, *"Vista do Convento de S.to Jeronimo de Belem e Da Barra de Lisboa"*, Londres, 1815

ELEMENTOS DA ESTRUTURA URBANA DE BELÉM ATÉ AO SÉCULO XVIII *

INTEGRADO NUM GRUPO do Departamento de História da Arte da Universidade Nova de Lisboa liderado por Rafael Moreira que no Ano Lectivo de 1985-86 se dedicou ao estudo de aspectos menos conhecidos do Mosteiro dos Jerónimos, fui encarregado de investigar as linhas gerais da evolução urbana da envolvente. Apesar do violento processo de transfiguração a que aquela zona tem sido sujeita desde o século XIX, foi possível reconhecer no espaço as sucessivas imagens do lugar do Restelo desde os tempos em que mais não era que uma praia, o primeiro varadouro abrigado da margem direita do Tejo. Não adivinhámos que em breve seria lançada nova campanha de intervenção no local, para a qual não contribuímos a não ser (individualmente) no acompanhamento desta exposição de apresentação das propostas.

Sendo o objecto a tratar o espaço ocupado pelo Centro Cultural de Belém e não o aglomerado urbano, não tem aqui cabimento a apresentação dos aspectos mais marcantes de um processo urbano geral que se nos revelou extremamente interessante. Contra o seu resumo julgamos mais importante deixar registada aquela que é, sem dúvida, a revelação mais importante: a existência de um conjunto de intenções (plano?) de integração paisagística do Convento de Santa Maria de Belém desde a sua fundação.

A vasta e acolhedora enseada desde a Idade Média se tornou excelente base de apoio naval e guarda avançada do porto de Lisboa. Como tal a compreendeu o Infante D. Henrique que como Mestre da Ordem de Cristo

---

* Texto de Março de 1989 encomendado e publicado no *Catálogo da Exposição do Concurso para o projecto do Centro Cultural de Belém*, Instituto Português do Património Cultural, Lisboa, 1989, pp.123-128. Nesse âmbito foram ainda iniciados os trabalhos para a edição de um *Guia da Área de Belém*, o que não veio a suceder. O texto e entradas que então elaborei, porque descontextualizados e incompletos, permanecerão inéditos.

ali fundou, para apoio espiritual aos navegantes, uma ermida de evocação a Santa Maria de Belém. Equipamento tão necessário quanto o chafariz e ponte sobre um ribeiro que dividia o sítio do Restelo do local da ermida (desaparecido com as obras oitocentistas do aterro), também por ele promovidos na mesma campanha. À função logística do aglomerado o sucesso da empresa dos Descobrimentos veio dar um complemento simbólico, que bem depressa ganhou conteúdo espiritual.

Pouco após a sua subida ao trono em 1495, D. Manuel I decidiu renovar a fundação henriquina e incluir-se com a sua descendência sobre a protecção espiritual que o Infante instalara. Rapidamente alcançou do Papa autorização para ali fundar um mosteiro da Ordem de S. Jerónimo, dotando-o de um amplo suporte fundiário que englobava o próprio aglomerado. Por tal motivo até ao século XVIII foi o mosteiro o grande fiscal da evolução urbanística de Belém.

Sabemos[1] como a história da edificação do Mosteiro se relaciona directamente com a evolução da ideia então latente do papel de origem divina da monarquia portuguesa. Refira-se, a título de exemplo, o paralelo entre as imagens de D. Manuel e do rei Salomão existentes no claustro. Na mesma linha parcialmente se explica a mudança da Batalha para aqui da função de panteão da família real, operada com o maior empenhamento do rei na obra após as viagens de Vasco da Gama e de Pedro Álvares Cabral.

Menos conhecida é a influencia que estes aspectos tiveram nas invulgares, mas não inéditas, características de implantação que o Convento apresenta e em toda a envolvente urbana, a qual não era de forma alguma casual ou anárquica. Por detrás estendia-se a sua cerca, que permaneceu intacta até aos princípios do nosso século. Tinha zonas diversas, casas de apoio e três ermidas. Inúmeras curiosidades haveria a apontar, como o facto de o Estádio do Restelo ter sido implantado aproveitando o fosso de uma das pedreiras do Convento.

O muro da cerca do mosteiro (de que se conserva um reduzido troço) não delimitava a enorme área de terras do mosteiro, antes recortava pelas linhas de festo mais próximas um fundo que fazia daquele a charneira do diálogo entre a terra e a água. No seu perímetro a Ermida de S. Jerónimo orientava-se em direcção à barra como um posto de observação avançado da Torre de Belém, com quem estabelece uma relação geométrica propositada: o eixo do baluarte passa pela intersecção do eixo da Ermida com o

---

[1] Rafael Moreira, *Os Jerónimos*, Verbo, Lisboa, 1987.
[2] Em sentido oposto, mas com o mesmo alinhamento, encontramos na margem sul do rio a Torre Velha.

arco da capela-mor.² Diálogo de eixos também estabelecido na época pombalina entre a Igreja da Memória e o quartel pentagonal da Ajuda, fechando-se desta forma o *campo de forças* de Belém.

Única obra dessa grandiosidade a situar-se frente ao mar, a implantação do *Mosteiro de Santa Maria a par de Belém* é no sentido de se impor como obra irradiante do poder real, expressão de uma soberania que aliava aos aspectos económicos e políticos a tarefa da cristianização. Daí o seu desenvolvimento longitudinal e o próprio encadear axial do templo com o dormitório, atitude muito invulgar.

Numa primeira fase houve a preocupação de estabelecer num plano contínuo em relação ao complexo conventual o aglomerado que entretanto se desenvolvia, com a fixação do pessoal ligado à edificação e de pessoas do convento (médico, barbeiro, etc.) Bem perto da capela-mor, mas ainda a nascente da ribeira atrás referida, construíram casa os arquitectos João de Castilho e Jerónimo de Ruão. Casas que evoluiriam por forma a integrarem o Paço dos Duques de Aveiro destruído em 1759. O alargamento do lado norte da Rua de Belém surge assim como prolongamento do plano do mosteiro.

No extremo poente e ao longo da via marginal até Pedrouços, desenvolviam-se os terrenos do Mosteiro. Em frente a eles, durante o segundo quartel do século XVI D. Manuel de Portugal fez edificar sobre o salgado da praia um palácio que depois passou para os Condes de S. Lourenço, o qual com D. João V veio a ser a Quinta Real da Praia. Outras duas moradas apalaçadas surgiram no seguimento deste para o lado de Pedrouços, sendo o primeiro aquele que agora o Estado se propõe recuperar como estalagem integrada no Centro Cultural de Belém. As imagens que dele se conhecem e o existente deixam-nos adivinhar uma pequena mas bela moradia de lazer que terá sido edificada em inícios do século XVII. Eram três palacetes com jardim, muralha, cais privativo e fachada principal virada ao rio, curiosamente separados entre si por valas de água, tendo por único contacto com terra a estrada para Cascais.

É notável que tenha sido o mesmo D. Manuel de Portugal a receber de D. Sebastião em 1576³ autorização para aterrar e ocupar parte da "praia e sallguado" que existia em frente do lugar de Belém, por nele ser "ornamento he nobreza do lugar fazerem-se nelle as ditas bem feitorias." Este facto, confirmado por notícias diversas sobre a ocupação desse espaço (que apenas se realizou em cerca de metade), vem pôr em causa a ideia comum que dá as casa da R. Vieira Portuense como quinhentistas. Na realidade o

---

[3] Torre do Tombo, *Chancelaria de D. Sebastião*, Livro 37, fl. 232 vº e 233.

pitoresco porticado daquela rua é mesmo posterior ao século XVII. Mais importante é o facto de sob a acção de um mesmo personagem terem sido criados *tampões urbanísticos* de protecção e realce das vistas do mosteiro[4].

É bem clara essa intenção quando nos confrontamos com diversos despachos reais que desde o século XVI até ao século XVIII vão da confirmação dessa determinação à ordem directa de demolição de clandestinos ou à proibição de estender roupa na praia em frente ao cenóbio[5]. Com recurso ao documento de doação e a outros foi possível delimitar com precisão a área cedida. Com grande satisfação se verificou que o prolongamento das linhas de mar dos blocos de D. Manuel de Portugal a nascente e poente do Convento se cruzam na normal à porta lateral da igreja, quiçá a mais importante do edifício. De uma forma atenuada encontramos assim um entorno perspéctico que valorizava a escala da fundação manuelina. Mais uma vez se pode verificar como na aparente anarquia do urbanismo português há uma base geométrica sólida e inspirada.

O simbolismo e a beleza do local geraram uma dinâmica que atraiu a aristocracia e em 1727 D. João V comprou seis quintas na zona entre as quais a dos Condes de S. Lourenço. Por outro lado as campanhas de obras de cais e muralhas no rio tinham-se iniciado no segundo quartel do século XVII. Posteriormente, mas também em 1727, fez-se o levantamento da margem norte do rio que veio a estar na base do plano de regularização assinado por Carlos Mardel alguns anos depois.

Uma palavra final para a forma da cobertura de alguns torreões. Quer nos limites dos palácios dos Condes de S. Lourenço e do Correio-Mor, quer no palácio dos Duques de Aveiro haviam pares de torreões com cobertura em forma de pirâmide quadrangular alongada (coruchéus). Tendo sido demolidos na totalidade ficou a sua memória no pequeno palácio existente na Travessa da Praça.[6] É uma tipologia pouco frequente nos edifícios que nos ficaram da época, mas que parece ter sido usada com frequência.

As construções iniciais no espaço onde vai ser construído o Centro Cultural de Belém desempenharam papéis de grande relevo na imagem do monumento dos Jerónimos e apresentavam soluções de grande modernidade para o urbanismo da época. Que esta seja mais uma das condicionantes morais para o bom resultado da intervenção que se vai concretizar.

---

[4] Foi ainda D. Manuel de Portugal que iniciou o complexo que é hoje o Palácio Nacional de Belém.
[5] Por exemplo: Torre do Tombo, *Santa Maria de Belém*, Maço 3, n.º 91 e Maço 2, n.º 27.
[6] Contra o que à primeira vista se possa pensar, é uma obra resultante de um processo moroso e de acrescentos. Coube à *Exposição do Mundo Português* o aperfeiçoamento da sua feição e a alteração da cobertura dos torreões para a forma em coruchéu que hoje apresentam.

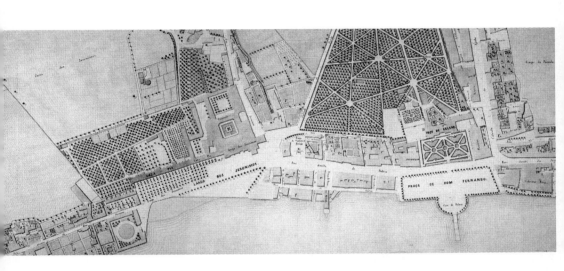

Filippe Folque (dir.), *Belém*, pormenor do *"Atlas da CartaTopographica de Lisboa"*, Lisboa, 1856-1858

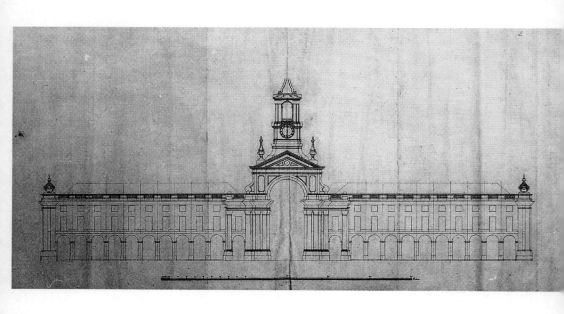
Carlos Mardel, *estudo para a fachada do corpo norte do Terreiro do Paço, Lisboa, pormenor* c.1761, Academia Nacional de Belas Artes, Lisboa

CARLOS MARDEL *

FORA DO CONTEXTO contemporâneo poucos têm sido os historiadores da arquitectura e do urbanismo portugueses a realizar trabalhos dirigidos à especificidade da obra de um arquitecto. Se durante muito tempo o déficit de conhecimentos relativos à história da nossa arquitectura nos impediu de o fazer, a possibilidade actual de, com alguma certeza, cruzar alguns nomes a par com algumas datas e obras, vai-nos permitindo esboçar *curriculæ*, assim se avançando algo imperceptivelmente no conhecimento disciplinar. E não deixa de ser curioso que no meio desta falta de reflexões biográficas, Carlos Mardel tenda a constituir-se numa excepção, pois já despertou o interesse de alguns investigadores de reconhecido mérito.

Em 1955 Flórido de Vasconcelos na sua dissertação de licenciatura apresentada à Faculdade de Letras da Universidade de Lisboa intitulada *Carlos Mardel, elementos para a história da arquitectura portuguesa do século XVIII* legou-nos um avançado ponto de situação relativamente aos conhecimentos correntes sobre a personalidade e a sua obra, tendo ainda publicado o artigo "Carlos Mardel e o Chafariz da Carioca" na revista *Museu* n.º 10, Porto, 1966, pp. 45-54.

Helmut Whöl num artigo publicado no n.º 173 da revista nova-iorquina *Apollo* de Abril de 1973 intitulado *Carlos Mardel and his Lisbon Architecture*, estabeleceu as linhas mestras de uma monografia sobre aquele personagem que então concluir e publicar. De igual importância, mas inserida no contexto de uma obra com outra finalidade, já em 1962 José Augusto França em *Lisboa Pombalina e o Iluminismo* estabelecera uma criteriosa comparação entre os papeis, os contributos e as intervenções de Manuel da Maia,

---

* Comunicação apresentada ao *Congresso Internacional de História da Arte* organizado pela Associação Portuguesa de Historiadores da Arte, o qual teve lugar nas instalações da Fundação Calouste Gulbenkian em Lisboa em Outubro de 1992.

Eugénio dos Santos e Carlos Mardel no processo da reconstrução de Lisboa após o Terremoto de 1755.

Tem sido nesta escassa e um pouco redundante bibliografia, aliás baseada no trabalho quase secular de Souza Viterbo,[1] e nas obras nela referidas que alguns de nós temos encontrado os conhecimentos necessários para uma ou outra aula, referência ou entrada em publicações.

Após um trabalho académico que apresentei há quase dois anos,[2] no decorrer do qual alguns dados menos conhecidos sobre Carlos Mardel se me apresentaram, julguei ser oportuno que dentro do tema geral deste Congresso – *Portugal, encruzilhada de culturas, das artes e sensibilidades* – surgisse um realinhamento dos conhecimentos acerca de um arquitecto que, sendo estrangeiro, se formou/transformou num dos máximos agentes da arquitectura de raiz portuguesa sem ter hipotecado a sua cultura de origem. É essencialmente nesse trabalho que podemos encontrar as referências às provas documentais do que aqui se afirma.

A aproximação à realidade do estatuto profissional e social do arquitecto na Idade Moderna portuguesa realizada nos anos mais recentes, tem-nos vindo a familiarizar com os processos mais correntes da encomenda, de concepção, de ensino, de recrutamento, promoção, cargos, etc. Face a esta terminologia e à cronologia imposta pelos anos em Carlos Mardel viveu em Portugal (c. 1730-1763) estamos, obviamente, em contexto militar.

Não é novidade para ninguém que na história da arquitectura moderna portuguesa ser-se arquitecto junto do Estado e como tal fazer carreira era quase obrigatoriamente sinónimo de se ter uma patente militar. Muito poucos a isto se esquivaram, tendo sido Frederico Ludovice o que mais se destacou, ainda que com muitos *amargos de boca*. Apresenta-se-nos então uma numerosa e anónima fila de profissionais nacionais e estrangeiros arregimentados numa espécie de *Ordem Militar da Arquitectura*.

Por outro lado e por estranho que pareça, desde que com o desempenho de Filipe Terzi e de Leonardo Turriano se tornou razoavelmente clara a estrutura hierárquica dos arquitectos e engenheiros com cargos régios de obras e ensino, nunca até Carlos Mardel estrangeiro algum conseguiu atingir lugares de topo nessa mesma hierarquia.

---

[1] Francisco de Souza Viterbo (1899-1922), *Diccionario historico e documental dos Architectos, Engenheiros e Constructores Portuguezes ou a serviço de Portugal*, 3 vol.s, Imprensa Nacional-Casa da Moeda, Lisboa, 1988.

[2] *Além da Baixa – indícios de planeamento urbano na Lisboa setecentista*, dissertação de Mestrado apresentada à Faculdade de Ciências Sociais e Humanas da Universidade Nova de Lisboa, Lisboa, 1990 (entretanto publicada pelo IPPAR, Lisboa, 1998 em Português e em Inglês).

Ao invés do que à primeira vista poderia parecer, para se afirmar Carlos Mardel não necessitou da oportunidade criada pelo tarefa da reconstrução de Lisboa após o Terremoto de 1755. Durante os vinte anos antecedentes realizou uma vasta obra, da qual se destaca toda a face pública das Águas Livres dentro da cidade: o Arco Triunfal de entrada (sobre a Rua das Amoreiras), a Mãe de Água, o Arco de S. Bento e os primeiros chafarizes com os respectivos e indispensáveis arranjos urbanísticos.

Mas em que se fundamentou a confiança nele depositada para todas essas tarefas em 1745? E para as nomeações de 1747 e 1749 para quase todos os cargos de topo da carreira? Em todas elas Carlos Mardel sucedeu a Custódio José Vieira e como tal a ele pode ser equiparado, tal como ao Padre Francisco Tinoco da Silva e a Filipe Terzi, não tendo, contudo, logrado obter a nomeação como Engenheiro-Mor do Reino que alguém mais velho, mas que lhe sobreviveria, manteve vitaliciamente: Manuel da Maia.[3]

Estas questões só podem encontrar resposta estudando-se com a sistematização possível os antecedentes da sua carreira em Portugal e também, porque não, tentando adivinhar alguns traços da sua personalidade. Para tal ousei estabelecer aquilo que intitulo de "o curriculum possível", ou seja, uma sucessão de entradas que por ordem cronológica alinham os dados conhecidos, incluindo os da sua vida familiar. Este documento base da metodologia usada nesta reflexão sobre aquele arquitecto faz em anexo parte desta comunicação. Por razões de ordem prática nela, tal como no texto que aqui lemos, não distinguiremos entre o que se conhece através da bibliografia e aquilo que agora se corrige e/ou acrescenta. Como já há pouco se disse, parte substancial da *prova* encontra-se feita no meu trabalho já atrás referido.

Carlos Mardel nasceu em Pressburgo (actual Bratislava e capital imperial húngara) por volta de 1695, sendo seus pais Carlos Mardel e Anna Barbara de Sohevaun. As razões e a data da sua vinda para Portugal continuam a ser desconhecidas. Segundo o próprio teria sido o futuro Marquês de Pombal a engajá-lo, mas pensamos que este também pode ser mais um dos frequentes e imaginosos estratagemas de auto-promoção que desde já afirmamos serem frequentes ao longo da sua carreira. O documento que o promoveu a Sargento-Mor de Infantaria em 1735 dá-nos a notícia de já algum tempo estar há ao serviço de D. João V como Capitão Engenheiro e

---

[3] Sobre estas questões dos cargos e hierarquias, apesar do muito que se tem avançado e publicado nos últimos anos, os quadros incluídos na obra de Ayres de Carvalho, *D. João V e a Arte do seu tempo*, 2 vols., edição do autor, Lisboa, 1962, continuam a ser a referência de maiores síntese e acesso.

dá fé de provas documentais em como serviu nas Guerras do Império como capitão, sargento-mor e coronel tendo estado posteriormente em Inglaterra e na Polónia. Nada nos garante que 1733 seja a data exacta da sua chegada o que, talvez por repetição, tem sido dado como seguro.

Significativamente ou não, nos primeiros anos da sua presença em Portugal apenas lhe conhecemos trabalho ao nível da encomenda privada. Duas casas de campo na Junqueira: a Casa das Águias para o Secretário de Estado Diogo de Mendonça Corte Real e uma outra para um dignatário da Sé Patriarcal, Lázaro Leitão Aranha, para quem mais tarde (1742-47) realizaria também o Recolhimento de Nossa Senhora dos Anjos em Santos-o-Velho. Bem perto deste e também no início da sua estada em Portugal, Carlos Mardel integrou-se no já avançado processo de construção do Convento dos Barbadinhos Italianos. Se para ali está documentada a autoria do tecnicamente avançado sistema de abastecimento de água, pouco menos evidente é a sua intervenção em outros aspectos do conjunto, como na própria igreja, nomeadamente na sua frontaria.

De 1735 a 1741 realizou a sua primeira grande obra. Roberto Godin, um técnico têxtil recrutado pela diplomacia joanina também no Império Habsburgo com vista à instalação de uma grande fábrica em Lisboa, por afinidade ou influência alheia terá contratado Carlos Mardel para a projectar. Trata-se do edifício da Real Fábrica das Sedas do Rato ao cabo norte--poente da actual rua da Escola Politécnica. Projectou e edificou também as casas para operários que o continuam na frente para o Largo do Rato até ao arco, marco a partir do qual então se iniciava a rua dos Olivais a S. Bento e onde, contiguamente, construiu a sua primeira e modesta casa, a *Parreira*.

Entretanto iniciou também em Lisboa outra obra de grandes dimensões, a renovação da igreja de S. João Nepomuceno, que hoje apenas conhecemos através de um disforme desenho de Luís Gonzaga Pereira.[4]

Ainda na década de 1730 Sebastião José de Carvalho e Melo e os seus dois irmãos encomendaram a Carlos Mardel o traço para uma primeira fase da nova casa de uma quinta situada em Oeiras, a qual haviam herdado de um tio. Daqui em diante a sede de uma abastada e modernizada casa agrícola iria sendo progressivamente transformada numa *corte de campo*, sempre pelo risco deste arquitecto.[5] Na minha opinião esteve nesta enco-

---

[4] Luís Gonzaga Pereira (1833), *Monumentos Sacros de Lisboa em 1833*, Biblioteca Nacional, Lisboa, 1927.
[5] Não é demais fazer notar que maior poderá ter sido a proximidade de Carlos Mardel à casa do futuro Marquês de Pombal, quando este regressou de Viena casado com uma austríaca e profundamente marcado pela sua estadia junto da corte da Imperatriz-Raínha Maria Teresa.

menda a origem da amizade entre Carlos Mardel e o futuro Marquês de Pombal, que nesta altura e tardiamente emergia de uma infância e juventude obscuras, em breve entrando para a carreira política e diplomática.

No mesmo período e por mera coincidência, perto da propriedade que os Carvalhos possuíam entre as vilas Pombal e de Soure – a *Gramella* – Carlos Mardel interveio na fase (digamos) de correcção do Convento do Louriçal, desenhando pelo menos os enquadramentos para os retábulos da capela-mor e capelas colaterais, bem como os guarnecimentos de alguns vãos.

Da mesma data são as notícias da finalização da construção do Claustro do Convento de Santa Clara-a-Nova em Coimbra, a qual é da sua responsabilidade.[6]

Em 1740 Carlos Mardel adquirira já algum prestígio. Numa clara disputa de afirmação de autoridades o Cardeal da Mota impô-lo como autor da traça para o retábulo da Capela das Onze Mil Virgens de S. Vicente de Fora, estaleiro onde Frederico Ludovice era o arquitecto nomeado pelo rei.

Entretanto Carlos Mardel casara-se com uma cidadã irlandesa e habitava, como atrás disse, no extremo norte da rua de S. Bento, então também conhecida como a "colónia" por nela residir considerável número de estrangeiros. Ao longo da sua vida esta ligação foi permanente ajudando e protegendo alguns e casando-se segunda vez com outra irlandesa.

No quase estrito universo da encomenda particular mostrara já uma invulgar capacidade de resposta e angariação, no que lhe valia uma inquestionável desenvoltura palaciana. Para padrinhos de todos os seus filhos logrou contar sempre com destacadas figuras da Corte, incluindo o futuro rei D. José.

A década de 1740 marcaria a sua afirmação como grande figura da arquitectura do reinado de D. João V, tirando partido do declínio do reinado e do de arquitectos que, como Frederico Ludovice, se tinham talhado para obras de propósito e escala de aparato. Esta fase foi marcada por uma evidente adaptação aos procedimentos metodológicos e hierárquicos da engenharia militar portuguesa. É nesta cronologia que, mesmo antes das comissões em obras das Águas Livres, aparece vinculado à encomenda e serviço régios.

Nesse período surgem também algumas perturbações na sua vida fami-

---

[6] Ainda não é claro em que ponto Custódio Vieira deixou a obra quando morreu, mas é de Carlos Mardel a solução para o piso superior. Alguns dados recentes sobre a questão podem ser encontrados em Horácio Pereira Bonifácio (1992), *Polivalência e contradição*, dissertação de doutoramento apresentada à Faculdade de Arquitectura da Universidade Técnica de Lisboa, Lisboa, 1992.

liar: em 5 de Fevereiro de 1741 morreu a sua primeira mulher, que lhe deixou nos braços um segundo filho; no ano seguinte, a 17 de Outubro, casou pela segunda vez. Aquela filha, Izabel de seu nome, teve um dos primeiros baptismos da recém criada freguesia de Santa Izabel. Carlos Mardel fazia então o traço para a respectiva Igreja Matriz, construção que se prolongaria muito para além da sua vida com ainda hoje aparentes prejuízos para a qualidade final da obra. Desta data é também a construção da Casa das Varandas na Ribeira (Campo das Cebolas), que após os danos causados pelo Terremoto de 1755 reconstruiria em 1761.

Em 1742 foi com Custódio José Vieira encarregado do estudo de uma *marginal* para a cidade, a qual ligaria o Paço da Ribeira às Quintas que D. João V comprara em Belém em 1727. A apresentação do conhecido *Plano do Cais Novo de Pedrouços ao Cais de Santarém* ocorreria apenas quatro anos mais tarde e sem a assinatura de Custódio José Vieira, que entretanto adoecera gravemente. Trata-se de um bem conhecido e muito maltratado desenho de 2,86 metros de comprimento, que está guardado no Arquivo do Ministério das Obras Públicas, o qual que terá tido como base o levantamento, provavelmente realizado Custódio Vieira, recentemente descoberto num restaurante da cidade e posto à guarda do Museu da Cidade de Lisboa.

É um projecto que, a par com o empreendimento das Águas Livres, evidencia a crescente preocupação do poder régio com o futuro da cidade, ou seja, trata-se de um dos mais claros indícios de um planeamento urbano pré-pombalino que enunciei há cerca de dois anos na minha dissertação de mestrado e que, em particular, fundamenta a hipótese avançada por Manuel da Maia de construir em Belém uma nova Lisboa. Apenas alguns troços foram concretizados. A espectacular e laboriosa regularização da foz da Ribeira de Alcântara, que previa a reinstalação dos estaleiros navais e do arsenal da Ribeira de Lisboa, não teve, infelizmente, expressão material, tal como a frente urbana *"com ruas tiradas ao cordel, com casas de estructuras uniformes."*[7] Da mesma data e equipa (Custódio Vieira e Carlos Mardel) é o projecto para a reconstrução do Cais da Pedra destruído por um temporal na noite de 12 de Janeiro de 1742.

Em jeito de parêntesis, refira-se como a Carlos Mardel eram por certo reconhecidas capacidades no âmbito da hidráulica portuária, pois em 1756, precisamente quando passou a ter uma absorvente participação no planeamento da reconstrução e reordenamento de Lisboa, foi solicitado a dar

---

[7] Eduardo Freire de Oliveira, *Elementos para a História do Município de Lisboa*, vol. XIV, Câmara Municipal de Lisboa, Lisboa, p. 104.

instruções para a fixação e regularização da Barra do Porto de Aveiro, desenho à guarda do Museu de Aveiro que por si só prova que nunca lá se deslocou.

Em 1743, enquanto trabalhava no Recolhimento de Nossa Senhora dos Anjos em Santos-o-Velho, recebeu ordem para adaptar o antigo Forte da Torre Velha da Trafaria (mais propriamente em Porto Brandão) a Lazareto de Lisboa.

Já em 1745 vemos confirmada a trajectória ascendente da sua carreira com a nomeação para director da Obra das Águas Livres, o segundo maior estaleiro joanino e talvez o cadinho mais directo do fenómeno pombalino da Casa do Risco das Obras Públicas. Definidos todos os aspectos relacionados com a captação e condução da água a Lisboa, bem como a localização dos pontos de distribuição, tarefas sabiamente desempenhadas, entre outros, por Manuel da Maia e que mais uma vez indiciam o já referido planeamento pré-pombalino, encarregou-se um arquitecto com vocação artística já demonstrada e alguns conhecimentos de hidráulica da realização das respectivas peças de aparato, ou seja, a obra *luzente*.

É bem conhecido o que Carlos mardel fez no âmbito da obra das Águas Livres. O espaço disponível não me permite abordar tão extensa matéria, ainda que a sua presença seja essencial para o conhecimento cabal da personalidade e obra de Carlos Mardel. Em 1746 e em ligação com este cargo traçou também para o Rio de Janeiro o conhecido Chafariz do Carioca. Para a mesma cidade desenharia ainda em data que desconhecemos a catedral hoje desaparecida, mas em tudo idêntica à de Salvador, esta da autoria de José António Landi.

Entre 1747 e 1749 foi sucessivamente nomeado, a título vitalício, arquitecto do Mosteiro da Batalha, da Província do Alentejo, da Casa de Bragança e dos Paços Reais da Ribeira, de Sintra, de Almeirim e de Salvaterra, arquitecto das Ordens Militares de S. Tiago e de S. Bento de Avis e das Fortalezas da Barra e do Castelo de S. Jorge de Lisboa. É possível que por esta altura também tenha sido nomeado Mestre da Aula do Paço. A única função em que não sucedeu a Custódio José Vieira foi a de Arquitecto Real (a partir daqui o cargo desapareceu), talvez para não ferir susceptibilidades como a do seu rival Frederico Ludovice que uns anos depois e em fim de carreira recebeu algo honorificamente o título de Arquitecto-Mor do Reino.

No desempenho de todas estas funções tenho por provadas as intervenções de relevo na igreja de S. Bento de Avis, na reconstrução da Matriz e Casa da Câmara e Cadeia de Ourém após o Terremoto de 1755, na recuperação e ampliação em 1759 do Paço da recém confiscada (aos Távoras) Quinta Real do Pinheiro (Alcácer do Sal) e no desenho, também dessa cronologia, da praça fronteira à Capela do Paço de Salvaterra, onde, para além de intervir no desaparecido Palácio, construiu um bloco destinado às "comediandas" e a Casa da Câmara e Cadeia.

Também de 1759, mas resultante de uma amizade e comunhão de gosto que temos o desejo, mas não a possibilidade e o ensejo, de aqui provar, é a intervenção na Quinta da Gramella (Pombal) do recém titulado Conde de Oeiras, realizando as novas dependências agrícolas e a capela que ainda hoje se conservam e uma fábrica de chapéus de que o Arquivo do Ministério das Obras Públicas guarda a planta. Em resumo, pode-se dizer que praticamente todos os edifícios do vasto património de Sebastião José de Carvalho e Melo construídos durante a vida de Carlos Mardel foram por ele projectados.

E com isso ultrapassámos a rendição entre os reinados de D. João V e de D. José I em 1750, a sua promoção a Tenente-Coronel em 1751, o seu projecto não concretizado e datado de 1754 para o novo edifício do Colégio de S. Paulo em Coimbra[8] e o projecto e construção da casa que em 1758 passou a habitar junto à torre sineira da Igreja Matriz de Santa Izabel. Esta casa, ainda existente apesar da degradação formal que os serviços do Ministério das Obras Públicas que nela funcionam lhe foram impondo, demonstra a grandeza relativa em que Carlos Mardel se [man]tinha: lojas, pátio de seje, andar nobre para si, a sua mulher, a sua sogra e os seus sete filhos e piso para serviçais, que sabemos serem seis para além do boleeiro. Muitos dos desenhos e despachos ali foram realizados.

Tal como atrás se disse a propósito do desempenho na obra das Águas Livres, também as tarefas desempenhadas na reconstrução de Lisboa após o Terremoto de 1755, são aqui omitidas pela falta de espaço e pelo conhecimento generalizado que sobre elas existe. Contudo chama-se a atenção para o facto de ser possível dizer, de uma forma bastante simplista, que apesar de uma colaboração estreita com Eugénio dos Santos, Manuel da Maia incumbiu Carlos Mardel essencialmente do desenvolvimento dos planos de expansão, nomeadamente para Ocidente (Palácio Real e Bairro de Buenos Aires/S. João dos Bem-Cazados, Bairro das Águas Livres, Largo do Rato, navegabilidade da Ribeira de Alcântara, etc.), ao invés de Eugénio dos Santos essencialmente responsabilizado pela Baixa.

No entanto, em 1760 por morte de Eugénio dos Santos coube a Carlos Mardel a direcção da Casa do Risco e das obras da cidade Baixa, realizando algumas modificações no plano geral, projectando de novo e introduzindo

---

[8] Torre do Tombo, Papéis do Ministério do Reino, maço 519.

alterações na arquitectura de alguns conjuntos como a Praça do Rossio e a Praça do Comércio, respectivamente. E como se sabe, o plano definitivo para a reconstrução da Baixa surge assinado por ambos e não apenas por Eugénio dos Santos, apesar de inicialmente ter sido este quem dele foi encarregue por Manuel da Maia.

Em 1762 Carlos Mardel foi promovido a Coronel, vindo a morrer ano e meio depois na sua casa junto a Santa Izabel. Foi no dia 8 de Setembro de 1763.

À arquitectura portuguesa trouxera renovada frescura sem a descaracterizar, não sendo possível duvidar que muita da sua formação como arquitecto se fez em Portugal e no período que antecedeu a sua entrada para a direcção da Obra das Águas Livres. Nota-se na obra, no desenho, no traço, nas cores, na própria evolução da assinatura... Ali fez o tirocínio que o iniciou nos princípios matriciais da arquitectura portuguesa. Houve, com efeito, um Mardel ante Águas Livres e um Mardel pós Águas Livres, sendo o primeiro ainda difícil de definir dada a inexistência de estudos dirigidos a cada objecto.

Tudo leva a crer que Carlos Mardel não teve contacto directo com obras do barroco romano, conhecendo-o por certo através de realizações regionalizadas e, eventualmente, por reproduções e transmissão oral. Este aspecto explica a extraordinária versatilidade e heterogeneidade da sua obra, também o seu arcaico classicismo.

Penso ter assim deixado provada a possibilidade de a partir deste curriculum se poder realizar uma monografia sobre Carlos Mardel com um interessante grau de desenvolvimento. Se pegarmos em tudo isto com alguma vontade e imaginação e lhe juntarmos uma apurada análise formal e morfológica dos desenhos e das obras, decerto que muitos segredos se desvendarão e muitos equívocos da História da Arquitectura Portuguesa serão desfeitos.

Não pretendo candidatar-me a tal tarefa, mas avanço desde já com algumas ideias que, espero, não esgotem a vossa paciência. São pontas soltas de generalizações resultantes de análises com maior ou menor atenção a algumas das obras atrás referidas. Procuram não repetir valiosas achegas dispersas na bibliografia que já se indicou e da qual se destaca *Lisboa Pombalina e o Iluminismo* de José Augusto França.

O frontão sobre um corpo do edifício da Fábrica das Sedas é um dos primeiros em edifícios não religiosos em Portugal. São efectivamente muito raros e num breve esforço apenas me lembrei da quinhentista Casa do despacho da Misericórdia de Viana do Castelo e do setecentista Seminário de Coimbra, não propriamente edifícios civis. Cronologicamente imediato é o do Palácio do Marquês de Pombal em Oeiras, bem como o da casa de Lázaro Leitão Aranha na Junqueira, o dos Arcos das Amoreiras e de S. Bento e ainda os de alguns chafarizes, especialmente o das Portas de Santa Catarina. Para além desta constatação, verifica-se uma grande semelhança entre os primeiros e o da Fábrica das Sedas. O triângulo é ligeiramente mais alto que o do frontão de proporção clássica que, aliás Carlos Mardel, viria a usar mais tarde nas obras das Águas Livres; o uso dos fogaréus para seu adorno é feito com hierarquia; o espaço interior é usado para inserir o brasão; o trabalho dos frisos tem igual sobriedade, estrutura e correcção; a ligação às pilastras é feita de forma idêntica.

Não posso deixar de fazer notar o facto de Carlos Mardel ser um profícuo utilizador do frontão triangular, em muitos casos com um desenho e adornos próximos dos destes exemplos, sempre em situações civis onde foi quase regra a necessidade de introduzir a menção ao proprietário ou promotor que surge de dentro do frontão, como os brasões da Fábrica das Sedas e do Paço de Oeiras, só que em *cartela laudatória*, que, por necessidade de espaço, rompe o frontão suspendendo-se do seu interior. A forma triangular pura, recortada contra o vazio, deveria ser um dos seus temas favoritos, pois não me parece ser exagero afirmar que foi ele quem em Portugal valorizou o uso da água-furtada de recorte triangular como elemento determinante na composição das fachadas. Ornamentou também os seus telhados de dupla água da Lisboa pós-Terremoto com esses elementos, subtilmente pousados com um acompanhamento de aletas em tudo semelhante aos lanternins do aqueduto e chafarizes das Águas Livres e à composição do alçado da igreja do Convento dos Barbadinhos Italianos. Também em Coimbra, no Claustro de Santa Clara, revelou o enorme prazer compositivo que esta forma clássica lhe proporcionava. O uso que dele faz é de facto dentro da pureza clássica, não lhe introduzindo corrupções maneiristas ou barrocas de qualquer ordem.

Outro valor extremamente importante nos seus edifícios é o ritmo introduzido nas fachadas. O tema da estruturação do alçado principal com um corpo central e dois terminais ligados por outros mais baixos já não era novo em Portugal. Baltazar Álvares, para citar exemplos fisicamente próximos, usou-o no Convento das Trinas do Rato, no Noviciado Jesuíta da Cotovia e no Mosteiro de S. Bento, sendo curioso que Carlos Mardel tenha intervido nos dois primeiros. Contudo, o seu uso restringia-se a um só plano de fachada e era assumido por pilastras mais ou menos proeminentes. Foi mais uma vez Mardel quem *dobrou a pilastra* e introduziu a vibração através dos volumes e não no plano, o que se verifica no Paço de Oeiras, na Fábrica das Sedas, na Casa de Lázaro Leitão Aranha e, de certa forma, no Recolhimento dos Anjos. O mesmo intentou nos primeiros desenhos para o Rossio.

O uso de formas com proporções geométricas de 1 ou de $\sqrt{2}$, que em casos posteriores se vem a resumir no uso da fórmula $1 + \sqrt{2}$, é patente em todas as obras em que tivemos oportunidade de o verificar. Tais são os casos precoces da Fábrica das Sedas e do palácio da Junqueira o que não deixa de ser significativo. Igual sucede no lote tipo do Bairro das Águas Livres. O uso destas regras de proporcionalidade já se fazia entre nós há muito, contudo menos obsessivamente. O caso limite veio a acontecer em Vila Real de Santo António com Reinaldo Manuel, onde tudo se pode resumir à regra $1 + \sqrt{2}$, conforme o provou José Eduardo Horta Correia.[9]

Como corolário deste interesse mardeliano pela ritmia da composição volumétrica e, por arrastamento, dos alçados, devemos aqui deixar referenciada a constatação da existência de uma rígida estrutura modular e de relações formais e matemáticas nos volumes do edifício da Fábrica das Sedas, o que estudei em trabalho já atrás referenciado. Com efeito Carlos Mardel parece ter reintroduzido no seio da arquitectura (utilitária) portuguesa o gosto pelos jogos de simetria a partir de eixos hierarquicamente subordinados com possibilidade de relações múltiplas. Dessa forma conseguiu animar os alçados excessivamente urbanísticos da tradição militar nacional, sem perturbar a hegemonia do espaço-rua na concepção urbana pombalina.

Voltando à Fábrica das Sedas e deixando para trás diversas questões onde avultaria, por exemplo, o desenho e nervuras da porta principal, destaco a questão dos telhados e do beirado. Tem-se por *ex-libris* de Carlos Mardel o telhado de dupla água que ali não ocorre. Estamos perante o domínio da funcionalidade e esta não requeria para o edifício um sótão, que obviamente teria dimensões mais acanhadas e mais deficiente ventilação e iluminação. Outros edifícios de sua autoria também de mero carácter funcional, como o Recolhimento de Santos, a fábrica de chapéus da Gramella, os do Bairro das Águas Livres, os de Salvaterra e até mesmo o Paço da Quinta Real do Pinheiro não apresentam esse tipo de solução na cobertura. Já no beirado encontramos o tipo de cornija que usou quase universalmente.

A rarefacção dos programas e a violenta transformação que quase todas

---

[9] José Eduardo Horta Correia (1984), *Vila Real de Santo António – urbanismo e poder na política pombalina*, dissertação de Doutoramento apresentada à Faculdade de Ciências Sociais e Humanas da Universidade Nova de Lisboa, Lisboa, 1984 (entretanto publicada pela FAUP).

as suas obras têm sofrido tornam difícil, para já, uma leitura geral das suas concepções espaciais. Só na Mãe de Água das Amoreiras, também ela não correspondendo inteiramente ao que projectou, e nas igrejas podemos realizar uma primeira abordagem. Na arquitectura religiosa, da qual até aqui era dado como afastado, para além das capelas dos diversos palácios devíamos observar com muito cuidado a sua intervenção em Santa Izabel, em S. João Nepomuceno, na Cartuxa de Laveiras (Caxias), em S. Bento de Avis, na Matriz de Ourém, nos Barbadinhos Italianos, no Louriçal, em S. Domingos de Lisboa e na desaparecida Catedral do Rio de Janeiro.

Quando a concepção espacial lhe coube na totalidade, o resultado são espaços estreitos, alongados e altos, numa proporção estranha à nossa arquitectura, mas na expressão clara da nossa *plain-box chuch* exumada por George Kubler,[10] alternativa à também lusa igreja-salão (para Mardel seria *hallenkirche*), que todos já lemos na Mãe de Água das Amoreiras. Superfícies nuas e frias, rasgadas por vãos cujo adorno é mais uma colagem que um elemento morfológico da parede, tal como nos arcos e portais de toda a sua obra.

Aspecto também curioso é a introdução por Carlos Mardel em Portugal de vãos (normalmente janelas ou bandeiras) de ombreiras oblíquas e verga ligeiramente curva, que muito provavelmente conheceu da obra de Fisher von Erlach e em especial numa sua igreja em Salzburgo. Assim são alguns dos vãos da Igreja de S. Bento de Avis e do portal do Convento de Santa Clara-a-Nova em Coimbra, tal como os que existiram no conjunto edificado na década de 1740 pelos Oratorianos na Quinta de Campolide, hoje totalmente desaparecidos. Assim são os vãos da magnífica igreja do Senhor Jesus do Outeiro em Alter do Chão, que não apenas por essa razão ouso atribui-lhe.[11]

Para terminar e a par com esta referência a uma parte de obra que, pela ignorância e pelo carácter fundamentalmente utilitário dos seus programas, tem vindo a ser destruída, lanço como desafio a tarefa de promover a classificação preventiva de alguns destes objectos, pela razão fundamental de todos os podermos estudar e admirar no quadro daquilo que é bem português na arquitectura então feita em Portugal.

---

[10] George Kubler (1972), *Portuguese Plain Architecture, between spices and diamonds, 1521-1706*, Wesleyan University Press, Middletown, 1972.

[11] Esta igreja faz parte de um vasto planos de obras que parecer ter sido levado a cabo após a passagem de D. João V ao Alentejo na oportunidade da troca das princesas no Caia. Trata-se de uma intuição que ainda não tive oportunidade de testar. Note-se que Carlos Mardel era o arquitecto das Ordens Militares que detinham o senhorio de uma considerável área daquela província.

O CURRICULUM POSSÍVEL

Neste espaço pretende-se que de uma forma resumida fique cronologicamente estabelecido o percurso da vida e obra de Carlos Mardel.

Procedeu-se assim à ordenação cronológica dos dados conhecidos, alguns deles praticamente inéditos. Por razões de natureza prática e relacionadas com o âmbito desta comunicação, não se incluíram os desempenhos na obra das Águas Livres, na reconstrução de Lisboa após o Terremoto de 1755 e no plano de expansão poente da cidade, por ser grande a lista e do domínio comum através das monografias e catálogos de exposições que trataram cada uma dessas matérias.[12]

Alguns dos dados pessoais foram recolhidos em declarações feitas pelo próprio que nem sempre coincidem com rigor, embora a maior parte se baseie em registos paroquiais. Já no que diz respeito à progressão na carreira, as fontes encontram-se devidamente referenciadas nas obras aqui citadas, consistindo essencialmente em autos existentes na documentação relativa ao Conselho de Guerra existente na Torre do Tombo.

1695(c.) – nasceu em Modra,[13] nas imediações de Pressburgo, e foi baptizado nesta cidade banhada pelo Danúbio e capital Húngara durante o Império Habsburgo (actual Bratislava, a capital da Eslováquia); filho de Carlos Mart(d?)el e de Anna Barbara de Sohevaun;

1733(c.) – data provável da chegada a Portugal; segundo o próprio veio a convite do futuro Marquês de Pombal após ter participado nas Guerras do Império e estado na Polónia e em Inglaterra;[14] provou documentalmente as suas patentes no exército imperial como Capitão, Sargento-Mor e Tenente Coronel;

---

[12] Para além das obras já citadas destaquem-se ainda: *Lisboa e o Marquês de Pombal* [catálogo da exposição], Museu da Cidade, 3 vols., Lisboa, 1982; Joaquim de Oliveira Caetano (1990), "*Carlos Mardel*" in *D. João V e o abastecimento de água a Lisboa* [catálogo da exposição], vol. I, pp. 90-91, Câmara Municipal de Lisboa, Lisboa, 1990; José Eduardo Horta Correia, "Carlos Mardel" in *Dicionário da Arte Barroca em Portugal*, pp. 280-83, Editorial Presença, Lisboa, 1990.

[13] É complicado estabelecer com acerto as verdadeiras localidades estrangeiras referidas nos Registos Paroquiais. O mesmo sucede, aliás, com os nomes. Sempre que possível anotamos as várias hipóteses. Neste caso tanto aparece *Morden* como *Moclern* ou *Modlern*. Para os Serviços Culturais da Embaixada Checo-Eslovaca *Modra* é a localidade em causa.

[14] Nenhum dado concreto nos confirmou as suspeitas de uma passagem por França. Esta notícia tem por base uma interpretação abusiva de Sousa Viterbo na sua obra já aqui citada (vol. II, p. 132, vol. II, p. 457 e vol. III, p.367), com base no processo de habilitação à Ordem de S. Tiago do Coronel Saint-Martin. Neste processo como testemunha Carlos Mardel confirma todas as declarações do candidato, incluindo a de ser natural de Montpellier, bem como os progenitores que bem conhecera, sem nunca referir ter lá estado. Diz, isso sim, que fora ele o responsável pela

– entrou para o corpo dos engenheiros militares com a patente de Capitão Engenheiro;
– apesar do que tem sido dito, nada indicia a sua entrada para o Obra das Águas Livres, onde só é referenciável em 1745;

1733(c.)/39 – período de intervenção na obra do Convento dos Barbadinhos Italianos e da respectiva igreja, cuja padroeira era Nossa Senhora da Porciúncula; o conjunto teve o seu início em 1720; a autoria do sistema de abastecimento de água está documentada;

1734/43 – processo de construção do Palácio de Lázaro Leitão Aranha na Junqueira; os torreões apenas foram concluídos na década de 1750;
– processo de construção da Casa das Águias para Diogo de Mendonça Corte Real, também na Junqueira;

1735 – em 9 de Julho foi promovido a Sargento-Mor de Infantaria;
1735/41 – projecto e construção do edifício da Real Fábrica das Sedas do Rato na actual rua da Escola Politécnica; foram também edificadas as casas contíguas ao corpo norte e que constituem o limite sul do Largo do Rato;

1737 – reconstrução da Igreja de S. João Nepomuceno;
1737/40 – intervalo provável para a data do traço para uma primeira fase da construção do Palácio de Sebastião José de Carvalho e Melo e dos seus dois irmãos em Oeiras; a partir daqui todas as intervenções continuaram a ter a sua mão;
– primeiras notícias da construção do Claustro do Convento de Santa Clara-a-Nova em Coimbra, que lhe anda atribuído;

1739 – a 27 de Fevereiro nasceu o filho Diogo que foi baptizado em 7 de Março; era filho da sua primeira mulher, Margarida O'Keiffe (ou O'Keeg), uma Irlandesa de Mixchdoun (Mitchelstown perto de Cashel) com quem casou na Igreja de S. Paulo de Lisboa; nesta data habitava na Casas da Parreira ao Rato;[15]

---

entrada de Saint-Martin ao serviço de D. João V em 1740. Foi o próprio Sousa Viterbo que em "Carlos Mardel – novos apontamentos para a sua Biographia", Separata do IV volume do *Anuário da Sociedade dos Arquitectos Portugueses*, Lisboa, 1909, deixou a evidência de na carta de patente que o integrou no serviço do rei, Saint-Martin declarar ser alemão, serem seus progenitores das famílias Sant-Marten e Goldren e ter estado nas Guerras do Império ao serviço do rei católico!
[15] No sítio do bloco onde hoje está a Papelaria Fernandes.

– retábulos das capelas mor e colaterais e guarnecimento de vãos numa renovação da igreja do Convento do Louriçal, perto de Pombal;

1740 – traça para o retábulo para a Capela das Onze Mil Virgens de S. Vicente de Fora por designação do Cardeal da Mota;

1741 – a 5 de Fevereiro morreu Margarida O'Keiffe Mardel por complicações surgidas com um parto;
– a 14 de Maio foi baptizada a filha Izabel;
– traço para a igreja Matriz da recém-criada freguesia de Santa Izabel;
– construção da Casa das Varandas an Ribeira de Lisboa, cuja atribuição a Carlos Mardel não é segura; foi reconstruída em 1761;

1742 – a 17 de Outubro casou com Anna Ignacia Ferral, natural de Dublin e criada da Rainha;
– início do estudo para o plano do Cais Novo de Pedrouços ao Cais de Santarém, em que terá colaborado com Custódio José Vieira; seria apresentado por Carlos Mardel em 1746;
– projecto de reconstrução do Cais da Pedra, integrado no projecto global do Cais Novo;
1742/47 – Recolhimento de N.ª Sr.ª dos Anjos em Santos, por encomenda de Lázaro Leitão Aranha;

1743 – adaptação da Torre Velha (Porto Brandão) a Lazareto de Lisboa;
– a 15 de Outubro nasceu o filho António, que foi baptizado em 20 de Novembro;

1744 – a 16 de Outubro nasceu cego o filho Guilherme, que foi baptizado em 20 de Dezembro com os mesmos padrinhos do seu irmão António, entretanto falecido;

1745 – assumiu a direcção da Casa das Águas Livres;

1746 – a 2 de Maio foi encarregado do desenho do Chafariz do Carioca para o Rio de Janeiro (em data por apurar projectou também a já desaparecida catedral daquela cidade em tudo semelhante à do Recife da autoria de José António Landi);

1747 – por morte de Custódio José Vieira, em 22 de Fevereiro foi nomeado arquitecto do Mosteiro da Batalha, da Província do Alentejo, da Casa de Bragança e dos Paços da Ribeira, Sintra, Almeirim e Salvaterra de Magos; é possível que por esta data também tenha sido nomeado Mestre da Aula do Paço;

1748 – a 27 de Julho nasceu o filho José Carlos que foi baptizado em 21 de Agosto tendo sido padrinhos (por procuração) o futuro Rei D. José e a mulher deste;

1749 – em 22 de Maio foi nomeado arquitecto das Ordens Militares de S. Tiago e S. Bento de Avis e das Fortalezas da Barra e do Castelo de S. Jorge de Lisboa; neste âmbito teve intervenção de relevo na igreja de S. Bento dos Freires de Avis;

1751 – em 20 de Abril foi promovido a Tenente-Coronel de Infantaria;

1752 – a 5 de Março nasce a filha Francisca Xavier;

1754 – projecto de um novo edifício para o Colégio de S. Paulo em Coimbra; o primeiro relatório é de 1752;

1756 – a partir do início do ano passa a estar oficialmente incumbido de trabalhos na reconstrução, renovação e expansão de Lisboa; – projecto para a regularização da barra do porto da vila de Aveiro; 1756/60 – intervalo em que terá realizado os projectos para Salvaterra (definição da praça com a construção do bloco de instalações para o pessoal – entre outros as "commediandas " – e da Casa da Câmara e Cadeia);

1758 – habita a casa que projectou e construiu para si junto à Igreja de Santa Izabel; tem ao seu serviço seis criados e um boleeiro de sege;
– em 27 de Setembro nasceu a filha Leonor ;[16]

---

[16] Como vemos Carlos Mardel teve uma prol alargada, sendo-nos impossível datar o nascimento da filha Maria Joaquina. Outro aspecto curioso é o facto de por padrinhos os seus filhos contarem, para além do rei, com os futuros Marqueses de Pombal, D. Luíz da Cunha, Diogo de Mendonça Corte Real, Marco António de Azevedo Coutinho, os Condes de Soure e de Villa Nova, D. Anna de Lorena (Camareira-mor) e outras figuras destacadas do poder, todas curiosamente ligadas ao início da carreira política do futuro Marquês de Pombal.

1759 – durante este ano são lançadas por Manuel da Maia todas as medidas relativas à expansão para ocidente da cidade, nomeando Carlos Mardel para todas as tarefas de chefia (regularização do Largo do Rato, balizamento da área destinada ao Paço Real e bairros adjacentes, projecto e construção do Bairro das Águas Livres, etc.); terá também sido neste ano que Carlos Mardel esboçou o projecto do nunca realizado Paço Real;
– projecto e construção da Fábrica de Chapéus na Quinta da Gramella, a propriedade de Carvalho e Melo perto de Pombal; reforma da casa com a construção da capela e anexos agrícolas;
– projecto e início da transformação e aumento do Paço Real da Quinta do Pinheiro frente ao Sado;

1760 – nomeado para a direcção da Casa do Risco das Reais Obras Públicas por morte de Eugénio dos Santos;
– adaptação do edifício do Noviciado da Cotovia a Colégio dos Nobres;

1761 – construção da portaria do Convento de Santa a Clara-a-Nova em Coimbra;

1762 – em 11 de Março foi promovido a Coronel;

1763 – morreu em 8 de Setembro na sua casa junto à Igreja de Santa Izabel.

Filippo Juvarra, *pensiere para o novo Palácio Real e Igreja Patriarcal no Terreiro do Paço*, (Lisboa), 1717, Musei Civico, Turim

EPISÓDIOS DA EVOLUÇÃO URBANA DE LISBOA ENTRE A RESTAURAÇÃO E AS INVASÕES FRANCESAS *

QUALQUER REFLEXÃO acerca do *tempo longo* de transformação da cidade de Lisboa durante o Antigo Regime acaba por nos fazer recuar ao desabafo de Francisco d'Holanda em *Da Fábrica que Falece à Cidade de Lisboa* de 1571. Face à desilusão que progressivamente substituía o entusiasmo do período de ouro dos *descobrimentos*, registou em memorando aquilo que urgia reformar e/ou fazer de novo na cidade para que ela entrasse na modernidade: fortificações, paço real com parque, abastecimento de água, pavimentação e redimensionamento de ruas, construção de pontes e de cais, monumentos, igrejas, etc. Na prática todos estes itens haviam sido objecto de intenções, estudos e, em alguns casos, esboços de obra. Já com D. Manuel I haviam sido introduzidas alterações de fundo na estrutura da cidade ficando organicamente estabelecidos alguns dos seus vectores principais de crescimento – ao longo rio para montante e jusante, para norte pelo festo da Cotovia e pelos vales de Valverde e Anjos. Com a dominação filipina houve uma evolução significativa, nomeadamente ao nível da sistematização técnica daqueles problemas, por forma a que muito do que se veio a fazer posteriormente assentou em estudos realizados nesta época. O abastecimento de água e as obras de fortificação são exemplos que de imediato saltam à vista. A imagem de dignidade e notoriedade do Paço Real da Ribeira transmitida à história resulta das amplas reformas a que foi submetido pelos reis da Casa da Áustria.

Apesar de tudo, Lisboa à data da *Restauração* da independência (1640) continuava a merecer os reparos feitos por d'Holanda. Permanecia sem

---

* Texto de Abril de 1994 encomendado e publicado pela revista *Rassegna*, n.º 59, ano XVI, Editrice CIPIA, Bologna, Setembro de 1994, pp. 28-43. Além de publicado na edição especial em Português, nas edições habituais em Italiano e em Inglês daquela revista surgiu com os títulos "Il terremoto del 1755: una città sotto il segno della ragione" e "The 1755 Earthquake: A Town under the Sign of Reason," respectivamente.

uma dinâmica de reestruturação urbana e sem a definição de uma política de crescimento. À explosão demográfica de seiscentos – 60.000 hab. inícios século XV, 80.0000 hab. inícios século XVI, 113.000 hab. em 1620 – sucedera a densificação e a expansão da cidade que se fazia fundamentalmente ao longo dos eixos principais de acesso, continuando os largos ou praças junto das portas da muralha medieval a funcionar como as verdadeiras entradas na cidade. Aquela expansão era em grande parte devida à instalação de um elevado número de casas religiosas e à ampliação de outras o que contribuiu para uma equívoca consolidação, continuidade e extensão do tecido urbano. Paralelamente foram muitas as obras de construção, renovação e ampliação de capelas e igrejas. Igual acontecia com as casas da nobreza que tendencialmente se implantavam junto às portas da cidade. Ampliava-se no terreno de forma orgânica uma malha que só por dois momentos na história fora racionalmente implementada – na reforma urbana provocada pela romanização (Augusto/século I?) e na implantação do Bairro Alto.

Para um país envolvido numa guerra (1640/68) as prioridades da intervenção urbanística iam para a defesa. D. João IV promoveu um plano de defesa que para além de incluir um sistema de protecção da entrada da barra preconizava a construção de uma muralha que cingisse a cidade em todo o seu perímetro. O plano foi elaborado em 1650 pelos engenheiros Charles Legarte (francês), Jean Cosmander (belga) e Jean Gilot (holandês e o mais influente). Preconizava uma linha defensiva por terra de 32 baluartes que partia pelo vale de Alcântara e fechava a cidade pelo norte com o percurso compreendido entre o Arco do Carvalhão, Palhavã, S. Sebastião da Pedreira e Alto de S. João, inflectindo depois para sul, encontrando-se com o rio na Cruz de Pedra. Em toda a frente urbana do rio uma linha de baluartes encerrava o perímetro. As obras iniciaram-se dois anos depois e delas resultou o baluarte do Sacramento em Alcântara (desaparecido) e uma série de parapeitos e entrincheiramentos sobre a ribeira até ao Alto do Carvalhão. Seguir-se-ia meio século depois o baluarte do Livramento às Necessidades. A porta e a ponte de Alcântara foram construídas entre ambos. No outro extremo da cidade iniciara-se o baluarte de Santa Apolónia, 100 m a norte de um primeiro junto ao rio, o da Cruz da Pedra. Em 1656, por influência do Marechal Schomberg que verificava a impossibilidade material de completar o empreendimento em tempo útil, Gilot delineou outra linha defensiva desta feita com um perímetro muito mais reduzido, sendo 16 o número de baluartes previstos. Nunca foi adoptada.

A paz com a Espanha e a débil situação económica retardaram a obra, mas no final do reinado de D. Pedro II a ideia ressurgiu através de uma reformulação do primeiro projecto de Gilot feita por engenheiros portugueses. É a *Planta da cidade de Lisboa no tocante à sua fortificação e emendas nella propostas e acentadas pe.los eng.os Francisco Pimentel & M.el Mexia da Silva & M.el Az.do Fortes & Ant.º Velho de Az.do & M.el do Couto & M.el Pinto de V.ª Lobos na ultima vistoria que por ordem de sua magestade que deus guarde se fez no ano de 1700*. Aqui foi adoptado definitivamente o perímetro do projecto de 1650, o mais lógico em termos topográficos, o mais inteligente no que diz respeito às perspectivas de crescimento e reforma da cidade. Em tempo de paz a ideia da fortificação de Lisboa continuava a ser uma preocupação permanente, prolongando-se as obras até durante o reinado de D. José I. O sistema defensivo da capital montado como resposta à terceira Invasão Napoleónica (1810/1) contou com estas estruturas.

A importância do traçado destas muralhas advém do facto de ele delimitar uma área que na sua totalidade apenas veio a ser ocupada há algumas décadas. A primeira *Estrada de Circunvalação* de Lisboa (1849) mais não foi que a consagração do percurso interior à virtual linha defensiva como eixo viário estruturador e definidor do limite urbano oitocentista. A extensão do território abrangido não se explica apenas pela escolha de uma linha de topografia mais vantajosa, mas também através de claros indícios da existência de ideias acerca do desenvolvimento da cidade. Manuel da Maia, o engenheiro militar a quem couberam no século XVIII as definições estratégicas do desenvolvimento urbano de Lisboa mais marcantes – Aqueduto e Reforma Pombalina – fez o seu tirocínio como engenheiro nas obras de fortificação a partir de 1702. Durante a sua carreira pugnou pelo estabelecimento de medidas de protecção às zonas para onde se previa a construção das muralhas. Das primeiras medidas legislativas de excepção que se seguiram ao Terremoto uma foi a proibição de construções além da linha prevista para a fortificação.

Foi também a partir do reinado de D. Pedro II que se começaram a sentir as primeiras reacções à situação de pré-rotura urbanística de Lisboa. Mais importante que o apontamento no terreno de novas ruas dentro de zonas da cidade aparentemente consolidadas – a primeira fase da Rua Nova do Almada estava concluída em 1665 – passaram a ser constantes as obras de alargamento, regularização, calcetamento e embelezamento das principais ruas e largos da cidade, especialmente nas zonas ocupadas a partir da Baixa Idade Média. Por exemplo, em 1702 face ao congestionamento do eixo do Chiado – Rua Direita das Portas de Santa Catarina/Rua Nova do Almada – zona ocupada por residências fidalgas, livrarias, comércio fino, etc., foi demolida a porta da muralha medieval que o limitava e organizado um amplo largo. Frequentes eram as ordens para a reparação e realinhamento de colunatas existentes nas ruas mais movimentadas. A limpeza das ruas é outra preocupação dominante nesta cidade sobrelotada (200.000 hab. em 1729). Este processo de renovação e infra-estruturação, devido na sua quase totalidade a iniciativas do Senado da Câmara e de particulares, adquiriu grande ritmo na primeira metade do século XVIII. D. João V revelou algumas preocupações em especial com as condições de circulação e higiene das vias periféricas e de acesso à cidade. Entre 1729 e 1732 foi construída a via projectada pelos engenheiros Azevedo Fortes e Manuel da Maia que ligava os Paços Reais da Ribeira e de Mafra.

No auge da procura simultânea de uma linha mecenática de promoção das artes e de reforma urbana da capital, D. João V avançou com a ideia de construir uma grande igreja patriarcal acompanhada dos palácios do titular e do seu. A elevação de Lisboa a sede Patriarcal fora uma das suas grandes e primeiras vitórias diplomáticas. Integrava-se numa estratégia de afirmação da realeza portuguesa no âmbito internacional que passava em grande parte pelo aumento de prestígio junto do Vaticano. Em 1717 dividiu a cidade em duas, cabendo à velha Sé o papel agregador da *cidade antiga* (Oriental) e à Capela Real, então promovida a Patriarcal, a função de centro espiritual da *cidade nova* (Ocidental). Esta abrangia as áreas mais desenvolvidas desde o século XVI e a zona com maiores potencialidades para a edificação de um novo centro. É o primeiro indício de uma reforma realizada através da transposição dos modelos europeus de novas sedes de poder. Feita de forma original uma vez que projectando-se uma expansão renova-se, por forma meramente institucional, a parte do tecido existente de origem mais recente. Lisboa tinha com esta reforma administrativa dois membros de funções distintas: a parte Oriental era meramente a cidade, a parte Ocidental a capital do reino, a sede comum do poder temporal e espiritual. Era premente realizar no terreno aquilo que a nível institucional se obtivera catalisando, simultaneamente, a reforma urbana da cidade. Para o efeito esteve em Lisboa na primeira metade de 1719 o arquitecto turinense Filippo Juvarra. À chegada foi encarregado de fazer o desenho para um farol/monumento no porto idealizado na forma de uma coluna honorária comemorativa do fausto monárquico. Uma clara referência à arquitectura imperial da antiguidade e ao classicismo romano.

O embaixador de Portugal no Vaticano, o Marquês de Fontes, dois anos antes obtivera de Juvarra esboços que serviram de base a um quadro a óleo da autoria de Gaspard van Wittel enviado à avaliação de D. João V. Parte desses desenhos ainda existem neles se identificando claramente o programa. As opções para a implantação deste conjunto monumental eram basicamente duas: a renovação do conjunto da Ribeira ou a construção *ex-nuovo* na encosta que desce da Lapa/Buenos Aires para o rio a meio caminho entre o Terreiro do Paço e o limite poente da cidade. A antevisão realizada em Roma, coincidente com a opinião do principal conselheiro artístico do rei, o Marquês de Fontes, era a da renovação do Terreiro do Paço. Após debate entre Juvarra, os engenheiros militares e os conselheiros da Corte, foi assumida a outra opção. Juvarra, num processo muito participado pelo rei, terá elaborado o projecto que hoje se desconhece. No entanto através dos esquissos anteriores à viagem de Juvarra a Portugal é possível avaliar a dimensão e o partido arquitectónico adoptado. Trata-se fundamentalmente de uma grande composição cenográfica barroca. Pena é que não existam elementos que permitam verificar como estavam equacionadas as questões do desenvolvimento da envolvente urbana, do que sem dúvida se tratou, pois a escolha do local, a conjuntura do enquadramento urbano e o tipo de intervenção que implicava tinham muito a ver com o trabalho realizado em Turim por Juvarra. Já há algum tempo Manuel da Maia trabalhava no reconhecimento e levantamento sistemático desse vasto sector da cidade.

Os historiadores apontam alguns motivos para a sua não concretização. D. João V envolvido na obra de Mafra (iniciada em 1717) não quis assumir nova responsabilidade de vulto. Foi também desaconselhado de o fazer numa cidade que tinha graves carências básicas. O sentimento geral de prosperidade vivido na primeira metade do reinado aumentara as críticas e a convicção da existência de capacidade realizadora ao ponto de o rei ser levado pelo Senado Municipal a promover a obra de abastecimento de água à cidade, o Aqueduto das Águas Livres. Ultimamente muito se escreveu sobre este empreendimento, não cabendo nem se justificando aqui a sua descrição. Trata-se de uma das maiores obras de hidráulica do ocidente e foi com Mafra um dos grandes estaleiros e escolas de construção joaninas. Interessam-nos fundamentalmente as suas implicações urbanísticas nas quais teve papel fundamental o engenheiro Manuel da Maia, pois além da definição de muitos outros aspectos essenciais estabeleceu a localização das Mães de Água e dos chafarizes urbanos, no fundo toda a rede de distribuição. O desenho arquitectónico e de implantação de cada um destes equipamentos revela a clareza da intencionalidade urbanística com que foram criados. A leitura da totalidade das opções tomadas indicia uma clara preocupação em infra-estruturar prioritariamente Lisboa Ocidental. A *outra* cidade era quase abandonada às potencialidade hídricas do seu subsolo, as quais haviam garantido a implantação original da cidade. Naturalmente durante a longa execução da obra nem tudo foi seguido. Grande parte do seu relativo insucesso prático deve-se ao aparato régio que passou a influir as opções tomadas a partir de determinada altura.

Outra infra-estrutura urbana reclamada desde o século XVI – iniciada por D. Manuel I – que contou com a iniciativa de D. João V foi a das obras do cais, mais explicitamente a regularização em cais contínuo da margem urbana do Tejo. Para tal interesse contribuiu a aquisição de um conjunto de quintas no subúrbio ribeirinho de Belém por D. João V. Nessa altura (1727) foi realizado um levantamento de toda a margem do Tejo de Lisboa até Pedrouços, incluindo um estudo preliminar ao Plano do Cais Novo de Pedrouços ao Cais de Santarém. Em 1742 os engenheiros/arquitectos Custódio Vieira e Carlos Mardel foram encarregados de o elaborar. O projecto acabou por ser apresentado quatro anos mais tarde sem a assinatura de Custódio Vieira que adoecera gravemente. O cais foi pensado como uma *marginal* que ligava o Paço da Ribeira às Quintas Reais de Belém passando por um número crescente de palácios *fora-de-portas* de dignatários da Corte. Como na maioria dos troços o elaborado ordenamento da foz da ribeira de Alcântara não foi concretizado, mas prevendo a re-instalação dos estaleiros e arsenal na saída poente do novo perímetro fortificado testemunha a vontade de balancear a cidade para ocidente.

Na fase de declínio do seu reinado, em 1740 D. João V ensaiou a construção de uma nova Patriarcal, desta vez na Cotovia, encarregando do projecto Frederico Ludovice, o alemão autor de Mafra. O programa da encomenda não incluía um novo Paço. O agravar da doença do rei e o fausto atingido na Capela Real/Patriarcal com as reformas entretanto realizadas – destaque-se a torre do relógio erguida por António Cannevari – refrearam a iniciativa.

Nesta conjuntura de declínio e doença se enquadra a obra das Necessidades ao Alto de Alcântara, precisamente sobre a porta poente do projectado perímetro muralhado. Resulta de um voto de D. João V pela sua vida a Nossa Senhora das Necessidades, personificada na imagem guardada na primitiva ermida ali existente. Voto, milagre e início da obra ocorreram no ano de 1742, estando o conjunto em pleno funcionamento no Verão de 1750, pouco antes da morte do rei. O conjunto é constituído por um pequeno Palácio Real, uma pequena igreja e um convento/colégio, enquadrados sobre uma extensa cerca. Foi doado aos Padres Oratorianos, que à data representavam a vanguarda religiosa da investigação e ensino em Portugal, sob condição de nele abrirem aulas públicas, aspecto de especial importância numa cidade com carência de estruturas de ensino qualificadas. O projecto, da responsabilidade de um grupo de engenheiros militares portugueses (Custódio Vieira, Eugénio dos Santos, Costa Negreiros, etc.), denuncia ao nível do partido arquitectónico geral, inserção urbana e paisagística um claro gosto por modelos do barroco romano.

Perto do fim do reinado e da catástrofe que se anunciava na própria incapacidade do poder para tornar viável a cidade, surgiu da parte do Senado Municipal a tentativa de impor um conjunto de normas urbanísticas: dimensionamento das varandas por forma a garantir uma secção mínima livre para o cruzamento de duas carruagens, construção de colectores de esgotos domésticos e pluviais em todas as ruas, obrigatoriedade de alvará do Senado para a realização de qualquer obra!...

D. José I não demonstrou qualquer preocupação para com o urbanismo da sua capital. A única iniciativa, a Ópera do Tejo junto ao Paço da Ribeira, pelas opções programática e do local teria sido inconsequente, ainda que não tivesse desaparecido com o Terremoto sete meses após a sua abertura. Tornava-se evidente que a necessária e prevista *reforma* da cidade, a par com outras de âmbito nacional, tinha que partir da iniciativa estatal personificada na pessoa do futuro Marquês de Pombal. Análise, reflexão, ideias e técnicos estavam a postos.

Na manhã do dia de Todos-os-Santos de 1755, 1 de Novembro, Portugal e em especial Lisboa, que então contava com cerca de 250.000 habitantes, sofreram o efeito de um fortíssimo terremoto e do conjunto réplicas e outras calamidades que por arrastamento se lhe seguiram (inundações, incêndios, pilhagens). A destruição do casco edificado da cidade ocorreu de forma desigual. O núcleo mais antigo, por exemplo, sofreu uma devastação imperceptível se comparada com a sua expansão no vale a poente, *a Baixa*, o centro político, social e económico do país. Os edifícios do poder, as igrejas, os equipamentos públicos, etc., ficaram irremediavelmente comprometidos.

Algo inesperadamente o aparelho administrativo rapidamente se demonstrou capaz de controlar a situação face à apetência menor do novo rei pelas questões públicas. Sebastião José de Carvalho e Melo, Secretário de Estado dos Negócios Estrangeiros e da Guerra, ex-embaixador em Londres e Viena, futuro Secretário de Estado dos Negócios do Reino, Conde de Oeiras e Marquês de Pombal tirando partido de um certo vazio de poder já anteriormente perceptível, impôs-se como o homem de Estado capaz de dirigir não só o processo de apoio às vítimas e manutenção da ordem, mas também a reconstrução da cidade. Nas medidas que para o efeito adoptou é imediatamente legível a vontade política de reformar iluministicamente não só a *cabeça da Nação* mas todo o seu corpo e espírito. A firmeza e o sucesso da sua actuação na reconstrução de Lisboa transformaram-na na bandeira e justificação do seu consulado à frente dos destinos do Reino.

O processo de reconstrução da *Baixa* de Lisboa no período pombalino está amplamente descrito e comentado em publicações diversas em várias línguas. Os pontos de partida teóricos são bem evidente nos desenhos originais aqui reproduzidos que a ela dizem respeito. Interessa-nos, apesar de tudo, fazer ressaltar alguns aspectos.

Coube ao brigadeiro Manuel da Maia a escolha e direcção do corpo de "...*officiaes Engenheiros e Praticantes da Academia Militar...*" que projectaram a reconstrução, para o efeito arregimentados na então criada Casa do Risco das Obras Públicas. O método por ele usado para o apuramento da solução é o seu próprio registo, as três *Dissertações...* (relatórios) apresentadas em Dezembro de 1755, Fevereiro e Março do ano seguinte. Trata-se de um processo de diálogo dedutivo, cartesiano, pelo qual se fez uma aproximação à solução deixando claras todas as opções. Na primeira *Dissertação...* Maia incluiu questões que pretendiam avaliar qual a determinação do poder em implementar uma reforma radical – para ele a única aceitável – desde logo designando o problema como de *renovação* da cidade. Reflectiu acerca dos problemas fundiários e infra-estruturais, mas defende que a decisão fundamental é a localização do novo Palácio Real: se em S. João dos Bem--Casados (grosso modo o actual Campo de Ourique), se em Belém. Esta implicava a construção de uma nova cidade e o abandono da destruída à iniciativa privada. A outra solução implicava a renovação da Baixa e o lançamento no terreno da expansão para ocidente que desde há muito vinha sendo pensada. É óbvia a preferência de Maia por esta solução chamando a atenção para o facto de o aqueduto já abastecer aquela zona, para a excelente acessibilidade viária e fluvial, topografia, etc. Para além de uma série de medidas para a prevenção dos riscos dos sismos – p.e. nenhum edifício poderá ter em altura mais que a largura da rua – propôs que em primeiro lugar se construíssem os edifícios públicos no Terreiro do Paço, pois da sua actividade dependiam os necessários rendimentos do Estado. Também deixou clara a necessidade de recuperar parte da memória da anterior malha. Nas medidas legislativas de excepção que entretanto começavam a ser emanadas, Maia rapidamente percebeu que o poder finalmente se organizava de forma a ser possível implementar a reforma urbana da capital para a qual trabalhava desde 1702. Na segunda *Dissertação...* reflectiu e propôs acerca de um vasto conjunto de matérias que afectavam a totalidade do perímetro urbano e as próprias fortificações. Referiu os casos de Londres (incêndio) e Turim (expansão). Definiu desde logo qual dos engenheiros seria o responsável pelos projectos base. Na última *Dissertação...* Maia apresenta em desenho seis hipóteses com graus crescentes de transformação para a planta de renovação da Baixa. As seis plantas, desenhadas em sobreposição ao levantamento do existente, eram o resultado da demonstração do programa previamente definido para cada uma das hipóteses, não um concurso, e por isso a sua verdadeira autoria é do colectivo orientado por Maia. Acompanham-nas cinco desenhos cujas "...*reprezentações são expressadas pello Capitão Eugénio dos Santos* " com as situações tipo a aplicar e uma série de propostas para a resolução dos problemas de infra-estruturas básicas. A planta adoptada (desaparecida) foi também a realizada por ele, mas a sua versão final é também da responsabilidade de Carlos Mardel que não colaborara em nenhuma das plantas exploratórias. Eram ambos "...*Engenheiros de profição*...(e) *na Architectura Civil os primeiros Architectos*". Ao contrario das primeiras esta planta inclui já a proposta de renovação do bairro de S. Paulo.

Na solução encontrada a Baixa aparece concebida como um todo programado que recupera os aspectos fundamentais da memória sendo, contudo, usada uma "...*liberdade competente*...". Nessa linha se explica a ortogonalidade, o regular tabuleiro topográfico criado com os escombros, a rígida hierarquia e orientação dos espaços, a articulação com as malhas adjacentes que cirurgicamente une, a manutenção do diálogo entre as duas praças – a do Comércio (ex-Terreiro do Paço), símbolo do poder que agora se quer baseado na economia, e a do Rossio, centro comunitário. O objecto arquitectónico é o espaço público, tendo sido desenhados obsessivamente e em contínuo todos os alçados de rua. Os únicos edifícios com plantas são os equipamentos públicos (Senado, Arsenal, Bolsa, igrejas, padarias, etc.).

As *Dissertações*... demonstram que a tarefa não se restringia à renovação da Baixa e do bairro de S. Paulo. De forma especulativa o planeamento das zonas de expansão norte e oeste até à linha de fortificação avançou em simultâneo tendo sido marcados os terrenos destinados ao Paço Real, para Manuel da Maia a segunda prioridade da *renovação*, que foi objecto de projectos ainda desconhecidos de Eugénio dos Santos e de Carlos Mardel. Naqueles planos são previstos equipamentos variados que vão da biblioteca e arquivo real, ao hospital, mercados e *Terreiro do Pão*. Distantes daqueles modelos teóricos foram lançadas operações de urbanização baseadas na topografia e pré-existências de partes daquelas zonas das quais se destacam a Lapa/Buenos Aires (construção do convento da Estrêla), Praça da Alegria, S. Mamede/Salitre, Príncipe Real/S. Bento e o bairro das Águas Livres. De todas a última é a mais racionalizada, incluindo um detalhado estudo/modelo de desenvolvimento económico. Trata-se de um bairro destinado à residência/oficina de operários do complexo manufactureiro do Estado, a Fábrica das Sedas.

O Palácio Real nunca viria a ser realizado. Dentro da lógica pombalina para reforma da cidade bastavam os equipamentos funcionais e representativos do Estado. Para referência à monarquia, agora estatizada, bastava a estatua equestre do rei na Praça do Comércio. A realeza encontraria a solução fora do perímetro urbano, à Ajuda.

A planta geral da cidade no final do consulado pombalino é a clara síntese de tudo isto. As zonas projectadas não obedecendo a uma estrutura rígida inserem-se no existente acentuando as preexistências e introduzindo variações de escala que valorizam o relevo, com clara excepção para o bairro das Águas Livres. A cidade surge completamente balanceada para oeste. À miragem da imposição de um plano global, sucedeu o retomar da atitude de gestão urbana que o próprio Manuel da Maia adoptara durante todo o reinado joanino.

Na renovação pombalina de Lisboa conjugaram-se finalmente as condições necessárias para a reforma desejada. Entre o poder e os urbanistas estabeleceu-se a sincronia programática e ideológica necessária para se produzir um corpo legal e administrativo implacável, mas estimulante, ao serviço de uma proposta de desenho cristalizada de um trabalho de fundo sucessivamente pensado e reformulado desde o início da Idade Moderna. A velha escola de urbanismo/engenharia militar portuguesa, experiente na criação de cidades e na gestão territorial do Império, forneceu a base teórico--prática de toda a operação racionalizando métodos, recursos e soluções tecnológicas e construtivas normalizadas em prazos extremamente curtos.

À beira do fim do Antigo Regime Lisboa foi viabilizada e viu lançadas as bases do seu desenvolvimento. À beira do fim da tradicional ambiguidade arquitectos/engenheiros-civil/militar, a velha escola portuguesa de urbanismo atingiu o seu ponto alto ao ser transformada em instrumento da ideologia do regime reformista de um déspota iluminado cuja marca fundadora é a própria reforma urbana de Lisboa.

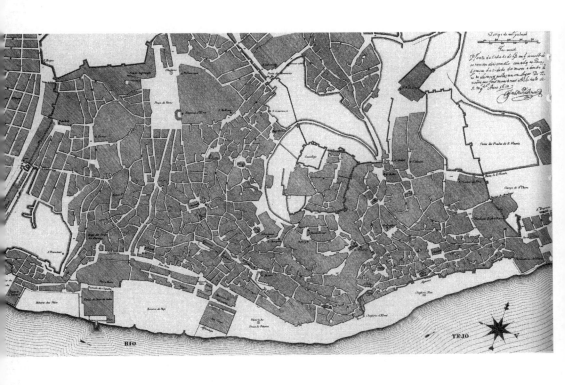

João Nunes Tinoco, "*Planta da Cidade de Lx…*", 1650, Museu da Cidade, Lisboa

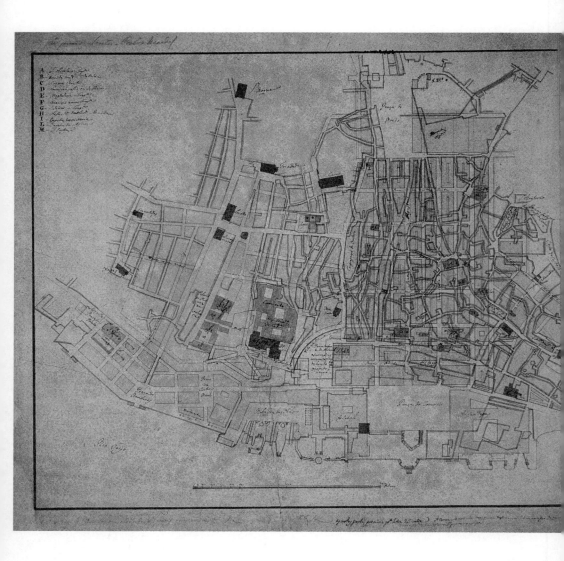
Carlos Mardel e Eugénio dos Santos, *Estudo para o plano de reconstrução da Baixa*, *(Lisboa)*, 1756, Instituto Geográfico Português, Lisboa

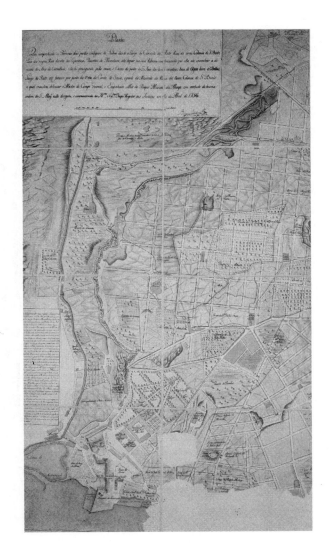

Philipe Roiz de Oliveira (dir.), *Plano para a expansão ocidental da cidade de Lisboa*, 1756, Museu da Cidade, Lisboa

Projecto para o viaduto da Rua do Alecrim sobre a Rua de S. Paulo (Lisboa), c.1765,
Arquivo Histórico do Ministério das Obras Públicas, Transportes e Habitação, Lisboa

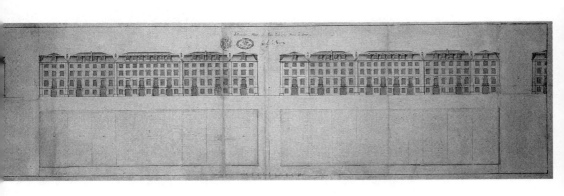

Carlos Mardel, *"Ellevação e Plano de hum lado da Praça do Rocio"*
(Lisboa), c.1759, Arquivo Histórico da Câmara deLisboa

Gustavo de Matos Sequeira (dir.), *maquete de Lisboa antes do Terremoto de 1755*, 1955-1959, Museu da Cidade, Lisboa

A IMAGEM RIBEIRINHA DE LISBOA
ALEGORIA DE UMA ESTÉTICA URBANA BARROCA E INSTRUMENTO DE PROPAGANDA PARA O IMPÉRIO *

AO COMPARARMOS algumas vistas de Lisboa dos séculos XVI e XVIII, salta à vista um facto muito interessante. Façamo-lo, por exemplo, com um desenho quinhentista a tinta da China e aguada e com uma panorâmica a lápis de finais de Setecentos.

No primeiro caso, o Terreiro do Paço – o grande espaço aberto sobre o rio e a nascente do Palácio da Ribeira – está no centro da imagem. O resto da cidade surge representada num emaranhado de casario e espaços públicos esteriotipados, por entre os quais emergem, fáceis de identificar, alguns dos edifícios públicos mais representativos. Pelo contrário, o desenho a lápis, sendo também um panorama da cidade vista da margem sul do Tejo, mostra-nos a frente ribeirinha como um todo com a cidade por trás. Ali podemos reconhecer, com a maior das facilidades, casas, edifícios, palácios e igrejas numa representação correcta, inclusive nas suas relações topográficas e paisagísticas.

São estas algumas das muitas vistas da cidade do mesmo tipo e a diferença genérica dessas representações urbanas, se arrumadas pelas respectivas cronologias, é extremamente clara. Com excepção para as gravuras do flamengo Dirk Stoop da década de 1660, nunca antes dos inícios do século XVIII foi Lisboa retratada com mais do que um muito superficial interesse por algo

---

* A primeira versão deste texto – "Lisbon's waterfront image as allegory of baroque urban aesthetics" – consiste na comunicação encomendada e apresentada ao simpósio *Circa 1700: Architecture in Europe and the Americas*, produzido e realizado pelo Center for Advanced Study in the Visual Arts da National Gallery of Art de Washington em Setembro de 2000) no âmbito da exposição *The Triumph of the Baroque – architecture in Europe 1600-1750)*, cujas actas se encontram em adiantada fase de edição. A versão aqui publicada corresponde não apenas à sua tradução para Português, mas essencialmente à evolução do próprio texto à luz de alguns conhecimentos adquiridos posteriormente. Foi apresentado ao *III Congresso Internacioncl del Barroco Iberoamericano: Territorio, Arte, Espacio y Sociedad*, realizado em Sevilla pela Universidade Pablo de Olavide em Outubro de 2001, tendo sido publicado nas respectivas *Actas*.

que não fosse a área do Terreiro do Paço, incluindo-se aí um ou outro edifício que lhe ficava por trás. Só depois as vistas de Lisboa passaram a integrar aspectos detalhados de outras zonas da cidade, fazendo-o então com um razoável investimento na verosimilhança e no detalhe e recorrendo a um alargado leque de técnicas e suportes.

Estou convencido que essa mudança (tardia) no registo da imagem de Lisboa reflecte, não só a efectiva modernização da cidade, mas também a ideia que a Coroa Portuguesa então desenvolveu acerca da relação que deveria ter com o Império, com a respectiva Capital e, já agora, entre a própria Capital e o Império, nomeadamente com o Brasil. O processo ter-se-á iniciado por volta de 1650 e culminou com o projecto de reorganização da frente ribeirinha da cidade nas décadas de 1710 e 1720.

Esse evento foi essencial para a afirmação e desenvolvimento da Arquitectura e do Urbanismo portugueses. Infelizmente o Terremoto de 1755 destruiu o pouco que já então se encontrava realizado. Mas a essência desse plano marcou de forma indelével outros que, sob a administração do Marquês de Pombal, se traçaram para a Lisboa *Além da Baixa*, o menos conhecido planeamento das zonas de expansão da cidade de então.

O interesse pela fixação da imagem urbana de Lisboa foi um facto desde os inícios do século XVI. Se é verdade que devemos considerar isso vulgar no contexto das mais importantes cidades da Europa de então, também não nos podemos esquecer da curiosidade e fascínio que a nova posição de Lisboa como interface comercial entre a Europa, o Oriente e o Novo Mundo deveriam exercer sobre os demais europeus.

Isso poderá ajudar a explicar a razão porque as poucas representações de Lisboa anteriores ao século XVIII são, apesar de tudo, muito mais numerosas que as de outras cidades ou paisagens portuguesas e também porque é que foram maioritariamente feitas por estrangeiros, em especial do norte da Europa.[1] De facto parece que, desde os tempos da *expansão* até aos do Iluminismo, por eles próprios os portugueses não desenvolveram a necessidade e o prazer pela representação dos seus espaços, a não ser por imperativos de ordem política ou militar. Quando tal aconteceu fizeram-no de forma codificada (mapa, planta, esquema, etc.) e nunca através de uma representação pictórica natural ou realista. Estes factos devem também ser

---

[1] Ver Renata de Araujo, *Lisboa, a cidade e o espectáculo na época dos Descobrimentos* (Lisboa, 1990) e José Augusto França, "Images of Lisbon through the centuries" *Rassegna* 59 (Bologna, 1994), 28-43. Para o estabelecimento de um paralelo actualizado com a situação internacional ver Lucia Nuti, *Ritratti di città: visione e memoria tra Medioevo e Settecento* (Venezia, 1996).

conjugados com a verdadeira preocupação dos portugueses com a imagem material das suas cidades, ou, numa expressão actual, com a sua paisagem urbana.

As mais lisonjeiras descrições da Lisboa dos *descobrimentos* lidam essencialmente com os padrões cosmopolitas, comerciais, funcionais e festivos da sua vida urbana, não com o seu espaço arquitectónico/urbano. Até as referências a edifícios seleccionados são essencialmente orientadas pelo seu significado simbólico e os seus papéis na governação do império ultramarino.

Como exemplo, tomemos a bem conhecida e laudatória *Urbis Olisiponis Descriptio* (1554),[2] na qual Damião de Gois (1502-1574) destaca e descreve sete edifícios. Só um desses "monumentos" é uma igreja – a Misericórdia, um edifício de dimensões correntes em "estilo" *manuelino* – o mesmo sucedendo com um palácio – o Paço dos Estaus, a pequena e inexpressiva residência de cortesia para visitantes eminentes erguida no Rossio na primeira metade do século XV. Os restantes edifícios correspondem a infra-estruturas comerciais e de navegação, com excepção para o Hospital de Todos-os-Santos, talvez o único item entre todos que, em termos arquitectónicos e urbanísticos, mereça de facto uma atenção especial. Por razões óbvias, a exclusão do Palácio Real da lista de Damião de Gois, acaba por ser o seu dado mais importante.

Na realidade os reis dos *descobrimentos* [D. João II (reinado 1481-1495), D. Manuel I (reinado 1495-1521) e D. João III (reinado 1521-1557)] não implementaram e parecem nunca ter concebido um plano para a monumentalização da capital do seu Império. Promoveram apenas algumas medidas e reformas para a melhoria do nível sanitário da cidade, regularam a sua expansão e clarificaram o seu centro. Os dois mais representativos espaços públicos da cidade até hoje – o Terreiro do Paço e o Rossio – acabaram por ser definidos num processo que resultou de uma sucessão de atitudes independentes, ou seja, sem estarem integradas num plano.

A última dessas decisões foi a da construção de uma grande igreja (S. Sebastião) sobre o limite sul do Terreiro do Paço com as traseiras dando para o rio, o que teria estabelecido o princípio de um terreiro ou praça encerrados em vez de um espaço aberto sobre o rio. O edifício nunca passou do nível do embasamento e D. Filipe I (reinado 1580-1596) encerrou o processo mal subiu ao trono. Damião de Gois diz que essa igreja seria o oitavo e, porventura, o mais importante monumento da sua lista. Mas outros tinham opinião diversa.

---

[2] Damião de Gois, *Descrição da Cidade de Lisboa* (Lisboa, 1988), 51-58.

De facto esse edifício foi objecto de uma das mais contundentes críticas feitas por Francisco d'Holanda (1518-1584) a D. Sebastião (reinado 1557--1580) em 1571 na sua *Da Fabrica que falece ha Cidade De Lysboa*.[3] Os desencantados reparos de d'Holanda consistem essencialmente numa lista ilustrada de monumentos que, pela sua escala, linguagem arquitectónica (clássica) e função, teriam transformado a imagem de Lisboa em algo correspondente à sua real importância. Como Gois, d'Holanda era um humanista viajado, mas para além disso era também um artista e fora nessa condição que, três décadas antes, visitara Itália sob ordem e despesa de D. João III.

Outra importante diferença entre esses dois importantes intelectuais portugueses da Renascença, era a de que Francisco d'Holanda nunca esteve em nenhuma grande cidade mercantil do Norte da Europa como Dantzig, Bruxelas, Roterdão ou Antuérpia, que por certo eram as principais referências urbanas de Damião de Gois.[4] Esse facto torna bastante clara a inspiração real do entusiasmo deste com Lisboa. De facto, como em outros domínios da História, quando lidamos com opiniões coevas sobre urbanismo temos de vislumbrar que filtros culturais foram então (inconscientemente) usados. Neste caso, e pondo a questão de uma forma simplista, estamos perante um padrão de urbanidade comum ou face a uma oposição entre modelos liberal-mercantil e artístico-clássico-erudito?

Uma compreensão e avaliação detalhadas dos fundamentos arquitectónicos e urbanísticos do mito da *Lisboa dos Descobrimentos*, recorrendo não só a imagens, mas também às descrições literárias, será em breve publicada num outro contexto. Aqui o que interessa registar é que a imagem da Lisboa de então produzida pela História, foi essencialmente inspirada na sua actividade urbana e relevância mundial, não na sua grandiosidade artística ou monumental.

Como um todo, a *Lisboa dos Descobrimentos* era espacialmente e esteticamente desinteressante para os intelectuais portugueses italianizados, não exibindo qualquer sector com expressão relevante. A sua lógica urbanística era (tardo)medieval. O remoçamento renascentista da arquitectura e do urbanismo da Coroa Portuguesa a partir da década de 1540, não teve tempo, nem espaço, nem sequer impulso para se exprimir numa cidade que, para além do mais, nem sequer era efectivamente habitada pelo rei.

---

[3] Francisco d'Holanda, *Da fábrica que falece à cidade de Lisboa* (Lisboa, 1984).
[4] Na realidade Damião de Gois visitou Itália, mas foi nos centros económicos e culturais do norte da Europa que ele esteve durante muitos anos, estabelecendo grandes amizades e uma importante rede de contactos (ver Gois 1988, 55-58).

Filipe I foi coroado rei de Portugal em 1580 e tudo leva a crer que bem cedo também terá entendido tudo isso. Apesar das suas intenções iniciais – fazer de Lisboa uma capital – a cidade desenvolveu-se autonomamente como apenas mais uma importante cidade do seu Império. Mas no centro do mais comum enfoque paisagístico de Lisboa ele acabou por deixar a sua marca: o torreão que acabou por se estabelecer como o *ex-libris* do Palácio Real de Lisboa antes do Terremoto de 1755.

De facto, mesmo no século XVII os panoramas da cidade de Lisboa continuaram a ser raros, mas a intervenção filipina no limite poente do Terreiro do Paço gerou um novo tema na história das imagens da cidade. A face nascente da ala renovada do Paço e o torreão passaram a ser o foco de novos e mais detalhados pontos de vista. Mas o resto da cidade continuou significativamente ausente da mente e produção dos artistas.

A Restauração da Independência, ocorrida em 1640, implicou uma transformação radical neste estado de coisas. A cidade foi repensada, desde logo em termos defensivos através da denominada Linha Fundamental de Fortificação (1650). Delimitava uma área tão grande de território que não foi possível construí-la, mas pelo menos funcionou como limite urbano da cidade até meados do século XIX.

Ao mesmo tempo foi realizado o primeiro levantamento rigoroso e a uma escala conveniente do centro da cidade. Lendo-o como um relatório de diagnóstico, confirma-se que a frente ribeirinha de Lisboa era de facto um aterro sem plano ou sequer ordem, semeado organicamente de infra-estruturas náuticas e portuárias. O mesmo desenho também mostra que o Terreiro do Paço era apenas um grande logradouro, tal como o que também então existia frente ao Alcazar de Madrid. Esses espaços eram usados para exibições de cortesia e poder, mas tinham pouco significado para o dia-a-dia urbano das respectivas cidades. A totalidade do Palácio Real, apenas representado através da intervenção promovida por Filipe I, era basicamente uma estrutura grande, obscura e confusa nas respectivas traseiras.

Por trás do Palácio e do Terreiro, Lisboa era e continuaria a ser uma cidade distante do rio. O seu dia-a-dia centrava-se em "another extensive Square called *Rocio*, in which there was held a daily Market, and a weekly Fair […] The best Square in the whole City, is that by the great Hospital, and it is called *Rosio*."[5]

---

[5] Judite Nozes, ed. *The Lisbon Earthquake of 1755. Some British eye-witness accounts* (Lisbon, 1987), 18 e 90.

No século XVII, a dominação espanhola (1580-1640) e a profunda crise económica e social que isso, a prazo, acabou por acarretar, seguida pelo esforço da Restauração para a recuperação de um Império disperso um pouco por todo o planeta, não permitiram a Portugal o acesso operativo à vanguarda das correntes da produção estética e artística. Como se não bastasse, a Restauração implicou uma reacção ecléctica de retorno às principais características da Arquitectura Portuguesa produzida antes da união com a Espanha. Assim se assumia uma expressão de independência e soberania.[6] A verdade é que, por múltiplas razões, o advento de um Barroco Português foi extremamente retardado.

Complementarmente, o prolongado estado de guerra levou ao desenvolvimento de uma estética de austeridade suportada não só por uma *praxis cartesiana*, mas também por uma longa tradição de uma arquitectura de expressão minimal. Tudo isso se ficou a dever ao papel quase monopolista da Engenharia Militar em tudo o que dissesse respeito à produção arquitectónica dos círculos da Coroa. De facto, o renascimento de Portugal como estado independente implicou em simultâneo a cristalização de uma *escola portuguesa de arquitectura e engenharia militar*, a qual podemos considerar institucionalizada pela criação de Academias de Fortificação um pouco por todo o Império.

Tudo isso deixa transparecer o empenhamento da *nação portuguesa* nos territórios de além-mar, atitude que, com excepção para Lisboa, apenas mudaria com a governação do Marquês de Pombal ao longo do terceiro quartel do século XVIII. No fundo a recuperação da independência não significou a continuidade da soberania sobre todas as possessões que haviam constituído o Império no século XVI. Durante a Guerra da Independência com a Espanha (1640-1668), a diplomacia portuguesa desenvolveu uma intensa actividade diplomática, estabelecendo importantes canais de comunicação e uma política de alianças com diversas casas reais europeias.[7]

Mais do que apenas bons exemplos, quatro matrimónios reais foram particularmente importantes neste contexto, pois implicaram a ida para Portugal de princesas estrangeiras e, bem assim, dos seus séquitos: 1. a rainha

---

[6] George Kubler, *Portuguese Plain Architecture, between spices and diamonds, 1521-1706* (Middletown, Connecticut, 1972); José E. Horta Correia, *Arquitectura Portuguesa – renascimento, maneirismo, estilo chão* (Lisboa, 1991); José E. Horta Correia, "A arquitectura – maneirismo e estilo chão" in *História da Arte em Portugal*, 15 vols. (Lisboa, 1986), 7: 93-135; José Fernandes Pereira, "Resistências e aceitação do espaço barroco: a arquitectura religiosa e civil" in *História da Arte em Portugal*, 15 vols. (Lisboa, 1986), 8: 9-65.

[7] Ver de Eduardo Brasão, *A Restauração: relações diplomáticas de Portugal de 1640 a 1668* (Lisboa, 1939); "A importância da diplomacia na Restauração de Portugal em 1640," *O Instituto* 96 (Coimbra, 1940).

D. Maria Francisca de Saboia foi para Portugal em 1666 para casar com D. Afonso VI e, dois anos mais tarde, com o seu irmão D. Pedro II; 2. D. Catarina de Bragança, rainha de Inglaterra à data do Grande Incêndio de Londres (1666), regressou a Portugal depois da morte do seu marido, Carlos II, em 1685; 3. Maria Sofia de Neuburg, a segunda mulher de D. Pedro II, chegou a Lisboa em 1687; 4. vinte e um anos depois Maria Ana de Áustria casaria com D. João V. Cerca de 1720 as diplomacias portuguesa e da Casa de Saboia trabalharam também a hipótese de casarem uma princesa portuguesa com o rei de Turim, Victorio Amadeu II, que chegou a deslocar-se a Lisboa para tal fim em 1682.

Através da troca de embaixadores e de pessoal da Corte, esses casamentos reais puseram a Corte de Lisboa em contacto directo com alguns dos principais processos de renovação e/ou *monumentalização* desenvolvidos na Europa em finais do século XVII – Londres e Turim. Ambos os casos acabariam por ser citados explicitamente como exemplos pelo Engenheiro-Mor do Reino, Manuel da Maia (1678-1763) – o estratego da reconstrução de Lisboa depois do Terremoto de 1755 – num relatório apresentado ao Marquês de Pombal em 16 de Fevereiro de 1756.[8]

Com a estabilização da nova dinastia, com a celebração da paz com Espanha (1668) e com o reconhecimento papal da independência portuguesa (1669), a Coroa pôde finalmente começar a pensar em cuidar da imagem de Lisboa como capital do Reino e Império Colonial. A descoberta de vastas jazidas de ouro no Brasil no final de Seiscentos, acabou por enfatizar essa necessidade e suportar a despesa. Terá também estimulado a fantasia?

D. João V foi proclamado rei no primeiro dia de 1707. Contava então 17 anos de idade e governaria até à sua morte em 1750. Foi um dos mais longos reinados da história portuguesa. Tudo leva a crer que, decorridos cinco anos, já então traçara um plano *regalista* e *galicano* para a sua governação, o qual tinha como pedra de toque o desejo de entendimento entre Portugal e a Santa Sé sobre o monopólio da governação de todos os assuntos relativos à Igreja Católica no Oriente – o Padroado Português do Oriente. Apesar dos esforços desenvolvidos desde a Restauração, a verdade é que a Coroa Portuguesa ainda não lograra restaurar em pleno as características e importância do Padroado do Oriente. Sob essa luz note-se como, curiosamente, o Vaticano foi o último estado europeu a reconhecer a soberania portuguesa restabelecida em 1640.

---

[8] É a segunda parte das suas "Dissertações", primeiro publicadas por Christovam Ayres, *Manuel da Maya e os engenheiros militares portugueses no Terremoto de 1755* (Lisboa, 1910), 33-40.

O Padroado do Oriente consistia numa série de direitos exclusivos, privilégios e direitos que haviam sido gradualmente concedidos pelo papado à Coroa Portuguesa através de um conjunto de bulas, das quais a primeira foi a *Inter Caetera* (1456) e culminando com a *Praecelsae Devotiones* (1514). Como país pequeno, com pouca população e recursos, Portugal nunca foi capaz de promover em todo o Império acções de missionação de grande escala. Pelo menos eram esses os principais argumentos evocados pelo papado para o lançamento de acções paralelas emanadas a partir do Colégio Sagrado da Propaganda Fide. Ao longo de décadas, a estratégia do Vaticano foi amplamente apoiada pela perda da independência, a guerra com a Espanha e a profunda crise da economia portuguesa.[9]

Dando curso a um dos maiores empenhamentos do reinado do seu pai – que misturou com objectivos áulicos, de glória, de emulação das grandes cortes europeias, etc. – D. João V dedicou a sua governação à renovação, crescimento e ostentação do poder religioso mundial da Monarquia Portuguesa. Num primeiro passo (ou ensaio), D. João V empenhou a sua diplomacia junto da Santa Sé na obtenção do título de colegiada para a sua capela, o que acabou por lhe ser concedido através da bula *Apostolatus Ministerio* de 1 de Março de 1710. E não foi por acaso que o rei quis que fosse dedicada a S. Tomé, o apóstolo do Oriente, sepultado numa das possessões portuguesas sede de bispado, Meliapor, junto à actual cidade de Madras.

Obviamente isso não era suficiente. Os principais objectivos implicavam uma forte mudança de imagem – uma reforma urbana – da sua capital, incluindo a expansão da cidade. A construção de um novo palácio real e de uma nova catedral eram a pedra de toque de todo o esquema. Necessitava apenas de um plano urbanístico e projectos de arquitectura feitos por arquitectos qualificados e de vanguarda. Entretanto o monarca pôs em marcha um conjunto de acções de pequena escala, as quais tinham como objectivo resolver os principais constrangimentos urbanísticos da cidade.[10] Manuel da Maia, então um jovem engenheiro em serviço na Linha Fundamental de Fortificação, foi encarregado da realização de um levantamento detalhado e actualizado da cidade, o qual estava concluído em 1716. Infelizmente, apenas uma cópia da zona central sobreviveu até hoje. As bases para uma intervenção de larga escala estavam lançadas.

---

[9] Para uma breve síntese acerca do Padroado ver, por outros, Charles Boxer, *The Portuguese Seaborne Empire 1415-1825* (1969), capítulo X.

[10] Walter Rossa, "The 1755 earthquake: a town under the sign of Reason" Rassegna 59 (Bologna 1994), 29-43; Walter Rossa, *Além da Baixa – indícios de planeamento urbano na Lisboa setecentista* (Lisboa, 1998); Helena Murteira, *Lisboa – da Restauração às Luzes* (Lisboa, 1999), 79-113 e 165-174, essencialmente baseado nos dados coligidos em Eduardo Freire de Oliveira, *Elementos para a História do Município de Lisboa*, 17 vols. (Lisboa, 1884-1911).

O levantamento da cidade foi imediatamente usado para um importante propósito: a divisão administrativa e eclesiástica da cidade em duas. A aprovação papal foi concedida através da bula *In supremo apostolatus solio* de 7 de Novembro de 1716. O seu texto é extremamente claro: Lisboa Oriental consistia na parte antiga da cidade, polarizada pela velha catedral medieval; Lisboa Ocidental, onde o Palácio Real estava implantado, bem como a Capela Real, a sede da dignidade metropolitana e patriarcal conferidas em simultâneo pelo Papa ao Arcebispo de Lisboa. Nesse documento Lisboa Ocidental era também designada por "Lisboa Nova". Em termos urbanísticos, era esse o *desejo estrutural* de D. João V.

De facto, simbólica e ideologicamente, a verdadeira capital imperial portuguesa era Lisboa Ocidental, o sítio da fusão estratégica entre o patriarcado e a monarquia. De certa forma assim se instituiria uma nova ordem política, na qual um renovado Padroado do Oriente teria desempenhado um papel fundamental. Isso implicava que, em simultâneo, a Lisboa Oriental acabasse por ser abandonada à sua sorte como parte estética e urbanisticamente desinteressante da cidade, no que dizia respeito aos desejos reais. A expansão da cidade para Oeste – ou para o mar – era um processo de contornos essencialmente orgânicos em curso desde o século XVI, mas agora poderia ser estruturado de forma rápida e regular.

Gradualmente o rei implementou a fixação de costumes, rituais e de um protocolo que tendia a mergir a vida civil e eclesiástica da Corte. "His ambition was accompanied by an ever-deepening desire to emulate the pomp and grandeur of the papal court."[11] "[...] a ideia da instituição em Lisboa de um Patriarcado com prerrogativas quase pontifícias, não parece ter nascido simplesmente, como por via de regra se imagina, dessa ambição de grandiosidade e fausto que geralmente se associa à figura do monarca, aliada à característica religiosidade portuguesa".[12]

Apesar de tudo o papado não era de forma alguma a única referência romana. Numa carta anexa a uma das cópias do levantamento de Lisboa realizado por Manuel da Maia, um alto funcionário da Corte escreveu que na realidade seria muito conveniente fazer em Lisboa o que o Imperador Diocleciano havia feito em Roma "com o aplauso de todos".[13] Como se sabe, Diocleciano (81-95) foi responsável pela principal estruturação do complexo habitacional do Palatino e pela construção do estádio que jaz

---

[11] Angela Delaforce, "Lisbon, «This New Rome»: Dom João V of Portugal and Relations between Rome and Lisbon" in *The Age of the Baroque in Portugal*, ed. Jay Levenson [catálogo da exposição, National Gallery of Art] (Washington, 1993), 49-80, 52.
[12] António Filipe Pimentel, *Arquitectura e Poder – o Real Edifício de Mafra* (Coimbra, 1992), 111.
[13] Publicado *in* Rossa 1998, 160-161.

sob a Piazza Navona.[14] No âmbito de uma genérica emulação de Roma, essas evocações do Império Romano foram uma constante da corte de D. João V.[15] De certa forma, a referência ao Palatino tem uma grande relevância para este texto, pois constituem-se como testemunho inequívoco das intenções do monarca para Lisboa.

Em breves linhas, era este o contexto político e ideológico da tentativa de D. João V para a reforma urbana de Lisboa: a fantasia de uma "nova Roma".[16]

No terminal estrangeiro da conexão Lisboa-Roma estava o embaixador supra-numerário D. Rodrigo de Sá e Menezes (1676-1733), Marquês de Fontes. Partira para Roma em 1712 com ordens específicas de obtenção de alguns favores papais. Entre eles devem-se aqui destacar: a integridade e autonomia do Padroado Português do Oriente, que estavam a ser permanentemente ameaçadas sob qualquer pretexto pela Propaganda Fide;[17] a divisão diocesana de Lisboa já sumariada alguns parágrafos acima; a elevação do Arcebispo de Lisboa à dignidade de Patriarca e Metropolita; o direito de nomeação dos Núncios.

As instruções dadas pelo rei ao Marques de Fontes sobre todas essas matérias eram de uma precisão extrema.[18] Nelas podemos também vislumbrar as relações privilegiadas entre as coroas de Portugal e do Piemonte. De facto D. João V declara explicitamente que espera o apoio total dos seus "amigos" (e família) de Turim para as suas pretensões junto do Papa e,

---

[14] Curiosamente, um arco triunfal romano situado junto à Igreja San Lorenzo in Lucina (Via Flaminia), outrora designado Arco de Domiciano, foi demolido em 1662 sendo então comhecido como Arco de Portugal. Mesmo algumas décadas depois era assim que a população se lhe referia (Delaforce 1993, note 1).
[15] Sandra Vasco Rocca e Gabriele Borghini, ed. *Giovanni V di Portogallo (1707-1750) e la cultura romana del suo tempo* [catálogo da exposição] (Roma, 1995); Delaforce 1993.
[16] A expressão é de Fernando António da Costa de Barboza, *Elogio funebre do Padre João Baptista Carbone da Companhia de Jesus* (Lisboa, 1751), 15.
[17] As principais questões eram, nessa altura, relativas ao "rito Chinês". Tal consistia no resultado da tentativa dos Jesuítas de conciliar a ética confuciana com a liturgia católica, com vista a tornar mais fácil a conversão dos chineses, nomeadamente ao nível das classes mais altas. O principal paladino desta acção da Propaganda Fide era precisamente um patriarca, o de Antioquia.
[18] Para o que diga respeito às actividades políticas e diplomáticas portuguesas neste período, as principais referências continuam a ser os trabalhos do embaixador Eduardo Brasão: *Subsídios para a história do patriarcado de Lisboa: 1716-1740* (Porto, 1942); "A Secretaria de Estado dos Negócios Estrangeiros criação de D. Joao V," *Revista Portuguesa de História* 16 (Coimbra, 1978); *Relações diplomáticas de Portugal com a Santa Sé*, 2 vols. (Lisboa, 1973); *Relações externas de Portugal: reinado de D. Joao V*, 2 vol.s (Porto, 1938); *Dom Joao V e a Santa Sé: as relações diplomáticas de Portugal com o Governo Pontifício de 1706 e 1750* (Coimbra, 1937). No último destes trabalhos, o autor publicou as instruções do rei para o Marquês de Fontes, para além de outros documentos relevantes para a sua missão em Roma.

consequentemente, instruiu o seu embaixador para os visitar. Podemos ler directivas idênticas nas instruções dadas ao embaixador permanente em Roma, André de Melo e Castro, quando ele deixou Lisboa em 1707. Tudo isso acaba por ser confirmado em alguma da correspondência da época entre o embaixador sabaudo em Roma para o seu rei.[19]

Durante alguns anos ambos os embaixadores portugueses trabalharam em Roma para atingir os objectivos do seu soberano.[20] Mas (aparentemente) foi a espectacular *Entrée* do Marquês de Fontes em Roma em 1716 para a sua audiência com o Papa Clemente XI, conjugada com o apoio naval contra os turcos concedido ao papa por Portugal que, com excepção para a questão dos "ritos chineses", acabou por finalmente convencer o Papa à concessão a D. João V daquilo que este suplicava havia já algum tempo. Tudo isso foi instituído pela bula *In supremo apostolatus solio* de 7 de Novembro de 1716, já atrás referida.

O Marquês de Fontes era, para além do mais, um engenheiro militar educado na Academia de Lisboa, estando como tal qualificado para a discussão de matérias relacionadas com a arquitectura. Ele era também um conhecedor distinto das artes e antiguidades. Alguns cronistas contemporâneos confirmam-no de uma forma obviamente exagerada, nomeadamente o próprio biógrafo anónimo de Juvarra.[21] Mas na realidade ele acabaria por ser o mais importante conselheiro artístico do rei e a sua estadia em Roma foi de uma extrema importância para a actualização das artes portuguesas no seu todo.

Para além dessas aptidões pessoais, o acesso imediato do Marquês de Fontes à cena artística romana foi facilitado pelos já anteriores intensos

---

[19] Archivo di Stato di Torino, sez. I, Lettere Ministri Roma. Aurora Scotti publica-as in "L'Accademia degli arcadi in Roma e i suoi rapporti con la cultura portughese nel primo ventennio del 1700," *Bracara Augusta* 63/75, 3 vols. (Braga, 1973), 1: 115-130.
[20] Normalmente é apenas destacado o papel do Marquês de Fontes, mas o de Melo e Castro foi também de uma grande importância. De facto foi ele que estabeleceu os primeiros contactos para o sucesso dessa campanha diplomática portuguesa em Roma, incluindo os estreitos contactos com a Accademia Romana degli Arcadi e o seu *príncipe*, o Cardinal Pietro Ottoboni, que era frequentemente visitado pelo embaixador português (Brasão 1938, 2: 7-23). A sua primeira entrada oficial em Roma em 1709, para além de um relevante marco diplomático, estabeleceu um precedente importante para a famosa entrada do Marquês de Fontes em 1716 [ver De Bellebat, *Relation du voyage de Monseigneur André de Mello de Castro a la Cour de Rome, en qualité de Envoye Extraordinaire* (Paris, 1709)]. Este tipo de pressão sobre o papado para a obtenção de favores acabaria por ser uma constante até ao final do reinado de D. João V. Como exemplo pode-se aqui registar a concessão do título de "Magestade Fidelíssima" em 23 de Dezembro de 1748. Tudo isso era considerado essencial para a elevação da Monarquia Portuguesa junto do papado ao nível das casas reais Francesa e Espanhola.
[21] "il quale dilettavasi di architettura con tal fondamento di scienza, che pochi architetti professori potevano stargli a lato" in "Vita del Cavalieri done Filippo Juvarra" *Mostra di Filippo Juvarra architetto e scenografo*, [catálogo da exposição] org. Vittorio Viale, (Messina, 1966), 26.

contactos da coroa portuguesa com a Accademia Romana degli Arcadi e a Accademia di S. Lucca desde o início de Setecentos, em especial com o Cardinal Pietro Ottoboni, o arquitecto Carlo Fontana (1638-1714) e ainda com um discípulo deste, Filippo Juvarra (1678-1736).[22]

De facto parece que foi ainda durante o reinado do pai de D. João V, D. Pedro II, que foi traçado e desenvolvido um *plano* de mecenato português em Roma. As suas principais directivas eram precisamente aquelas de que aqui se tem vindo a dar conta: destacar a importância para a cristandade do Império Português e a recuperação da integridade do Padroado Português do Oriente.

Podemos confirmar isso nas inscrições e programa iconográfico das alegóricas e elaboradas decorações da sala e catafalco central, projectados por Carlo Fontana, que foram erguidos em 1707 em Santo António dos Portugueses para assinalar a morte de D. Pedro II. Para além da descrição detalhada com gravuras de uma publicação a tal dedicada,[23] o jovem discípulo de Fontana, Filippo Juvarra, deixou-nos um desenho do próprio catafalco,[24] conservando-se também os projectos do seu mestre no arquivo daquela igreja. As gravuras, o texto e o sermão ali transcrito apresentam-se como estando claramente ao serviço dessa estratégia e objectivos.[25]

De uma forma extraordinariamente ampliada, nove anos depois voltariam a ser usados os mesmos temas em toda a iconografia do inesquecível cerimonial da entrada e desfile trunfais do embaixador português pelas ruas de Roma. As representações das possessões coloniais portuguesas sobre as carruagens e as exuberantes festividades levadas a cabo durante três dias, funcionaram como declarações públicas do que o rei português pretendia do Papa. Pela sua óbvia citação das antigas entradas dos imperadores romanos, também sublinharam as alegações históricas e territoriais em causa.[26] Uma vez que as carruagens foram produzidas em Roma é quase inquestionável que todo o programa desse evento tenha sido estabelecido pelo Marquês de Fontes.[27]

---

[22] Para as questões de carácter geral relativas ao mecenato da Coroa Portuguesa em Roma em torno de 1700 ver: Aurora Scotti 1973; Roma 1995; Washington 1993.
[23] Ver os relatórios de F. Valesio, *Diario di Roma* (ed. Milan, 1977) 3: 827, 881, 884-887.
[24] Biblioteca Nazionale Universitaria di Torino, Ris. 59/4, fol. 104.
[25] *Funerale celebrato nella chiesa di Santo Antonio della Nazione Portoghese in Roma per la morte del Ré di Portogallo, done Pietro Secondo l'Anno MDCCVII* (Roma, 1707) com gravuras de Giovanni Girolamo Frezza e Domenico Franceschini.
[26] Deve-se aqui destacar a evocação directa (temática e iconográfica) de uma outra famosa entrada portuguesa em Roma, a da embaixada do rei D. Manuel I junto do Papa Leão X em 1514. Como já aqui foi referido, nesses anos um conjunto de bulas papais concederam à Coroa Portuguesa os direitos que acabaram por constituir o Padroado Português do Oriente.

De acordo com algumas fontes,[28] do início do século até à sua morte em 1714, Carlo Fontana foi o Arquitecto Real Português em Roma. Foi com esse fundamento que o rei o distinguiu com a mais prestigiada ordem portuguesa, a Ordem Militar de Cristo.[29] Perante os serviços prestados talvez tenha sido um exagero, mas acabou por ser uma forma de apropriação simbólica pela Coroa Portuguesa do arquitecto papal. Apesar de tudo, e de acordo com eventos posteriores, hoje podemos compreender melhor essa iniciativa régia. De facto, a importância do estúdio de Fontana para a arquitectura portuguesa é tão evidente quanto ainda não foi devidamente estabelecida.

A morte de Fontana abriu um vazio na liderança dos arquitectos da Arcádia Romana. Em 1715 de certa forma podemos ver isso reflectido no concurso promovido pelo Papa Clemente XI para o projecto da nova sacristia de S. Pedro, no qual três discípulos de Fontana apresentaram propostas/projecto: Filippo Juvarra, Tomazo Mattei e Antonio Canevari.[30] De formas diversas, todos eles trabalhariam para D. João V para um novo Palácio Real e Patriarcal em Lisboa. Ao fim e ao cabo acabaria por ser um outro discípulo de Carlo Fontana, Johan Friedrich Ludwig – em português, Frederico Ludovice – (1670-1752),[31] quem acabaria por concretizar o pouco que se fez no âmbito desse desiderato. Para além de todas as suposições e discussões académicas do passado, hoje parece claro que foi ele o único arqui-

---

[27] Este tema já foi suficientemente estudado e relatado. Para uma síntese actualizada ver de Marco Fabio Apolloni, "Wondrous Vehicles. The Coaches of the Embassy of the Marquês de Fontes" in *The Age of the Baroque in Portugal*, ed. Jay Levenson [catálogo da exposição, National Gallery of Art] (Washington, 1993), 89-100. Para uma crónica coeva ver L. Chracas, *Ragguaglio del sontuoso treno delle carrozze con cui ando all'audienza l'Illustrissimo ed Eccellentissimo Signore Done Rodrigo Annes de Saa Almeida e Meneza, Marchese de Fontes...* (Roma 1716).
[28] Valesio, 1977, 3: 885. Ver também Ayres de Carvalho, *D. João V e a Arte do seu tempo*, 2 vols. (Lisboa, 1962), 2: 307-308.
[29] Roma 1707, 2.
[30] A história dos projectos para a sacristia do Vaticano tem sido, até hoje, um dos assuntos mais discutidos da arquitectura romana da Idade Moderna, tendo assim dado origem a uma vasta bibliografia. Por entre os seus mais interessantes episódios está, precisamente, o da participação de Juvarra. Para uma primeira e sintética abordagem ver Hellmut Hager "The precedents of Clement XI's competition of 1715" in *The Triumph of the Baroque – architecture in Europe 1600-1750* ed. Henry A. Millon [catálogo da exposição] (New York, 1999), 568-569. Acerca dos projectos de Mattei e de Canevari ver, também de Helmutt Hager, *Filippo Juvarra e il concorso di modelli del 1715 bandito da Clemente XI per la nuova sagrestia di S. Pietro* (Roma, 1979).
[31] José Fernandes Pereira, "Ludovice, João Frederico" in *Dicionário da Arte Barroca em Portugal* (Lisboa, 1989) 265-269. Ludovice, nascido em Hohenhart (Alemanha), esteve em Roma entre 1697 e 1701 antes de ter ido trabalhar para Lisboa como ourives da Companhia de Jesus. Aí cedo encontrou forma de poder dispensar esse contrato, impondo-se gradualmente como arquitecto preferido de D. João V. De facto, contra a sólida oposição *da situação* – que podemos considerar representável pelos engenheiros militares – com excepção para as obras inseridas na campanha do Aqueduto das Águas Livres, as principais realizações arquitectónicas daquele monarca foram desenhadas e dirigidas por ele.

tecto a trabalhar em concreto no projecto do Palácio e Convento de Mafra, bem como na direcção da sua construção.

Para todos quantos escreveram sobre estas matérias, foi sempre clara a relação entre aquelas primeiras colaborações, o concurso de 1715 e a então activa participação do Marquês de Fontes na cena artística e diplomática de Roma.[32] Não devemos, contudo, esquecer os preparativos para uma reforma urbana de Lisboa em larga escala, cujo desejo já então havia sido formulado.

De uma forma sumária, foi no contexto desses antecedentes que em 1717 o Marquês de Fontes pediu a Juvarra para desenvolver em perspectiva "un modello di sua invenzione" para o novo palácio real e igreja patriarcal de Lisboa. É esse um episódio contado pelo biógrafo anónimo de Juvarra[33] e também referido pelo pintor português Vieira Lusitano,[34] que então estagiava em Roma. A partir dos esquissos de Juvarra, Gaspar Van Wittel (Vanvitelli) pintou um quadro a óleo que foi enviado a D. João V. Parece que o "modello" do Marquês de Fontes não passava de um esquema topográfico e programático cuja finalidade era apenas informar a virtuosidade dos *pensieri* daquele arquitecto.

Estou em crer que os três desenhos de Lisboa que pertencem à colecção vanviteliana da Regia de Caserta são relativos a este episódio[35]. Dois deles reproduzem com bastante precisão a realidade do Terreiro do Paço de então. É por isso bastante provável que eles tenham tido a intervenção directa do Marquês de Fontes, especialmente se tivermos em linha de conta como a expressão do seu traço é de uma qualidade bastante inferior à do remanescente.

---

[32] Aurora Scotti 1973, 151.
[33] Messina 1966, 26.
[34] Francisco Vieira de Matos (Vieira Lusitano), *O insigne pintor e leal esposo* (Lisboa, 1780).
[35] Palazzo Reale di Caserta, Reggia, Soprintendenza per i BAAAS, inv. nn. 1787r.v. e 1583r. Esses desenhos foram publicados por: Walter Vitzthum, "Gaspar van Wittel e Filippo Juvara" *Arte Illustrata*, (s/l, May-June1971) 5-9; Aurora Scotti, "L'attività di Filippo Juvarra a Lisbona alla luce delle piú recenti interpretazione critiche della sua architettura con una appendice sui rapporti Roma-Lisbona" *Colóquio-Artes* 28 (Lisboa, 1976), 51-63; Jörg Garms, "Luigi Vanvitelli (1700-1773). Studi per vedute di Lisbona" in *Giovanni V di Portogallo (1707-1750) e la cultura romana del suo tempo* [catálogo da exposição], ed. Sandra Vasco Rocca and Gabriele Borghini, (Roma, 1995) 54-55. Os mesmos desenhos foram ainda comentados e listados por Cesare de Seta, *Luigi Vanvitelli* (Napoli, 1998), 179 e Jörg Garms, org., *Disegni di Luigi Vanvitelli nelle collezioni pubbliche di Napoli e Caserta*, [catálogo da exposição] (Napoli, 1974). Para estes investigadores parece que o jovem Luigi terá participado neste episódio como assistente do seu irmão mais velho. Por sua vez Vitzthum declara que aqueles desenhos foram *tirados do natural* e, como tal, nem Juvarra nem Gaspar ou Luigi Vanvitelli poderiam tê-lo feito. Também Garms declara as suas dúvidas acerca da possibilidade desses desenhos terem sido feitos por Luigi Vanvitelli naquela data. Como ele faz notar, Luigi tinha então apenas 17 anos.

Muitos autores seguiram a proposta de Emilio Lavagnino[36] para a identificação do quadro de Vanvitelli/Juvarra sobre Lisboa, mas a pintura que como tal ele publicou não passa de apenas mais uma representação do Terreiro do Paço visto de nascente, com o Palácio Real como ele era depois das campanhas de obras filipinas. Para além do mais, nada garante que aquele quadro seja da mão de Vanvitelli. O quadro a óleo em demanda tem de conter algo inspirado nos desenhos que Juvarra fez para tal fim. Como alguns outros investigadores, eu creio que os três esquissos de Juvarra que pertencem à colecção do Musei Civico di Torino dizem respeito a esse momento e não ao projecto que ele desenvolveria em Lisboa dois anos depois.[37]

A topografia que esses desenhos apresentam sob o complexo edificado e a relação com o rio são bastante mais próximas de uma implantação na Ribeira do que qualquer outra na zona da periferia da cidade que viria a ser escolhida pelo rei e por Juvarra em 1719 como definitiva. Mas eles estão ainda longe do que era a realidade. Mesmo com a ajuda do Marquês de Fontes, foi difícil a Juvarra imaginar e desenhar um sítio sem nunca o ter visto. Talvez tenha sido essa a principal razão para um quadro em vez de um projecto.[38]

Uma das mais destacadas características da arquitectura de Juvarra é a sua estreita relação com o sítio e o território envolvente. Todos quantos mais aprofundadamente estudam o seu trabalho acabam por concordar em destacar a importância da sua larga experiência como cenógrafo na arquitectura que produziu.[39] O pouco que se conhece do seu trabalho para D. João V é, apesar de tudo, suficiente para o confirmar. Ao contrário de outros, Juvarra não teria logrado fazer o projecto sem primeiro ter visto e pisado o sítio.

Essa aparente dificuldade deve ter-se constituído numa forte razão para que tenha sido convidado para ir a Lisboa. No essencial, o que o monarca português pretendia era uma nova imagem, ou melhor, novos e grandiosos cenários urbanos. Por certo que D. João V tinha conhecimento do tipo de

---

[36] Emilio Lavagnino, "Gli artisti in Portogallo" in *L' opera del genio italiano all'estero* (Roma, 1940), LII.
[37] Musei Civico di Torino: Inv. 1859/DS, vol. I, foglio 97, disegno 157; Inv. 1860/DS, vol. I, foglio 98, disegno 158; Inv. 1706/DS, vol. I, foglio 4, disegno 7. Acerca destes desenhos de Juvarra e da sua estadia em Lisboa ver, entre outros, Scotti 1973 e 1976, mas também Gianfranco Gritella, *Juvarra – l'architettura*, 2 vols. (Modena, 1992), 1: 462-469.
[38] Curiosamente esses *pensieri* foram já correctamente relacionados por diversos investigadores com projectos que ele então tinha em mãos em Turim: a Superga, o castelo de Rivoli e o *palazzo* Madama.
[39] Ver M. Viale Ferrero, *Juvarra architetto e scenografo teatrale* (Torino, 1970).

trabalho que Juvarra estava a fazer para a Casa de Saboia. Não apenas edifícios, mas também uma contribuição essencial para o terceiro e último ensanche da Turim do Antigo Regime. A *tendência piranesiana* por *vedutas* da arquitectura e urbanismo da Antiguidade,[40] por certo que também contribuíram para a sua creditação junto do monarca português.

O rei também estava informado acerca da sua experiência nestes programas arquitecturais desde o início da sua carreira. Primeiro com o trabalho desenvolvido sobre o porto de Messina e depois com os Concorsi Clementini lançados pela Accademia di S. Luca: "*Chiesa con Canonica, collegio e Ospedal*i (1702), "*Palazzo Pontificio*" (1703), "*Pubblica Curia con i suoi annessi*" (1704) e depois (1716) "*Progetto per una grande chiesa.*" Também assim se pode verificar como este tipo de programas estavam na ordem do dia europeia.

Regressando à questão da origem dos desenhos sobre Lisboa que pertencem às colecções do Musei Civico di Torino, se um dos projectos de 1719 e os esquissos relacionados se perderam – quiçá no Terremoto de 1755 – porque não ocorreu o mesmo com os demais? Porque teriam seguindo para Roma ou Turim? É bem mais provável que esses três desenhos sejam de 1717 e nunca tenham saído de Itália.

Além da desaparecida pintura de Wittel's, outras imagens, maquetas, desenhos, etc., contendo propostas urbanísticas e arquitectónicas, foram sendo enviadas de Roma para Lisboa. Uma delas foi um projecto de um outro discípulo de Carlos Fontana que também participara no concurso para o projecto da nova sacristia de S. Pedro do Vaticano, Tomasso Mattei.

Esse projecto foi feito sob encomenda directa do Marquês de Fontes e enviado para Lisboa, também em 1717, para ser submetido à apreciação de D. João V. Significativamente, na sequente carta de resposta lê-se que o rei acreditava que o projecto poderia vir a ser consideravelmente melhorado com o contributo pessoal do embaixador depois do seu regresso a Lisboa, o que ele muito desejava.[41] Foi uma forma polida de comunicar o desacordo régio e de transmitir ao Marquês de Fontes que deveria escolher outro arquitecto. Seria então a vez de Juvarra?...

Não se conhece o projecto de Mattei, o qual é desde há muito relacionado com a obra do palácio e convento de Mafra, mas na realidade foi feito para o *complexo régio* de Lisboa.[42] Nessa altura o processo de construção de Mafra estava a desenvolver-se numa outra linha e o programa e projecto só

---

[40] Adreina Griseri escreveu sobre esta matéria em *Itinerari Juvarriani* (Paragone, 1952).
[41] *Cópia da Carta q foi ao Marq.s de Fontes no Corr.º de 22 de Junho...*, Biblioteca Nacional (Lisboa), Col. Pombalina, cod. 157, fls. 214-215. A referência ao projecto surge no fim da carta. O documento é todo sobre assuntos relativos ao patriarcado, sem qualquer referência a Mafra.

seriam estabilizados no final da década de 1720.⁴³ De facto, se cada fonte primária relaciona a actividade do Marquês de Fontes em Roma com a ideia, programa e projecto de Lisboa, nada nos permite dizer o mesmo acerca de Mafra.

Estas relações equívocas da historiografia apenas surgiram porque nunca se tomou em linha de conta o processo lisboeta. O sonho de *uma nova Lisboa como uma nova Roma* nunca foi mais do que isso mesmo: uma fantasia régia, ao que parece cuidadosamente camuflada para a História. Concomitantemente Mafra sempre foi uma impressionante e atractiva realidade para alguns dos estudiosos destas matérias. O projecto e a construção daquele palácio e convento constituíram-se num processo complexo e o problema da autoria do seu evolutivo *plano-mestre* acabou por ser uma das motivações mais fortes de alguns trabalhos historiograficamente marcantes. Tudo parece levar a crer que terá sido o abandono do projecto de Lisboa a principal razão para o então notório incremento do empenhamento régio no complexo régio de Mafra.⁴⁴

Nos principais textos dedicados ao mecenato artístico joanino, foram já devidamente traçadas as principais características dessa espécie de *museu da arquitectura de Roma* que acabou por se conformar no Paço Real da Ribeira. Maquetas (algumas à escala natural), pinturas, desenhos, levantamentos completos de edifícios, esculturas, altares e pormenores foram maciçamente enviados de Roma, sendo depois expostos em longos salões do Paço da Ribeira.⁴⁵ Um autêntico batalhão de artistas de renome trabalharam em Roma com essa finalidade durante quase todo o reinado de D. João V, mas infelizmente tudo isso se perdeu com o Terremoto (e incêndio) de 1755.

Tal colecção era sobretudo material de estudo, sendo essa a verdadeira chave para a compreensão cabal de todas as notícias que os historiadores têm vindo a respigar de entre as mais diversas fontes coevas. Parece que a metodologia adoptada para essa espécie de actualização da arquitectura

---

⁴² A 2 de Março o Núncio relatou para Roma que D. João V está a considerar a hipótese de construir uma nova Igreja Patriarcal, com palácio anexo para o respectivo dignatário, de magníficas proporções "havendone di già nelle mani I disegni" (Archivio Segreto Vaticano (Roma), Portogallo, Seg. 74, fols 44r). Como podemos verificar pela carta citada na nota anterior, três meses depois um dos projectos que estava em apreciação era o de Tomasso Mattei.
⁴³ Ver também a citação feita na nota 50.
⁴⁴ Sobre estas matérias, e por entre outras, devem-se aqui destacar e confrontar os trabalhos de: Ayres de Carvalho, *D. João V e a Arte do seu tempo*, 2 vols. (Lisboa, 1962); Robert C. Smith, "The building of Mafra," *Apollo* 134 (London, 1973), 359-367; José Fernandes Pereira, *Arquitectura e Escultura de Mafra: retórica da perfeição* (Lisboa, 1994); Pimentel 1992.
⁴⁵ Francisco Xavier da Silva, *Elogio funebre, e histórico do... D. João V* (Lisboa, 1750). Uma síntese disto pode ser encontrada em Delaforce 1993, 61-62.

portuguesa consistiu numa espécie de longo *brainstorm* nutrido por propostas *ad-hoc*, imagens[46] e artistas visitantes. Com algumas excepções, aquilo que efectivamente foi construído acabou por ser projectado em Lisboa por arquitectos residentes, sob os juízos do rei e dos seus conselheiros artísticos, mas (quiçá?) sempre com o olhar posto nos exemplos importados de Roma patentes em alguns dos salões do Paço.

O projecto de Mattei e as primeira imagens produzidas por Juvarra foram feitos e enviados de Roma em 1717, um ano com alguma relevância para a cultura portuguesa. Para além dos passos decisivos para a renovação urbanística de Lisboa, iniciou-se oficialmente a construção do complexo de Mafra bem como da Biblioteca da Universidade de Coimbra (a pedra de toque de uma reforma então levada a cabo naquela instituição), foram dados os primeiros passos para a criação de academias científicas (nomeadamente da *produtiva* Academia Real de História), foram publicados os primeiros números do primeiro jornal português, a *Gazeta de Lisboa*, etc.

Como já aqui vimos, os desenhos romanos para o palácio real e igreja patriarcal foram elaborados com vista à substituição do orgânico e confuso complexo palatino da Ribeira. O palácio era luxuoso e até confortável, mas apesar das sucessivas reformas que a tal o conduziram, era urbanística e arquitectonicamente inexpressivo e desactualizado. A Capela Real estava muito longe de corresponder aos desejos de dimensão e ostentação que o rei determinara como convenientes para uma sede patriarcal e metropolita.[47] Foi essa a essência da mensagem transmitida em Roma pelo Marquês de Fontes a Juvarra e seria nisso que aquele arquitecto trabalharia imediatamente após a sua chegada a Lisboa em Janeiro de 1719. Para tal

---

[46] A importância da colecção de gravuras de D. João V foi estabelecida por Marie Thérèse Mandroux-França in "La collection d'etampes du Roi Jean V de Portugal: une relecture des Notes Manuscrites de Pierre-Jean Mariette," *Revue de l'Art* 73 (Paris, 1986) e "Les Collections D'Estampes du Roi Jean V de Portugal: Un programme des «Lumières Joanines» en Voie de Reconstitution" in *Portugal no Século XVIII, de D. João V à Revolução Francesa*, org. Maria Helena Carvalho dos Santos, (Lisboa, 1991), 281-293.

[47] Acerca disto, em 31 de Janeiro de 1719 o Núncio em Lisboa escrevia para Roma dizendo que "Il fine fi far venir detto soggeto dicesi che non sia stato tanto per la grand'opera del Convento di Mafra e sua chiesa, e Palazzo Reale, quale essendo di già molto avanzata saria stato tardo il suo arrivo, ma per fabricare una nuova chiesa, e Palazzo Patriarcale, mentre l'antica capella reale, benchè rimodernata, et accresciuta, riesce angusta per le Funzioni, stante la magnificenza, con la quale hora si fanno, et il Clero tanto numeroso, che vi offizia". Esta carta está in ASV, Portogallo, Seg. 75, fols 18 e foi publicada por in Scotti 1973, 125. As notícias acerca da estadia de Juvarra em Lisboa são poucas e dispersas. Talvez as mais completas e expressivas sejam, precisamente, as que estão contidas no conjunto de relatórios feitos pelo Núncio em Lisboa para Roma, os quais estão publicados em Aurora Scotti 1973, 125-130.

Juvarra havia obtido de Vittorio Amadeo II, rei do Piemonte, uma autorização para se ausentar por meio ano.

Em meados de Março Juvarra tinha já pronto o projecto para os edifícios que deveriam substituir os do velho paço manuelino-filipino.[48] Entretanto, já havia um mês que alguns especialistas e cortesãos haviam sido convidados para, em conselho, opinarem acerca do melhor local para a implantação do novo Paço e Patriarcal.[49] Muitos deles manifestaram-se a favor de uma nova localização, fora do buliçoso e antigo centro de Lisboa, como parece ter pretendido o Marquês de Fontes.[50]

Essa nova linha de pensamento é facilmente relacionável com a estratégia das duas Lisboas e é compreensível que o rei a tenha adoptado. Segundo uma implantação em campo aberto tudo seria "più vaste e confacenti."[51] O sonho régio de uma *nova Lisboa* ficava assim mais próximo da concretização.

Demandando o local ideal, o rei e o arquitecto italiano passaram então longos dias a passear pelos arredores de Lisboa, deslocando-se também a bordo de um barco ao longo do Tejo. É o biógrafo anónimo de Juvarra quem, de forma mais expressiva, nos descreve essa acção:[52] "Per trovare un sito adeguato a tanto edificio si durò fatica tre mesi; ma finalmente [...] andato in persona il re co' grandi del suo regno, il signor marchese di Fontes e done Filippo, tutti in una gondola si portarono lontano alcune miglia da Lisbona per vedere un sito poco distante del mare, bello e di molta amenità [...] e questo scelto per fare la fabbrica."

De acordo com a mesma fonte, D. João V ordenou a Juvarra "che facesse un disegno del palazzo reale, della chiesa patriarcale, del palazzo per il patriarca e della cononica, con questa ingiunzione che quella fabbrica dopo la rinomata gran mole di S. Pietro di Roma, tenesse il primo posto". E deve ter sido isso o que Juvarra desenhou para o sítio escolhido, uma arejada e ampla encosta a oeste do centro da cidade, implantada frente ao rio e orientada para a entrada do estuário, a qual era conhecida, precisamente, como Buenos Aires.

O "nuovo disegno adattato al detto sito nuovamente eletto"[53] foi apresentado por Juvarra ao rei duas semanas depois do primeiro. Era "una fabbrica

---

[48] ASV, Portogallo, Seg. 75, fols 47 (1719/03/14). Scotti 1973, 126.
[49] Numa outra carta de 14 de Fevereiro, o Núncio relata que o rei estava a realizar "varij congressi da soggetti il più intelligenti di questa corte [...] con l'intervento di Medici, Chimighi, et altri professori sino al numero di 17 persone." ASV, Portogallo, Seg. 75, fol.s 26 (1719/02/14). Scotti 1973, 125.
[50] João Baptista de Castro, *Mapa de Portugal antigo, e Moderno*, 3 vols., (Lisboa, 1762) III: 193.
[51] ASV, Portogallo, Seg. 75, fols 47 (1719/03/14). Scotti 1973, 126.
[52] Messina 1966, 27.
[53] ASV, Portogallo, Seg. 75, fols 63-63v (1719/03/28). Scotti 1973, 126.

non pure seconda, ma uguale alla gran mole di S. Pietro, e degna della grandezza di quel re."[54] Roma era de facto o modelo a imitar e ultrapassar.

Uma vez mais ambos os projectos perderam-se. Com tão poucos tópicos é-nos apenas possível imaginar os efeitos cenográficos e paisagísticos perseguidos, em especial se lhes associarmos a ideia de em torno se implantar um parque para animais selvagens[55] – um zoo. Mas parece óbvio que para ambas as implantações o diálogo com o rio terá sido o principal tema.

Igual sucedeu com outro projecto de Juvarra feito em Lisboa: um farol monumental para a entrada do porto de Lisboa, a implantar a oeste do novo complexo palatino. Significativamente foi a primeira coisa que D. João V pediu a Juvarra para fazer após a sua chegada. Uma vez mais a descrição do biógrafo anónimo daquele arquitecto é bastante precisa:[56]

"La prima ordinazione che ricevette fu quella di un disegno per il fanale del porto; per il quale avendo ideato una colonna sullo stile antico ad imitazione di quelle che si vedono in Roma, con l'arme del re in mezzo retta da due fame, ed in cima un gran fanale [...] per imitare le opere degli antichi imperatori."[57] Um *pensieri* de Juvarra depositado na Biblioteca Nazionale Universitaria di Torino coincide com esta descrição e com a paisagem dessa parte do porto de Lisboa de então.

A única diferença consiste no facto de no topo, sobre a cápsula do farol, o desenho nos apresentar uma figura humana de corpo inteiro. Representará o esquisso uma sugestão para uma evocação joanina do Império? Não será exagero admitir que o protótipo do farol de Alexandria tenha sido referido nas conversas tidas entre o arquitecto e o rei, em especial se nos lembrarmos do facto de Alexandria ter sido uma das poucas cidades sede de patriarcado no Baixo Império. Para eles Lisboa deveria assim ser colocada no mesmo pé de igualdade de qualquer cidade fundada como capital, uma das maravilhas do mundo e a face da Europa frente ao oceano.

Mas pelo meio de tudo isso podem também descortinar-se algumas relações simbólicas e formais com a Torre de Belém, como o farol um equipamento portuário com um baluarte defensivo no embasamento, constituindo também uma significativa obra prima patrocinada pela monarquia portuguesa do período dos *descobrimentos*.

---

[54] Messina 1966, 27
[55] Novamente a notícia é-nos dada pelo Núncio em Lisboa: "Giardino e Zappada per animali silvestri". ASV, Portogallo, Seg. 75, fols. 63-63v (1719/03/28). Scotti 1973, 126.
[56] Vitorio Viale admite que o próprio Filippo Juvarra (Messina 1966, 16-17) seja o autor deste manuscrito.
[57] Messina 1966, 27.

Todas as notícias de que dispomos acerca de D. João V durante o período da estadia de Juvarra em Lisboa, permitem-nos vislumbrar, não apenas o seu grande interesse, mas essencialmente a sua total dedicação e entusiasmo. Juvarra foi recebido, instalado e tratado com um enorme carinho e distinção e o rei despendeu todo o tempo que pôde com ele. Por exemplo e significativamente, parece que durante esse meio ano D. João V nunca se deslocou à obra de Mafra.

Durante a sua curta estadia em Lisboa, Juvarra foi ainda solicitado para a realização de alguns outros projectos de menor envergadura, nomeadamente no âmbito das arquitecturas efémeras de festividades urbanas e de Corte.[58] A licença que lhe fora concedida por Vittorio Amadeo II rapidamente se esgotou e ele deixou Lisboa coroado de presentes e honrarias. De entre tudo isso cumpre aqui destacar a atribuição da mesma comenda anteriormente concedida a Carlo Fontana, a Ordem Militar de Cristo.

Juvarra deixou Lisboa realizando, a expensas do monarca português, uma pequena *viagem de estudo* pela Europa. Como a sua estadia em Portugal, essa viagem tem sido considerada pelos seus principais estudiosos como o principal factor da mudança que então operou na sua expressividade arquitectónica.[59] A intenção do momento era a de regressar a Lisboa logo que pudesse, para então dirigir a construção de tudo quanto para ali projectara. Isso foi noticiado pelo Núncio ao Papa, o qual nos surge sempre muito empenhado em manter o Vaticano a par dos assuntos relativos à *emulação romana* então em projecto em Lisboa.[60]

O processo que deveria ter levado à construção do complexo palatino e patriarcal em Buenos Aires arrancou dois dias antes da partida de Juvarra. De especial relevo foram os trabalhos lançados com vista a ter as coisas preparadas para o verdadeiro início da construção logo que regressasse, nomeadamente no que diz respeito à realização prévia das infra-estruturas dos edifícios. Ao mesmo tempo foi decidida a contratação para o estaleiro da obra de quinhentos pedreiros lombardos.

A realização dos terraplenos e o abastecimento de água ao local foram as primeiras coisas a ser levadas a cabo. Ao mesmo tempo foi ordenado a Manuel da Maia que realizasse o levantamento da vasta área a Oeste da

---

[58] Uma magnífica procissão do Corpus Domine foi então organizada, mas nada nos permite estabelecer uma ligação entre ela e Juvarra. Porém sabe-se que foi ele quem realizou as decorações da Semana Santa para a comunidade italiana sediada na Igreja do Loreto (Scotti 1973; Delaforce 1993, 63).
[59] Scotti 1976; Gritella 1992.
[60] ASV, Portogallo, Seg. 75, fols 208v-209 (1719/09/12). Scotti 1973, 130.

cidade delimitada pela Linha Fundamental de Fortificação, propondo em simultâneo um plano para a sua infra-estruturação viária.[61]

Por razões que apenas podemos adivinhar ou especular, Juvarra não regressou e os pedreiros lombardos jamais desembarcaram em Lisboa. D. João V não construiu o complexo palatino que desejava para rivalizar com o de S. Pedro de Roma. Em vez disso, e como já atrás se destacou, deu um novo impulso à obra de Mafra, aumentando consideravelmente o sector conventual e dotando-o de um sector palatino com funções diversas como as de uma *venaria* real e de uma biblioteca monumental.

A experiência, a abertura de canais culturais e o debate arquitectónico em torno do projecto para o complexo palatino lisboeta foram obviamente essenciais para a arquitectura de Mafra. No projecto renovado, o arquitecto do rei Frederico Ludovice integrou diversas *citações juvarrianas*, mas também temas e motivos de muitos outros autores dos desenhos, projectos e maquetas que continuaram a chegar às colecções reais até ao final do reinado. Como podemos explicar o surgimento em Portugal de escadas como as do sector conventual de Mafra, as quais apenas encontram paralelo coevo em outras desenhadas por Juvarra para alguns outros edifícios em Turim?[62] Como explicar, senão pelos antecedentes relativos a Lisboa, a direcção técnica da obra de Mafra por pedreiros lombardos como Carlos e Antonio Baptista Garbo?...

Ludovice apenas acabou por poder usufruir em Lisboa de um pouco do ambiente cultural no seio do qual os arquitectos romanos quotidianamente se movimentavam. Felizmente não foi apenas ele. Alguns trabalhos têm vindo a destacar a importância do estaleiro de Mafra como escola do barroco português de setecentos. Foi no "ciclo de Mafra"[63] que a tradição se fundiu com cosmopolitismo e os engenheiros militares portugueses actualizaram a sua sensibilidade arquitectónica.

Em vez de se desencorajar, D. João V desenvolveu ainda mais a sua política de estreitos contactos com a realidade romana. O seu empenha-

---

[61] Acerca disto relata uma vez mais o Núncio em Lisboa: "Persisitindo Sua Maesta nell'intenzione della gran Fabrica della Patriarcale, fa prendere varij disegni per aprire per la città lunghe strade, e larghe che conduchino direttamente sino al sito di essa." ASV, Portogallo, Seg. 75, fols 208v (1719/09/12). Scotti 1973, 130.

[62] Sobre estas escadas ver Paulo Varela Gomes, "O caso de Carlo Gimach (1651-1730) e a historiografia da arquitectura portuguesa," *Museu* IV/5 (Porto, 1996), 141-156. Entre outras hipóteses este investigador apresenta e debate diversas hipóteses de modelos estrangeiros (do Sul da Itália, Sicília e Malta) bem como a própria evolução da tipologia.

[63] Esta expressão foi primeiro usada num texto extremamente sintético de Paulo Varela Gomes, *O essencial sobre a arquitectura barroca em Portugal*, (Lisboa, 1987). Depois ele desenvolveu-a em outros textos dedicados ao tema da cultura arquitectónica portuguesa do século XVIII: *A cultura arquitectónica e artística em Portugal no séc. XVIII*, (Lisboa, 1988); *A confissão de Cyrillo*, (Lisboa, 1992).

mento no patrocínio na cidade papal foi incrementado, nomeadamente no que diz respeito à sua relação com a Accademia Romana degli Arcadi.

Como aqui se tem vindo a verificar, a visita de Juvarra a Lisboa teve outros efeitos colaterais que aqui não podem ser discutidos e nem sequer listados. A sua actividade em Lisboa não se pode resumir ao projecto do novo palácio e patriarcal. Ele foi, de facto, o mais importante e prolixo consultor de arquitectura e urbanismo de D. João V no estabelecimento das principais linhas de força para a renovação da cidade como capital.

Se os seus projectos tivessem sido construídos, Juvarra uma vez mais teria brilhantemente inovado através da interpretação dos sistemas urbanísticos e territoriais como fenómeno intrínseco da Arquitectura. No fundo é isso o que também se lê nos seus *pensieri* para Messina, bem como no seu desempenho como *construtor de capitais* em Turim ou (até) em Madrid.[64] Para a compreensão cabal de tudo isso é necessário acrescer-lhe o estudo do caso de Lisboa.

A estadia de Juvarra em Lisboa permitiu a D. João V transformar numa imagem precisa os seus planos para uma *nova Lisboa*, um verdadeiro cenário de poder caracterizado por três componentes essenciais: expandir a cidade para Ocidente; concentrar os símbolos do seu poder temporal e espiritual numa plataforma sobre ao rio; restruturar toda a frente ribeirinha como a sua face.

Os aristocratas lisboetas compreenderam isso muito cedo. Muitos palácios foram imediatamente construídos ao longo das vias que saíam do centro de Lisboa para Oeste, muitos deles sobre a margem do rio. A propósito, pelo menos um deles parece ter sido concebido pelo próprio Juvarra, o Palácio do Monteiro-Mor (ou Marim-Olhão), apesar de a construção ter sido necessariamente dirigida por um português.

A casa permaneceu incompleta até hoje, apresentando-se num estado lastimável, mas com uma expressão suficiente para, em planta, concepção global e alguns detalhes lembrar o posterior projecto de Juvarra para o Palazzo in Villa dos Marqueses de Carron di San Thomaso.[65] Já agora registe--se como as suas escadas são semelhantes às de Mafra que há pouco aqui se fizeram notar.

O ensanche de Lisboa para Oeste também condicionou a localização e projecto de novas infra-estruturas manufactureiras e industriais, conven-

---

[64] Andreina Griseri e Giovanni Romano, org. *Filippo Juvarra a Torino. Nuovi progetti per la città* [catálogo da exposição] (Torino, 1989); Antonio Bonet Correia and Beatriz Blasco Esquivias, org. *Filippo Juvarra – de Mesina al Palacio Real de Madrid*, [catálogo da exposição] (Madrid, 1994); Vera Comoli Mandracci and Andreina Griseri, org. *Filippo Juvarra – Architetto delle Capitali da Torino a Madrid 1714-1736* [catálogo da exposição] (Torino, 1995).
[65] A proposta detalhada de identificação de um *primeiro projecto* deste edifício por Juvarra, é do

tos e casas do rei.[66] Foi isso o que ocorreu com o Aqueduto das Águas Livres (iniciado em 1728), os complexos industriais e navais do Rato (erguido em 1734) e de Alcântara (projectado cerca de 1727) e a casa oratoriana das Necessidades (iniciada em 1742). Nesta foi incorporado um Palácio Real com um jardim zoológico como havia sido desejado pelo rei para o seu grandioso esquema de Palácio Real e Igreja Patriarcal em Buenos Aires – por acaso nada distante do sítio das Necessidades.[67]

Fora do limite da cidade, mas no mesmo lado do rio e mais próxima do mar, Belém foi transformada na estância de recreio da corte. Perto do Mosteiro dos Jerónimos entre 1726 e 1729 o rei comprou seis quintas, as quais juntou numa única propriedade. Alguns cortesãos seguiram o seu exemplo e ergueram casas nas frentes de rio dos arredores – na Junqueira (a Este) e em Pedrouços (a Oeste). A área de Belém transformou-se rapidamente numa verdadeira frente fluvial palatina.

Quando D. João V fez essas compras, o cônsul francês, Montagnac, relatou ao seu governo que o rei estava a considerar a hipótese de transformar o Mosteiro dos Jerónimos em sede e residência patriarcal, para o que seria necessário mudar os monges para Mafra.[68] Haviam decorrido apenas oito anos desde a realização dos projectos para o Terreiro do Paço e Buenos Aires e também não nos esqueçamos que o panteão do rei D. Manuel I fora inspirado pelo ideal messiânico alimentado por alguns dos monarcas portugueses.

O dinheiro enterrado em Mafra e em outras campanhas de obras régias é frequentemente referido como a principal razão para o abandono dos planos iniciais para Lisboa. Mas face aos dados que aqui se têm vindo a alinhar, essa explicação afigura-se demasiado simples. Por exemplo, porque não indagar o que é que o papado pensava acerca das intenções de D. João V?

A hipótese da construção de um novo Palácio Real em Belém já havia sido considerada no tempo de Filipe II e viria a ser formulada por Manuel

---

arquitecto que há pouco tempo foi encarregue da sua recuperação: Fernando Sequeira Mendes, '"Palácio do Monteiro-Mor, Bairro Alto, Lisboa – um raro cenário urbano" *História* 27, (Lisboa, 2000), 32-39. De acordo com o conhecimento que temos do virtuosismo e produção de Juvarra e, ainda, face ao entusiasmo então vivido na Corte, é bem provável que durante a sua estadia em Lisboa tenha sido assediado para a concepção de outros edifícios, para além das próprias encomendas de D. João V.

[66] A principal tese do meu livro *Além da Baixa...* está precisamente baseada no debate deste assunto (Rossa 1998). Como exemplo do que então estava a acontecer, pode-se aqui referir a evidência do plano de distribuição urbana da água do novo aqueduto, no qual os locais escolhidos para a instalação de chafarizes eram todos a ocidente da sequiosa cidade e em áreas de baixa densidade de ocupação.

[67] Leonor Ferrão, *A Real Obra de Nossa Senhora das Necessidades* (Lisboa, 1994).

[68] Carta de 26 de Fevereiro de 1726, referida *in* 2.º Visconde de Santarém, *Quadro elementar das relações políticas e diplomáticas de Portugal...*, 18 vols. (Paris, 1842-1860) vol. V: CXVI.

da Maia e pelo Marquês de Pombal depois da destruição da cidade pelo Terremoto de 1755.[69] Mas estes acabariam por se decidir por um local perto do que fora escolhido por D. João V e Juvarra, mas também essa obra não foi iniciada. Seria na *era* neoclássica que, perto de Belém (à Ajuda) o novo Palácio Real seria finalmente construído.

Nos seus traços gerais, apesar do diverso contexto político e ideológico e de um maior enfoque estético francês que romano, a estratégia urbanística delineada para Lisboa por D. João V e os seus arquitectos acabou por ser seguida depois do Terremoto de 1755. O complexo debate urbanístico e arquitectónico catalisado por essa catástrofe herdou muitos dos temas e ideias do seu congénere da primeira metade desse século, sendo o seu principal veículo a personalidade de Manuel da Maia, o agora Engenheiro--Mor que em outros tempos trabalhara com Juvarra. É no seu desempenho que, antes e depois daquele terremoto, melhor podemos detectar a síntese entre o urbanismo da *escola portuguesa de engenharia militar*[70] e o *aggiornamento* trazido pelos mestres do estúdio de Carlo Fontana.

A par com a expansão de algumas das funções urbanas para Ocidente, nos últimos anos da década de 1720 D. João V deu início a uma profunda reforma no velho complexo palatino da Ribeira. A Capela Real foi radicalmente transformada numa grande e opulenta Igreja Patriarcal[71] e uma nova torre foi também erguida. Como essa torre e o novo sistema de abastecimento de água, os aposentos reais foram completamente remodelados sob projecto e supervisão de Antonio Canevari,[72] mas foi Ludovice o autor e director das obras da Capela Real.

---

[69] É a primeira parte das suas "Dissertações", primeiro publicada in Christovam Ayres, *Manuel da Maya e os engenheiros militares portugueses no Terremoto de 1755* (Lisboa, 1910), 33-40.

[70] Para uma síntese sobre o urbanismo português ver Walter Rossa, "A cidade portuguesa" in *História da Arte Portuguesa*, 3 vols. (Lisboa, 1995), 3:233-323. Acerca do urbanismo português da Idade Moderna ver também José E. Horta Correia, "Urbanismo" in *Dicionário da Arte Barroca em Portugal* (Lisboa, 1989) 507-513.

[71] Marie Thérèse Mandroux-França, "La Patriarcale du Roi Jean V de Portugal" *Colóquio-Artes* 83 (Lisboa, 1989); Marie Thérèse Mandroux-França, "La Patriarcale del Re Giovanni V di Portogallo" in *Giovanni V di Portogallo (1707-1750) e la cultura romana del suo tempo* [catálogo da exposição], ed. Sandra Vasco Rocca and Gabriele Borghini, (Roma, 1995) 81-92. Ver também Paulo Varela Gomes, "Três Desenhos Setecentistas para a Basílica Patriarcal" *Boletim Cultural da Póvoa do Varzim* XXVI/2 (Póvoa do Varzim, 1989), 663-687.

[72] Como já vimos, Antonio Canevari foi outro discípulo de Carlo Fontana a trabalhar em Lisboa para D. João V. Antes de ter ido para Portugal ele colaborou na execução de maquetas e desenhos de monumentos de Roma destinados a serem enviados para Lisboa. Canevari também projectou e construiu o Bosco Parrasio, o novo local de reunião da Accademia Romana degli Arcadi, situado no topo do Monti Gianicolo e uma oferta do monarca português. Canevari esteve em Portugal entre 1727 e 1732. Trabalhou em diversas frentes, mas apenas se conservam: o pequeno conjunto

Por trás do palácio e em frente daquela igreja e de outras dependências palatinas, uma considerável quantidade de casas foram compradas e demolidas, assim se conformando uma nova praça no sopé da colina de S. Francisco. No início do reinado seguinte uma Casa da Ópera, projectada e erguida sob a direcção de Giovanni Carlo Sicinio Bibiena (1717-1760), abriu as portas para esse novo espaço público.

Aqui e ali a cidade adquiriu novos monumentos e novas artérias urbanas. Curiosamente todas as tentativas para se erguer uma estátua do rei parecem ter falhado.[73] De facto, como declara Eduardo Lourenço: "[apesar de já então ter falecido] Il re Magnanimo fu indubbiamente la maggiore vittima tra tutte quelle causate dal famoso terremoto di Lisbona del 1755."[74]

Nos meados da década de 1740 e apesar de já se encontrar muito doente D. João V tentou novamente concretizar o sonho da sua vida. A construção de Mafra chegara ao fim e aquilo que se lograra fazer no Paço da Ribeira por certo não o havia satisfeito.

O projecto de uma nova Igreja e Palácio Patriarcal, implantada no topo da colina da Cotovia e orientada para o rio foi pedido a Ludovice, que terá traçado algo com a "extensão de S. Pedro de Roma."[75] Pelo menos oficialmente, terá sido por causa da oposição de uma poderosa vizinhança – os Jesuítas que assim teriam perdido uma maravilhosa vista sobre o rio – que a ideia não frutificou.

Tudo leva a crer que os desenhos identificados há alguns anos por Paulo Varela Gomes como um projecto para a Igreja Patriarcal na Cotovia não

---

da casa de lazer, chafariz, aqueduto e chafariz do Patriarca de Lisboa em Santo Antão do Tojal; o Palácio do Correio-Mor situado perto de Loures; a Torre da Universidade de Coimbra. Para os primeiros casos ver José Fernandes Pereira, *Arquitectura Barroca em Portugal*, (Lisboa, 1986) e *A acção artística do primeiro Patriarca de Lisboa*, (Lisboa, 1991); acerca da obra de Coimbra a prova está num documento oficial [Arquivo Nacional da Torre do Tombo (Lisboa), Mesa da Consciência e Ordens, Universidade de Coimbra, Maço 60, Doc. 33]. Ver também Paola Ferraris, "Antonio Canevari a Lisbona (1727-1732) in *Giovanni V di Portogallo (1707-1750) e la cultura romana del suo tempo* [catálogo da exposição], ed. Sandra Vasco Rocca and Gabriele Borghini, (Roma, 1995) 57-66.

[73] Ayres de Carvalho, "Lisbona Romana all'epoca de João V" in *Giovanni V di Portogallo (1707-1750) e la cultura romana del suo tempo* [catálogo da exposição], ed. Sandra Vasco Rocca and Gabriele Borghini, (Roma, 1995), 3-17.

[74] Roma 1995, 1.

[75] Ver a declaração de Ludovice publicada por José da Cunha Saraiva, *O Aqueducto das Águas Livres e o arquitecto Ludovice* (Lisboa, 1938).

[76] Gomes, 1989. Os desenhos estão no Museu Nacional de Arte Antiga (Lisboa), Fundo Antigo Inv. 1682, 1682A e 1862B. Consistem numa planta geral, num pormenor daquela e num corte. Teria sido uma igreja extremamente comprida e, de certa forma, estreita, o que pode eventualmente ser explicado pelo facto de o arquitecto e o rei poderem ter querido aproveitar as fundações do palácio que o Conde de Tarouca ali iniciara algumas décadas antes.

foram produzidos alguns anos depois do Terremoto de 1755,[76] nem são da autoria que propôs, mas sim de Frederico Ludovice no cumprimento das ordens reais da década de 1740.[77] Neles podemos vislumbrar como a frescura das primeiras décadas dera lugar a um projecto cheio de *citações* da velha capela palatina.

Pelo seu lado a empresa do aqueduto despoletou a construção de vários chafarizes, o que implicou a transformação dos espaços públicos onde foram implantados. A arcaria do aqueduto foi também usada como pretexto de monumentalização de dois dos seus arcos que atravessavam ruas importantes da então periferia da cidade. Um desses arcos, às Amoreiras, foi transformado numa porta com duas faces ou, mais apropriadamente, num *arco triunfal* em honra de D. João V e do seu mecenato em prol do bem público. Muito outro equipamento público foi construído e reconstruído sob iniciativa e/ou patrocínio régio, processos em que o Senado da Câmara amiúde teve papel relevante: a Alfândega do Tabaco, a Casa da Pólvora, o novo açougue, diversos cais, o Lazareto, etc.

Como se vê, algumas dessas reformas implicavam a contemplação de um dos conceitos-chave da era barroca: a mobilidade. A construção de infra-estruturas para a circulação de carruagens acabou por se transformar numa obsessão, o que levou à demolição das portas medievais da cidade e ao alargamento das ruas e estradas. Em 1718 Manuel da Maia traçou o projecto de abertura de uma estrada ligando "as cidades de Lisboa Ocidental e Oriental à cidade de Mafra."[78]

---

[77] João Pedro Ludovice (1701-1760, filho de Frederico Ludovice) é o autor inequívoco do projecto da Patriarcal erguida em madeira a seguir ao Terremoto, mas não temos qualquer evidência de um outro projecto para tal fim. Museu Nacional de Arte Antiga (Lisboa), Fundo Antigo Inv. 1652; Biblioteca Nacional (Lisboa), D14R. Aquele edifício foi construído depressa e mal e acabou por ser destruído por um incêndio em 1769. Não se pode aqui discutir detalhadamente esta questão, mas analisando toda a argumentação e dados carreados por aquele investigador à luz deste texto, penso que a conclusão pode ser apenas a de que aquele projecto tem muitas semelhanças com outros edifícios realizados por Frederico Ludovice sob o patronato de D. João V, nomeadamente Mafra. Gomes sublinha claramente a relação existente entre o projecto anónimo e a "Patriarcal de madeira", mas em vez de uma evolução a partir do projecto de João Pedro Ludovice parece-me que devemos concluir pelo contrário. Apesar de todo o apoio do pai, João Pedro Ludovice teve uma carreira obscura, sem qualquer comissão relevante ou até autoria autónoma. Só se pode compreender a encomenda feita pelo Marquês de Pombal ou Manuel da Maia para o projecto da Patriarcal por duas razões: seria um edifício provisório; para uma resposta rápida e minimamente qualificada ele poderia adaptar o projecto que o seu pai fizera uma década atrás, ou seja, numa data em que ele provavelmente o assistia.
[78] Manuel da Maia, *Carta topografica que comprehende todo o terreno desde as cidades de Lisboa Occidental e Oriental té a vila de Mafra, com todos os lugares, q. contem na sua extenção*, Real Academia de la Historia de Madrid, R. 196, Sign. C/Ic2p.

Alguns anos depois, igual sucedeu com a margem norte do rio Tejo, pretendendo-se a ligação do centro de Lisboa às quintas reais de Belém, passando pelos paços das Necessidades e de Alcântara. Para uma deslocação entre aqueles dois pontos com o mínimo de conforto e de rapidez, a melhor via era a fluvial, mas a partir de então o rei e os seus cortesãos passaram a sonhar com uma festiva e arborizada alameda em cais contínuo ao longo do rio.

Em 1727 o levantamento estava pronto[79] e poucos anos depois o projecto geral para essa *promenade* em marginal com cerca de 12 km de extensão ficou concluído.[80] Era uma iniciativa com força suficiente para ter unificado a imagem urbana de Lisboa. Alguns dos seus troços foram de facto construídos, mas o Terremoto de 1755 e as sucessivas reformas e aterros, bem como a industrialização da frente ribeirinha da cidade, desmantelaram o que quer que pudesse ter ficado como consequência desse desenho.

Desta vez a iniciativa tinha claros contornos de inspiração francesa. Essa ideia de promover o "règne de la nature et l'ordre monarchique"[81] num passeio público ao longo do rio, poderá ter sido introduzida por alguns cortesãos ou até artistas recém chegados, como o arquitecto e engenheiro eslovaco Carlos Mardel (1695-1763), autor do projecto e uma das figuras de topo da arquitectura portuguesa do século XVIII.[82]

De qualquer das formas, o projecto da alameda deu origem a uma das mais interessantes novas vistas de Lisboa, a qual é verdadeiramente representativa dos conceitos discutidos por D. João V, pelo Marquês de Fontes, Filippo Juvarra, Manuel da Maia e outros arquitectos, engenheiros e cortesãos no final da década de 1710. Trata-se de um extenso conjunto de painéis de azulejo encomendado para as quatro paredes do claustro anexo à Igreja da Ordem Terceira de S. Francisco de Salvador da Bahía (Brasil). É, nem mais, um autêntico *memorando* da distante capital europeia do Império.[83] Sobre a paisagem urbana de Lisboa, o conjunto de painéis apresenta-nos o cortejo matrimonial que teve lugar em 12 de Fevereiro de 1729

---

[79] *Planta Topographica da marinha de Lisboa Occidental, e Oriental, desde o Forte de S. Joseph de Ribamar té o Convento do Grilo feita no anno de 1727*, Museu da Cidade (Lisboa), cota 1387.
[80] Carlos Mardel, *Projecto do Cais Novo de Belém ao Cais de Santarém*, Arquivo Histórico do Ministério das Obras Públicas (Lisboa), D27C.
[81] Daniel Rabreau, "La promenade urbaine en France aux XVIIe et XVIIIe siècles: entre planification et imaginaire" in *Histoire des Jardins, de la Renaissance à nos jours*, org. Monique Mosser e Georges Teyssot (Paris, 1991), 301-312: 301.
[82] Carlos Mardel trabalhou em diversos locais da Europa central sem, contudo, ter visitado Itália. Apesar da sua origem (Presburg, hoje Bratislava, então integrando o Império Austro-Húngaro) França e Inglaterra foram as estadias mais importantes para a formação da sua personalidade enquanto arquitecto: Rossa 1998, 138-139.

por ocasião do casamento do filho de D. João V, o príncipe D. José, com a princesa espanhola, Maria Ana.

O casamento foi celebrado em simultâneo com o dos respectivos irmãos numa ponte sobre o rio Caia, o qual é parte da linha de fronteira entre Portugal e Espanha, tendo esse episódio ficado para a história como a "troca das princesas". Na viagem para Lisboa, o novo casal real, o rei e toda a corte[84] chegaram a uma aldeia na margem sul do Tejo no dia anterior ao das cenas fixadas nos azulejos. Na madrugada seguinte o cortejo embarcou numa frota de barcos festivamente engalanados, atravessou o rio frente a Xabregas no extremo oriental de Lisboa e desfilou para Ocidente ao longo de toda a cidade, rumando a Belém onde finalmente atracou, dando-se então início ao percurso inverso, mas desta vez por terra. Até à entrada no Terreiro do Paço a comitiva real passou sob mais de duas dezenas de arcos efémeros especialmente erguidos para a ocasião.

A descrição oficial destas festividades, imediatamente publicada,[85] foi completamente ornada de comparações com eventos clássicos e/ou míticos, os quais diziam respeito essencialmente à própria imagem global da cidade. Para o cronista, Lisboa afigurava-se então igual a uma longa lista de cidades tão diversas quanto Roma e Veneza. A *Entré* em si mesma, é ali considerada idêntica às entradas triunfais de Júlio Cesar em Roma.

Com excepção para o desembarque em Alcântara de D. Maria Francisca de Saboia em 1666, desde há muito que uma estrada festiva em Lisboa não assumia a forma de um desembarque cerimonial no Terreiro do Paço. Pelo contrário ocorreu em Belém e o cortejo desenrolou-se a pé, cavalo e carruagem ao longo da margem ribeirinha de Lisboa, excepção apenas compreensível através do debate e transformações desejadas e planeadas por D. João V para Lisboa na primeira metade de Setecentos. Muito para além do episódio em si, é isso o que aqueles painéis de azulejo representam: uma vista de como se desejava que Lisboa fosse.

---

[83] José M. dos Santos Simões, "Iconografia lisboeta em azulejos no Brasil – vistas de Lisboa em painéis de azulejos na cidade do Salvador," *Oceanos* 36-37 (Lisboa, 1998) 20-50.
[84] O protocolo desses casamentos implicou um impressionante programa mecenático, no qual trabalhou um alargado conjunto de arquitectos (Ludovice, Canevari, Silva Paes e Mardel entre outros). Como exemplo pode-se aqui referir que foi erguido um palácio em Vendas Novas apenas para que a corte se instalasse por uma noite. Ao longo do percurso o rei comprometeu-se com a realização de uma série de importantes operações de renovação arquitectónica, de entre as quais se destaca a nova capela-mor da Catedral de Évora.
[85] Manoel Coelho da Graça, *Breve noticia das entradas que por mar, e terra fizeraõ nesta Corte Suas Magestades com os Serenissimos Principes do Brazil, e Altezas que Deos guarde, em 12 de Fevereiro de 1729* (Lisboa, 1729); Silva 1750.

O conjunto de painéis de azulejo do claustro da Ordem Terceira de São Francisco[86] da capital do mais extenso território português, eram uma alegoria de uma cidade moderna para consumo do Império, a qual pretendia ser uma Roma sobre as águas, ou seja, a cabeça do *patriarcado metropolitano régio* sobre os oceanos.

---

[86] De D. Manuel I até D. João V, os franciscanos desempenharam um papel decisivo na ideia fixa de alguns monarcas portugueses de resolverem o *mito do 5.º Império*.

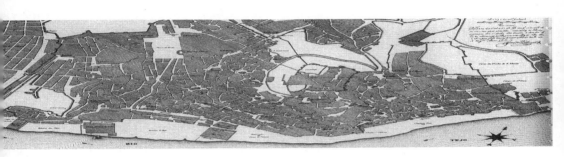

Simon de Miranda, *Vista de Lisboa*, c.1575, Archivo di Stato, Turim

O Terreiro do Paço (Lisboa) antes do Terremoto de 1755, Museu da Cidade, Lisboa

Manuel da Maia (orig.), *levantamento da Baixa de Lisboa em 1716*, cópia de 1756, Gabinete de Estudos Arqueológicos de Engenharia Militar, Lisboa

Filippo Juvarra, *pensiere para um farol monumental a erguer no porto de Lisboa*, 1719, Biblioteca Nazionale Universitaria, Turim

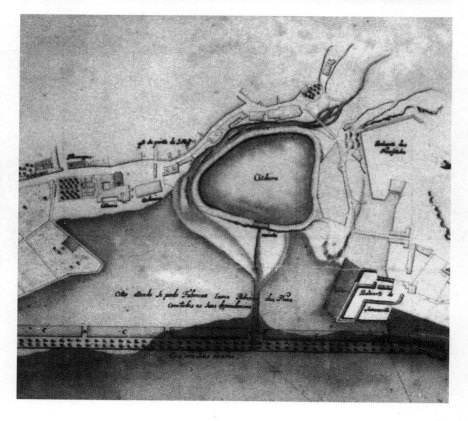

Carlos Mardel, *Projecto do Cais Novo de Belém ao Cais de Santarém* (Lisboa), 1733, Arquivo Histórico do Ministério das Obras Públicas, Transportes e Habitação, Lisboa

Vista de Lisboa, detalhe com a zona de S. Bento e Santos, c.1775, Academia Nacional de Belas Artes, Lisboa

A entrada em Lisboa de 12 de Fevereiro de 1729, detalhe com o Arco dos Italianos, 2° quartel do séc. XVIII, Claustro da Ordem Terceira de S. Francisco, Salvador

3.ª SECÇÃO
TERRITÓRIO & ENGENHARIA MILITAR

Os aquedutos de utilidade pública em Portugal na Idade Moderna – Alguns casos
(Setembro de 1993)

Baçaim – 7 alegações para uma aproximação ao espaço físico
(Setembro de 1998)

A Engenharia Militar e *a cidade portuguesa* – pretexto para abordagem a evoluções recentes da historiografia do urbanismo
(Setembro de 1997)

Da experimentação ao *método lusitânico* – breve percurso pelas fortificações coloniais portuguesas
(Maio de 1999)

O or(de)namento do território
(Fevereiro de 1994)

*O torreão que rematava o Aqueduto da Água de Prata junto ao Paço Real (Évora)
à data da sua demolição*

OS AQUEDUTOS DE UTILIDADE PÚBLICA EM PORTUGAL NA IDADE MODERNA
ALGUNS CASOS *

"Outra lembrança dou a Vossa Alteza e à Cidade de Lisboa, que é esta. Nós vemos que as cidades antigas, depois dos templos e das fortalezas e muros, e paços, a coisa em que mais se esmeraram foi em o trazer as fontes das águas por grandes arcos e canos, e condutos às suas cidades. Como se vê na cidade onde foi Cartago e na de Roma, que bebendo todos vinho, traziam trinta condutos de águas, grandes quase como rios, ou ribeiros, a ela, por trinta partes longe da cidade; com passar o rio Tibre por meio dela, como se vê na Porta Maior e por todo o campo de Roma, que parece todo cheio de danças de arcos, que traziam águas uns por cima dos outros."
(Francisco d'Holanda, *Da Fabrica que falece ha Cidade de Lysboa*, 1571)

Portugal conta com um património considerável em obras de transporte de água. Da ocupação romana conhecem-se algumas, quer para abastecimento de *villae* quer de *civitae*, mas seria no fim da Idade Média que se procuraria pôr cobro à escassez de água sentida nos núcleos urbanos que então se consolidavam, aumentavam e estruturavam. Se aos poucos as necessidades ultrapassaram a capacidade das diversas nascentes naturais e dos muitos poços comunitários, com a explosão urbana que prepara/resulta da expansão ultramarina tornaram-se impuras grande parte das suas águas. Cada vez mais a água que se consumia era transportada pelos *aguadeiros* para as cidades sob o dorso de animais de carga. Nos finais do século XV a ideia de qualificar e tornar contínuo esse transporte foi ganhando expressão a par com a cristalização do espírito das comunidades urbanas, da sua contribuição para o processo de centralização do poder na instituição real e

---

* Texto de Setembro de 1993 encomendado e publicado pela revista *Rassegna*, n.º 57, ano XVI, Editrice CIPIA, Bologna, Março de 1994, pp. 60-63, tendo assim sido publicado em Italiano e em Inglês sob os títulos "Acquedotti di età moderna in Portogallo" e "Modern Age Aqueducts in Portugal'," respectivamente. O texto que agora se publica corresponde à versão que foi condensada para publicação naquela revista, na qual constitui apenas uma pequena ficha entre outras dedicadas a diversos países.

da crescente intervenção do rei na vida das cidades, mesmo quando o seu senhorio estava atribuído a importantes figuras da nobreza e/ou do clero.

D. João II (rei 1481-95), para além de grande responsável político e estratégico pelo processo dos *descobrimentos*, foi o primeiro a ter uma postura governativa *moderna*, tendo assim desenvolvido uma acção mecenática de clara inspiração humanista. O seu sucessor, D. Manuel I, ampliou esta acção, mas com uma inspiração ideológica algo divergente. D. João III (rei 1521-57) retomou os ideais humanistas, desta feita com uma clara inflexão religiosa, acompanhados de um interesse assumido pela herança clássica.

Entretanto as viagens de intelectuais e/ou artistas da Corte à península Itálica aconteciam com cada vez maior frequência. No século XVI havia em Portugal um profundo conhecimento do *De Architectura* de Vitrúvio, cujo livro VIII trata de engenharia hidráulica, e das obras específicas de Júlio Frontino *De Aquaeductu Urbis Romae* e *Curator Aquarum*, estando provada a utilização deste último em casos concretos como o do aqueduto de Évora.

SETÚBAL E AVEIRO

São de D. João II as duas primeiras iniciativas para a construção de aquedutos urbanos. É o caso, concretizado, de Setúbal e o primeiro impulso para o de Évora.

Na então vila de Setúbal em 1487-88 foi construído um pequeno aqueduto (3 km) que de Alferrara trouxe água a um chafariz erguido na praça do Sapal (agora Praça do Bocage). Dele restam algumas arcadas de volta perfeita em alvenaria sobre as quais a água corria a céu aberto. O percurso dentro da cidade era feito por encanamento subterrâneo.

Aquele melhoramento fez parte de um plano de reestruturação urbana, no qual se incluía o redesenho da praça e a construção de uma série de equipamentos públicos que a conformaram: Paço do Trigo, Câmara, Açougues e Cadeia – os três últimos da iniciativa de D. Manuel I, mas ultimados por D. João III.

Este primeiro aqueduto integrou-se num dos gestos iniciais do surto de reformas dos espaços urbanos medievais portugueses através das quais, com a criação de novas infra-estruturas urbanas, se reinstalou o centro do poder, que, aliás, passou a ser cada vez mais de emanação municipalista. Concentrando-se num local o abastecimento do pão, da água e da carne redefiniam-se os centros e estimulou-se a reforma das envolventes.

Como Setúbal a então vila de Aveiro registou um crescimento surpreendente com as acções dos *descobrimentos*, estando em meados do século XVI entre as cinco urbes mais populosas do reino. Tinham em comum excelentes condições naturais para funcionarem como interface entre as navegações fluvial e marítima e eram os dois grandes centros de extracção de sal, matéria fundamental para a conservação de alimentos a bordo e não só. Ambas fruíam da protecção activa e directa de membros da família real ligados de perto ao surto do humanismo em Portugal, os Duques de Aveiro.

Não espanta pois que pelo século XV, quando se definiu a reforma urbana que estruturou o crescimento de Aveiro para norte do canal central onde se consolidou o funcionamento do porto durante a Idade Moderna, se tenha também construído um aqueduto que não só veio suprir as carências dos habitantes, mas também possibilitar aguada à navegação.

Do percurso deste aqueduto – com características técnicas em tudo semelhantes às do de Setúbal e cujos 97 arcos foram demolidos em 1873, não sem que em finais do século XVII tenha sofrido profundas obras de recuperação – ficaram marcas profundas na malha urbana da cidade, a praça (hoje de Joaquim de Melo Freitas) que ajudou a estruturar junto ao cais e o chafariz entretanto substituído e recentemente transferido para a margem sul do canal. A praça era o elo de ligação entre a urbe medieval e a expansão concretizada ao longo da idade moderna – a *Vila Nova*. É importante constatar que com o aqueduto se pretendia satisfazer preferencialmente as necessidades da população economicamente activa: mercadores, pescadores, marinheiros, etc.

ÉVORA E COIMBRA
Ao invés de Setúbal e Aveiro, as cidades de Évora e de Coimbra eram velhos centros de poder e de difusão cultural. Se D. João II demonstrou alguma preferência por Évora, com D. João III há quem considere ter chegado a estar eminente a transferência definitiva da sede do poder para aquela cidade. Foi um dos grandes centros humanistas portugueses de Quinhentos, onde um exacerbado culto do antigo levou à criação do mito de Évora romana ter sido uma grande metrópole, isto a partir de alguns vestígios e evidências que claramente não permitiam tais conclusões. Neste contexto D. João III, fortemente incentivado pelos intelectuais da Corte, em finais de 1532 ordenou a (re)construção do Aqueduto da Água de Prata, uma das maiores e mais arrojadas obras do seu mecenato e como tal conhecida na época. A iniciativa, pretensamente baseada num mítico aqueduto romano, retomava, ampliando, obras começadas meio século antes por D. João II e coincide com a instalação virtualmente definitiva da Corte na cidade.

Totalmente construído em pedra aparelhada, das nascentes da Graça do Divor à muralha tardo-medieval tem o aqueduto 18,3 km de extensão.

Até ao vale de S. Bento de Cástris o percurso subterrâneo é ritmado por poços de arejamento de secção circular. Dali em diante, por mais de 2 km, o cano foi erguido por pouco mais de 300 arcos de volta perfeita que ainda marcam a imagem geral da cidade. A entrada no perímetro muralhado foi feita por uma zona então pouco densa que depois se foi estruturando com regularidade a partir do seu traçado, ou seja, segundo a Rua do Cano.

Essa rua termina num ponto onde a topografia obrigou a que, por algumas dezenas de metros, o percurso fosse novamente subterrâneo. Quando se torna a erguer fá-lo já dentro da malha mais consolidada, adquirindo então um traçado sinuoso até à *arca de água* da Rua Nova, também ela aberta para o efeito. Ali era feita a distribuição, sendo principal o ramal que seguia até ao chafariz da Praça Grande, que então se passou a chamar da Água de Prata. Aquele chafariz, erguido em 1536 no vão de um arco monumental romano, foi com ele destruído em 1571, data em que foi erguido um outro no centro da praça. Daqui foi feita a ligação ao Palácio Real onde chegava através de uma arcaria que, sobre a vedação, rematava num torreão de cuidada traça e efeito monumental.

Ambas as arcas da *aqua argentea* foram concluídas após a inauguração do aqueduto e na sua formalização verificamos um apuro que não se encontra nos lanternins de arejamento da arcaria do vale de S. Bento de Cástris. Ali o léxico renascentista está ainda mesclado com os *vícios* da formação *manuelina* do arquitecto responsável pela obra, Francisco de Arruda, o autor da conhecida Torre de Belém (Lisboa, 1515).

A obra foi inaugurada com a água a correr no chafariz da Praça Grande em 28 de Março de 1537. Até ao fim do século a rede foi alargada tendo-se construído em algumas praças mais chafarizes. A cidade foi-se adaptando à arcaria produzindo a inconfundível imagem das ruas que recentemente inspiraram Siza Vieira para o projecto da também eborense Quinta da Malagueira.

D. João III chegou a admitir a hipótese de transferir para Évora ou Torres Vedras a Universidade que funcionava em Lisboa da pior forma, mas foi em Coimbra que concretizou a reforma que, sem dúvida, é a marca maior da sua acção cultural. Esta veio revitalizar a cidade que desempenhara um papel fundamental na afirmação da identidade e unidade cultural da língua e da nação portuguesas.

Coimbra está implantada sobre um território cuja primeira estrutura urbana foi definida pela colonização romana, ocupando uma elevação de acesso difícil e excelentes condições defensivas. Com o início da Idade Moderna, o centro da cidade deslocou-se mais para junto do rio, onde tudo era mais fácil e a água potável abundante.

Foi nessa zona *baixa* que a fase humanista da reforma da Universidade teve expressão com a abertura da rua de Santa Sofia, mas o integrismo da Contra-Reforma em Portugal e a transferência da condução dos destinos da Universidade para a Companhia de Jesus, levaram a que esta edificasse um grande colégio e um novo Colégio das Artes perto do local do forum romano na zona *alta* da cidade, a qual passou a ser uma espécie de *campus universitário*. Reforçando essa opção no Palácio Real – velho alcazar islâmico – foram instalados os Gerais. Com tudo isto a reconstrução do velho aqueduto, inquestionavelmente romano, tornou-se um imperativo de natureza não só ideológica como prática.

Porém, foi D. Sebastião, neto e sucessor de D. João III, quem em 1570 o "mandou reedificar de novo [...] mais nobremente do que fora feito havia muitos anos, [...] do qual com uma longa velhice do tempo e grande descuido dos homens não havia memória. E com este direito descoberto, restituiu as fontes, espalhando-as ao comum uso da cidade e das escolas", segundo a lápide que então lhe foi aposta. Ligava a *Alta* à colina a nascente, num trajecto que acompanhava uma das duas entradas principais no perímetro muralhado da cidade, a Porta do Castelo, onde submergia para ligar à *arca de água* e ao Chafariz dos Bicos no Largo da Feira – a praça organizada pelas construções do complexo jesuíta e do Colégio das Artes.

Arca e chafariz constituíam um conjunto muito interessante, de que se destacava uma larga parede de pedra talhada em bicos de diamante. Dali partiam ramais para abastecer outras fontes na cidade, hoje desaparecidas. Tudo o que ficava a jusante da Porta do Castelo foi criminosamente destruído na reforma urbana universitária promovida pelo Estado Novo na década de 1940 e a alteração à topografia e desenho do acesso reduziu a escala monumental da arcaria. A expressão e a textura do aparelho irregular de pedra devem-se à campanha do século XVI, mas a escala – os canos subterrâneos dos extremos respeitaram as cotas primitivas – e o traçado são romanos.

ELVAS
A experiência de Évora – a primeira grande cidade ibérica a ter abastecimento abundante e corrente de água desde a Antiguidade – estimulou a construção de outros aquedutos na região. Pela ímpar expressão plástica e peculiar participação na paisagem, o Aqueduto da Amoreira de Elvas merece particular destaque.

Num território onde existem mananciais de água abundantes, a elevação ocupada pelos romanos não tinha igual fortuna e em finais do século XV a população via-se obrigada a pagar uma taxa suplementar para financiar as obras no único poço que abastecia a cidade. Para os cerca de 9000 habitantes o resultado revelou-se insuficiente e cerca de 1529 iniciaram-se pesquisas e algumas obras na nascente da Amoreira a alguns quilómetros da cidade. Porém só em 1537 – com a deslocação a Elvas do arquitecto Francisco de Arruda a mando de D. João III – a obra teve o seu início.

Numa campanha que durou dez anos Arruda construiu uma conduta pouco acima da cota natural até ao vale de S. Francisco – um percurso de cerca de 6 km. Faltava vencer uma depressão com cerca de 1 km de extensão, ao longo da qual se teriam que atingir os 31 metros de altura. Só em 1571 e sob a direcção do arquitecto Afonso Álvares a obra foi retomada. A perda da independência em 1580 paralisou os trabalhos por cerca de 18 anos, o que levou novamente à mudança de arquitecto, que passou a ser Diogo Marques. Este ainda seria rendido por Pêro Vaz Pereira que em 23 de Junho de 1622 conseguiu pôr a água a correr no chafariz construído no largo da Misericórdia. Daí seria levada a outros que como aquele foram entretanto destruídos, deslocados ou substituídos.

O espectacular conjunto dos 843 arcos em alvenaria de pedra e cal do Aqueduto da Amoreira resulta assim de um processo onde intervieram arquitectos com opções formais e formação técnica diversas, mas também de uma série de peripécias que tornaram necessárias várias campanhas para reforços e rectificações muito mais profundas e *(des)caracterizadoras* que as que em quase todos os reinados se efectuavam noutros aquedutos. Como exemplos pode-se aqui registar que durante a construção se verificou a necessidade de subir um pouco o leito e que cerca de 55% dos arcos foram levantados no meio dos iniciais para seu reforço.

Só esse intrincado e moroso processo explica a singular expressão, algo ecléctica e/ou vernacular do conjunto. Não deixa de ser estranho que após a segurança técnica e formal do conjunto de Évora um certo empirismo se tenha imposto para o transporte das águas da Amoreira. É, no entanto, singular a harmonia e magestade do resultado.

LISBOA
Na *capital do Império* o problema arrastou-se durante séculos e, apesar de termos noticias de estudos anteriores, foi pela primeira vez posto com objectividade no texto dirigido ao rei D. Sebastião que parcialmente transcrevemos como epígrafe.

Foi D. João III quem, uma vez mais, se interessou pelo problema, ainda que, tal como os sucessores, se tenha ficado pelos estudos preliminares. Estes constituem um processo muito interessante e extenso que resumidamente apontava para a construção de um aqueduto a partir da nascente da *Água Livre* em Caneças, captando de forma arborescente a água de outras nascentes. Com base em algumas evidências arqueológicas já então se suspeitava que fora essa a opção dos romanos. A grande questão residia em determinar se o caudal justificava a obra. Como raras vezes um conjunto de medições confirmou qualquer um dos outros, estiveram sempre disponíveis razões para hesitações.

No reinado de D. João V (1706-50) a conjugação de muitos factores conduziram à resolução do problema. Integrada na acção mecenática suportada pelos réditos da recém descoberta riqueza mineira do Brasil e dando corpo à manifesta predisposição cultural para uma política de *felicidade dos povos* correspondente das correntes de pensamento próximas do *iluminismo católico*, foi esboçada uma ampla reforma urbana da cidade que assentava na definição de duas zonas dentro de um perímetro urbano então alargado: a Oriental que grosso-modo correspondia à cidade antiga centrada na velha Catedral; a Ocidental (também norte) centrada no Palácio Real e Igreja Patriarcal, os quais abarcavam uma vasta área a ocupar.

Para a primeira daquelas zonas promoveram-se algumas reformas pontuais de saneamento e embelezamento, aí existindo a quase totalidade das infra-estruturas de abastecimento de água existentes na cidade. Para a segunda previa-se a construção: de uma nova frente fluvial com novas infra-estruturas navais; do novo Palácio Real e Patriarcal; de novos bairros através da dinamização de pequenos núcleos existentes; de instalações industriais, etc. Por falta de autoridade, de capacidade de concretização e de decisão, de dinheiro e de ânimo, pouco se fez para além da obra de base, o abastecimento de água. Seria o terremoto de 1755 a dinamizar a reforma que, necessariamente, teve amplitude diversa.

Por iniciativa do Senado da Cidade e paga pelo povo, a construção do Aqueduto das Águas Livres iniciou-se em 1731 com um intrincado novelo de intrigas e interesses entre promotores, administradores, projectistas e construtores. Arrastar-se-ia até 1799, data em que as redes de captação e de distribuição atingiram cerca de 58 km, contra os 18,6 km iniciais.

Foi o engenheiro militar Manuel da Maia – que esteve no centro das decisões urbanísticas da cidade até á sua morte (1768), sendo o responsável máximo pela sua reconstrução após o Terremoto de 1755 – quem definiu a quase totalidade do traçado que até ao vale se Alcântara seguiu, na generalidade, os estudos anteriores. Definiu a localização das captações principais, a localização das *mães de água* (as da origem e as de terminal) e dos chafarizes, quase todos a implantar nos já referidos pequenos núcleos da zona de expansão Ocidental da cidade.

Manuel da Maia propôs que, por razões de tempo e dinheiro, se contornasse o Vale de Alcântara, mas foi nesse momento que, por opção real, um outro engenheiro militar, Custódio Vieira, assumiu a direcção das obras e pôs em execução o troço mais aparatoso e emblemático do Aqueduto das Águas Livres. Foi também o mais polémico, não só pelo seu custo, mas também pelo retomar do arco ogival, *bárbaro* na crítica que desde então alguns lhe fazem, a única solução possível para resolver numa só ordem de arcos uma altura máxima equivalente a um edifício de 22 pisos. Era, aliás, uma solução preconizada sob o epíteto de "ordem gótica" em alguns tratados espanhóis – ver, por exemplo, de Juan Caramuel de Lobkowitz, *Architectura civil Recta y Oblicua…* publicado em 1678.

Esses quase mil metros do troço do Vale de Alcântara são vencidos por um conjunto de 35 arcos dos quais os 14 mais lançados têm perfil ogival. Sobre eles, para além do túnel com as caleiras da água e passadeira para a manutenção comuns a todo o trajecto do aqueduto, foi deixada a céu aberto uma útil passagem pedonal pública. O arco central vence um vão de 33 metros e atinge os 66 de altura, sendo o maior arco em pedra do mundo.

Para além da opção por uma travessia monumental do vale de Alcântara, D. João V, desviando-se do pragmatismo da proposta municipal, impôs às obras de distribuição da água iguais intentos. Couberam ao arquitecto Carlos Mardel os projectos do conjunto de recepção – Arco Triunfal e Mãe de Água – bem como os dos primeiros chafarizes. O que foi construído e a magnífica colecção de desenhos atestam preocupações fundamentais com os contextos urbanos e os seus desenvolvimentos futuros. Em tudo são evidentes as manifestações de aparato real de cariz iluminista. Com efeito é esta a face pública dos aquedutos, aquela onde o poder tem oportunidade para se mostrar e exibir a sua magnanimidade.

A obra das Águas Livres encerrou o ciclo dos grandes aquedutos clássicos em Portugal e talvez no mundo. O aparecimento dos novos materiais e alguns avanços científicos que ali chegaram a ser considerados cedo os tornaram obsoletos. Por isso talvez não seja por acaso que o exemplar lisboeta possui registos temporais diversos, onde o anacronismo e o eclectismo afloram não apenas ao nível das resultantes plásticas, mas também nas opções técnicas.

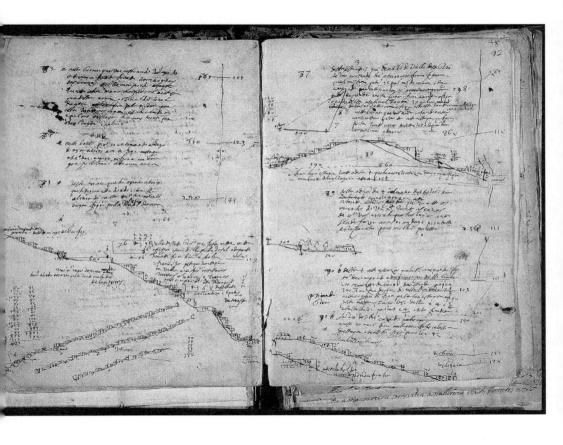

Pêro Nunes Tinoco, páginas do *"Roteiro da Água Livre de lisboa"*, 1620, Biblioteca Nacional, Lisboa

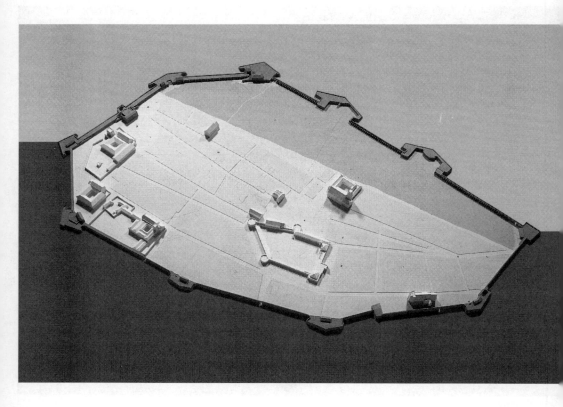

Walter Rossa (dir.), *maquete de reconstituição da cidade de Baçaim*, 1999, Comissão Nacional para as Comemorações dos Descobrimentos Portugueses, Lisboa

BAÇAIM
7 ALEGAÇÕES PARA UMA APROXIMAÇÃO AO ESPAÇO FÍSICO *

ENTRE AS CIDADES urbanisticamente fundadas ou estruturadas pelos portugueses nos vários continentes, raras serão as que num curto espaço de tempo completaram o seu ciclo de vida, não sem antes desenvolver uma prestação de significativa relevância entre as demais. Assim aconteceu com Baçaim e de tal forma que o seu desaparecimento nos planos físico e da memória chegou a rondar o absoluto. Na prática foram apenas dois séculos (1534-1739), pois podemos considerar que antes ou depois da vivência portuguesa a consistência e a relevância urbanas não coexistiram.

Num evento que pretende intuir e promover a reflexão acerca de espaços portugueses no Oriente tal bastaria para tornar indispensável, senão atraente, uma aproximação a Baçaim, quiçá a cidade mais portuguesa do conjunto. Sabemos, contudo, que existem outras razões de interesse no seu estudo, algumas delas já bem indiciadas ou exploradas pelos respectivos especialistas, nomeadamente no que diz respeito às estruturas económicas, administrativas, sociais, enfim tudo o que diga respeito à vivência da capital e territórios da Província do Norte do antigo Estado da Índia. Mas o propósito que inspira este texto é diverso, pois com ele se visa a aproximação ao espaço físico, ou seja, aos seus território e urbanismo. É matéria que de há muito tem suscitado interesse, registando-se contributos que, aliás, desesperadamente pretenderam surpreender o processo de ruína. No entanto, mesmo ao nível das identificações essenciais persistem contradições, algumas das quais têm feito carreira mais pela repetição que pela crítica. Não é oportuno nem interessante dissecar tal processo. É por certo mais importante aquilatar da curiosidade que as ruínas têm suscitado, daí extrair produção de

---
* Texto de Setembro de 1998 encomendado e publicado no *Catálogo da Exposição Os Espaços de um Império – Estudos*, Comissão Nacional para as Comemorações dos Descobrimentos Portugueses, Lisboa, 1999, pp.105-123.

conhecimento útil e propor a laboração de tudo isso em confronto com instrumentos metodológicos actualizados. Talvez assim se produza uma plataforma mais segura e próxima da realidade cuja imagem pretendemos ajudar a construir, não sendo no futuro tão imperioso regressar a toda a historiografia de partida para se prosseguir a aproximação.

I

Na produção nacional de conhecimento sobre a presença portuguesa no Oriente, até há bem pouco tempo e com excepções pontuais, materialmente Baçaim era pouco mais que um ponto no mapa ou cifras na análise da evolução das prestações económicas das diferentes regiões do Império. A publicação de elencos documentais incluiu, inevitavelmente, materiais a ela relativos, referiu-se a relevância do seu papel geo-estratégico, relataram-se trechos de sagas político-militares de que foi palco ou bastidor, mas pouco se ensaiou a construção de uma memória, uma imagem, da sua realidade espacial concreta. De facto, independentemente da mais tardia revelação e desenvolvimento das áreas científicas que com especificidade a tal se dedicam, a falta de meios, a natural convergência de todas as atenções sobre o património das últimas três províncias portuguesas na Índia e conjunturas politico-diplomáticas conhecidas desencorajaram o mais simples reconhecimento do local por especialistas portugueses. O primeiro apontamento do género surgiu em 1956 pela mão de Mário Chicó, muito sumário, dirigido a um fim específico e, aliás, limitado pelo recurso a uma iconografia pouco fiável, mas inquestionavelmente sugestiva[1].

Entretanto, de forma expressa ou implícita, o sítio já despertara o interesse de historiadores de Bombaim de origem britânica ou portuguesa – os *norteiros* ou *east-indians* – e também de goeses. Para a história daquela metrópole, que a partir do terceiro quartel do século passado viveu um surto cultural de inusitada dinâmica, revelava-se cada vez mais apelativo o conhecimento de Baçaim, pólo colonial regional que a antecedeu e primeiro administrou. Na realidade, a marca portuguesa nas vivências e no espaço de dimensões metropolitanas da maior cidade indiana de hoje, fez-se sentir pelo menos até ao final da dominação inglesa. Por outro lado, pese embora o facto de a Índia ser a um excepcional alfobre de património edificado,

---

[1] Luís da Silveira em *Ensaio de Iconografia das Cidades Portuguesas do Ultramar* (vol. 3, Junta de Investigações do Ultramar, Lisboa, 1956) publicou material relativo a Baçaim, mas é no intuitivo e já célebre ensaio daquele autor "A Cidade Ideal do Renascimento e as cidades portuguesas da Índia" (in *Garcia da Horta*, Revista das Missões Geográficas e de Investigações do Ultramar, Lisboa, 1956, Número Especial, pp. 319-328) que entre nós encontramos a primeira observação sobre esse item urbanístico.

com excepção relativa para os conjuntos de templos em gruta artificial de Kahneri e Elephanta, a região em causa não possui *curiosidades* histórico--arqueológicas que possam ofuscar o interesse de "Vasai Fort". É essa a forma como é designada pelos indianos Baçaim arruinada, a *cidade contentorizada* pela extensa muralha médio-quinhentista, distinguindo-a assim do propriamente dito e antecedente núcleo urbano de Vasai.

No último quartel do século passado duas obras essenciais dessa historiografia da autoria de J. Gerson da Cunha tiveram como tema aquela cidade e o território outrora dela dependente, no que haviam sido precedidas em 1859 pela sumária, mas significativa, abordagem física realizada pelo historiador português radicado em Goa (1855) Joaquim da Cunha Rivara[2]. Tirando partido destas obras, James Campbell em 1882, nos volumes XIII a XIX do *The Gazetteer of the Bombay Presidency*, registou algumas achegas para a caracterização de Baçaim. Mas nesta linha só em 1941 surgiriam dois guias, chegando um deles a ser reeditado[3]. Nesse lapso de tempo o interesse pela realidade física da cidade não cessou, o que se confirma não só pelo facto de um dos autores, o engenheiro Braz A. Fernandez, ter assinado em 1924 o único levantamento até hoje conhecido das ruínas – estreado como ilustração da primeira tentativa que fez da respectiva descrição[4] – mas ainda pelo que também em 1859 um guia da Índia dizia do local[5]. Já em 1905 Amâncio Gracias reproduzira numa revista goesa a (má) interpretação que um cronista do *The Gazetteer*..., (1904/04/27 e 28), fizera de descrições antecedentes numa visita realizara à ruína[6] e, com objectivos mais vastos, A. B. de Bragança Pereira publicara em 1934/5 um texto fundamental na historiografia de Baçaim[7]. Como corolário deste ciclo de

---

[2] Do primeiro *Notes on the history of Chaul and Bassein*, Bombay, 1876 e *The Origin of Bombay*, Bombay, 1900 e deste "Baçaim em 1859" in *O Chronista de Tissuary*, Imprensa Nacional, Nova Goa, 1867, n.º 23, vol. II, pp. 276-278.

[3] Braz A. Fernandes, *A guide to the ruins of Bassein* (2.ª edição em 1948) e Ernest R. Hull, *A short guide to Bassein*.

[4] *Planta da antiga cidade e fortaleza de Baçaim fundada por Nuno da Cunha em 1536. Conquistada e destruida pelos Maratas em 1739*, (s/l), 1924, Sociedade de Geografia de Lisboa Cartografia 3-G-36, escala 46mm = 100 jardas (1/1985), primeiro publicado em "Antiquities of Chaul and Bassein" in *In the mission field*, The Diocese of Damaun, Damão, 1925, pp. 511-532. Ver deste autor e ano "The Last days of Bassein" in *The Indo-Portuguese Review*, The Indo-Portuguese Association, Calcutta, 1924-25, vol./ano VII, pp. 56-59.

[5] "a good description of Bassein [...] is still a desideratum" E. B. Eastwick, *Handbook for India*, Londres, p.311.

[6] "Antiguidades Portuguezas em Baçaim" in *O Oriente Português*, Comissão Arqu.ª da Índia, Nova Goa, 1905, n.º 2, pp. 256-265.

[7] "Os Portugueses em Baçaim" in *O Oriente Português*, Comissão Arqueológica da Índia Portuguesa, Nova Goa, 1934-35, n.º 7/9, pp. 97-315. Este número inclui ainda a pp. 38-50 o estudo "Epigrafia de Baçaim" de Ricardo M. Telles.

interesse Braz A. Fernandez, já como consagrado antiquário da presença portuguesa na zona, no início da década de 1950 concluiria um exaustivo levantamento epigráfico que, aliás, não pôde ver publicado[8]. Este material, repetitivo, algo impreciso, mas sem dúvida significativo e essencial, chegou a Portugal. Aliás, num episódio que só por tal razão interessa recordar, registe-se que Mário T. Chicó ao arribar à Índia em 1951 foi recebido por Braz A. Fernandes, que na ocasião foi vítima de doença súbita de que viria a falecer.

Uma década depois, a integração na União Indiana dos últimos territórios portugueses no Hindustão instituíram um interregno virtual que só há menos de três lustres foi ultrapassado. A recondução do interesse, para além de justificável num contexto de *ares do tempo*, também resulta da percepção das crescentes ameaças sobre Vasai Fort, pese embora o facto de estar sob protecção da legislação de defesa do património e, como tal, sob alçada do Archeological Survey of India. Já não se trata do romântico e natural processo de evolução da ruína, às vezes acelerado por catástrofes naturais como o terramoto de 1993, mas da aproximação da metrópole de Bombaim e da descoberta de jazidas de gás natural ao largo. Para além da importância patrimonial, foi pelo risco eminente que ressurgiram iniciativas para o estudo de Baçaim. Registem-se a organização pelo Heras Institute of Indian History and Culture em Fevereiro de 1987 do seminário *Historic Bassein and Its Future* e o lançamento de um projecto para o estudo arqueológico do existente, de que ainda só vieram a público os artigos de Dejanirah Couto. De entre estes, o primeiro foi apresentado em Janeiro de 1994 ao seminário *O Estado da Índia e a Província do Norte*, onde também surgiram outros contributos para a história de Baçaim[9]. Entretanto fora dado ao prelo um novo guia e mais uma abordagem ao tema integrada num estudo dedicado a toda a Província do Norte[10]. Recentemente, no âmbito de trabalhos sobre o urbanismo e a urbanística portuguesas até ao final do Antigo Regime, eu próprio me deparei com a importância de Baçaim para a compreensão de

---

[8] *Armas e inscrições do Forte de Baçaim*, Português-Inglês, Acad. Portuguesa de História, Lisboa, 1957.
[9] As actas do primeiro destes seminários foram publicadas em *Indica*, H.I.I.H.C., Bombay, September 1987, n.º 46 e as do outro, o *VII Seminário Internacional de História Indo-Portuguesa*, realizado em Goa, foram publicadas em *Mare Liberum*, CNCDP, Lisboa, 1995, n.º 9 onde a comunicação "Em torno da Concessão e da Fortaleza de Baçaim (1529-1546)" daquela investigadora surge a pp. 117-132, sendo as restantes "A Fortaleza de Baçaim: a Capital do Norte" e "A Fortaleza de Baçaím" publicadas in *Oceanos*, CNCDP, Lisboa, 1994, n.º 19/20, pp. 258-266 e 1996, n.º 28, pp. 105-118, respectivamente.
[10] Father Correa, *A visit to Vasai Fort*, Saptarshi Prakashan, Bombay, 1993 e Mário César Leão, *A Província do Norte do Estado da Índia (1534-1729)*, Instituto Cultural de Macau, Macau, 1996.

toda essa temática[11]. É matéria que a médio prazo e em ambiente monográfico desejo aprofundar, aproveitando, contudo, esta oportunidade para rectificar anteriores imprecisões.

Esta resenha da fortuna historiográfica do espaço em questão, além de visar objectivos já enunciados e de se constituir na base bibliográfica que daqui em diante permitirá dispensar referências sistemáticas, é essencial para a contextualização do interesse que a Comissão Nacional para as Comemorações dos Descobrimentos Portugueses demonstrou pela matéria ao financiar a realização de um levantamento digitalizado do existente. Tal já nos permitiu a construção de um primeiro modelo de reconstituição da cidade, material que pela primeira vez é exibido nesta exposição. Mas por outro lado, num relance, também assim podemos acompanhar a própria aproximação ao reconhecimento do sítio nas duas vertentes em que tem sido feita – Baçaim do passado e Vasai Fort do presente. No ainda virtual início de uma nova etapa da historiografia do local é importante ordenar e classificar o conhecimento, criticando sem subterfúgios a sua produção, minorando o erro e evitando a duplicação de esforços. De facto, do quase esquecimento à evocação romântica, depois específica, da ruína, vive-se agora a incógnita do futuro. É matéria na qual não nos devemos imiscuir, a não ser através da interpretação e conhecimento da realidade que a antecedeu. Até porque isso, como já aqui se declarou, é fundamental para o estabelecimento do quadro fenomenológico do *universo urbanístico português*.

II
Para uma cuidada caracterização do espaço de Baçaim seria necessário dispor de campo e conhecimento que conduzissem a uma síntese percorrendo, em escalas, as diversas realidades compreendidas entre o território e a arquitectura, acareando-se detalhadamente o conteúdo do considerável número de descrições[12]. Perante tal momentânea impossibilidade o melhor

---

[11] Em *Cidades Indo-Portuguesas – contribuição para o estudo do urbanismo português no Hindustão Ocidental*, Português-Inglês, CNCDP, Lisboa, 1997 (relatório redigido em 1995 que é essencial para a completa contextualização da abordagem aqui feita), mas também em "A cidade portuguesa" in *História da Arte Portuguesa*, III vol. de 3, Círculo de Leitores, Lisboa, 1995, pp. 233-323 e "O urbanismo regulado e as primeiras cidades coloniais portuguesas" comunicação apresentada ao *IV Seminário de História da Cidade e do Urbanismo* realizado no Rio de Janeiro Novembro de 1996 e publicada na *Colectânea de Textos Universo Urbanístico Português 1415--1822*, CNCDP, Lisboa, 1998, pp. 507-536.
[12] Entre as coevas destaquem-se as de António Bocarro e Pedro Barreto Resende, (1635, *Livro das Plantas de todas as Fortalezas, Cidades e Povoações do Estado da Índia Oriental*, 3 vols., I.N.C.M., Lisboa, 1992, com uma planta), Manuel Godinho (*Relação do novo caminho que fez por terra e mar, vindo da India para Portugal no anno de 1663 o Padre ... da Companhia de Jesus*, Sociedade Propagadora dos Conhecimentos Uteis, Lisboa, 1842), John Fryer (*New account of East India and*

será registar desde já o essencial do estado da questão: o território directamente dependente era pelo menos em área bastante superior ao de Goa antes da integração neste, em data posterior à perda de Baçaim e em boa medida por tal motivada, das *Novas Conquistas*; confrontando as descrições com os vestígios existentes e descontando algo por conta do mito e dos incontornáveis encantos da ruína, no seu todo a arquitectura seria de uma qualidade equiparável aos melhores recantos ou conjuntos portugueses de então.

Para além de inquestionáveis interesses económicos e geo-estratégicos acerca dos quais a historiografia tem sido prolixa, a possibilidade de dispor de território cedo se revelou como o maior atractivo do sítio[13]. A realidade e a mutabilidade do processo histórico oriental de então, levaram ao consumo de três décadas na modelação das características matriciais da presença portuguesa naquelas paragens. Esse processo, hoje bem conhecido e numa dinâmica fase de renovação historiográfica, no que diz respeito aos estabelecimentos no Hindustão acabou por, entre outras, ditar acções com vista à fixação e controle do próspero comércio do Golfo do Guzarate, entre nós conhecido como de Cambaia. Tratava-se, aliás, de um procedimento convergente com o esforço de hegemonia sobre o Mar Vermelho e, em especial, sobre o Golfo Pérsico.

Concomitantemente, tornava-se claro como era importante fixar sob jurisdição da Coroa população portuguesa com potencial militar, que mais do que uma participação directa no esforço marítimo, garantisse a produção dos bens necessários a uma, ainda que mínima, auto-suficiência do Estado da Índia. Esse tipo de ocupação, de inevitável recorte colonial mas sobreposta a uma estrutura sócio-económica em pleno funcionamento, permitiria ainda a cobrança fiscal sobre a propriedade e aliviaria a pressão constante que sobre os lucros da circulação de bens exercia quem fora da Europa, mais para enriquecer, engrandecer e folgar que para combater. E sabemos como os conceitos de nobreza e fidalguia desde sempre estiveram intrinsecamente ligados à posse de terra. Com objectivos semelhantes juntavam-se ao grupo os brâmanes goeses convertidos e colaboradores da administração

---

Persia, being nine years' travels, 1672-1681, 3 vol.s, Hakluyt Society, London, 1909), Giovanni Francesco Gemelli Careri (1699-1700, *Giro del Mondo*, 6 vol.s, Giuseppe Roselli, Napoli, 1699--1700, vol./ano III). É também importante, em especial para a toponímia, o desenho de João Teixeira Albernaz I inserido no seu *Atlas das cidades e fortalezas do Oriente* de 1648, à guarda da Osterreichische National Bibliothek em Viena.

[13] Sanjay Subrahmanyam, *O Império Asiático Português, 1500-1700 – uma história política e económica*, Difel, Lisboa, 1995, p. 105. Também sugerido em episódios de Fernão L. de Castanheda (1551-61, *História do descobrimento e conquista da Índia pelos portugueses*, Lello & Irmão, Porto, 1979) e Gaspar Correia (1560, *Lendas da Índia*, Lello & Irmão, Porto, 1975).

portuguesa. No fundo era necessário instalar uma estrutura colonial com uma lógica sócio-territorial semelhante à que, mercê directa do processo histórico medieval, então existia na Europa e que, não só em caricatura, poderemos descrever como de fidalgo rural com cavalo, milícia e torre. Contudo, importava que a Coroa assegurasse, não só a manutenção da soberania e da suserania, mas a posse efectiva da terra. Aliás, a tal distância uma coisa acabava por implicar a outra. Daí que, pese embora a intrincada variação de especificidades que a documentação em bruto deixa vislumbrar, o tipo genérico para a unidade base da estrutura fundiária ali adoptada ser o *prazo*, figura institucional senhorial muito semelhante à muçulmana pré--existente[14]. E, obviamente sem o peso de então, realmente ainda hoje *prazos de Baçaim* é uma expressão que exerce entre os especialistas algum fascínio de natureza menos confessável... Em tal ónus não incorreriam os processos monopolistas holandês e inglês.

Por acção directa da Coroa tal tipo de ocupação apenas se considerou possível e foi tentada no Ceilão, em Goa e em Baçaim/Damão, ou seja, em locais preferentemente constituídos por constelações insulares enquistadas na terra-mãe. Pesem embora as marcas de um constante belicismo, no Norte do Ceilão (Jafna) a partir de meados do século XVI processou-se uma ocupação territorial de tipo senhorial cuja fortuna histórica e historiográfica foi menor, pois decorrido um século o sonho de controlo integral da mítica Taprobana desvanecia-se por completo. Em Goa o território era escasso e permeável à devassa própria a um permanente estado de guerra. Por outro lado, um tal tipo de ocupação é pouco compatível com a proximidade de grandes centros de poder. Mais significativo é o facto da anexação dos territórios de Bardez e Salcete apenas ter ocorrido em 1543. Desta forma, à data da concessão de Baçaim (1534) e do seu distrito, o Estado da Índia não tinha qualquer território além da limitada ilha de Tiswadi. Na realidade a grande base fundiária para a própria aristocracia goesa acabou por ser a Província do Norte.

Aí a posse e a manutenção acabam por resultar de um misto de diplomacia e guerra beneficiadas pelas lutas internas do Decão e pela estrutura sócio--económica pré-existente. Tenha-se ainda em linha de conta como os tipos de bens em circulação e a intensidade desta tornavam o Norte do Índico bem mais disputado – *cosmopolita* é algo desajustado, mas intuitivo – que outras paragens. Daí a presença constante das esquadras portuguesas, ou

---

[14] Ver, entre outros, os textos de Luís Filipe Thomaz "Estrutura política e administrativa do Estado da Índia no século XVI" (a pp. 235 e segs.) e "Goa: uma sociedade Luso-Indiana" (em especial as pp. 258 e 263) in *De Ceuta a Timor*, Difel, Lisboa, 1994.

seja, de um temível suporte militar. Para se poder aquilatar das potencialidades do território directamente dependente de Baçaim, registe-se como até à sua queda "De desanoue fortallesas que V. Mag.de tem na Jndia só quatro sam de grande Rendimento – A saber – Goa, Ormuz, Dio e Bassaim."[15], apesar das distorções do modelo e dos abusos relatados amiúde. Com efeito em todos os estudos realizados sobre os resultados de exploração das possessões no Oriente, Baçaim surge em segundo ou terceiro lugar e entre as poucas que nunca apresentaram saldo negativo. Em posições próximas estão, significativamente, Diu, Damão e Chaul, para não falar da inexcedível e por isso sempre cobiçada praça de Ormuz. A Província do Norte e, em especial, o distrito de Baçaim, à luz da fria análise financeira ou de um discutível projecto colonializante, surgem-nos assim como a área de maior sucesso económico do Império Português do Oriente.

Se aqui nos ativéssemos ao período decorrido entre a posse e a perda, igual verificaríamos acerca do outro elemento catalizador da diáspora portuguesa, a evangelização. É que, pesem embora o precoce abandono do poder temporal, a quase nula pré-existência de comunidades cristãs, as variáveis, mas efectivas, perseguições religiosas dos Marathas e da confessionalmente instável Inglaterra pós-cromwelliana e, ainda, o longo conflito Padroado-Propaganda Fide, note-se como as comunidades católicas estabelecidas durante a soberania portuguesa floresceram até aos nossos dias. De facto foi a Igreja, primeiro com sede diocesana em Goa, mas depois – pela Concordata de 1886 – repartida entre as novas Dioceses de Damão e Bombaim, o mais forte elo de identidade dos *norteiros*, garantindo, por exemplo, a permanência da sua toponímia dentro daquela metrópole. O papel da missionação no distrito de Baçaim, exclusivamente entregue aos franciscanos, mas posterior e polemicamente partilhado pelos jesuítas, está ainda por avaliar em toda a sua extensão e consequências. Aliás, os primeiros contam com uma gloriosa história na região, desde o martírio pelos muçulmanos de cinco frades em meados do século XIV ao nascimento em Baçaim de Frei Gonçalo Garcia (1556/7), o primeiro santo católico indiano.

---

[15] "Relação de Francisco Pais sobre a fazenda Real no Estado da Índia", documento datado de 1612/01/29 do ANTT publicado por A. Teodoro de Matos na p.100 de "A situação financeira do Estado da Índia no período filipino (1581-1635)" in *Na rota da Índia – estudos de história da expansão portuguesa*, Instituto Cultural de Macau, 1994, pp. 59-107. Desse estudo bem como de *O Estado da Índia nos anos de 1581-1588: estrutura administrativa e económica – alguns elementos para o seu estudo* (Universidade dos Açores, Ponta Delgada, 1982) do mesmo autor e de Sanjay Subrahmanyam, *obra citada*, pp. 268/269 são os dados da caracterização politico-económica que se segue.

III

A posse de Baçaim e dos seus territórios ocorreu em meados da década de 1530 segundo processo bem conhecido. Após alguns actos bélicos, em 23 de Dezembro de 1534 foi celebrado um tratado pelo qual Portugal os recebeu quase à maneira feudal. De facto era essa a estrutura sócio-administrativa existente, não deixando de ser significativo que logo a seguir à outorga do acordo o representante do soberano cedente tenha chamado à cidade "todos os tanadares das terras, e a todos mostrou a chapa (selo) do Badur que mandava que todos avião d'obedecer como fazião a ElRey; o que todos a huma voz outorgarão, pondo as cabeças no chão, e cada hum meteo na mão do feytor hum raminho d'erva cheirosa, ou froles, em sinal de obediência"[16]. Entre as anexações de Manora e Açarim (1556) e a cessão em dote à Coroa inglesa das ilhas de Bombaim, Mazagão, Paul, Worli e Maim (1661-65), os limites do distrito de Baçaim sofreram variações irrelevantes, apesar dos constantes conflitos diplomático-militares com os vizinhos. Mesmo nessa ocasião o espaço alienado tinha muito maior valia estratégica que económica ou de superfície. No entanto, apesar da existência de um mais que suficiente e qualificado conjunto de fontes, continua por cartografar com fiabilidade o reconhecimento e/ou demarcação desse território.

Uma de entre as fontes mais sintéticas e precoces diz-nos, por exemplo, que o distrito de Baçaim se estendia por "perto de quinze leguas de termo ao longo da costa, e pella terra adentro outras tantas em alguuãs partes e noutras menos, em que ha muitas aldeas e pouações grandes de muito rendimento"[17], ou seja, por cerca de 90 km contados no percurso que num rumo quase Este/Oeste atravessa a boca da baía de Bombaim entre os extremos Sul das ilhas Caranjá e Colaba – esta actualmente no extremo da metrópole – e já segundo Sul/Norte prossegue até ao rio Vaitaranî (ou Dantora), limite Norte da ilha de Baçaim, contornando pelo mar o conjunto das ilhas de Bombaim, Maim, Trombai, Bandra e Salcete, para apenas referir as mais importantes. Sobre a margem Sul da foz do rio Vaitaranî e ao largo da vila de Agaçaím (Agasî), a Ilha das Vacas (Arnalla) constituía um importante posto avançado sobre o Mar Arábico. Do outro lado do rio começava o distrito de Damão que, num recortado arco convexo do litoral, se estendia por mais de 120 km até ao rio Parnel. Para o interior a jurisdição de Baçaim ultrapassava o Vaitaranî por mais de 40 km segundo um

---

[16] Gaspar Correia, *obra citada*, vol. III, cap. XLIX do original e XV da edição referida.
[17] Pág. 38 do *Livro das Cidades, e Fortalezas, que a Coroa de Portugal tem nas partes da India, e das...*, manuscrito anónimo de 1582 publicado no *Boletim da Biblioteca da Universidade de Coimbra*, Coimbra, 1953, vol./ano XXI, pp. 1-144.

seu afluente, o Sarya, que corre de Norte para Sul a pouco mais de 20 km da costa. Incluía, a meio caminho e num sub-afluente Este/Oeste, Manora e terminava em Açarim, serra que aquele rio envolve por Norte e Oeste corroborando as suas características de autêntico baluarte natural do antigo território português. Se nos guiássemos por essa descrição estabeleceríamos o limite Este sobre os prenúncios orográficos do extremo Norte dos Ghates, o que seria um manifesto exagero. Mas por outras fontes sabemos que Açarim, tal como Manora, a algo mais de 25 km da costa pelos paralelos, respectivamente, de Sirgão e de Tarapor (Târapûr), eram os passos fronteiriços no quadrante de Nordeste. Igual sucedia segundo o paralelo de Baçaim onde o limite estaria a cerca de 30 km, junto à vila e colinas de Tungâr, o que melhor confere com a descrição de Manuel Godinho (1665). Rumando a Sul e passando por Bellaflor de Sambayo encontramos de novo a ilha de Caranjá, desta feita no seu limite Este.

Assim, de forma muito grosseira e preliminar podemos caracterizar o território do antigo distrito de Baçaim como um quadrilátero de 75x30 km, a que acrescem as zonas de Manora e Açarim que toscamente se podem estimar em cerca de 250 km². Com uma elevada margem de erro tal corresponde a um total da ordem dos 2500 km², incluindo a vasta bacia aquífera que já então o tornava ímpar aos olhos europeus e levou à cristalização de uma das maiores metrópoles do planeta. Aliás, eram as linhas de água que quase exclusivamente determinavam a partição do território em centenas de subdivisões administrativas. Mas se a grande percentagem desta área era insular, a jurisdição de Baçaim estendia-se também ao continente por toda a faixa ribeirinha oriental da baía, a zona de Sambayo (Belâpur), hoje integrada na explosiva New Bombay. Num quadro exclusivamente geo-físico a ilha de Baçaim constituía uma espécie de *chave* dos sistemas insular e aquífero ali em presença, sendo o elemento de união entre aqueles e o continente.

Note-se como o território é bastante acidentado, contrariamente ao que sucede nas zonas insulares da Costa do Malabar onde Portugal teve interesses (Cochim, Coulão, Cananor, etc.). A topografia é, aliás, característica de uma zona de formação vulcânica, existindo no subsolo e aflorando à superfície grandes blocos de rochas ígneas. O basalto claro de Baçaim, simultaneamente macio, resistente e bom de lavrar, foi um dos elementos importantes na definição da qualidade e expressão da arquitectura portuguesa na Índia, pois além de usado na região foi exportado para outras zonas onde era criteriosamente utilizado em elementos decorativos e em placagem de fachadas. Assim aconteceu em Goa onde a pedra local, muito porosa e como tal imprópria para ser trabalhada, demonstrava a sua má qualidade até como elemento de enchimento de alvenaria. Enfim, a par com a extracção de sal e de madeiras – o que fomentou uma próspera indústria de construção naval – a pedra era uma das riquezas naturais da região que, graças à cíclica inundação das terras baixas, tinha também um potencial agrícola ímpar em todo o Norte.

A delimitação atrás feita, além de confirmável nas sumárias descrições e crónicas coevas, é passível de aprofundamento nos registos fiscais do território que a Coroa organizou, com alguma constância, segundo oito unidades-base: Baçaim, Tana, Salcete, Bombaim, Caranjá, Sambayo, Manora e Açarim. Com recurso a um suporte adequado aquela poderá ser judiciosamente cartografada, identificando-se os centros de rendimento por tipos de produção e rendeiros, caracterizando o *prazo* tipo, deslindando-se a hierarquia e o significado das circunscrições (*tanadarias, caçabés, hortas, mandovins, pacarias, sarretores*), localizando-se vestígios e permanências de património edificado, etc. Relativamente a este merece especial interesse o de natureza religiosa, a avaliar pelos registos fotográficos que dele ficaram.

O centro geográfico de toda esta área é a cidade de Tana (Thâne), outrora importante porto situado na convergência dos extremos interiores da baía e do canal que separa a ilha de Salcete da de Baçaim. Esse canal (Ulhasnagar ou Bassein Creek) ligava por Norte a bacia aquífera interior ao mar, característica de que tiraram partido os portugueses quando tomaram a cidade em 20 de Janeiro de 1533. Significativamente Tana foi capital regional até que pelos finais da Idade Média ocidental foi gradualmente substituída por Vasai, a cidade preexistente a norte da futura Baçaim. Numa fase preliminar do copioso processo de açoreamento e de intensificação do comércio marítimo aquele terá sido um convidativo local para o estabelecimento do centro regional, mas já à data da ocupação portuguesa estava açoreado. Contudo, a avaliar por cartografia recentemente recenseada ali se deu uma interessante e até agora insuspeita reestruturação urbanística *à portuguesa*. É um caso a estudar. Foi também em virtude daquela irreversível mutação geográfica que mais tarde se deu a transferência da hegemonia regional para Bombaim e que os limites das ilhas – estreitos esteiros e canais, largos rios e braços de mar – se foram esbatendo, aliás, com crescente empenhamento humano. Hoje as ilhas são em menor número, Bombaim uma península e a barra de Vasai/Vasai Fort dificilmente praticável por navios de médio porte, mesmo na preia-mar e fora da monção. Na baía de Bombaim permanecem ainda bem isoladas algumas ilhas, entre as quais Elephanta, Nevem (Hog's) e Seveom (Butcher's) da antiga jurisdição de Caranjá. No entanto a área em causa – o *termo* de Baçaim – ainda não foi totalmente abrangida pela vizinha cidade de 13 milhões de habitantes. Do velho distrito da Província do Norte resiste ao processo metropolitano a ilha da sua capital.

VII

Entretanto a situação insular de Vasai arruinou-se tanto como o seu "Fort". Se os rios Vaitaranî e Ulhasnagar opostamente e de forma generosa ainda a delimitam por Norte e Sul, já o mar não tem o paralelo de outros tempos no esteio que a cintava a Nascente. Por sua vez o sítio da ruína, plano e no extremo sul da ilha, também já não é isolado do restante pela preia-mar como dantes era a cidade. O esteio que a abraçava de Este a Noroeste açoreou-se, tal como a área a Sul, uma praia há poucas décadas populosamente transformada em aldeia de pescadores e marnotos (casta Koli), Vasai Koliwada. Contudo, Vasai Fort é quase desabitado e uma espécie de logradouro/parque de lazer dessa aldeia e da cidade de Vasai a escassas centenas de metros a Norte.

Foi esse tipo de uso e o facto de os dois núcleos urbanos terem entre si a ruína, que até hoje determinaram as intervenções mais descaracterizadoras, se vistas segundo qualquer uma das duas perspectivas que aqui nos interessam: Baçaim e Vasai Fort. O conjunto está esventrado por um arruamento Este/Oeste cuja implantação não é inocente e levou à demolição da muralha em dois pontos. Ao longo dessa via, para além de ter sido erguido um monumento a Chimaji Appa – o conquistador Maratha – surgiram dois pequenos conjuntos habitacionais para funcionários alfandegários. No centro da antiga cidade e fora da sua lógica urbanística erguem-se dois modestos templos, igual sucedendo a meio do *sifão* da Porta de Terra, obstruindo a passagem. Junto a esses templos existe um avantajado charco, iludindo a velha Praça. É o mais expressivo símbolo da decadência a que cidade e ruína têm estado sujeitas, pois foi escavado para o abastecimento de água à refinaria de açúcar que em 1852 foi instalada na antiga matriz de N.ª Sr.ª da Vida, na primeira casa do Capitão e no Hospital da Misericórdia, alugados para o efeito a um major do exército britânico. Com efeito, os Ingleses, para além de transformarem a cidade num temporariamente (1818--1830) inacessível posto militar, aceleraram a destruição dos edifícios existentes, chegando a dinamitar alguns. Isso em boa medida concluiu o abandono então em curso e catalisou o reflorescimento da vida urbana na cidade preexistente a Norte. Entretanto ao fim de poucos anos, como a urbe, a fábrica falia. Tudo passara definitivamente a "Fort", o *fantasma* da cidade.

Após a rendição portuguesa em 16 de Maio de 1739, sob domínio maratha a vida urbana subsistiu ainda por algumas décadas. A cidade viu o seu nome alterado para Bijapûr e foi um dos palcos e pretextos da prolongada e complexa disputa anglo-maratha. Portugal, na sequência do ímpeto que levou às *Novas Conquistas* de Goa e ao ensaio pombalino de reforma do

Estado da Índia em 1774, chegou a armar uma esquadra para recuperar a cidade, mas a Companhia Inglesa das Índias Orientais antecipou-se e a iniciativa ficou de imediato gorada face à perspectiva de um embate diplomaticamente indesejado. Na realidade, a queda de Baçaim, tal como, ali bem perto, a de Chaul (1740), integrava-se numa conjuntura muito mais ampla e geograficamente extensa. Era o longo reajuste do Império face à nova realidade do Antigo Regime e do Novo Mundo, do qual o reformismo pombalino foi corolário e, simultaneamente, ocaso. Nesse tipo de processos o abrandamento da disciplina e dos costumes nos pólos residuais acaba por sempre ser causa e consequência. Não deixa de ser significativo que, perante os frequentes e incontornáveis surtos epidémicos, a historiografia de Baçaim, por regra, apenas destaque o de 1719 que, pese embora a produção de consideráveis estragos demográficos, parece ter sido bastante mais determinante no domínio da moral. Na realidade, a cidade já então lentamente se esvaziava da população que lhe dera sentido. O território dependente de ameaçado passara a retalhado, primeiro pelos Ingleses com a aquiescência portuguesa, depois pelos Marathas e a ambiguidade britânica. Os rendimentos de tipo fundiário desapareciam e com eles a motivação, a razão de ali permanecer. O modelo sócio-colonial adoptado e intrinsecamente implementado com a formação da Província do Norte do Estado da Índia ruía e com ele a respectiva capital.

V
As questões fundiárias e sociais seriam a melhor forma de compreender e explicar o investimento numa arquitectura e num espaço urbano que já sabemos qualificados. Note-se, entretanto, que quando assim se caracteriza a cidade de Baçaim não se têm como referência edifícios de grande escala ou impacto estético polarizando sistemas urbanos tangentes, mas uma determinante harmonização, um equilíbrio, entre edifícios privados e equipamentos públicos e civis, para o que concorria a existência de uma sensível diferenciação de sectores.

Convergindo na compreensão dessa realidade deve ter-se em conta que a cidade portuguesa em causa mais não era que parte autónoma de um conjunto urbano que só podemos considerar completo quando conjugado com a cidade preexistente, Vasai, que era "pola terra dentro [Norte] casy mea legoa"[18] (2 ou 3 km) e que um dia valerá a pena analisar. Tal como em Cochim e Chaul onde toponimicamente se diferenciavam os núcleos urbanos autóctones dos portugueses respectivamente pelas aposições *de*

---
[18] Gaspar Correia, *obra citada*, vol. III, cap. XXXV do original e XXXVII da edição referida.

cima e *de baixo*. Em Baçaim praticamente apenas residiam os cristãos, os quais na generalidade eram detentores de prazos ou outros privilégios de natureza fundiária. A cidade, cujo perímetro cedo foi definido por uma muralha que a *contentorizou*, acabou por se constituir no bairro de luxo, no *gheto rico* do conjunto e no centro das actividades viradas para o exterior do seu território: comércio, navegação, defesa, missionação, etc. Esta compartimentação, que só aparentemente assumiu especificidades de ordem económica, foi uma realidade de expressiva natureza religiosa em outras cidades portuguesas na Índia, entre as quais destaco, por maior verosimelhança da prova, Goa e Diu, pese embora o facto de a divisão não ter aí sido concretizada por uma barreira defensiva. De facto, no que diz respeito à leitura possível a partir do urbanismo e na medida em que sejam dissociáveis, no Hindustão e com especial relevo em zonas de hegemonia islâmica, as cisões da sociedade sob soberania portuguesa decorriam essencialmente por divergências confessionais. Dessa forma Baçaim apresenta-se, na essência e na relação com outras, como uma cidade quase exclusivamente cristã ao ponto de, destituída da sua população específica, o grosso da aristocracia indo-portuguesa, definhar até à desertificação e ruína.

Com menor artificialidade também internamente se definira zonamento. O sector inicial, compreendido entre o Forte e a Alfândega e a meio do qual surgiria a Porta do Mar, agrupava pequenas comunidades de comerciantes e artífices o que, aliás, definiu a sua toponímia (ruas dos Ourives, dos Sapateiros, etc.). Para aí adivinha-se um traçado urbano algo difuso, com bem prováveis menores dimensões dos lotes e opulência arquitectónica. Entre o Forte e a Porta de Terra desenvolvia-se o sector preferencialmente residencial, de maior regularidade e constância de traçado e onde as ruínas indiciam lotes mais generosos. Maioritariamente aí se erguiam em ruas como as dos Cazados e dos Nobres as casas dos *fidalgos* de Baçaim, algo repetitivas nos seus sobrados, amplos balcões, varandas e grandes vãos com gelosias ou caixilharia de *karepas*. Era esse bairro delimitado a Sul por um cordão de instituições conventuais adoçadas à frente marítima da muralha. O conjunto tinha certa imponência com edifícios na ordem dos 8-10 m de altura média, igrejas com cornijas/beirados a 12-15 m e torres erguendo-se a 20-30 m. Em tudo concorreu o facto de, em pouco tempo, já não ser Baçaim uma cidade da *frente*. Com efeito, nas cidades/praças em permanente situação de atalaia existiam fortes condicionamentos à expansão volumétrica das construções. Tal era, entre outros, o caso de Damão onde, como nos relata Manuel Godinho "Os edifícios da cidade são pela maior parte baixos, nem é licito a nenhum dos seus moradores levanta-los mais que os muros, e isto por causa das batarias as não derrubarem em occasião de sitios"[19]. Ora em Baçaim as muralhas têm em média 9-10 m de altura e os muros do Forte apenas metade.

Para concluir esta rápida caracterização do zonamento urbano falta ainda referir a área desocupada a Norte, a qual corresponde a algo como 1/3 da superfície murada e é delimitada pelo troço da muralha compreendido entre os baluartes de N.ª Sr.ª dos Remédios e da Madre de Deus e pela estrada já referida. Trata-se de uma área pantanosa, genericamente 2 m abaixo da plataforma geral de implantação dos edifícios e algumas têm sido as explicações para a sua existência. Mas tudo leva a crer que foi englobada por necessidades estratégicas, não só de traçado, mas também como alfoz agrícola e piscícola de emergência em caso de cerco. Em carta ao Rei datada de 20 de Dezembro de 1561, o Vice-Rei D. Francisco Coutinho ao responder a questões postas pelo Secretário Pedro da Alcáçova Carneiro[20] informa que contratou a finalização da muralha como já anteriormente havia sido decidido "e humas cem braças que se querião acrecentar de novo, por razão de meterem huma alagoa dentro". Medidos sobre o levantamento actual, os cerca de 220 metros em causa correspondem ao acréscimo necessário para que as muralhas, em vez de seguirem pelo traçado da actual estrada, se concretizarem da forma que hoje se vê. Além de tudo era uma importante reserva de crescimento e em algumas zonas e períodos do ano possibilitava acampamento/aquartelamento. Tudo como nos novos perímetros medievais do território europeu.

Regressando à aqui basilar questão social e naquilo que a este texto possa interessar, de facto a tudo isto corresponde o significado do já célebre remoque de Manuel Godinho em 1655: "são em Baçaim tantos os dons, assim de homens, como de mulheres, que vieram a chamar a aquella cidade dom Baçaim [...] 300 fogos de portugueses, cristãos naturais 400"[21]. O cunho dessa concentração aristocrático-cristã é evidente na epigrafia e heráldica da considerável quantidade de lápides funerárias que ainda existem nas igrejas. Contudo era uma aristocracia que acabava por estar fortemente sujeita aos ditames de uma administração de cunho mercantil, mas militarizada e da qual era célula-base. No entanto, sendo admissível um maior grau de liberdade nos territórios dos prazos de cada um, dos quais há notícias de excelentes moradas, a verdade é que, com o tempo, a tendência foi

---

[19] *Obra citada*, Cap. III.
[20] ANTT, Corpo Cronológico, 1-105-79. É a primeira das "Duas cartas oficiais de Vice-Reis da Índia, escritas em 1561 e 1564" publicadas por José Wicki in *Studia*, Centro de Estudos Históricos Ultramarinos, Lisboa, 1959, n.º 3, pp. 36-89.
[21] *Obra citada*, Cap. II.

residir exclusivamente na cidade, relaxando a atenção sobre a produção e o espaço, pese embora a determinação da governação em o contrariar. No entanto, sendo também impressionante a qualidade e a perenidade das estruturas do clero regular, é de facto o peso do Estado o que mais se evidencia no espaço urbano de Baçaim.

VI
A outorga da cessão do território (1534/12/23) foi consequência directa o sucesso da acção militar de 1533, a seguir à qual foi dispendido algum tempo na destruição das defesas que os muçulmanos, depois do ataque seguido de saque e destruição em 1529, erguera m sobre a praia: uma longa tranqueira, um baluarte e um forte (triangular?). De acordo com as descrições de Gaspar Correia e de Castanheda foi o facto de já serem estruturas de alguma eficácia o que determinou a acção do Governador Nuno da Cunha pois, segundo o último[22], em Baçaim "el Rey de Cambaya começava de fazer outro Diu". Por razões já apontadas e também pela escolha dos muçulmanos era aquele o melhor local para a defesa de Vasai e do seu sistema territorial próximo.

Castanheda[23] relata que de imediato "mandou o governador fazer hua casa forte por não poder fazer logo a fortaleza, & esta serveria de feitoria". Menos lacónico foi Gaspar Correia[24] ao descrever como Martim Afonso escolheu o local para a feitoria, sendo esta "huma grande casa com grande alpendre, e diante grande terreiro cerquado d'estacada, e entulhado, que ficava hum tavuleiro alto; e junto da casa outras, assy grandes, pera alojamento de mercadorias; e fez casas pera officiaes, e pera cem homens [...] o que tudo foy cerquado de grossa estacada, e [...] onde a gente da terra acodio com cousas de comer a vender [...] e começou a crecer povoação, porque a gente da terra achavão nos nossos mais larguezas que nos mouros". Ao texto acrescentou o cronista um sugestivo desenho da povoação. Àqueles equipamentos e casario, implantados no extremo Este e sobre a praia, em breve (1535) e no futuro centro urbano foi acrescida a igreja paroquial de N.ª Sr.ª da Vida. Pouco tempo depois (Março de 1536), numa cerimónia iniciada com uma missa a S. Sebastião, patrono do dia da acção de 1533, o Governador que para tal ali se deslocara determinou lugar para o Forte adoçado aquela igreja. "E por fazer honra a Antonio galuão [...] quando ouve de abrir os alicerses da fortaleza, mãdoulhe que desse as primeiras

---

[22] *Obras citadas*. A citação é do Livro 8.º, Cap. XXXIIII.
[23] *Obra citada*, Livro 8.º, Cap. LXXXIII.
[24] *Obra citada*, vol. III, cap. XLIX do original e XLV na edição referida.

enxadadas, & posesse a primeira pedra, estãdo hi Garcia de saa, & outros muytos fidalgos"[25]. Enfim, sem ordenamento urbano pré-estabelecido assim se estabeleceu o primeiro tramo da cidade portuguesa de Vasai.

A construção do Forte de S. Sebastião levou três anos. A estranha forma do seu perímetro – um pentágono irregular com três baluartes cilíndricos, entre si quase equidistantes e um arremedo de torre de menagem que também funcionou como *tronco* – parece indiciar aproveitamento de preexistências como o poço/cisterna que ainda hoje serve a população de Vasai Koliwada e, senão todos, pelo menos o baluarte que divide os dois paramentos Norte. A Nascente e no interior ergueu-se a residência inicial do Capitão e a Poente, mas de fora e numa implantação também intrigante, já existia o templo a N.ª Sr.ª da Vida. Tudo leva a crer que aí se tenha instalado a Misericórdia instituída por volta de 1540. Em data que ignoro, mas anterior a setecentos, tal irmandade mudar-se-ia para um espaço fronteiro integrado no respectivo hospital. Aquela igreja, para além dos acessos axial e lateral Norte *classicizados* na primeira metade de seiscentos, surpreendentemente tinha ainda porta directa ao interior do Forte. Aquela reforma do edifício ergueu-o bem acima dos muros da cidadela, de certa forma já então vencidos pelo perímetro urbano muralhado. O interior adivinha-se-lhe simples com três altares de topo. Além daquilo que directamente transmite o desenho e a propósito de portais, neste conjunto há ainda a salientar o do Forte, também de traça e ornatos classicizantes e resultado de uma intervenção concluída em 1606.

A Igreja Matriz de S. José (1547), a Nascente, junto ao rio, com a cabeceira contígua à Feitoria (depois transformada em Celeiro público) e, segundo alguns, sobre um templo preexistente, resultou de uma ordem expressa de D. João III ao Vigário Geral de Goa. Inicialmente com uma característica implantação ribeirinha, foi literalmente cintada pelo posterior perímetro muralhado. Tratava-se de um curioso exemplar de nave única com torre/fachada axial sobre nártex, assim lembrando igrejas do período manuelino, como a de Elvas e a do Rosário (Goa). No entanto a renovação implementada pelo Arcebispo D. Frei Aleixo de Meneses durante a visita pastoral que realizou à Província do Norte no final de quinhentos, obra concluída em 1601, dotou o conjunto de uma escala e lançamento que já em nada tem a ver com aquele episódio da arquitectura portuguesa. O que resta da torre ergue-se ainda a bem mais do dobro da altura do muro defensivo adjacente, rematando-se em plano horizontal e com uma balaustrada

---

[25] Castanheda, *obra citada*, Livro 8.º, Cap. CXXIIII. A versão de Gaspar Correia difere em alguns pormenores.

em grade. Sem dúvida um exemplar raro entre a arquitectura portuguesa. Como curiosidade adicional registe-se que era frequentemente designada por *Sé*, pese embora o facto de Baçaim não ser *praça episcopal*.

No extremo oposto da cidade e, programaticamente, no perímetro urbano que em breve se consolidaria pela construção da muralha, em 1547 os Franciscanos abriram num modesto edifício um Colégio. Ao lado iniciaram a construção do Convento de Santo António que, no essencial, ficou pronto numa década. É o conjunto conventual que, pese embora o adiantado estado de ruína, mais tem atraído os visitantes, até porque ainda possui um considerável número de pedras tumulares. Do que resta da nave única da igreja podemos apreciar o lançamento do arco que sustentou o coro alto. É a única igreja de Baçaim com capelas laterais profundas e inter--comunicantes. O volume da igreja é ladeado a Poente pela base da torre sineira adjacente à capela-mor, a Sul pelo claustro e dormitórios e na frente por uma expressiva citação da galilé com terraço de S. Francisco de Évora que dava acesso ao templo e servia a portaria do convento e do colégio.

Caminhando em direcção ao centro pela rua paralela ao perímetro sul da cidade encontramos o pouco que resta da casa agostinha. Na já referida visita apostólica de D. Frei Aleixo de Meneses, membro desta congregação, em 1598 receberam da Arquidiocese de Goa a Igreja da Anunciada, a que de imediato acrescentaram as necessárias dependências conventuais. Entretanto esboçaram a mudança de local, sentenciosamente comprimido entre franciscanos, muralha e jesuítas, mas em breve regressaram ao de origem. A implícita instabilidade da sua presença na cidade ocasionaria ainda um abandono na ocasião da invasão Maratha de 1639. O estado de destruição e o silêncio das crónicas torna difícil a sua reconstituição, em especial no que diz respeito à igreja cuja porta axial se abria a sul, sendo urbanísticamente proeminente a lateral Norte.

Completa este contínuo de casas religiosas, o conjunto do qual se destaca a frontaria de traça mais erudita da cidade e uma das arquitectonicamente mais importantes de todas quantas sob dominação portuguesa se ergueram na Índia: o Colégio Jesuíta do Sagrado Nome de Jesus. A Companhia decidiu instalar-se em Baçaim (1549) durante uma visita, a terceira, liderada por S. Francisco Xavier que, aliás, em 1631 viria a ser nomeado padroeiro da cidade. Durante algum tempo acolheram-se no colégio franciscano, mas cedo promoveram a necessária autonomia. A um primeiro colégio e igreja sucederia a construção (1561-63) do novo conjunto que, com sucessivos acrescentos, deu origem às ruínas que hoje podemos admirar. Do lado Norte ergueram a partir de 1568 um retiro para órfãs e desamparadas. A articulação dos módulos fundamentais do conjunto, igreja, colégio e retiro, é denunciada na organização da praça fronteira da qual, curiosamente, ao eixo principal, de sentido Norte/Sul corresponde a entrada lateral da pequena capela de N.ª Sr.ª da Ajuda. Nesta fachada (Norte) abrem-se ainda a portaria e a entrada de serviço para o logradouro. Na perpendicular reconhecem-se frente-a-frente a entrada do retiro e, virada a Poente, a frontaria da igreja. O limite superior semicircular desta confere-lhe um valor de *arca-relicário* que, para além de lembrar algumas igrejas de Tavira, também evoca alguns modelos veiculados pela tratadística arquitectónica coeva ou até posterior. Também aqui a torre sineira surgia junto à capela-mor sobre o lado do claustro.

Mas no que diz respeito a dimensões é o último dos conjuntos conventuais, o dominicano, o que mais impacto causa, quer se fale de claustros, de dormitórios ou igrejas, da área ou da volumetria. Instalaram-se em 1564 no limite edificável Norte a meio da cidade, ou seja, sobre a praça principal, sendo a igreja da invocação de S. Gonçalo. A torre segue a topologia das restantes tendo, contudo, maior lançamento. É a única grande estrutura religiosa afastada de elementos defensivos, o que se explica pelo facto de, ao contrário das demais, ter sido iniciada com a muralha já cordeada. Igual sucedeu com os Hospitalários de São João que, numa produção mais modesta, se instalaram sobre o limite edificável Norte, sensivelmente a meio do percurso entre Dominicanos e Franciscanos, construindo a Igreja de N.ª Sr.ª da Saúde. Uma realidade comum a todas elas, para além da de serem integralmente cobertas com abóbadas de caixotões, é a ausência de uma das mais castiças características da arquitectura eclesial portuguesa de então: torres enquadrando a frontaria. Não se quer com isto dizer que os casos em presença estejam mais próximos dos modelos internacionais que das séries portuguesas, mas é, sem dúvida, evidencia de uma especificidade que, como sabemos, tem início com a construção das novas sedes diocesanas dos reinados de D. João III e D. Sebastião (Portalegre, Leiria, Miranda, Angra, Ribeira Grande e Goa). No universo português o programa formal da Sé manteve essa invariante de origem medieval. Uma outra peculiaridade da arquitectura religiosa de Baçaim é a extrema inclinação dos planos das coberturas, aliás comum a toda a Província do Norte, dado que abre novas perspectivas para a análise da arquitectura portuguesa noutras paragens no Oriente.

O complexo dominicano e o Forte são as balizas essenciais do *lugar central* da cidade, a Praça[26], não apenas pelas funções específicas do tipo

---

[26] Amélia Andrade e Walter Rossa, "La plaza portuguesa. Acerca de una continuidad de estructuras y funciones" in *La plaza en España y Iberoamérica – El escenario de la ciudad, Catálogo da Exposição*, Museo Municipal de Madrid, 1998.

ou dos equipamentos em presença, mas também pelo seu claríssimo papel de charneira da morfologia da cidade, como aliás se evidenciou na alegação anterior. Imediatamente a Sul do convento ergueu-se o Palácio do General do Norte, com a sua fachada principal organizada no piso inferior segundo nove portas sem hierarquia, a que correspondem no piso superior os elementos de uma arcaria delimitando um generoso e profundo balcão. A uma centena de metros e olhando o Nascente opunha-se-lhe a Casa da Câmara e Cadeia (1639) com partido arquitectónico semelhante, mas em cinco módulos e arcaria no piso térreo, tudo de menor proporção. De certa forma emparelhava com o conjunto da Misericórdia. Ao centro, mas descaindo um pouco sobre o cilíndrico baluarte Norte do Forte, erguia-se, imprescindível, o símbolo urbano do poder: o Pelourinho. Sobre o Norte organizava-se o mercado, sendo muito provável que o Bazar do Peixe, já quase sobre a reserva setentrional, contasse com uma estrutura edificada. Em posição que se desconhece construiu-se em 1611 a Casa da Moeda.

Em perfeita articulação com as vias que partiam da Ribeira e atingiam a Praça, ruas tendencialmente rectas estruturaram a Poente uma malha de hierarquia rua/travessa (em média de 36 e 20 palmos, respectivamente) de rumo predominantemente Este/Oeste, assim denunciando claramente um processo de racionalização do traçado urbano semelhante às criações e ensanches urbanos realizados em igual período por todo o universo português. No primeiro relance para uma próxima análise morfológica desse partido (ou método!) urbanístico que, aliás, tenho vindo a apelidar/caracterizar como *regulado*, assumiam evidência não só as duas ruas que acediam à Praça de Nascente e de Poente, tendo no seu enfiamento a Casa da Câmara (a dos Ourives) e o Palácio do Governador (a dos Cazados), mas também a implantada mais a Sul (a de S. Paulo), pois sendo a única a não passar pelo largo, ligava a Ribeira com S. José, a porta do Forte – que tudo leva a crer urbanisticamente concebida em função dela – o Hospital dos Pobres e o conjunto conventual Sul. Importantes eram ainda as ruas que ligavam a Praça ao Terreiro de S. Francisco no interior da Porta de Terra, uma enfiando opostamente as frontarias das igrejas de N.ª Sr.ª da Vida e de Santo António (a Direita), outra partindo entre a Misericórdia e a Casa da Câmara e Cadeia (a dos Nobres), esta com a Casa do Sal (1617) erguida a meio do seu curso. Note-se a vincada intencionalidade urbanística no cordeamento das ruas em função das frontarias de importantes edifícios públicos. Igual sucedia a partir da fachada principal da igreja dominicana de S. Gonçalo.

Baçaim tinha as ruas pavimentadas, caso único entre as cidades indo- -portuguesas de então, e três cisternas abastecidas de barco a partir das nascentes puras da outra margem do rio, para além de vários poços que ainda hoje servem a população que por perto reside. Estas infraestruturas eram o resultado ou o corolário de um espaço público com características únicas em todo o Estado da Índia e que é essencial para a compreensão global da urbanística portuguesa. Ainda em 1726 comentava o Deão da Sé de Goa que Baçaim era "uma das mais limpas [cidades] que hoje temos neste Estado, onde não se acham pardieiros como em Chaul, nem monturos como em Goa."[27]

VII

Mas o partido urbanístico da cidade foi profundamente condicionado pela passagem da primitiva tranqueira de madeira, bem visível no desenho de Gaspar Correia, a uma cerca muralhada com onze baluartes que, para além de a espartilhar, pela limitação e implantação dos acessos perturbou as suas lógicas de circulação e de traçado. A construção foi iniciada em meados de quinhentos e arrastou-se ininterruptamente até ao domínio Maratha, tendo-se quedado incompleta. Com efeito, as obras de beneficiação e actualização foram permanentes, o que faz com que tramo-a-tramo se observem consideráveis diferenças e sobreposições de diversas épocas. Assim, para além de extensas, são um sistema edificado demasiado variado e complexo para que a sua análise caiba nas pretensões deste texto e do seu autor. Contudo vejamo-las de um relance.

O maior eixo Norte/Sul (extremos dos baluartes de S. Pedro e dos Reis Magos) mede 621,2 m e o seu equivalente perpendicular (extremos dos baluartes de S. Sebastião e da Madre de Deus) 1.038,2 m. Pelo perímetro exterior de 3.204,9 m, a área englobada é de 41,152 ha, embora o perímetro real, isto é sem o recorte dos baluartes, seja de 2.496,3 m a que corresponde uma área de 39,262 ha. Um dado a ter em linha de conta é a repetitivamente incorrecta identificação toponímica dos baluartes em toda a bibliografia disponível. Uma acareação do existente com a descrição de António Bocarro permite contrapor com toda a segurança a identificação feita no desenho anexo e confirmável em cartografia setecentista. Na base do erro tem estado a incorrecta identificação do baluarte Cavaleiro que na realidade corresponde ao torreão interior que defende a Porta de Terra como, aliás, toponimicamente não poderia deixar de ser. A contraprova é-nos dada pelas posições dos baluartes de S. João – que para ser junto ao "surgidouro" tem que corresponder ao que contém a Porta do Mar – e de

---

[27] Henrique Bravo de Morais, *Notícias do Arcebispado de Goa*, citado por A. Bragança Pereira, *Obra Citada*, p. 11.

S. Paulo – que tem de estar na frente marítima para poder ter sido "perdido e quebrado do mar bater nelle". Assim se identificam os onze baluartes de que fala aquele cronista, contra os dez morfologicamente evidentes. O baluarte do Elefante viria a ser rebaptizado como de S. Francisco Xavier. É ainda possível apercebermo-nos como então (1635) a obra estava num estado consideravelmente degradado e incompleto. Um outro dado importante e inequívoco é o de então ter em média 1-2 m menos de altura que na actualidade, o que indicia uma campanha posterior de elevação e regularização sistemática do seu coroamento.

Mas por entre a irregularidade da obra que, para além do mais, apresenta acidentes de monta no traçado e integrações/intervenções islâmicas – como as visíveis nos baluartes do Elefante e de S. João e na cortina entre eles – o aspecto de maior destaque é a diferente preocupação e investimento de acordo com o tipo de exposição aos riscos de assédio militar. Nessa linha identificam-se três níveis de protecção: a) na frente ribeirinha compreendida entre os baluartes de S. Sebastião e da Madre de Deus (Sul e Nascente), para além de um maior arcaísmo do traçado e dos elementos fortes, a cerca é de um só paramento e estreito caminho de ronda; era a zona com menor grau de risco e protecção garantida pela armada portuguesa; b) no grau intermédio situava-se o tramo compreendido entre os baluartes dos Reis Magos e da Madre de Deus (Norte), exposto a uma área pantanosa, mas onde o tiro à distância poderia produzir estragos consideráveis; daí a existência dos baluartes mais possantes do conjunto e de contrafortes interiores, pese embora a não concretização da dupla cortina e do concomitante terrapleno intermédio ocultando os contrafortes; c) a zona mais vulnerável era, obviamente, a de contacto enxuto com a envolvente, compreendida entre os baluartes dos Reis Magos e de S. Sebastião (Poente); é a única com paramento duplo e enchimento, pese embora o maior anacronismo dos baluartes; entre eles está o primeiro a ser erguido, o de S. Sebastião, fundado em 22 de Fevereiro de 1554, mas posteriormente reformado e por onde, aliás, se daria em 1739 o assalto maratha.

As duas portas, como a do forte, eram em *sifão* e assim duplas, sendo a de Terra muito mais engenhosa, aliás dotada em segunda linha da torre//baluarte Cavaleiro já referido. A Porta do Mar surge perfeitamente integrada no baluarte de S. João. Pese embora o conceptual anacronismo face à vanguarda da engenharia militar de então, na face interior eram ornadas *à romana*. Dada a importância das actividades marítimas e a excelência das condições naturais, a extensão da Ribeira tornou necessárias mais três passagens – *postigos* – todas sobre o tramo Sul: o de S. Pedro (1599) junto à Igreja de S. José, um junto ao Hospital dos Pobres e outro no limite Nascente do complexo jesuíta. Algo dissimulada surge também uma passagem sobre o esteiro Norte junto ao Baluarte da Madre de Deus. Para além dessas passagens *oficiais*, existiam ainda complexos sistemas de túneis e saídas secretas como as do baluarte dos Reis Magos. O sistema deste era extraordinariamente elaborado, o que converge no facto de para a casa ainda ali existente se ter mudado o Capitão de Baçaim com todo o estado. Era o ideal para uma eficaz atalaia do sistema.

À data do abandono, do outro lado da barra construía-se um forte, aliás uma curiosa evocação do Môrro de Chaul. No entanto, o ataque final dar-se-ia pelo lado mais forte da cidade.

Na globalidade, mas com relevo para as soluções de acesso e desenho dos seus elementos, as muralhas de Baçaim apresentam-se assim com o expeditismo e pragmatismo das que se conhecem (Chaul) e conheceram (Cochim, Colombo) encerrando cidades indo-portuguesas. Com excepção para o caso mais canónico de Damão, tais perímetros urbanos fortificados apresentavam-se como soluções de compromisso/transição entre tradições e escolas de engenharia militar. Aliás, em algo mais que traçado, cronologia e método há inegáveis semelhanças entre Chaul e Baçaim.

Eis-nos impositivamente suspensos pela finalização de um texto que, mais que uma suculenta contribuição para um guia do espaço de Baçaim, por tal razão se assume como uma proposta metodológica para a contextualização e construção do conhecimento a isso necessário. Importa, essencialmente, que sempre se esteja consciente que território, ilha, Vasai, Baçaim, cidade e ruína são e sempre foram *entes materiais* diversos, pesem embora as suas implícitas relações ontológicas. Daí advém a necessidade de uma profunda reflexão sobre o passado e a lógica para o futuro. É que, só por enquanto, com excepção para um ou outro edifício destinado a funcionários do Estado, a população local continua a evitar estabelecer-se dentro do "Fort", usando-o para estender redes, fazer aguada nas cisternas e passear, pois aquele espaço é ainda um local povoado por espíritos cuja origem não é familiar e que, por conseguinte, não se dominam. De um ponto de vista patrimonialmente fundamentalista ainda bem, mas é caso para perguntar até quando conseguirão os antigos *Dons* de Baçaim continuar a montar guarda a Vasai Fort?

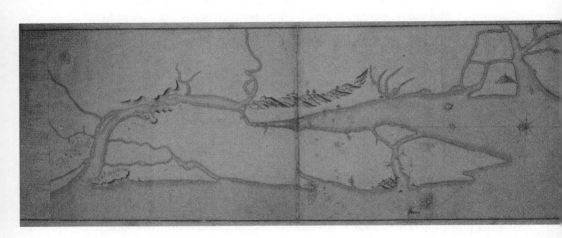

"*Mostrador de parte da Costa do Norte da Barra de Bombaim, thè a de Baçaim. em que se comprehende a ilha de Salcete e Costa da terra firme com varias ilhas adjacentes e seus rios*", 1739, Sociedade de Geografia de Lisboa

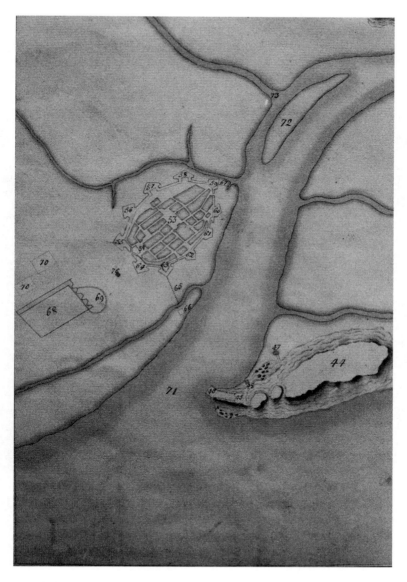

"Mostrador de parte da Costa do Norte da Barra de Bombaim, thè a de Baçaim. em que se comprehende a ilha de Salcete e Costa da terra firme com varias ilhas adjacentes e seus rios", detalhe com a cidade de Baçaim, 1739, Sociedade de Geografia de Lisboa.

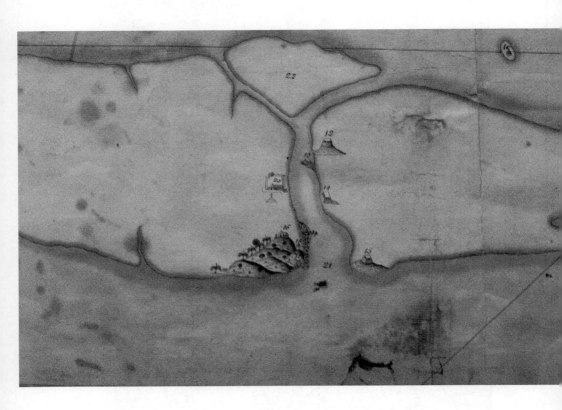

"*Mostrador de parte da Costa do Norte da Barra de Bombaim, thè a de Baçaim. em que se comprehende a ilha de Salcete e Costa da terra firme varias ilhas adjacentes e seus rios*", detalhe com a zona de Bandra e Manim, 1739, Sociedade de Geografia de Lisboa

Walter Rossa (dir.), *maquete de reconstituição da cidade de Baçaim*, detalhe com a Porta de Terra, Baluarte Cavaleiro e Convento de S. Francisco, 1999, Comissão Nacional para as Comemorações dos Descobrimentos Portugueses, Lisboa

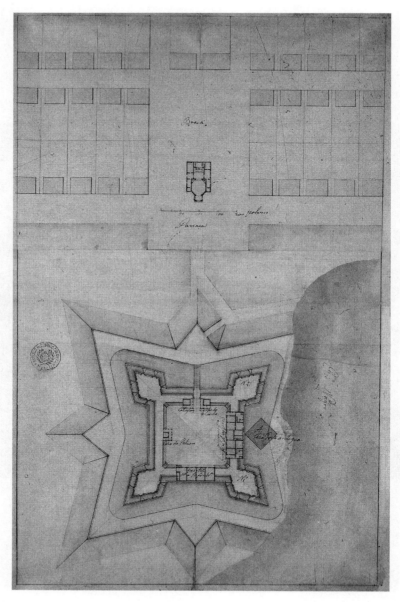

Filippe Strum, *Fortaleza de S. José das Marabitenas e respectiva povoação* (Rio Negro), 1767, Arquivo Histórico Ultramarino, Lisboa

A ENGENHARIA MILITAR E A CIDADE PORTUGUESA
PRETEXTO PARA ABORDAGEM A EVOLUÇÕES RECENTES
DA HISTORIOGRAFIA DO URBANISMO *

CONTRARIAMENTE ao que até há bem pouco tempo era ideia feita, afinal a expressão material da cultura artística portuguesa reflecte, de forma muito clara, aquilo que conjunturalmente lhe foi sendo específico na história e integra estruturalmente as matrizes epistemológicas da *portugalidade*. Aliás de outra forma não poderia ser, quando em presença de uma das sínteses de nacionalidade com expressão e estabilidade territorial mais antigas no Mundo e, sem dúvida, a mais perene do velho Continente. Na essência tem sido esta a matriz comum dos resultados a que a investigação nos vários ramos das Ciências Humanas em Portugal – e não apenas nas *histórias das artes* – tem chegado ao cabo de duas décadas de trabalho liberto dos preconceitos cautelares e até ridiculamente chauvinistas do Estado Novo. De facto, este (só) aparente paradoxo deve-se à incomodidade que a incontornável universalidade e fraternidade da *portugalidade* causa a qualquer proposta de dirigismo da nossa sociedade em qualquer contexto, pois o isolamento é por si a negação daquilo que somos e sempre fomos.

Para além da pluralidade e das possibilidades de confronto directo com todas as culturas, tem a investigação usufruído de uma apetência global – um *air du temp* – para a valorização e estudo do que é específico, reacção que se pretende póstuma à massificação e de paradoxal enaltecimento (por mim de defesa) da tão propalada *globalização*. A designação, perigosa, para tal ambiente favorável ao desenvolvimento dos *estudos portugueses* parece coincidir com *pós-modernidade*.

Vem isto, e tudo o que cada um daqui possa inferir, a propósito do convite para a apresentação de uma síntese acerca de alguns aspectos da cidade

---

* Comunicação encomendada e apresentada ao *Seminário Luso-Francês as arquitecturas do crescimento* organizado pelo Instituto de Estudos Regionais e Urbanos, com a colaboração do Departamento de Arquitectura, da Faculdade de Ciências e Tecnologia da Universidade de Coimbra naquela faculdade em Setembro/Outubro de 1997.

portuguesa do Antigo Regime numa reunião portugueso-francesa de especialistas de arquitectura e de urbanismo. Tal sumária, maçadora e, eventualmente, pretensiosa evocação dos progressos registados pela mais recente historiografia portuguesa, encontram justificação na pouca divulgação que a renovada História do Urbanismo Português tem em Portugal e nos mais especializados meios académicos.

De facto, e usando um trocadilho já demasiado gasto entre nós, já ultrapassamos a fase da História do Urbanismo *em* Portugal. Não é por acaso que nos compêndios internacionais são quase inexistentes as referências a processos urbanísticos de origem ou forte intervenção portuguesa e que as raras excepções sejam quase sempre acerca da Lisboa resultante da reforma pombalina. É estranho para um património urbanístico que sem qualquer conjugação de esforços já registou como Património da Humanidade cerca de uma dezena de cidades!...

Não é sem razão que a *Lisboa de Pombal* surge na posição que acabei de referir. Tal dever-se-á, sem dúvida, ao facto de o seu estudo aprofundado ser de uma forma cronologicamente vincada o primeiro e também por ter sido realizado no estrangeiro, mais precisamente na Sorbona[1]. Mas decerto que o próprio facto da sua selecção como tema inaugural de uma disciplina, que apenas viria a frutificar entre nós cerca de duas décadas depois, é suficiente para demonstrar a sua incontornável importância. Com traços de exagero, de que só hoje é possível suspeitar, ficou então demonstrada a autonomia cultural e cronológica da resposta urbanística então produzida e passou a ser óbvia a necessidade do estudo e caracterização do pano de fundo no qual se recorta e do qual provém.

Na realidade o radicalismo e o perfeccionismo metodológico de um tal processo de reforma não pode ser aceite como uma inspiração momentânea ou *iluminada* de muito poucos, a não ser por questões de delimitação e orientação da abordagem. Assim o terá sido, até porque era então emergente e conhecida a preocupação de alguns investigadores brasileiros com os fenómenos da especificidade material e conceptual do processo de urbanização do seu território desde o seu início, ou seja, desde a real fundação do seu país[2]. É que a Lisboa dita "pombalina", mais não era que a primeira

---

[1] José Augusto França (1962), *Lisboa Pombalina e o Iluminismo*, Bertrand, Lisboa, 1987.
[2] Entre outros estudos multi-disciplinarmente convergentes e de artigos, como os dispersos na *Revista do Serviço do Serviço do Patrimonio Historico e Artistico Nacional* (publicada no Rio de Janeiro desde 1937), lembremo-nos de Aroldo de Azevedo (1956), "Vilas e cidades do Brasil colonial" in *Boletim*, Faculdade de Filosofia, Ciências e Letras da Universidade de S. Paulo, São Paulo, 1956, n.º 208, pp. 1-96; Robert Smith (1956), "Colonial Towns of Spanish and Portuguese Ame-

pedra do longo rosário a desfiar pela historiografia da especialidade. Dirigiram-se esses estudos, tal como este brevíssimo ensaio, aos casos de fundações ou processos de reforma urbanística com pré-desenho, ficando na margem processos que, significativamente, cada vez mais designamos por *aditivos* em vez de *orgânicos*.

Conhecem-se hoje com suficiente detalhe os processo de reforma de espaços urbanos promovidos pelo Marquês de Pombal entre 1750/1756 e 1777, ou seja durante o seu consulado como ministro de D. José I. Aliás, talvez com algum exagero parece ser possível afirmar que a cada uma das grandes reformas sectoriais pombalinas corresponde a reforma urbanística de um aglomerado: "comércio" (sentido politico-económico coevo) – (a Baixa de) Lisboa; indústria – Bairro das Águas Livres (em Lisboa); agricultura – "Porto dos Almadas"; pescas – Vila Real de Santo António; ensino – Coimbra; etc. Segundo os extensos considerandos que acompanham as "Memórias", "Provisões", "Decretos", "Medidas" tratam-se, aliás, de "restaurações", "ressurreições", "fundações" e não de reformas, tal é o estado em que fatalidades e inimigos de Portugal, espanhóis e jesuítas para os casos vertentes, haviam colocado as preexistências. Com excepção para Lisboa e, obviamente, para o Porto, na realidade cada reforma foi sempre precedida de um libelo justificativo e acusador, cuja retórica Iluminista atinge o clímax na década de 1770 nos casos de Coimbra, Vila Real e Goa"[3]

Até aqui referi-me quase em exclusivo aos casos do actual território nacional, ficando ausentes quer as sequelas de promoção privada – de que Manique do Intendente e Porto Côvo são os exemplos mais conhecidos, ainda que frustes – quer as profundas transformações nas estruturas políticas, administrativas e sócio-económicas dos territórios portugueses extra-europeus onde Açores, Goa e Brasil, este em múltiplas frentes, são exemplos que

---

rica" in *Journal of the Society of Architectural Historians*, 1956, n.º 4, vol./ano 14; Robert Smith (1958), "Urbanismo colonial no Brasil" in *Bem Estar*, vol./ano I, São Paulo, 1958, n.º 1; Nestor Goulart Reis (1964), *Contribuição ao Estudo da Evolução Urbana do Brasil (1500/1720)*, Liv. Pioneira Editora/Universidade de S. Paulo, São Paulo, 1968; Paulo F. Santos (1968), "Formação de cidades no Brasil colonial" in V *Actas do Colóquio Internacional de Estudos Luso-Brasileiros*, Universidade de Coimbra, Coimbra, 1968; AAVV (1967), "Curso sobre a fundação da cidade do Rio de Janeiro" in *Revista do Instituto Histórico e Geográfico Brasileiro*, Departamento de Imprensa Nacional, Rio de Janeiro, 1967, vol./ano 276; Eduardo Canabrava Barreiros (1965), *Atlas da evolução urbana da cidade do Rio de Janeiro – ensaio – 1565-1965*, Instituto Histórico e Geográfico Brasileiro, Rio de Janeiro, 1965 e Gilberto Ferrez (1963), *As cidades do Salvador e Rio de Janeiro no século XVIII – álbum iconográfico comemorativo do Bicentenário da transferência da sede do Govêrno do Brasil*, Instituto Histórico e Geográfico Brasileiro, Rio de Janeiro, 1963.
[3] Walter Rossa, "A cidade portuguesa" in *História da Arte Portuguesa*, 3 vols., Círculo de Leitores, Lisboa, 1995, vol./ano III, p. 312.

ocorrem de imediato. E ainda, porque já distantes do âmbito deste Seminário, as políticas de ordenamento territorial para um Império, como ele tão vastas em extensão como em riqueza de conteúdos.

Não terá portanto sido a Baixa de Lisboa caso único da Iluminista urbanística portuguesa do tempo de Pombal e, aliás, perante um caso de formulação e concretização quase utópicas como Vila Real de Santo António, nem sequer deveria ser considerada como o seu máximo expoente. É, contudo, o acto inaugural completo do seu projecto político e, por essa via, também um retorno das atenções do poder central sobre o território continental. Este, de uma forma geral e/ou integrada, desde o início do processo da *expansão* não experimentou quaisquer processos de reforma, tal foi o esforço no além-mar durante esses três séculos de gesta ultramarina.

Coloca-se então de forma categórica a necessidade de indagar acerca da capacidade e disponibilidade dos instrumentos teóricos, humanos e materiais necessários à concretização de tão vastos empreendimentos.

Prosseguindo com o caso de Lisboa – ainda que de forma superficial e com base num estudo já marcado pelo passar dos anos[4] – posso afirmar que ao longo da primeira metade do século XVIII são abundantes e convergentes os indícios de preparação de uma reforma urbana da capital portuguesa especialmente caracterizada pela sua expansão para oeste. Foi no desenvolvimento dos estudos para essa reforma e na sua escassa materialização, que tiveram escola e fizeram tirocínio grande parte dos técnicos a que o Marquês de Pombal recorreu logo após o Terramoto de 1755.

Mas curiosamente encontramos na documentação nomes de muitos outros profissionais activos neste período que, apesar de ainda jovens, não nos surgem no longo processo da reconstrução lisboeta, tal como também sucede o inverso. A análise atenta dos diversos curriculæ permite-nos, contudo, seguir-lhe o rasto de e para outros pontos do *universo* português, bem como encontrar prova de contratações de reforços estrangeiros.

Para além de uma espantosa mobilidade, o facto de maior relevo no meio de tudo esse processo é o da existência de um corpo especializado de técnicos ligados à construção e à gestão urbanística estrategicamente distribuído e articulado em todo o espaço do Império. A tal acresce o factor simultaneidade, pois ao amplo conjunto de reformas urbanísticas promovidas pelo Marquês de Pombal já aqui listadas é indispensável juntar o

---

[4] Walter Rossa (1990), *Além da Baixa – indícios de planeamento urbano na Lisboa Setecentista*, dissertação de mestrado apresentada à Faculdade de Ciências Sociais e Humanas da Universidade Nova de Lisboa entrtetanto publicada pelo IPPAR em Português e em Inglês, Lisboa, 1998.

enorme esforço de reconhecimento, ocupação e demarcação dos limites terrestres dos territórios na América, cujos resultados foram paulatinamente surgindo nas mesas das sucessivas negociações e tratados com Espanha e têm hoje como reflexo a realidade que é o Brasil[5]. Nessa análise ficamos também a saber que o desempenho destes homens ultrapassava em boa medida o do simples técnicos de engenharia, assumindo em muitas situações papéis de representação executiva e/ou administrativa do poder central. É este um dos exemplos do alargamento de funções que, entre outros, encontra justificação numa estratégia territorial global da qual *urbanizar* era o instrumento-acção com mais potencialidades.

Sem aqui poder entrar em detalhes que implicariam uma alvoroçada síntese da génese e dos primeiros momentos do processo da *expansão portuguesa*[6], importa no entanto dizer que após a Restauração da Independência em 1640 o país adoptou de forma clara a estratégia de afirmação territorial de que a historiografia encontra indícios menos de um século atrás, ou seja, nos últimos anos do reinado de D. João III. De facto está ainda por avaliar até que ponto os sessenta anos de dominação filipina terão contribuído para a catalisação e sistematização dessa profunda alteração estrutural dos desígnios da Nação portuguesa. Sabemos também que, ainda com excepção para o continente africano, só no século XVII o conceito moderno de território se implanta, levando concomitantemente à definição em linhas abstractas do seu limite – o desenho da *raia*.

Resolvidas questões territoriais prementes resultantes da secessão Ibérica e retomada, na medida do possível, a soberania sobre os postos e escassos territórios no Oriente, estava para resolver o amplo problema – o vazio interno – da América do Sul. Questão fundamental pois só no Brasil poderia o reino encontrar recursos que permitissem a restauração e restruturação da sua economia. Assim a questão da revisão dos limites entre as Américas Espanhola e Portuguesa estabelecidos em Tordesillas constituiu-se

---

[5] É vasta a bibliografia existente sobre os mais diversos aspectos desta problemática, em especial acerca das suas particularidades diplomáticas e científicas. Nos últimos anos, para além de algumas abordagens breves, têm vindo a surgir estudos mais aprofundados e abrangentes. A título de exemplo refiro apenas Renata de Araujo (1992), *As Cidades da Amazónia no século XVIII – Belém, Macapá e Mazagão*, dissertação de mestrado apresentada à Faculdade de Ciências Sociais e Humanas da Universidade Nova de Lisboa (no prelo) FAUP, Porto, 1998.

[6] A produção historiográfica sobre o assunto é de tal forma vasta e conhecida, que não é sensato aqui nos referirmos a um ou outro título de referência. Tal facto é (felizmente) agravado pelo prolixo processo de renovação historiográfica que o ciclo comemorativo dos 500 anos dos *descobrimentos* está a provocar.

em grande desígnio e processo da alta política nacional do período que medeia entre o final do processo da Restauração[7] e o fim do Antigo Regime.

Se de facto todo o esforço civilizacional português durante esse século e meio se centrou no Brasil, também na Índia se implementou uma política de estabilização territorial, abandonando-se alguns postos e cidades-fortaleza[8] pela dilatação do território goês até às fronteiras geograficamente naturais, pesado processo bélico empreendido no reinado de D. João V e concluído no seguinte.

Foi também com aquele rei que, reconhecendo-se a validade das experiências lançadas no difícil reinado anterior, se implementou a esforçada política de ocupação de território virgem na América do Sul, primeiro pelo reconhecimento cartográfico do território, de imediato através do estabelecimento do esboço daquilo que hoje é a rede urbana brasileira. Nas diversas mesas de discussão dos também diversos tratados de demarcação dos limites com a Espanha, ambas as medidas provaram ser de uma indiscutível eficácia, conduzindo sistematicamente aos sucessos diplomáticos que, por regra, se sucediam e se sobrepunham a desaires militares. De forma paralela ao que ocorrera a Oriente, mas seguindo processos diversos, também sobre uma estrutura geográfica coerente se definiu a fronteira a Ocidente do "espaço" português de então, a charneira actual entre dois dos mais concorridos e demograficamente explosivos universos linguísticos.

No contexto balizado pela temática deste seminário, *as arquitecturas do crescimento*, a cultura portuguesa do território dos séculos XVII e XVIII balizou, de facto, o crescimento do espaço do Império, dinamizando concomitantemente o seu crescimento interno. É esse o processo misto que hoje já conhecemos um pouco melhor na Amazónia e que sabemos em estudo no Mato Grosso e em todo o cone da Prata, regiões que, sob uma perspectiva europeia, têm uma dimensão quase continental. Note-se, contudo, que o crescimento da rede urbana do Brasil foi também protagonizado por esses homens a partir do litoral – fronteira interna do espaço português da *expansão*, o mar – em casos já por demais conhecidos como o da zona dos actuais estados de S. Paulo e Minas Gerais, ou agora em estudo como Ceará e Goiás.

---

[7] A paz com a Espanha foi restabelecida em 5 de Janeiro de 1668.
[8] A cedência em dote ao rei inglês (Carlos II) em 1661 dos territórios onde posteriormente se desenvolveu a grande metrópole que hoje é Bombaim foi, num contexto diferente, o primeiro passo para o posterior abandono estratégico e perda de importantes praças como Baçaím (1739) e Chaul (1740).

Neste breve relance sobre matérias que a historiografia da Idade Moderna portuguesa tem em plena revisão e desenvolvimento, quisemos apenas fazer notar a evidência e a força de um projecto urbanizador à escala territorial que muitos terão tendência a rotular de "colonial". Projecto que, em função da evolução das inúmeras variáveis em campo, se foi ajustando bem como evoluindo ao sabor da progressão do conhecimento e da teorização. Do mais puro mercantilismo preconizado pelo Conde da Ericeira[9] ao mais evidente fisiocratismo já detectável na segunda metade da administração pombalina, mas claramente assumido na "viradeira".

Tudo isso vem de encontro ao raciocínio que vínhamos fazendo acerca dos antecedentes humanos e metodológicos do processo urbanístico pombalino. Foi no e para o contexto desse desígnio nacional, verdadeira base sobre o qual se pretendeu *refundar* a independência – usando a terminologia coeva – que surgiu o escol de técnicos a quem, quais funcionários do urbanismo e do território, era entregue o desenvolvimento operativo de tal tarefa.

Para além das reformas urbanas enunciadas para o consulado pombalino, por eles foram fundadas centenas de cidades, acto que em grande número de casos correspondia à posse e reordenamento de estabelecimentos preexistentes, fossem eles aldeias de colonos, mineiros ou indígenas. Deixo para outros – ou para outra oportunidade – a abordagem das características urbanísticas da *cidade portuguesa* e, em especial, da sua dinâmica de crescimento.

Resta-nos agora deixar registados alguns breves comentários acerca dos principais protagonistas deste vasto processo. Eram eles, obviamente, engenheiros militares ou não fosse a disciplina castrense o único meio de organizar de forma articulada e eficaz num tão vasto espaço o seu funcionamento. Foram, aliás, a constante penúria demográfica do pequeno reino e a latente ameaça à integridade territorial, as razões pelas quais, no domínio das artes do espaço, o Portugal da Idade Moderna se submeteu quase em exclusivo à ditadura da engenharia militar[10].

Com antecedentes que remontam, pelo menos, ao período da *expansão*, em Portugal os engenheiros militares surgiram como corpo organizado precisamente após a Restauração, podendo considerar-se a criação da

---

[9] Vedor da Fazenda do Rei D. Pedro II que marcou a política económica portuguesa da 2.ª metade do século XVII.
[10] Como nota pessoal, mas eventualmente eloquente, posso dizer que normalmente designo os protagonistas da história que com os meus colegas mais próximos vou fazendo como *engenheiros totalitários*, pois em boa parte era essa a sua postura, até no plano ético.

Aula de Fortificação e Arquitectura Militar de Lisboa em 1647 como seu acto fundador. Muito se tem escrito nos últimos anos acerca dessa *Aula*, da produção escrita do seu primeiro mestre, Luís Serrão Pimentel, e das outras *aulas* criadas em quase todas as sedes provinciais de governo militar. Ao longo dos últimos anos algo se foi conhecendo acerca do seu funcionamento, dos curriculæ e conteúdos do seu ensino, bem como sobre a evolução registada, em especial com o magistério de Manoel de Azevedo Fortes.

Deste último é também fundamental o papel assumido na definição e proposição daquilo que seria o adequado reconhecimento institucional da engenharia militar como corpo de elite ao qual, entre outros papéis, deveriam ser cometidas em exclusivo todas as actividades de ordenamento e transformação do espaço no Império. Lamentavelmente pouco se tem feito no domínio de uma reflexão comparativa entre os processos português, espanhol e francês, mas os pontos de contacto, tal como as diferenças, são óbvias. No Portugal do Antigo Regime nunca se pôs sequer em hipótese retirar à engenharia militar as tarefas de ordenamento do território. É que, como atrás deixei em nota, o engenheiro militar português era intrinsecamente *totalitário*...

Foi nesta linha, em especial na esteira do legado de Manuel de Azevedo Fortes, que se desenvolveu o pensamento de José Manuel de Carvalho e Negreiros que, à beira do final de setecentos e do Antigo Regime, convictamente propôs ao rei a adesão à utopia que formulou em *Jornada pelo Tejo. Devidida em doze dias em cada hum dos quaes se tractão varias materias concernentes á Architectura Civil e seus pertences Obra utilissima, não só p.ª os Professores de Architectura Civil e Militar como tão bem p.ª todos os curiozos. Composto e oferecido ao Serenissimo Principe N. Senhor o Senhor D. João Por.... Anno de 1793*. Tratava-se de colocar em todos os postos da administração pública engenheiros militares que, numa estrutura em pirâmide recheada de terminologia inspirada no processo então em curso da Revolução Francesa e sob desígnios bem definidos, teriam a tarefa de reformar e administrar de forma racional todo o Império. Uma obra inédita cuja publicação anotada é, de há muito, imperativa.

Também para uma outra oportunidade fica uma análise mais detalhada, quer do processo, quer do corolário filosófico da Engenharia Militar Portuguesa, bem como do seu papel fundamental na definição e crescimento das nossas cidades...

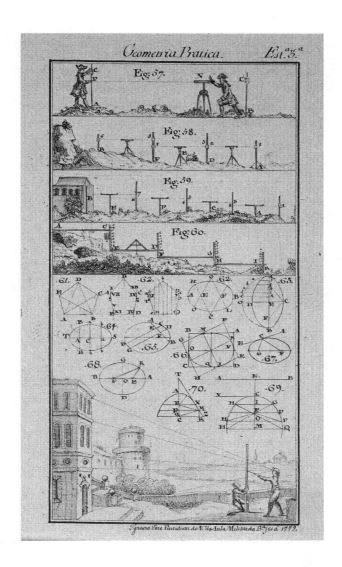

Exercício de aluno da Aula Militar da Bahia, 1779, Arquivo Histórico Ultramarino, Lisboa

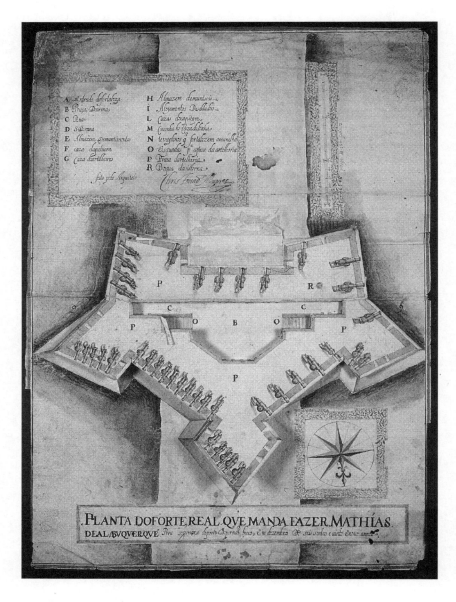

Christovão Álvares, *"Planta do forte real que manda fazer Mathías de Albuquerque Pera segurança do porto De pernaobuco…"*, 1629, Algemeen Rijksarchief, Haia

DA *EXPERIMENTAÇÃO* AO MÉTODO LUSITÂNICO
BREVE PERCURSO PELAS FORTIFICAÇÕES COLONIAIS PORTUGUESAS *

EM NOME do ICOMOS-Portugal e no meu, quero agradecer aos organizadores deste evento o convite que fez com que hoje esteja aqui para divulgar um pouco daquilo que se sabe acerca da engenharia militar portuguesa da Idade Moderna. A vastidão da matéria que me foi proposto tratar concorre com a justa ambição do estabelecimento como itinerário daquilo que talvez seja a mais perene, impressionante e silenciosa marca das nações peninsulares e, por elas, da Europa, nos mais remotos pontos do planeta. Na realidade, em lugares onde já não se fala qualquer das línguas ibéricas e onde as respectivas marcas culturais se tornam cada vez mais indecifráveis, ainda hoje encontramos abandonadas ou reconvertidas, arruinadas ou orgulhosamente renovadas, secções de sistemas fortificados que persistem em testemunhar a presença e as intenções de quem os ergueu.

Esperando ter interpretado de forma correcta as intenções dos programadores deste congresso, este contributo, mais do que pretender propor um guião para a estruturação física ou concreta de um itinerário das fortificações abaluartadas portuguesas no mundo, tem como objectivo problematizar em torno de algumas especificidades próprias e da respectiva contextualização. Assim, os exemplos que daqui a pouco iremos ver apenas procurarão ilustrar, com casos que nem sempre são obrigatórios, um outro itinerário que não é geográfico, mas metodológico.

---

* Conferência encomendada e apresentada ao *Hispano-Portuguese bastioned fortifications across five continents* organizado pelo Comité Internacional dos Itinerários Culturais do ICOMOS, o qual decorreu em Ibiza em Maio de 1999. Importa aqui esclarecer que este congresso abriu com duas conferências que tinham como objectivo a apresentação de leituras contextualizadoras das fortificações abaluartadas dos universos espanhol e português, sendo este o texto correspondente ao último desses casos. Seguiram-se-lhes as apresentações país a país de alguns dos exemplos. Esta conferência foi estruturada em duas partes: à primeira corresponde este texto; a segunda consistiu numa apresentação comentada de um considerável conjunto de imagens, a qual não é aqui possível reproduzir.

Com muito maior interesse e propriedade seguiremos hoje e nos próximos dias os contributos de outros colegas dirigidos à identificação e caracterização dos exemplos ainda existentes nas diversas áreas geográficas onde a presença portuguesa teve de recorrer, na prática e/ou como intimidante símbolo de soberania, a essas portentosas marcas humanas na paisagem do nosso planeta.

Teremos então a oportunidade de fazer o nosso itinerário pelo Magreb, Corno de África, África Austral, Índia, Sry Lanka, Brasil, Bacia da Prata e pela raia Ibérica. Como é extremamente vasto o número de casos e regiões, ficaremos inevitavelmente sem a apresentação mais detalhada de importantes núcleos na África Oriental – com especial destaque para a Ilha de Moçambique e para Mombaça no Quénia –, no Mar Vermelho e no Golfo Pérsico – onde destaco Ormuz – e ainda no Extremo Oriente onde seria incontornável Malaca na Malásia. Por último devo ainda referir os conjuntos, também ausentes, implantados nas ilhas atlânticas organizáveis segundo os respectivos arquipélagos: Madeira, Açores, S. Tomé e Príncipe e, finalmente, Cabo Verde.

Esta listagem, que cobre uma área do planeta que vai dos Andes ao Rio das Pérolas ficando apenas de fora as orlas continentais do Oceano Pacífico, deixa-nos desde logo vislumbrar algumas das características matriciais da *fase expansiva* do Império Português (de 1415 a 1541): o seu carácter marítimo, aventureiro e comercial. Concluída essa fase, que poderemos apelidar de *talossocrática*, e em face das dificuldades encontradas, às quais cedo se juntou a cobiça de outras nações europeias, tal atitude foi gradualmente reformada num sistema colonial que, de retrocesso-em-retrocesso, acabaria por concentrar forças e meios no Brasil e, depois da independência deste em 1822, naquilo que hoje são os países da África Continental de expressão portuguesa: Guiné, Angola e Moçambique.

Essa progressão do cenário imperial português é fundamental para a compreensão da evolução teórica, profissional e espacial da respectiva engenharia militar, porém compreenderão que aqui se não possa detalhar. De qualquer forma com o recente surto renovador da historiografia portuguesa da especialidade tal é facilmente apreendível em publicações disponíveis, por vezes em línguas diversas. Aí nos apercebemos das diferenças fundamentais e da complementaridade entre os sistemas expansivos e coloniais dos dois reinos ibéricos.

Portugal e Espanha foram, pelo menos durante os séculos XV, XVI e XVII, potências com inigualável capacidade política, diplomática e militar no quadro europeu, ou seja, no Ocidente de então. Não só intervieram directamente nos mais importantes dilemas e decisões da cristandade desse período, como entre si lograram obter do Papa os direitos da partilha do mundo que se propuseram descobrir e colonizar em nome da expansão da Fé e da glória de Deus, mas sem esconder ambições tão mais terrenas quanto óbvias e concretas. Contudo tiveram que, continuamente, encontrar a ciência e os meios para território-a-território garantirem, concretizando-a, tal conquista políca.

Conhecido por todos, de forma inadvertida também este quadro nos sugeriria a leitura de uma comunhão de processos e soluções. Tal seria, aliás, a conclusão a tirar de um percurso apressado pelas fortificações hispano-portuguesas da segunda metade da Idade Moderna, ou seja, quando os seus sistemas de projecto e construção já se encontravam tão normalizados quanto corporativamente estabilizada dentro de cada um dos exércitos a respectiva *arma de engenharia*. Como por outra forma já alguém o disse, a partir do último terço de Seiscentos a fortificação abaluartada constituiu-se num verdadeiro *estilo internacional*, um resultado cujas expressividades prática e plástica eram comuns a todos os países.

A produção teórica e manualística acumulava-se, as variantes multiplicavam-se, mas a fórmula já fora testada e estabilizada. Sem com isso deixar de lhe reconhecer brilho, mérito e criatividade, não podemos deixar de constatar que Vauban, mais que um génio inspirado e inspirador, surgiu oportuno no ponto de chegada de um percurso com raízes profundas na própria Idade Média, mas que teve o seu início manifestado na actividade de homens ao serviço de príncipes e *condotieris* como Francesco di Giogio Martini, Leonardo da Vinci, Miguel Ângelo, Giuliano e Antonio da Sangallo. Após essa fase inaugural na Península Itálica, o amplo laboratório experimental acabaram por ser os mundos que os ibéricos deram ao mundo ocidental.

Mas nesse período de ouro da *fortificação moderna* – a segunda metade do século XVII – já Espanhóis e Portugueses partilhavam com outros países, de mau grado é certo, a hegemonia do processo colonial e comercial europeu. Porém, entre si em exclusivo continuariam a admirável tarefa de reconhecer a América do Sul para a partilhar, guerreando-se quando sós, unindo-se quando terceiros se insinuavam nos territórios que disputavam. Tarefa que lhes impôs novos desafios que coube também à Engenharia Militar resolver, mas que objectivamente caem fora do âmbito deste congresso. Refiro-me, por exemplo, à *cartografia continental* e à estruturação, ordenamento e administração de territórios virgens.

Para a identificação e caracterização da arte – ou artes – ibéricas de fortificar, é pois essencial trabalhar sobre os antecedentes da normalização do sistema abaluartado. Aquilo a que no caso italiano se designa como *período de transição*.

Graças à sua situação no âmbito geográfico europeu e ao seu peculiar e complexo processo histórico, nos alvores da Idade Moderna Portugal encontrava-se numa situação pouco comum no mundo ocidental. Até o território com o qual forma a Península Ibérica e assim muito partilha não tinha ainda atingido a coesão nacional e a estabilização das suas instituições de poder. Por outro lado, enquanto o balanceamento cultural entre o Mediterrâneo e o Atlântico em Espanha era caracterizado por uma espécie de polarização, em Portugal surgia como instrumento de complementaridade, ou seja, de composição e inspiração da nacionalidade.

A expansão para além do seu limitado espaço europeu configurou-se à sociedade portuguesa de então com uma grande naturalidade. O avanço português sobre o Magreb foi uma extensão do processo da Reconquista Cristã ibérica iniciado com o milénio que terminará dentro de dias. A sua lógica era territorial, de cruzada e, até certo ponto, semelhante ao lançamento territorial chefiado por Cortez na América Central.

Já a exploração marítima, empresa inicialmente concessionada à Ordem de Cristo – herdeira portuguesa da instituição templária – mas vigiada de perto pela Coroa, apesar de inevitáveis prolongamentos medievalizantes como o que acabamos de referir, centrou-se sobre uma lógica inovadora, claramente subsidiária do surto humanista sobre o qual o Renascimento se recortou. No fulcro e como testemunho desta realidade deparamo-nos com um ímpar desenvolvimento científico essencialmente centrado nas Matemáticas: a Aritmética, a Geometria, a Álgebra, a Astrologia, a Trignometria, a Cartografia, etc., sendo a própria Arquitectura também uma das suas áreas. A medição do Mundo foi um dos maiores feitos científicos da Idade Moderna e exigiu capacidades de abstracção e investigação únicas que não podem ter surgido do nada nem de um dia para o outro.

Assim, para nós é hoje indubitável que tal fazia parte de uma prática com importantes antecedentes, quiçá enraizada na presença já anterior à fundação da nacionalidade de preponderantes comunidades oriundas do Médio Oriente, os Árabes e os Judeus. A par aglomeram-se dados e questões como a dos medievos *Almanaques de Coimbra*, as estreitas ligações científicas entre o rei D. Dinis e seu avô Afonso X (o Sábio), o *Almanach Perpetuum* de Abraão Zacuto, os compêndios de Matemáticas impressos no reinado de D. Manuel I, as relações (na prática e no ensino) da Medicina com a Astrologia, a preponderante presença de médicos judeus na *corte científica* do Infante D. Henrique, a contratação a peso em ouro aqui nas Baleares de um cosmógrafo, cartógrafo e construtor de instrumentos como Jacome de Mallorca – aliás Jafuda Cresques, judeu convertido.

A par com o desenvolvimento das técnicas militares nas áreas da balística e da defesa andava o da ciência náutica, até na coincidência dos princípios básicos de ambas – a divisão das forças opostas e a rentabilização de todos os meios disponíveis. Não se pode continuar a ignorara este sincretismo cultural.

Mas, pela via puramente científica, é esse outro caminho que aqui se não pode seguir. Contudo há outras evidências de como a fortificação moderna portuguesa nasceu nesse ambiente da matemática articulada com a actividade náutica. A título de exemplo avancemos apenas sobre uma das diversas pistas.

A introdução da artilharia pesada em Portugal deu-se sobre o casco de navios. Como expressiva curiosidade registe-se que nos primórdios da pirobalística a principal defesa da barra do rio Tejo era uma caravela fortemente armada, não um forte ou uma simples bateria instalada na margem. Também nos primeiros anos da presença portuguesa no Oriente eram flutuantes e extremamente móveis as plataformas da artilharia portuguesa. Foi em 1492 que o próprio rei D. João II organizou no Tejo experiências com tiro rasante feito a partir de navios, testando o efeito de prolongamento do alcance do tiro com o recurso ao ricochete na água. O sucesso acabou por ditar a abertura de canhoneiras junto à linha de água não só em todas as naus, mas também em muitos dos baluartes portugueses da fase experimental. O caso mais evidente é o da emblemática Torre de S. Vicente a par de Belém, ex-libris da cidade de Lisboa, mas também da mais castiça fortificação moderna e abaluartada portuguesa.

Não foi por acaso que essa obra surgiu no período esfuziante que se seguiu aos maiores sucessos dos *Descobrimentos Portugueses* – a descoberta da rota marítima para o Oriente e o achamento do Brasil. É o período *manuelino* onde em todos os sectores da cultura portuguesa se revela a expressão de um forte nacionalismo, o exaltar do génio português e o determinismo divino com que então a nação se achava agraciada. Nas formas artísticas procurava-se, experimentando, uma linguagem própria e na arquitectura uma nova espacialidade.

Foram cerca de três décadas de júbilo cultural e científico. Nesse sincretismo surgiam por curiosidade e necessidade preocupações com a defesa. É que as dificuldades em manter o domínio de um tão vasto espaço não se fizeram esperar. No Norte de África os locais não desistiam de recuperar o que de facto e *de jure* era seu, no Oriente os *lobbies* comerciais instalados conseguiram reunir apoios políticos e militares importantes e no Brasil outros países europeus espreitavam. Portugal tinha que solidificar a sua presença nos territórios que inicialmente controlara a partir do mar. Tinha que territorializar o seu Império no que a escassez demográfica – eram apenas cerca de um milhão de habitantes – não ajudava. Foi necessário abandonar algumas posições, miscigenar com as populações locais, urbanizar e fortificar. Do ataque passou-se então à defesa.

A urgência agudizava-se no Magreb e foi para aí que se deslocaram os melhores mestres pedreiros portugueses. Até à década de 1540 ali se criaram e experimentaram diversos tipos de fortificações abaluartadas. Curiosamente adoptou-se preferencialmente o partido redondo contrário a toda a tradição formal da construção portuguesa da Idade Média. Ainda hoje ali se podem admirar essas grandes massas edificadas de expressão pesada. Mas não olvidemos que muitas das propostas especulativas de grandes mestres do Renascimento – como Leonardo da Vinci, Dürer ou Sangallo – também exploraram os volumes cilíndricos que inicialmente se pensava terem a vantagem de melhor rechaçar os projécteis balísticos.

Entretanto a situação agravava-se e a perda de Santa Cruz de Cabo Guer (hoje Agadir) em Março de 1541 catalisou a assunção de uma atitude mais enérgica: o rei D. João III solicitou a Carlos V o empréstimo por escassos meses do seu melhor engenheiro militar, Benedetto da Ravenna.

Aquele especialista italiano foi directamente para Marrocos onde observou todas as posições portuguesas, em especial Mazagão (hoje El Jadida, *a nova*) onde já então se estava a iniciar uma importante reforma no sistema defensivo. Mais do que o projecto que então se fez de um perímetro fortificado, com ponderado exagero pode dizer-se que o seu convívio com os melhores mestres pedreiros portugueses fez deles engenheiros militares, impondo-se aqui destacar o nome de Miguel de Arruda que em breve dirigiria todo o sistema de fortificação do Império Português e foi o autor das primeiras fortalezas portuguesas com baluartes angulares. Ainda no Magreb foram então abandonadas algumas fortalezas e erguido num ano o perímetro de Mazagão segundo o sistema abaluartado poligonal. No entanto, e como veremos nas imagens, os portugueses mantiveram uma série de características por si já anteriormente apuradas. Testado em combate o modelo funcionou – no cerco de 1562 uma guarnição com cerca de meio milhar de portugueses resistiram a algo como 150.000 marroquinos – e rapidamente se difundiu por todo o Império.

Foi também um momento crucial para a cultura portuguesa. O renascimento formal, que não deixara de se introduzir em Portugal a par com esse movimento humanista castiço que foi o *manuelino*, foi reconhecido mas rapidamente reinterpretado à luz de uma série de valores nacionais, assim nascendo o dito *estilo chão*, uma versão portuguesa do classicismo.

No Paço Real institucionalizou-se o ensino da Arquitectura Civil e Militar, no qual se consagrou o carácter essencial das Matemáticas. Criaram-se cargos e hierarquias, traduziram-se obras italianas, compilaram-se leis e posturas, escreveram-se tratados (que apesar de tudo ficaram inéditos), enviaram bolseiros a Itália, etc.

No contexto e como consequência dos ciclos da Reforma e da Contra-Reforma o país militarizou-se e a austeridade castrense disseminou-se pelas diversas formas de expressão artística.

Entretanto no Oriente, e em especial na Índia, por volta de 1570 iniciou-se uma campanha sistemática de construção de fortificações abaluartadas, com especial destaque para perímetros urbanos em seis das sete cidades que como tal permanecerão portuguesas. Foi nesse cenário que em 1580 a Coroa Portuguesa foi anexada à Espanhola. Gerou-se então um profundo intercâmbio de métodos e modelos, mas manteve-se a autonomia das instituições. Entre elas a Aula da Esfera, gerida pelos Jesuítas, que continuou a formar engenheiros militares, ainda que poucos.

Foram então mercenários italianos ao serviço dos Áustrias quem interviu no espaço português e que deram curso à efectiva e sistemática fixação no Brasil que o rei português ordenou e iniciou em 1548. Eram personagens como Spanoqui, Casale, Antonelli, Cairato, Turriano, etc.

À data da Restauração da Independência, Portugal quase não tinha quadros de engenharia militar próprios. Não os podendo recrutar em Espanha ou Itália por razões óbvias, recorreu à Flandres e, essencialmente, à França. Eram às dezenas. Por entre aventureiros, vigaristas e transfugas assim se receberam as últimas novidades da ciência militar e, em especial, de fortificação. Com elas chegaram também as formulações cartesianas, em especial através de um dos discípulos favoritos de Descartes, Jean Gilot. Não está ainda avaliada a importância deste encontro entre o cartesianismo e a cultura matemática portuguesa, mas a arte da fortificação será por certo uma boa pista para isso.

Em 1647, e como resultado desse embate, foi formalizada a criação da Academia Real de Fortificação e Engenharia Militar de Lisboa. À sua imagem e em boa medida a partir de quem ali se formou, foram criadas cerca de uma dezena de outras Academias em vários pontos do Império. Para a dirigir foi nomeado Luís Serrão Pimentel, engenheiro militar em parte formado pelos jesuítas na referida Aula da Esfera, mas tirocinado junto dos Engenheiros-Mores filipinos e, depois, franceses, de que se deve destacar o Conde de Pagan. A par com a sua actividade de engenheiro teve especial importância a de cosmógrafo, tarefa em que mais rapidamente chegou ao topo da carreira. Aliás a sua produção teórica nesta área foi mais profícua, divulgada e publicada que qualquer outra. Está ainda por fazer a leitura da especificidade que este facto poderá ter introduzido no seu desempenho teórico e pedagógico nos domínios da arquitectura e da engenharia militar, nomeadamente na formulação do seu *método*.

Com efeito, quando morreu em 1679 deixou uma série de obras hoje conhecidas através dos seus alunos, mas a que de entre elas o veio a celebrizar estava pronta para impressão e foi editada no ano seguinte. Trata-se do *Método Lusitânico de desenhar as fortificações*.

Mais pelo que representa do ensino da Engenharia Militar desde a Restauração até aí, do que pelo que originou, a essência e importância do *método lusitânico* está expressa no próprio título. É o profundo conhecimento da Matemática aplicada e das técnicas construtivas. Declaradamente contra a tratadística que então circulava um pouco por todo o lado, afirma que não dá modelos nem desenhos de fortificação, porque o engenheiro especializado dará conta do que é melhor fazer caso-a-caso. Quais as relações de tudo isso e o grau de revivalismo com a náutica do período áureo dos *descobrimentos*?

É essa, resumidamente, a característica essencial do método em que se fundamenta a escola portuguesa de urbanismo e engenharia militar fundada com a Restauração e que atingiu o seu auge na renovação pombalina de Lisboa após o Terremoto de 1755 e em todas as reformas iluministas promovidas por Pombal em todas as áreas do Império. Isto para não falar do início da urbanização sistemática do sertão brasileiro.

Do magistério de Serrão Pimentel até então muitos seriam os contributos, críticas e reformas do método, reformando-o com o que de melhor ia surgindo no estrangeiro. Mantiveram-se, contudo, as marcas dessas conquistas científicas e culturais que no passado haviam levado ao desejo e à construção desse Império que se tinha de continuar a defender.

Vista aérea de Mazagão (Marrocos)

"*Aveiro – Ria e marinhas*", inícios do século XX

O OR(DE)NAMENTO DO TERRITÓRIO *

NA ENTRADA "integração PAISAGÍSTICA" do *Dicionário da Arte Barroca em Portugal* (Editorial Presença, Lisboa, 1989, pp. 341-433) registei as minhas primeiras reflexões acerca da importância que o edificado assumiu na paisagem portuguesa com o contributo dado pela linguagem barroca à nossa arquitectura. Nada disto era novo, pois todos sabemos como o Barroco instrumentaliza em proveito do seu espaço urbano os conhecimentos sobre perspectiva adquiridos e utilizados no Renascimento. Apenas dissertei acerca de casos dentro do âmbito alargado da arquitectura, no entanto já então me parecia que aquela, quase inadvertidamente, através de uma nova linguagem passara definitivamente a ser uma das expressões marcantes do território. Dados entretanto recolhidos no âmbito de investigação com objectivo diverso, levaram-me a constatar que afinal tal fenómeno não era do domínio exclusivo da arquitectura e que de forma alguma se revelara espontaneamente. Muitas iniciativas foram deliberadamente dirigidas nesse sentido.

Uma das aquisições fundamentais do Barroco para a arquitectura enquanto disciplina é precisamente o facto de o objecto arquitectónico não mais ter deixado de ser concebido e observado criticamente também no seu contexto físico. Deixou de procurar representar o mundo passando simplesmente a transformá-lo. É nesta conquista que radica uma das diferenças fundamentais entre a arquitectura neoclássica e a da Renascença. A primeira integra-se sempre em suportes físicos programados a uma escala superior, não sendo legível fora do seu meio. Na esmagadora maioria dos casos a valorização urbanística dos objectos arquitectónicos renascentistas ocorreu posteriormente.

---

* Comunicação apresentada ao *Encontro sobre Ornamento no Barroco e o Rococó* organizado pela Fundação das Casas de Fronteira e Alorna no Palácio Fronteira em Lisboa em Fevereiro de 1994. Na ocasião foi distribuída aos presentes uma edição policopiada de todas as comunicações.

O jardim é o género onde a realidade histórica prova esta ideia. A sua evolução tipológica é mais um exemplo de convergência no domínio da paisagem construída. De uma fase inicial em que se visava a reprodução de uma natureza esteticamente optimizada – o ideal do paraíso terrestre? – caminhou-se para uma realidade onde o desenho procurou dominar e reorganizar a paisagem.

Quando a criação de um edifício leva ao reconhecimento, reforma ou concepção simultânea da sua envolvente física encontramo-nos perante problemas do foro do desenho urbano. De acordo com o que atrás propus esta situação ocorre pela primeira vez de forma consciente com o advento da arquitectura barroca. A mais imediata reacção a esta afirmação traz-nos à ideia a questão das *cidades ideais do renascimento*, mas em meu entender aquilo que nelas está em causa é o ideal da ordem e perfeição, a vitória da geometria sobre o caos, o que em termos de desenho apenas implicava uma regularidade de traçado objectivada em planta.

As preexistências, a tridimensionalidade e o tempo apenas são considerados mais tarde apesar de os textos por vezes descreverem tipologias, materiais, etc. além da estrutura sócio-cultural catalisadora das propostas. O objecto, desta vez a cidade, apenas é lido e concebido como tal, não sendo valorizados aspectos fundamentais como as variantes que são introduzidas pelo território onde se insere. A par do objecto arquitectónico só então se toma consciência do objecto urbano, que por sua vez também deveria corresponder a uma versão perfeita do Universo.

Como complemento deste raciocínio invoco as representações coevas em desenho e gravura de espaços urbanos. Do Renascimento ao crepúsculo do Barroco, os casos mais eruditos de figuração de espaços urbanos são criações e não representações. Têm a expressão rígida de cenários cujo suporte é uma plataforma artificial e onde a aplicação correcta das regras da perspectiva não consegue iludir a falta de profundidade temporal. É a *arquitectura de papel* que o Barroco explora até à exaustão. Os mais conhecidos são ilustrações de tratados representando espaços urbanos imaginários povoados de arquitectura mais ou menos fantástica.

Por outro lado as inúmeras vistas gerais de cidades pintadas e gravadas desde a Idade Média demonstram, entre muitas outras coisas, a inexistência de um olhar crítico sobre a paisagem urbana. Não é dada importância à proporção entre o espaços livre e o edificado, às relações de escala entre volumes, ao ponto de vista do observador, à relação correcta entre os elementos marcantes da cidade e a imagem global, à peculiaridade de cada um deles, etc. Na maior parte dos casos o casario anónimo é figurado com uma regularidade desconcertante. Mitos como o da Cidade Santa de Jerusalém levam à distorção da realidade na busca cega de uma imagem ideal.

A virtual novidade deste raciocínio é posta em causa com a maior prova da sua fiabilidade: a imposição da *paisagem* como género nas artes de expressão bidimensional. De uma forma independente surge precisamente nos alvores do Barroco na pintura flamenga e italiana. Antes as paisagens dos fundos vislumbrados nos vãos de arquitecturas figuradas, mais não são que respostas convencionadas onde para a paisagem rural foi frequente o recurso a ambientes nórdicos. O desenvolvimento do género foi em grande parte a fuga à asfixiante temática religiosa contra-reformista e também uma resposta directa às tendências bucólicas de uma nova sensibilidade.

Por outro lado, o aparecimento da imprensa, da gravura e da literatura de viagens fomentaram o aparecimento de um mercado ávido pelo conhecimento de terras distantes. A produção italiana, cada vez mais diferenciada entre a encomenda eclesiástica e a profana, rapidamente se apercebeu da força expressiva das ruínas e assim se integrou gradualmente o *ambiente construído* na temática do género.

É óbvio que tudo se passou num contexto em que ao interesse pelo estudo do antigo sucedeu a preocupação com o seu destino e divulgação. Em grande parte devido às *vedutas*, a partir do século XVII foi consideravelmente aumentado o registo cuidado do edificado na sua envolvente. Em Portugal apenas no século XVIII se enraizou este gosto numa curiosa paridade cronológica com o enraizamento do Barroco. Antecederam-no um razoável número de pinturas de ambientes urbanos e/ou festivos e a produção de Pier Maria Baldi quando acompanhou Cosimo de Médicis na sua Viagem por Portugal e Espanha em 1668 [Lorenzo Magalotti, *Viage de Cosme de Médicis por España y Portugal (1668-1669)*, Centro de Estudos Historicos da Junta para Ampliacion de Estudios e Investigaciones Cientificas, Madrid, 1933, vol. 2]. Paralelamente desenvolviam-se os conhecimentos de topografia e de cartografia, sendo já no princípio do século XVII realizados os primeiros levantamentos fiáveis de cidades e parcelas do território.

Pese embora o superficialismo desta exposição, posso agora dar por verificada a existência de um conjunto de factores que numa rede de influências recíprocas catalisam a observação criteriosa dos objectos construído num todo articulado e interdependente. Com o Barroco atingiu-se a síntese entre território, espaço edificado e tempo. Descobriu-se a imagem urbana e a força da arquitectura como elemento transformador da paisagem. Na busca de uma expressão dos sentidos que pusesse termo à excessiva racionalidade clássica, a arquitectura barroca produziu uma tomada de consciência acerca da relatividade do objecto arquitectónico e da oposição natural/artificial.

Eis-nos chegados ao ponto onde as questões do *ordenamento* do território se cruzam com a *blague* do seu *ornamento*. Será possível ornar o território? Será o seu ordenamento o seu ornamento? O desordenamento de que hoje nos queixamos radica apenas em sensações de natureza estética? Ornar não é ordenar uma linguagem? Etc.

O título dado a esta comunicação, mais que o efeito eventualmente obtido com o trocadilho, procurava defesa contra o risco de discordância entre o conteúdo e a orientação deste *Encontro*…, bem como contra a temeridade com que é apresentada. Indo directo ao assunto entendo que, independentemente de outros objectivos igualmente nobres, o planeamento da transformação e organização do território tem que produzir as condições necessárias para que este continue a ter harmonia e equilíbrio capazes de produzir sensações estéticas de sinal positivo. Tem que ser produzido através do desenho e enriquecido no acto de transformação/construção.

Em Portugal o atraso na assimilação da linguagem arquitectónica barroca ficou a dever-se a factores estruturais e conjunturais por demais conhecidos. Tal anacronismo veio a ter como resultado a cristalização de técnicas e formas de expressão próprias que possibilitaram a convergência da arquitectura portuguesa num espaço barroco que, também ele, não põe em causa os seus princípios matriciais. A consciência e a capacidade de também olhar e projectar de fora a paisagem foi, no meu entender, a novidade fundamental que o barroco trouxe às artes portuguesas da construção, o que explica uma série de mutações na metodologia do projecto, inclusive ao nível do próprio desenho.

Introduzida por muitas realizações exclusivas da arquitectura portuguesa em espaços urbanos preexistentes como resposta possível na inexistência de meios para a realização de grandes programas de intervenção na paisagem urbana, a *animação barroca* de alguns dos nossos aglomerados urbanos é um facto amplamente reconhecido que procuramos sintetizar na entrada do *Dicionário da Arte Barroca em Portugal* inicialmente referenciado.

Estabeleceu-se também através de edifícios de periferia que se constituem em núcleos geradores da expansão dos perímetros urbanos. Referimo-nos obviamente a novas igrejas, nomeadamente em cidades em rápido desenvolvimento no Brasil e nos Açores. Tudo isto se baseia na utilização de elementos que, sem qualquer alteração que ultrapasse a envolvente imediata, produziram novos efeitos paisagísticos. São as torres isoladas no perfil das cidades, os enfiamentos sobre tecido urbano de estrutura orgânica, as leituras diversas de um edifício à escala do seu acesso e à escala urbana, etc. O que dizer da precoce, peculiar e castiça utilização de torres gémeas de fachada desde o século XVI? Como escrevi então "até que ponto é verdadeiro o facto de em muitos casos uma implantação ser barroca sem que a arquitectura o seja?"

Com um estereótipo de posição isolada no território, o santuário de peregrinação é um dos casos mais óbvios desta nova capacidade de intervenção na paisagem. Concentrados a norte do sistema montanhoso Montejunto/Estrela, onde à topografia castreja se junta um maior fervor religioso, efectivam-se normalmente com base em ermidas, sedes mistas de devoção milagreira e romaria pagã. Tal como nos *sacro montes* italianos, de uma forma geral o culto parece organizar-se ao longo do século XV, estabelecendo-se ritos e datas de peregrinação. Cedo surgiu a preocupação em erguer infraestruturas mínimas de apoio que então não adquiriram expressão de vulto. Eram fundamentalmente locais de recolhimento e contemplação.

Foi no século XVIII que, com os novos meios expressivos da arte barroca, se deu uma verdadeira explosão em obras que em alguns casos chegaram a motivar a própria mudança do patrono. São inúmeras, mas como meros exemplos destaquem-se Nossa Senhora dos Remédios em Lamego, Santa Maria Madalena da Falperra e, naturalmente, Bom Jesus do Monte em Braga. Neste a primeira campanha decorreu sob a tutela do arcebispo D. Rodrigo da Moura Teles, que simultaneamente fazia passar a cidade por uma profunda reforma urbanística de claro sinal barroco. A par com Santo António dos Olivais em Coimbra, o santuário do Bom Jesus do Monte terá sido o modelo inspirador de realizações congéneres no Brasil, das quais o exemplar mais divulgado é Congonhas do Campo no Estado de Minas Gerais. A questão do acesso é o tema para o aparato paisagístico que, para além do mais, recebe com facilidade a carga simbólica do Calvário/Via Sacra, o sacrifício de ascese ao divino. Outro componente fundamental é o da mata que por regra os emoldura, do acesso ao pano de fundo.

A este propósito note-se como a reorganização das cercas conventuais e das tapadas palacianas teve também um papel fundamental no or(de)namento da paisagem. Foi realizada mais através da vegetação, da marcação do seu perímetro, da organização de percursos, de elementos construído, etc., que da construção de grandes eixos perspécticos. Tais foram os casos de Santa Cruz de Coimbra, Tibães e Mafra e são, ainda hoje, os de Queluz, Buçaco, Necessidades (Lisboa) e Quinta do Conde de Oeiras. Com efeito, em Portugal o excessivo formalismo dos *jardins à francesa* não tem grande acolhimento, sendo mais frequente a opção pelo *jardim à italiana* de percurso e contacto com o ambiente rural.

Mas voltando ao tema da importância dada ao acesso pelas intervenções barrocas nos santuários de peregrinação, verificamos como isso sucede em casos onde a topografia não é tão inspiradora. Em Nossa Senhora do Cabo Espichel (Sesimbra) tira-se partido, não de uma escadaria monumental, mas do enquadramento perspéctico de um majestoso rossio, composto por um conjunto de hospedarias e infra-estruturas de apoio aos peregrinos. A profunda reforma promovida por D. José I chegou a incluir dependências para matadouro, armazém do fogo de artifício e ópera. A eixo uma alameda ligava o rossio à casa da água. Esta era abastecida por um aqueduto que ao longe anuncia o conjunto. Como pano de fundo tem-se o mar. Com um enquadramento mais singelo, os santuários de Nossa Senhora de Aires (Viana do Alentejo) e de S. João Baptista em Monforte impõem-se também com grande expressividade na planura alentejana.

O caso do Senhor Jesus da Pedra em Óbidos, nada nos podendo dizer por terem ficado inacabados o edifício e a envolvente, remete-nos para realizações de igual impacto, mas de outro âmbito, pois enquadra-se no vasto programa artístico do mecenato directo do primeiro Cardeal Patriarca de Lisboa, D Tomás de Almeida.

Do domínio da *arquitectura no território* aquele prelado promoveu várias obras das quais nos importa referir: a expansão da cidade do Porto para além do casco medieval através da construção em ensanche da *plaza mayor*, o que só não se concretizou devido à sua precoce vinda para Lisboa; a igreja de Santa Izabel, sede de uma freguesia cuja criação se insere na dinâmica de crescimento para norte e Ocidente da cidade de Lisboa; o já referido santuário em Óbidos; um cenográfico conjunto de campo com casa, capela, praça, aqueduto e jardim em Santo Antão do Tojal, na charneca de Loures; as ainda inexplicáveis duas igrejas nas lezírias ribatejanas da Santa Casa Patriarcal, S. José da Giganta e Sr.ª de Alcamé, muito provavelmente da autoria do arquitecto do santuário de Óbidos, Rodrigues Franco, ainda que com uma intervenção profunda gizada por José Manuel de Carvalho e Negreiros provavelmente motivada pelo Terremoto de 1755. Trata-se de mais um considerável conjunto de elementos que desta vez atestam a existência de preocupações de or(de)namento territorial na mente do mais alto responsável eclesiástico português da primeira metade do século XVIII.

Mas para além destas situações existiram alguns casos de programas ainda mais alargados de intervenção na paisagem. Paradigmático é o da travessia do vale de Alcântara pelo Aqueduto das Águas Livres. Está comprovado que a polémica opção por essa obra megalómana contra um menos dispendioso e moroso trajecto pela Palhavã, se deve ao desejo de uma indiscutível espectacularidade e afirmação de poder, no fundo a maior marca deixada por D. João V na capital.

Imaginemos Lisboa hoje sem o Casal Ventoso, com a Ribeira de Alcântara navegável até ao aqueduto e o bairro de Campo de Ourique substituído pelo Palácio Real pombalino envolto num bosque debruçado sobre o vale no prolongamento da Tapada e Convento das Necessidades. Ou então substitua-se aquele palácio – que na época se dizia de S. João dos Bem-Casados – pelo grandioso programa joanino de Palácio Real e Patriarcal na encosta de Buenos Aires/Lapa/Estrela sobre o rio. Juvarra, o arquitecto contratado para a elaboração do seu projecto, estudou cuidadosamente com o rei a localização, tendo sido frequentes as jornadas no Tejo para tal fim que também produziram o esquisso de um monumental farol. De grande qualidade são os planos de enquadramento destas realizações: a nova linha de fortificações/termo urbano, os projectos joaninos e pombalinos de extensão para norte e para ocidente, etc. Destaque-se ainda o projecto de Carlos Mardel de 1730-33 para uma nova frente fluvial de Lisboa entre a Ribeira e Belém, com a reinstalação do arsenal em Alcântara e a construção de uma frondosa alameda bordejando o rio em toda a extensão.

A saída da situação de pré-ruptura dos sistemas urbanos da capital portuguesa foi pensada olhando-a de fora com um enfoque (novo) já de âmbito territorial.

Até aqui alinhei perante vós uma série de elementos que considero testemunhos suficientes de uma actividade consciente de transformação da paisagem construída. Mas se já na primeira metade do século XVIII havia uma nova postura perante o território, também importa indagar quem a personaliza.

São deste período as preocupações de Manoel de Azevedo Fortes, Engenheiro Mor do Reino, acerca da (má) formação dos engenheiros militares portugueses. Segundo ele o que sobrava em conhecimentos matemáticos escasseava em destreza e sensibilidade artísticas. A par com esta luta procurava a definição clara do estatuto social e profissional da classe através do estabelecimento de regras claras para o acesso e o exercício da profissão. Contemporâneas são também as grandes polémicas e intrigas entre os engenheiros militares portugueses e artistas e/ou aventureiros estrangeiros que cá se assumiam como arquitectos. Estes dados, de aparente irrelevância para o tema desta comunicação, são claros indícios da necessidade sentida de se estruturar um corpo (Ordem?) de agentes devidamente apetrechados para intervir em todas as situações, incluindo os desafios criados pela forma nova de encarar o território.

Corporação com carácter e atribuições idênticas tinha sido constituída em Espanha no princípio do século. Em França estava em vias de ser criado o corpo de Engenheiros das Pontes e Calçadas com a respectiva escola. Em Portugal a mudança urgente nestas estruturas decorreu de forma por certo lenta e ainda mal conhecida. O rumo que assumiu só é claramente perceptível em Abril de 1797 na proposta utópica de José Manuel de Carvalho Negreiros, *Regulamento para os Engenheiros Civiz,...*

A reforma do Exército promovida pelo Marquês de Pombal na década de sessenta trouxe a Portugal um razoável número de técnicos militares cuja acção teve mais impacto na organização dos meios passivos de defesa que na formação dos homens ou no desenho das suas fardas e equipamentos. Para além da óbvia colaboração na clarificação do papel dos diversos intervenientes na transformação da paisagem, contributos mais palpáveis são os primeiros levantamentos sistemáticos do território nacional e dos seus recursos físicos, bem como as primeiras propostas para os optimizar de forma integrada.

Guilherme Elsden, por exemplo, conhecido pela sua intervenção nas obras da Reforma da Universidade de Coimbra promovida pelo Marquês de Pombal, teve uma acção bastante mais alargada e importante neste domínio. Graças a ele e a alguns outros passaram a existir suportes cartográficos para um eficaz planeamento territorial, que só não surtiu os efeitos historicamente previsíveis e uma atempada revolução agrícolo-industrial, por causa de uma série variada de factores de entre os quais avultam a Guerra Peninsular e a consequente mudança da Corte para o Rio de Janeiro.

Sobre aqueles levantamentos se estruturou a reforma administrativa do país, elaboraram projectos para a melhoria das barras portuárias e para a navegabilidade de alguns rios, se projectaram equipamentos públicos, estradas e pontes, etc. À luz da infra-estruturação fisiocrática do território continental ganhou fôlego a colonização interna de iniciativa privada: Porto Côvo e Manique do Intendente, por exemplo.

Estava-se já fora do âmbito do pensamento estruturante do Barroco. A mudança dera-se sem sobressaltos e sem qualquer correspondência com mudanças de fundo nos instrumentos e detentores do poder. Quando a linguagem barroca finalmente encontra tradução nos meios da produção artística tradicional do nosso país, ao nível da construção corrompe as estruturas de pensamento e projectação levando, numa primeira fase, a uma atitude nova que no fundo produz a *or(de)namentação* do território. No momento imediato, que talvez exageradamente consideramos revolucionário, atingiu-se o seu reconhecimento, sistematização e ordenamento.

O fim do Antigo Regime também se anunciara no território.

4.ª SECÇÃO
LEITURAS DA *CIDADE PORTUGUESA*

A cidade portuguesa
(Março de 1995)

O *urbanismo regulado* e as primeiras cidades coloniais portuguesas
(Novembro de 1996)

Da certeza à interrogação – breve reflexão acerca dos trilhos da historiografia
do urbanismo colonial Português da Idade Moderna
(Novembro de 1999)

No primeiro dos elementos – dados para uma leitura sintética do Urbanismo
e da Urbanística Portugueses da Idade Moderna
(Fevereiro de 2000)

Recenseando as invariantes: alinhamento de alguns casos de morfologia urbana
portuguesa de padrão geométrico
(Setembro de 2001)

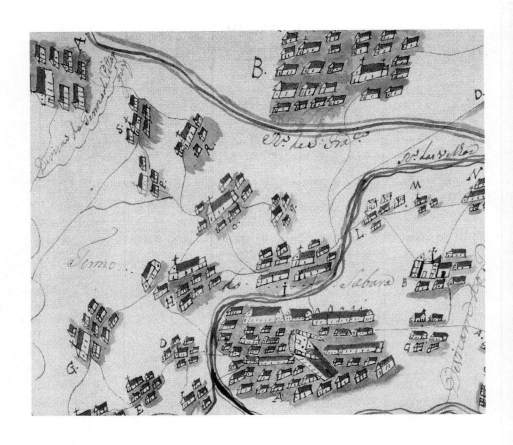

"Mapa em que se comprehende toda a Comarca do Sabará..." (Minas Gerais), 2ª metade do séc. XVIII, Arquivo Histórico Ultramarino, Lisboa

A CIDADE PORTUGUESA *

PONTOS DA SITUAÇÃO

A cidade, sendo um dos fenómenos mais complexos da vida em comunidade, desde sempre suscitou curiosidades e interesses entre aqueles que, de uma forma geral, produzem o conhecimento das civilizações. Tem sido abordada pelos mais diversos ângulos por artistas e por especialistas de variadas áreas científicas, cabendo obviamente aos das ciências humanas o estudo dos aspectos fundamentais. Antecedidos pelos trabalhos monográficos e de história urbana que muitos curiosos e investigadores credenciados dedicaram aos seus aglomerados, em Portugal foram os geógrafos e os historiadores os principais impulsionadores da história do urbanismo.

Correndo risco de omissões graves devo destacar os trabalhos inaugurais e com orientações diversificadas de Orlando Ribeiro (1963 e 1968), José Augusto França (1962), Mário Tavares Chicó (1956) e Luís Silveira (1956). Especificamente dirigido ao caso brasileiro, devemos juntar àqueles o do arquitecto Nestor G. Reis (1964). Mais recentemente muitos outros especialistas das áreas da sociologia, da economia, da história da arte, da arqueologia e da arquitectura que têm vindo a dedicar à cidade o seu esforço científico, deram grandes contributos para o conhecimento da sua evolução física. Não é, por isto, matéria exclusiva nem passível de tratamento exaustivo. Os enfoques possíveis são muitos, a interpretação sempre polémica.

Indissociável de processos de povoamento orgânico ou programado, o estudo da cidade implica, pelo menos, a abordagem da rede urbana e também do seu suporte físico, o território. Mais uma vez, aqui com toda a propriedade, deve-se aos geógrafos o já avançado nível de conhecimen-

---

* Texto de Março de 1995 encomendado e publicado na *História da Arte Portuguesa*, Círculo de Leitores, Lisboa, 1995, vol. III, pp. 233-323.

tos sobre a matéria, em boa parte acompanhados pelos arqueólogos no que diz respeito aos períodos mais recuados. Apesar de tudo, a história do povoamento e/ou do ordenamento do território é ainda uma área pobre, sendo impossível uma leitura com incidência igual para todas as épocas.

A História do Urbanismo como Disciplina

No contexto deste ensaio a cidade deve ser entendida (à letra) como a formalização da comunidade que a produz. O nosso objecto é, pois, a sua aparência, ainda que para a sua compreensão seja fundamental conhecer o significado. Apesar de tudo a delimitação das áreas científicas em presença continua a ser tarefa difícil. O urbanismo, mais que um campo pluridisciplinar do conhecimento, é uma prática colectiva. Nesta perspectiva, a cidade também pode ser entendida e interpretada como uma obra de arte, apesar de serem muitas as reservas que se levantam quando nos confrontamos com a sua realidade demasiado inacabada e instável, a impossibilidade de estabelecer com clareza o processo de realização (decisão, encomenda, autoria, etc.) e o carácter aberto e sempre orgânico da sua existência. Mesmo com um só enfoque, analisá-la implica fazer múltiplos cortes no tempo e não uma única contextualização histórica.

A relação íntima entre o tempo e a cidade leva a que seja irrealizável a produção de cidades ou espaços urbanos de vanguarda, pois para além de os processos se desenvolverem em tempos longos, dependem sempre da determinação do poder instituído, corresponda ele ou não ao projecto colectivo da sociedade. A cidade concretizada raras vezes acompanha o tempo da arquitectura. É pois, por definição, a oposição aos conceitos de *vanguarda* e... de *estilo*! Por tudo isto, considerar que em termos absolutos a cidade é uma obra de arte, para além de redutor é um contra-senso epistemológico, pois só a que o não pode ser, a utópica, preenche todos os requisitos para tal.

Indo um pouco mais longe, sem me referir a *pré-desenho* e sem querer generalizar, os aspectos artísticos puros ou ideais de uma cidade estarão muito mais na ideia conceptualizada que a gerou e transformou do que na concretização. Não é por acaso que as análises feitas por historiadores de arte e, em parte, por arquitectos, andam muito em torno da constatação da regularidade e do estabelecimento dos modelos teóricos de base e não sobre o objecto em si. É que o discurso sobre os aspectos espontâneos da cidade, a sua *organicidade*, são normalmente redundantes porque descrevem o óbvio, impossíveis de manter dentro da esfera científica e pouco permeáveis às metodologias das análises estéticas.

Se o interesse destas questões (cuja discussão ultrapassa em muito os objectivos deste ensaio) está precisamente na justificação da presença da disciplina nesta obra, mais importante é a reflexão sobre o sentido do tema (mote?) dado.

À partida só o *sim* é a resposta para a questão – há uma *cidade portuguesa*? No entanto, e também mais por reflexo que por reflexão, parece correcto afirmar que nunca será possível consubstanciar a resposta de forma inequívoca e/ou definitiva. Para nós será sempre mais fácil identificar, explicando, a cidade que não é portuguesa que a própria. Apesar do empirismo, estas constatações não deixam de causar alguma perplexidade cujas componentes em parte devemos começar a esclarecer.

O principal obstáculo é o da diversidade dos contextos. Como esperar que num tempo tão longo e em tão vasta variedade territorial, que de uma colonização normalmente aceite como mais participativa que impositiva, que uma nação de reduzida dimensão, que mais se tem afirmado pelo génio que pela força massificada, tenha produzido espaços físicos de leitura uniformizável para as suas comunidades urbanas? É nesse enorme cadinho designado pela fórmula, ultimamente banalizada, de *encontro de culturas*, que mais não é que a nossa própria cultura, que as cidades portuguesas se produziram e se transformam.

Normalmente, quando entre historiadores de arte se fala de *cidade portuguesa*, quase inconscientemente é feita uma associação aos espaços urbanos na Idade Moderna. Se ao nível estrutural isso implica a sedimentação da realidade medieval, como veremos adiante no que diz respeito à imagem, o espaço urbano medieval foi de tal maneira transformado a partir do século XVI que das cidades portuguesas de então temos, por enquanto, uma imagem muito baça. Relativamente ao período compreendido entre as Invasões Francesas e a actualidade, por razões que se prendem com as conjunturas e a própria natureza do objecto de estudo, de uma forma geral os historiadores de urbanismo não têm usado metodologias que também tenham por objectivo a avaliação e caracterização do valor artístico e da *portuguesidade* do pensamento teórico e da produção de cidade correspondente.

São óbvias as razões pelas quais essas abordagens têm maior conteúdo sócio-económico. Se durante a época da nossa história, que romanticamente nos habituamos a designar por *período áureo* da nossa história, estivemos – aparentemente, como veremos – um pouco menos receptivos ao que se passava na Europa, depois não deixamos de produzir cidade. Aliás, o grosso do nosso espaço urbano actual surgiu depois desse período. Será que por apenas se estar em presença de uma mais imediata importação de modelos ou vícios faz sentido passar a pôr a questão em termos como *a cidade em Portugal*?

As cidades do território português actual fazem parte integrante do património físico do país e a par com as que estão ou estiveram implantadas em territórios que hoje não integram o espaço físico nacional, são elementos fundamentais e de síntese do património cultural da nossa comunidade, independentemente dos processos (económicos, artísticos, sociais, políticos, etc.) que estiveram na sua génese e que catalisam a sua permanente mutação. Findos os ciclos da Índia e do Brasil, não será verdade que a extensa produção de cidade em África foi, em todos os sentidos, de cidades portuguesas? E as de hoje?

A *Arquitectura e a Cidade*

É ambígua a relação entre a cidade como um todo, a individualidade dos componentes e a importância relativa de cada um na leitura do todo. Por exemplo, apesar de ainda não haver estudos suficientes para uma sistematização da arquitectura portuguesa, parece-me que é já possível afirmar que no domínio da caracterização como portugueses do espaço e da imagem das nossas cidades, a arquitectura desempenha papel fundamental. A experiência acumulada na prática da intervenção e defesa do património edificado, tem vindo a demonstrar que a simples mudança de materiais, técnicas, cores ou texturas nos edifícios, altera de forma substancial a imagem e o carácter do espaço urbano. Aliás passa-se o mesmo quando se intervém ao nível dos arranjos exteriores.

Devíamos agora questionar de igual modo a importância relativa do sítio, da malha, do programa, do método, do tempo, etc. Chegaríamos à conclusão de que a mudança de qualquer destas variáveis acarretaria alterações não só na leitura do todo, como na composição das partes, o que, numa outra linha de pensamento, não deixa de nos levantar sérias reservas quando estudamos a cidade antiga apenas pela sua imagem actual.

Regressando ao papel da arquitectura, é frequente a sua abordagem em trabalhos sobre urbanismo, mas parece-me que só episodicamente se conseguiu verbalizar aquilo que dela é verdadeiramente importante para a imagem da cidade, correndo ambos os discursos quase em paralelo. De facto não se conseguiu ainda encontrar um método corrente, uma linguagem específica para o caso português, que permita exprimir a reflexão, fácil para alguns, sobre o urbanismo e a(s) arquitectura(s) correspondente(s) usando uma só escala, a da cidade.

Os estudos que tendem para a valorização de um ou outro aspecto, muitas vezes nele descortinando uma exclusiva criatividade portuguesa, tendo sempre em conta o tempo de que falam, devem ser lidos como esforços válidos para a elaboração de sínteses mais amplas. Fazendo minhas as palavras do geógrafo Jorge Gaspar (1972, p. 120): "Estamos por exemplo a pensar na frequente alegação da importância do factor defesa na localização original de muitas cidades portuguesas. Ora esse factor não é, na maior parte dos casos, de origem locativa, mas tão só situacional. Tratava-se de uma constante como o abastecimento de água, ou compacidade dos terrenos para construção; as razões de localização, essas são de outra natureza, mais gerais; num determinado local impunha-se a criação de uma cidade; a partir daí escolhia-se a situação mais apropriada."

Dizer que a cidade portuguesa surge predominantemente em sítios altos e orientada para o trópico é uma realidade, mas não é exclusivo nem criação nacional, é sim um procedimento esperado, lógico e natural. É no domínio estrito da racionalidade (pragmatismo?) que encontramos explicações para os casos divergentes como o são, por exemplo, a esmagadora maioria das cidades indo-portuguesas, de facto implantadas quase ao nível do mar. Raciocínio idêntico é aplicável no que diz respeito à preferência pela litoralidade, etc.

Todas as nações pequenas, após ultrapassado o equilíbrio entre as necessidades e as possibilidades dos seus recursos naturais, desenvolvem as potencialidades externas (expansivas e comerciais) do território, o que, inevitavelmente, tem reflexos na distribuição da rede urbana própria e do território consequentemente e eventualmente colonizado. Por exemplo, parece-me óbvia e inevitável a litoralidade das cidades insulares. José Manuel Fernandes (1987, retomado em 1991 e 1992), muito na linha de Orlando Ribeiro (1963), inventariou com profundidade estas questões (v. também Teresa B. Salgueiro, 1992a, pp. 9 e segs. e 1992b, pp. 149 e segs.). Obviamente também para o urbanismo há condicionantes culturais impostas pelo próprio território, mas nos termos da estética em que é que isso se traduz?

Do campo da arquitectura surge-nos ainda a nossa última chamada de atenção. A resolução do problema da identidade da *casa portuguesa*, posto de forma diferente há algumas décadas atrás, teve como resultado a tomada de consciência da diversidade e complexidade da resposta. Para tal contribuiu em muito a realização do Inquérito à Arquitectura Popular (AAVV, 1961), cujo equivalente para a cidade está ainda por fazer.

Abordar o tema *a cidade portuguesa* como a resolução de uma equação, face à vasta problemática que se vislumbra por detrás da aqui enunciada, nunca poderá ser a procura de uma fórmula. Não é possível achar o estereotipo das cidades portuguesas, ainda que circunscrevendo razoavelmente o espaço temporal. Tal como se passou a preferir o termo alargado *arquitectura portuguesa* ao restrito *casa portuguesa*, é provável que com o desenvolvimento da investigação sobre os casos em vez da deambulação em torno do *caso* geral se troque o ente *cidade portuguesa* pela área disciplinar *urbanismo português*, aliás de maior alcance espacial e cultural.

Metodologias e Abordagens
Com tudo isto fica muito clara a insegurança com que se faz qualquer afirmação relativa ao tema, fundamentalmente devido ao excesso de sínteses e à falta em quantidade e profundidade de trabalhos orientados a casos concretos, onde as realidades formais não especificamente geográficas sejam confrontadas com um estudo científico do contexto histórico e cultural de origem. Salvo excepções que deveriam constituir regra e que em alguns casos já formam blocos – devo referenciar, para a Idade Média, os trabalhos de história urbana da equipa dinamizada por Oliveira Marques na Universidade Nova de Lisboa –, a historiografia da *cidade portuguesa* é ainda um mar de sínteses/intuições baseadas em axiomas provisórios que se vão eternizando. Aqueles com os quais se procura caracterizá-la pela positiva são normalmente designados como *invariantes*.

A sua verificação depende em muito da área de especialização do observador. O geógrafo normalmente valoriza os factores permanentes do ambiente natural ou do ambiente humano. O historiador, treinado para a análise de conjunturas, procura aí aquilo que é estrutural, imutável. Já ao arquitecto surgem com maior evidencia as constantes da implantação, do desenho e do uso de técnicas e materiais na concretização e, tal como o historiador, considera essencial o estudo da excepção, do objecto onde se lê simultaneamente uma rotura e uma síntese, ou seja, aquele que de alguma forma se instituiu como modelo para uma série.

Por imperativos de natureza metodológica, no estado actual da historiografia do urbanismo português o estabelecimento das *invariantes* não deverá constituir-se como um fim, pois o seu interesse reside fundamentalmente no papel que desempenham na formulação das intuições necessárias à catalisação de processos de estudo científico. O valor axiomático que erradamente adquiriram, tem levado, em alguns casos, ao bloqueio de promissoras linhas de investigação. Estas sim poderão conduzir à constatação científica das *invariáveis* nas cidades portuguesas.

Tal como os primeiros estudos sobre as cidades portuguesas surgiram nas décadas de 50 e 60 face ao problemas (essencialmente sociais, económicos e patrimoniais) gerados pelo *boom* espacial e demográfico nos principais núcleos urbanos de então, este tema, talvez como a obra onde se insere, não teria surgido com a orientação que lhe é dada pela terminologia utilizada se a comunidade portuguesa, face à conjuntura actual, não estivesse apostada em reavaliar as componentes da sua identidade. Por exemplo, note-se no plano desta obra o espaço dado ao fenómeno urbano além do deste texto específico. Para tal contribui o espaço de reflexão aberto com as comemorações dos *descobrimentos*, sendo por isso compreensível a tendência para leituras abrangendo a totalidade do *Mundo Português*. Assim é normal que o discurso sobre a *cidade portuguesa* esteja a ser construído muito sobre os casos fora do actual e primitivo território nacional.

Mas face ao enorme contributo que esta atitude metodológica tem dado para a evolução da disciplina, penso ser útil contrapor leituras dirigidas à origem territorial e histórica e à sua evolução específica, logrando aumentar as possibilidades de testar a existência ou não de um potencial (pré-)urbanístico próprio. Só assim poderemos algum dia apurar como é que no período em que Portugal foi a *plataforma giratória* entre a Europa e o Mundo foram incluídos nesse fluxo/refluxo de bens e ideias aqueles valores culturais. Simultaneamente será então possível ponderar o peso e a origem das contribuições estranhas que foram dinamizando o processo de evolução. Não é esta a problemática induzida com o *mote* que nos foi dado?

A propósito considere-se agora a nossa periodização e o limite. Para além das razões já induzidas, a *posição* do texto na obra traduz de forma directa a descontinuidade dos processos de produção urbanística entre o Antigo Regime e a Idade Contemporânea. O facto de o termo *urbanismo* apenas ter surgido em 1856 de uma proposta de Cerdá adquire aqui uma grande importância, uma vez que com ele se pretendia designar um novo ramo do conhecimento, pretensiosamente, uma nova ciência. Tinha-se então a percepção, hoje adormecida, que até aí a cidade planeada resultara sempre de processos onde, apesar do conhecimento e da racionalidade, imperara o gosto, a ideologia, a arbitrariedade, enfim, a subjectividade. Por isso o desejo de criar uma ciência que proporcionasse a concretização de cidades perfeitas, ideologicamente assépticas, podendo eventualmente a história dos aspectos físicos das cidades passar a dividir-se em dois grandes períodos: o *pré-urbanismo* e o *urbanismo*. Só que não era possível substituir na íntegra o que já havia sido feito.

Note-se como segundo esta perspectiva a discussão em torno da questão da cidade como obra de arte voltaria a ser pertinente, principalmente se a restringíssemos à formulação e aos modelos, pois até que ponto a cidade de *grelha e regulamento* pode e/ou deve ser estudada no plano das artes segundo os mesmos critérios e métodos que a cidade de *desenho integral* (consciente ou não)? É de novo o problema da relação promíscua com a arquitectura...

No já considerável conjunto de textos existentes sobre a história do urbanismo português há um corpo de ideias de valor e eficácia indiscutíveis. Mas em alguns casos predomina ainda o sentimento de nostalgia trágica pelo presente e de euforia pelo passado, sintomas, talvez, de um empírico *portuguesismo*. No meio de trabalhos dirigidos para o levantamento e tentativa de interpretação independente dos factos, há textos de tese ou tendência, por vezes não espelhadas nas argumentações com as quais são propostas, para onde, por exemplo, são chamados os casos convenientes e minorado o rico confronto com os divergentes. Por razões de natureza metodológica importava discuti-los exaustivamente um a um, verificar até que ponto se enquadram nas diversas vertentes da história, mas não é este o local apropriado.

No entanto, é possível produzir uma das sínteses dessa análise, o que não deixará de ser a construção de mais um (talvez nefasto) preconceito sobre o tema, acentuado pela liberdade que o carácter ensaístico proposto na encomenda permite. Ficarão de fora ou no subconsciente muitos dados valorizados por outros, incluindo a quase totalidade dos objectos. Para uma leitura factual remeto para as sínteses globais desta obra e para a magra bibliografia que acompanha este texto. Aliás, o peso dado a cada período, para além do significado interpretativo e da razoável temeridade que traduz, deve-se também à ponderação inversa sobre o desenvolvimento que o plano global da obra lhes atribuiu.

É este o cenário para o presente ensaio, uma espécie de projecto de trabalho participado onde a sequência cronológica não é ortodoxa, as conclusões, sempre provisórias, vão surgindo ao longo do texto e os casos são apenas exemplos inevitáveis sem uma expressão estatística evidente.

ANTES DE PORTUGUESAS
– O *LONGO CURSO* DE UM TERRITÓRIO

Os anos centrais do século XIII são um momento fundamental de mudança do rumo da história do espaço físico português. Foi então que se deu por terminada a Reconquista ficando estabelecidos, de uma forma geral, os limites do território continental.

Não deixa de ser importante referir que a Reconquista foi feita segundo o princípio geral de que as terras a sul de cada território independente eram consideradas como área própria a recuperar. No entanto, a conquista do Algarve, o termo do processo de avanço para sul, deu origem a um conflito com o reino de Castela que em grande parte teve a sua origem na política de alianças de D. Sancho II num período particularmente confuso, próximo da anarquia (AAVVa, 1992, vol. II, pp. 126 e segs.). Foi sendo gradualmente resolvido a favor da coroa portuguesa com os acordos de 1253, 1263 e 1267, tendo a sua ratificação definitiva em 1304. Estavam assim definidos os contornos gerais do *rectângulo* português na Europa.

As alterações foram surgindo ao longo da fronteira oriental, a faixa que o princípio atrás enunciado para a Reconquista não podia definir com rigor, a zona com potencial de disputa de espaço estratégico. Foi já nessa modalidade corrente de anexação ou permuta de territórios marginais pertencentes a Estados cristãos que, com o tratado de Alcañices (1297), D. Dinis acrescentou aos seus domínios a zona de Riba-Côa e as praças de Olivença, Campo Maior, Ouguela, S. Félix de Galegos, Moura e Serpa.

Está suficientemente provado que já com os primeiros monarcas existiam preocupações de organização administrativa, económica e social, em grande parte devidas à necessidade de definir a forma de integração dos novos territórios na vida do reino. No entanto, os esforços de guerra e de afirmação do rei entre os seus pares levaram a que essas preocupações só tivessem expressão como elementos centrais da governação precisamente a partir de meados do século XIII com D. Afonso III e D. Dinis. É neles que se reconhece, pela primeira vez, a existência de um projecto integrado para o todo nacional. Mais adiante retomaremos esta questão.

Portugal, nomeadamente o Sul, ao invés de outras zonas da Europa, de forma alguma se apresentava como um território que tivesse sofrido um acentuado processo de desurbanização. A decadência da vida urbana em plena Idade Média é, de uma forma sintética, atribuída ao fenómeno feudal, mas na Península Ibérica a ocupação por povos muçulmanos e a posterior Reconquista deram origem a uma situação especial. Por outro lado, contra aquilo que há algumas décadas se pensava, o prolongado estado de guerra não acarretara a desertificação do território. Pelo contrário, campo e cidade resignaram-se a suportar a devastação bélica como uma catástrofe natural. A verdade é que os intervalos entre os acontecimentos são-nos apresentados de uma forma a tal ponto compactada que não temos sobre eles a perspectiva temporal que alcançamos sobre as destruições devidas a guerras em períodos mais próximos de nós.

Há assim um *tempo longo* em que as cidades implantadas no futuro território português sofreram um processo complexo e ininterrupto de sedimentação de culturas e influências. Verificável para o todo, esta continuidade teve por vezes soluções definitivas, devidas, em muitos casos, ao esgotamento da capacidade de adaptação dos locais.

O Povoamento Pré-Romano

Quando recuamos no tempo aumentam as dificuldades que a história tem em estabelecer quadros suficientemente detalhados para a percepção de dinâmicas sociais. Nunca será possível determinar a última precedência e os contornos da organização da vida dessa comunidade. Por outro lado, também não é fácil estabelecer regras universais acerca do que é necessário para se considerar que uma comunidade vive numa cidade, aumentando as incertezas quando queremos definir o momento a partir do qual um grupo de comunidades identificadas com um território o utilizam de uma forma que o demarca e organiza. Não é por acaso que os investigadores do período pré-romano cautelosamente preferem usar o termo *povoado* a cidade.

Quando procuramos informação acerca do povoamento pré-romano no território que hoje é Portugal, verificamos que só recentemente surgiram algumas sínteses que tentam pôr a questão de uma forma global, cobrindo todo o território em todas as épocas. Representam um grande esforço de interpretação dos escassos dados recolhidos em campo e nas fontes escritas mais próximas. Para além de outras referidas na bibliografia, uso fundamentalmente a obra dirigida por Jorge de Alarcão (AAVV, 1990a) e o texto de Carlos Fabião (*in* AAVV, 1992a, vol. I).

Uma das principais conclusões é a diversidade de formas, processos e etnias com vida comunitária sedentária, identificadas com segurança, pelo menos, a partir de finais da Idade do Bronze. Povos com vocação marítima e terrestre, uns virados para o Norte da Europa, outros para o Mediterrâneo; grupos que se implantam preferencialmente na planície, outros que se alcandoram em elevações, outros ainda que, por razões desconhecidas, ocupam dualmente planícies e elevações. Povoações com casas de planta rectangular, outras com construções cilíndricas, ambas identificáveis em casos em que é insuspeita a sua geração no quadro autóctone. Muitos outros dados tornam clara a inexistência de qualquer elemento unificador anterior à romanização, até quando é evidente a deslocação de pessoas e bens.

Outra ideia importante é a da marginalidade do território que veio a ser Portugal no contexto global da Península Ibérica, já por si periférica relativamente aos centros de maior desenvolvimento da embrionária civilização ocidental. O desenrolar de qualquer processo comunitário culturalmente mais avançado teve sempre o seu epicentro a Oriente e a sul, por óbvia e maior acessibilidade se tivermos como referência o Mediterrâneo Oriental. Na Idade do Ferro, o conhecido processo de criação de colónias ou de estabelecimentos do tipo das feitorias fenícias, cartaginesas ou gregas ocorreu de forma ténue nas costas algarvias, alentejanas e estremenhas se comparadas, por exemplo, com as catalãs. Isto é também verificável nos casos de civilizações de maior carácter autóctone, como a do reino de Tartessos (Bronze Final).

O que até ao momento foi possível saber sobre essa primeira "Entidade Histórica da Península Ibérica" (AAVV, 1992a, vol. I, pp.114-119) deixa bem claras a importância das influências orientais para a sua formação e existência. Aliás, por verificação caso-a-caso, é consensual entre os especialistas a opinião de que sempre que um povoado antes da romanização apresentava características que o aproximam ou confirmam como *cidade*, isso se devia a contactos ou influência directa das culturas do Mediterrâneo Oriental, até pela especialização e diversidade na vida comunitária que o comércio e as actividades extractivas e artesanais implicavam. Por esta razão o fenómeno urbano surgiu com maior naturalidade na faixa litoral e ao longo da rede de comunicações fluviais.

Curioso, ainda que pouco surpreendente, é que as formas de povoamento, a generalidade dos padrões de distribuição geográfica de famílias de objectos, técnicas, etc., obedeçam à estrutura geográfica natural do território. São aí evidentes, entre muitos outros aspectos, o carácter simultaneamente fronteiriço dos rios Douro, Vouga, Mondego, Tejo e Guadiana, conjugados com as variantes do sistema montanhoso central e a serra algarvia. De uma forma geral os tipos de povoamento durante o último milénio a. C. tornavam já evidentes a existência de características locais que diferenciavam entre si a vivência no Minho/Galiza, Trás-os-Montes, Beira, Litoral-Centro, Alentejo e Algarve. Por oposição, no que diz respeito à fixação de povos estranhos, foram precisamente os vales dos maiores rios os territórios adoptados, o que obviamente se deve à maior acessibilidade e à maior fertilidade do solo, características a que eram sensíveis civilizações mais desenvolvidas. Este foi um dos primeiros factores de uma *aglutinação* territorial, ainda que insipiente.

A aparente unidade de uma zona resulta fundamentalmente da homogeneidade da base étnica e de uma inevitável coincidência de hábitos, formas, utensílios e técnicas. A diversidade de povos e de culturas identificados, quer em corte, quer em sequência cronológica, começa agora a emergir, depois de um período em que apenas esteve em evidencia – graças ao esforço ímpar de um século de estudos a ela dedicados – a civilização(?) castreja do noroeste peninsular. Este facto tem dado origem a diversos equívocos, pois tem-se procurado encontrar ali os aspectos matriciais de algumas características *portuguesas* de ocupação do espaço, o que a real diversidade étnica e cultural não permite aceitar.

Nos castros, como em quase todas as outras formas de povoamento, identificam-se algumas características peculiares denunciadoras sem ambiguidades de um marcado espírito comunitário. Contudo não é evidente nem deduzível a organização social complexa que é a essência da cidade, a especialização de papeis e de funções dos habitantes e dos espaços. As actividades económicas raras vezes eram mais que insipientes, sendo corrente entre os investigadores a opinião de que não havia elos de poder entre os diversos povoados; a comunidade era organizada com base em clãs familiares; as construções surgem *arrumadas* com igual critério, sem qualquer valorização do espaço público que vá além das preocupações de carácter defensivo.

Resultam já da romanização desses povoados o bem identificado desenvolvimento, (infra)estruturação e hierarquização espaciais com características urbanas. Assim, contra algumas opiniões respeitáveis, tendo a partilhar a de Vasco Mantas (1987, pp. 25 e ainda 15 e 23) que considera "que o fenómeno urbano na sua verdadeira expressão e não apenas como ocasional resultado de influências exóticas – fenícias, gregas, tartéssicas e púnicas – não se desenvolveu no território actualmente português antes do início do domínio romano, não sendo mesmo anterior ao século I a.C."

O Território Romanizado
O mais importante a reter é a ideia de que para as bem individualizadas regiões que um milénio depois viriam a constituir Portugal, a mudança de era corresponde a um primeiro nivelamento da sua diversidade. Mais pela superioridade civilizacional romana que pelo seu poder bélico, durante cerca de quatro séculos a Península evoluiu lentamente para um primeiro estádio de unidade sem que tenham sido postas em causa as diferenças entre as culturas locais. Citando novamente Vasco Mantas (1987, p. 31): "Pelo final do século I [...] a rede urbana criada pelos Romanos atingira a sua forma quase definitiva, representando uma estrutura flexível, eficazmente adaptada às condições locais. A administração romana utilizou a cidade, muitas vezes sucessora de um povoado indígena, de forma muito cautelosa, procurando que ela constituísse um estímulo para que as mudanças necessárias se efectuassem gradualmente, através da introdução de novos conceitos de vida colectiva e da integração, sempre que possível, dos elementos tradicionais. É este impressionante diálogo entre tradição e inovação, entre autoridade e autonomia, que as cidades romanas da Península Ibérica vão permitir através das suas múltiplas funções."

Deve-se à civilização romana a primeira grande síntese e formulação de regras de interacção e organização sócio-económica. Tal facto tem relação directa com a tomada de consciência colectiva da importância de como as cidades se hierarquizaram e organizaram entre si e em função de um território, também ele escalonado. A cidade passa a ser, em definitivo, um centro de poder e, pela primeira vez na história do Ocidente, este foi exercido segundo regras instituídas aplicadas a uma hierarquia distribuída territorialmente – magistratura, funcionalismo, etc.

Foi a própria natureza agrária do binómio romano riqueza/poder que ditou a necessidade e a fortuna do Império. Era esta a diferença de base relativamente às anteriores e coevas culturas mediterrânicas, dando origem ao desenvolvimento e centralização urbanos das zonas interiores dos territórios. Daí se deduzem os imperativos, de ordem prática, que levam a uma constante preocupação com o ordenamento do território, nomeadamente com a rede viária, a densidade do povoamento e a divisão da propriedade rural.

São inúmeras as estações arqueológicas e as povoações portuguesas que correspondem a *villæ* romanas, bem como ainda bem identificáveis cadastros da *centuriação* com os regulares quadrados de cerca de 50ha nos arredores de Beja, Évora, Viana do Alentejo, Palmela, Conímbriga, Santarém, etc. Se, a uma escala diversa e por definição, o urbanismo é uma das expressões mais perenes e úteis do Poder, é fácil compreender a importância que estes factos têm na construção do conceito e no desenvolvimento físico das cidades.

Com a romanização foi implantada sobre o espaço físico e cultural *uma super-estrutura de infra-estruturas* que provocou a mutação da diversidade em complementaridade. No entanto, que nunca se percam de vista os diversos graus de incidência relativos à diversidade geográfica e das culturas preexistentes. A rede de comunicações foi reformada e aumentada e grande parte das cidades resultou da reforma, em alguns casos refundação, de povoados. Quando tal não foi possível, por incompatibilidade ou inexistência, fundaram-se *ex-nuovo* ou por evolução da implantação de efémeros acampamentos militares. Como curiosidade refira-se que muitos dos investigadores do urbanismo romano atribuem a estas *urbanizações efémeras* o papel experimental, formativo e formulativo do próprio modelo.

Segundo Jorge de Alarcão (s/d, cap. I), a urbanização do actual território português foi antecedida pelo estabelecimento de campos militares. Assim, ao arquétipo de forte carácter racionalista formalizado no manual militar de Vitrúvio (século I a.C.), podem corresponder na Península Ibérica – onde, aliás, este arquitecto serviu como militar – cidades então fundadas (Emmerita, Scalabis, Pax Julia, as sedes de *conventus* da província da Lusitânia) ou povoados reformados (Conímbriga, Æminium e Olissipo), para não falar de casos-limite como os de alguns castros romanizados (Briteiros e Mozinho), onde à construção de novos muros defensivos (por vezes honoríficos) e à estruturação de vias e bairros, nem sempre correspondeu a implantação de equipamentos normalmente considerados essenciais, como o forum e as termas, ou complementares, como o teatro, o hipódromo ou o anfiteatro. De grande significado é o facto de só com a romanização terem sido erguidos edifícios de culto, quer para religiões autóctones, quer para cultos romanos, nos povoados preexistentes.

Marcante também foi o facto de as cidades cuja estrutura resultara de uma maior racionalidade se situarem em zonas mais expostas a processo históricos que posteriormente levaram à obliteração dessa característica. É este um *anátema*, se assim o quisermos entender, que então e em todo o futuro muito marcará o urbanismo português.

A romanização, de entre os aspectos que nela mais nos interessam, teve o efeito fundamental de produzir a síntese inicial sobre o ordenamento e urbanismo no território que viria a ser Portugal através de uma primeira aglutinação da sua diversidade. Do ponto de vista da metodologia é importante registar a presença de algumas formas de actuação que viriam a ser constantes, mas não exclusivas, na administração do espaço físico português – a cultura aberta do processo de colonização, a forma de olhar a preexistência e o território natural, o pragmatismo, a integração das populações autóctones pelo processo da concessão de cidadania, o entendimento da diversidade como complementaridade, entre outros aspectos.

As Resultantes da Cristianização

No início do século III as províncias hispânicas do Império Romano começaram a sentir as fortes mudanças que, de certa forma, levaram à quebra dos vínculos de poder com o Império em 411. Os assaltos, entradas e invasões dos bárbaros, conjugadas com as crises iniciadas com Marco Aurélio e os Severos, geraram um clima de instabilidade e insegurança. As cidades, por processos mal conhecidos mas aparentemente precipitados, organizaram a sua defesa.

Construíram-se e reformaram-se muralhas que, na maior parte dos casos, deixaram de fora áreas e equipamentos urbanos importantes (Conímbriga, Lisboa, Idanha, Évora, Beja, Mértola, Faro). Estes por vezes foram desmontados para fornecimento de materiais a novas construções e em outros casos foram refuncionalizados. Se alguns núcleos urbanos sofreram um abandono parcial, outros densificaram-se devido não só à contracção espacial, mas também à chegada de novos habitantes.

A retracção não era apenas física, mas também económica e mental. A desorganização das actividades económicas foi um facto com muitas variáveis regionais. A mudança dos padrões de vida e dos hábitos da civilização romana era, também, inevitável. A instabilidade do poder deu origem a abusos que, em alguns casos, levaram os notáveis a trocar a cidade pelo campo. Por outro lado, o relaxamento do Poder levou a que as intervenções no espaço urbano tenham sido realizadas sem o controlo necessário à manutenção do ordenamento formal anteriormente instituído.

As lutas entre os invasores e o poder instalado e, depois, entre os próprios, provocaram razias na maior parte das cidades. As crónicas da época, como a de Idácio, bispo de Chaves (século V), dão-nos conta do saque e destruição de cidades depois reconstruídas e de novo semi-destruídas. Este é outro facto importante para a relativa facilidade com que algumas cidades puderam alterar parte das suas estruturas fundamentais. Se em alguns casos a malha urbana foi mantida no essencial e ainda hoje é legível com alguma clareza (Évora, Idanha e, em parte, Coimbra), noutros foi obliterada quase por completo, para o que terá contribuído bastante a posterior presença muçulmana.

Neste processo de transformação da sociedade e do seu espaço físico teve papel fundamental o aparecimento do Cristianismo que, gradualmente e com grande facilidade, acabou por se implantar em toda a Península, havendo notícias de grupos organizados a partir do último quartel do século II. Para além de uma nova – céptica em grande parte – atitude perante a cidade romana, assistiu-se à alteração do conceito de monumentalidade, surgindo novos programas – basílicas, mosteiros, hospitais-albergarias para doentes e peregrinos, as necrópoles dentro do limite urbano, etc. Em contrapartida, equipamentos como os circos, os teatros e os anfiteatros foram expressamente condenados. Outros, apesar de permanecerem em uso, degradaram-se pela incúria, alteração gradual de hábitos e falta de meios – como é o caso das termas e dos aquedutos, entre outros exemplo.

Nos casos em que os locais de culto cristão não resultaram da refuncionalização de anteriores equipamentos romanos, civis ou religiosos, mas correspondem à valorização das primeiras implantações cristãs – muitas vezes túmulos ou locais de martírio – assistiu-se à deslocação do centro ou à sua atomização em vários, muitas vezes fora das muralhas. Foi o que aconteceu em Braga, o caso mais citado, onde a construção de uma nova muralha consolidou a nova centralidade induzida pela construção da catedral.

Foi extremamente importante o papel administrativo e aglutinador do poder religioso que, entretanto, estabelecera uma hierarquia própria em função do território que em muito seguiu o sistema e a geografia da rede romana. Como se sabe, as designações de cargos, espaços e circunscrições são, em muitos casos, também herança do Império. Até à islamização da Península, a Igreja foi a única estrutura institucional estável, apesar de algumas convulsões motivadas pela erradicação de heresias, pela implantação da liturgia gregoriana, no fundo pela sua própria institucionalização.

Coube à igreja o papel exclusivo de até ao Renascimento *manter no activo* os aspectos fundamentais da civilização romana, o Império cujas estruturas fora ela própria a primeira a debilitar. Foi em muito através da conversão ao Cristianismo dos povos invasores que estes sofreram a sua romanização *aprés-la-letre*. É hoje opinião corrente entre os investigadores (José Mattoso *in* AAVV, 1992a, pp. 302-303) que o contributo dos Suevos e dos Visigodos para a transformação dos hábitos culturais preexistentes foi diminuto, se comparado com a dinâmica própria de transformação em perfeita continuidade da romanização pelo Cristianismo.

A ideia de um *Império Visigótico* criada a partir de fontes coevas, tem vindo a ser desmentida pela lógica e pela realidade dos materiais encontrados. Como ele próprio ali escreveu, no essencial "os vínculos criados pela administração romana, os princípios de solidariedade entres os representantes da autoridade romana, o direito estabelecido, os costumes, a língua, a cultura material, tudo isso permanece aparentemente estável." No entanto, a variabilidade e a gradual falta de protagonismo de um poder central ao longo dos três séculos em que a Península passou da influência hegemónica romana à islâmica (411 a 711), levou à desagregação destes valores no seio da própria sociedade.

É óbvia a importância que tudo isto tem na vida das cidades. Não é por acaso que os grandes centros urbanos da época no território que viria a ser Portugal eram as cidades episcopais – Braga, Porto, Calabre, Lamego, Viseu, Conímbriga/Coimbra, Idanha, Lisboa, Évora, Beja e Faro, para o século VII. Também não é por acaso que, por exemplo, estão entre elas as cidades onde os Visigodos cunharam moeda e oito das capitais de distrito da divisão administrativa actual. Com a adequação dos objectos e da escala podemos encontrar iguais relações no território onde, também por exemplo, a rede viária romana permaneceu em uso durante séculos – aliás, já fora fundada sobre um sistema preexistente. Muitos dos traçados actuais estão sobre as vias da época. A estrutura física do território estava definitivamente testada e estabelecida.

Em 711, data do início da islamização efectiva da metade da Península a sul do sistema montanhoso central (que também fora o limite norte da Lusitânia), o panorama do povoamento e vida urbana do território era a resultante da evolução da cultura hispano-romana catalisada pelo Cristianismo. Vivia-se já numa nova *ordem, latino-ibérica* em vez de romana, que, em resumo, era já o resultado de uma medievalização específica desta zona do ex-Império. Devemos, no entanto, ter presentes as assimetrias detectadas desde a origem.

Assim como a romanização não decorreu com métodos e intensidades uniformes em todo o território, os processos internos de transformação que lhe sucederam ignoraram determinadas zonas e em outras tiveram efeitos variáveis. Detivemo-nos essencialmente nas cidades que persistiram, na maior parte dos casos em função do poder religioso, mas não devemos esquecer a ruralização da sociedade – outrora confundida com desertificação – e as transformações que acarretou ao território, em especial a formação de feudos e latifúndios e a redistribuição e o aparecimento de novos centros rurais. Contrariamente ao que se pensava até há algum tempo, os desvios à norma do fenómeno feudal têm aqui raízes profundas, não sendo suficientes os argumentos exumados do choque de civilizações no período de três a quatro séculos de hegemonia muçulmana em parte considerável do território.

O Condimento Islâmico

Por imperativos de ordem religiosa a cultura islâmica teve sempre uma expressão deliberadamente urbana. O Profeta, que era assumidamente um citadino, entre várias referências à cidade deixou bem clara no Corão a ideia de só ali ser possível cumprir os preceitos da religião. Mas os precedentes culturais têm também a máxima importância. Árabes, Sírios e Berberes, entre outros que para o nosso caso pouco interessam, eram povos marcados pelos hábitos das civilizações mediterrânica, mesopotâmica e persa, todas de vincado carácter urbano. À data da invasão da Península Ibérica, a *era* islâmica não contava sequer um século, sendo óbvio que se assistia ainda a uma adaptação dos hábitos de vida aos novos preceitos religiosos e à realidade própria dos territórios conquistados.

É com esta perspectiva que começam finalmente a ser postas em causa algumas ideias feitas acerca da cidade islâmica. A predominância dos exemplos com forte carácter orgânico e de rarefacção conjugada entre o espaço público e o hermetismo do espaço privado, têm feito esquecer exemplos de cidades cuja regularidade, apesar de *outra*, é um facto. Devem-se, por norma, a situações de fundação determinadas em conjunturas de grande concentração de poder com tentações hegemónicas. São frequentes no Oriente, onde o caso mais evidente foi Bagdad.

É da dinastia afegã, que pelos meados deste milénio estendeu o seu poder aos territórios que hoje são também a Índia e o Paquistão, a responsabilidade pela realização de uma larga série de cidades regulares. Medina Al Azahra no califado de Córdova, era também um expoente de racionalismo no seu desenho urbano. Outras apresentam esquemas de pré-concepção regular que, por não serem em *xadrez* ou com outras regras usadas no Ocidente, não são identificadas como tal. Este facto é agravado pela forte hierarquização viária, essa sim deliberada, específica e caracterizadora da cidade islâmica (J. Gaspar, 1968). Tudo isto é da maior importância para a reavaliação do que esteve em jogo nas cidades peninsulares durante o período muçulmano.

Entre elas destacamos, pela maior dimensão, Coimbra, Lisboa, Santarém, Idanha, Alcácer do Sal, Évora, Beja, Mértola, Silves e Faro, fazendo notar o facto de corresponderem a antigas cidades romanas do Sul. Cada uma detinha poder económico sobre uma vasta área rural de cujas potencialidades tirava proveito, mantendo fortes relações comerciais com o amplo universo islâmico do Mediterrâneo. A cidade muçulmana herdou e deu continuidade à tradição mercantil do mundo clássico.

As implicações na geração de transformações e ampliações no espaço urbano em cidades onde o verdadeiro poder está repartido pelos protagonistas das actividades económicas, são um fenómeno não exclusivo e bem conhecido e do qual não é legítimo esperar regra ou racionalidade. Aliás, o ordenamento do espaço urbano não era sequer uma preocupação, embora estudos recentes provem a existência de alguma regulamentação urbanística que visava garantir direitos dos cidadãos (propriedade, privacidade, segurança, acessibilidade, etc.) e racionalidade funcional, pese embora a ausência de qualquer valorização estética (Youssef Khiara, 1993).

Como escreveu Orlando Ribeiro (1968, p. 234): "Ao invés da cidade romana, cuja planta reflecte a autoridade do município, na cidade muçulmana existe um alcaide ou governador, mas nada equivalente a um organismo de administração urbana que determine o traçado e a ordem dos arruamentos. A aglomeração desenvolve-se, assim, de maneira ocasional, cerrada mas caótica." A organização da sociedade com base simultânea em famílias alargadas (clãs) e em sectores de actividade, é outro dado importante para a compreensão da reestruturação urbana organicamente empreendida nas cidades islamizadas.

Por último devemos ter presentes as características próprias de uma religião que mais que normas de culto, impôs novas regras de comportamento social. São estes os vectores fundamentais que concorreram na descontinuação e ocupação de grande parte do espaço público urbano que, fenómeno novo, em muitas situações adquiriu características de semi-privado ou privado. Tal é o caso do *darb*, rua que serve de acesso às casas de um mesmo clã familiar. Exagerando, é como se a cidade passasse a ser um conjunto integrado de alcáçovas familiares/corporativas, um pouco à imagem da legítima. Mantendo o exagero e a analogia poderemos dizer que esta realidade referida ao núcleo muralhado central, a *medina*, é aplicável aos bairros exteriores, os *arrabaldes*, normalmente bem individualizados física e funcionalmente e frequentemente muralhados (Torres Balbas *in* AAVV, 1954, p. 73 e segs.). Na *medina* estavam as funções urbanas principais: a *alcáçova*, a mesquita principal, o comércio mais qualificado e permanente ou ainda os banhos públicos.

A alcáçova é a marca principal no perfil da cidade islâmica que herdámos. Localizada no ponto mais alto, foi pouco menos que uma cidade isolada dentro daquela de que era o centro de poder. Para além da corte local, albergava funcionários, dignatários e militares que desfrutavam de um dito *luxo asiático* por trás de um sistema defensivo normalmente complexo. Aliás um dos sectores em que de uma forma mais perene e evidente os muçulmanos introduziram novas formas, técnicas e terminologias, foi na arquitectura militar.

Barbacãs, albarrãs, adarves, cárcovas, torres-couraça para aguada, são algumas das inovações introduzidas em campanhas de construção e renovação de muralhas que, com o uso da *taipa militar* (aumenta significativamente a espessura e inércia dos muros), produziram alterações plásticas de fundo que mudaram significativamente a imagem das cidades. Também as portas *sifonadas* e em *cotovelo*, que a engenharia militar portuguesa viria a usar persistentemente até à segunda metade do século XVI, foram introduzidas nesta altura. No seu exterior era definida uma área interdita à construção e que se prestava a actividades diversas. Estes espaços estão na origem de muitos dos *rossios* das cidades portuguesas.

O uso sistemático da taipa corrente (já conhecida no período romano), apesar de exclusivamente, em interiores, também deu origem a uma alteração fundamental na volumetria externa das edificações, uma vez que a estrutura passa a depender quase unicamente dos paramentos exteriores que, em muitos casos, são as únicas *mestras* dos edifícios mais modestos. Aliás, faz parte de um conjunto de características construtivas que, mais pela realidade geológico-climática que por processos de aculturação, caracteriza a arquitectura vernácula urbana e rural do território outrora islamizado (AAVV, 1961).

Na continuidade da tradição clássica "a civilização muçulmana concebe o seu local de culto como a síntese do espaço religioso com o espaço cívico do grande mercado." Assim, uma vez que "a mesquita muçulmana [...é...], de certa forma, a espectacular combinação funcional e arquitectónica entre o fórum, [...] e a basílica" (Cláudio Torres *in* AAVV, 1992a, vol. I, p. 395) ao nível da implantação dos equipamentos a única alteração programática importante no seio do espaço urbano foi a imperiosa necessidade de orientar estes novos ou reformados locais de culto em direcção a Meca, o que só por si perverteu a topografia urbana preexistente.

Mesquita e *souk* (o largo, a praça ou até a rua destinada ao comércio de levante) constituíam assim a alma da *medina*, espécie de forum da cidade hispano-muçulmana. A islamização dos espaços urbanos parece ter decorrido em continuidade com a preexistência, sendo as alterações introduzidas gradualmente face a novas realidades políticas, económicas e socioculturais e não por reacção determinada contra o urbanismo latino. Os espaços transformados de forma mais radical parecem ter sido aqueles onde as razias dos séculos anteriores tinham deixado ilegíveis as estruturas preexistentes.

Apesar de os grandes centros urbanos islâmicos se localizarem fora do actual território português, na reformada mas persistente rede urbana romana Lisboa assumia agora destacada evidência. Mais que do mar, usufruía de ligações fluviais hoje desaparecidas, pois os estuários do Tejo e do Sado comunicavam-se, o que possibilitava meios de transporte fáceis desde Almourol até Alcácer, uma das bandas territoriais mais férteis da Península. Face a realidades e alterações complexas como essa, acrescentou à importância económica detida de há longa data grande parte da centralidade outrora devida a Mérida e a Santarém.

A uma outra escala, desenvolveu-se também um processo de *transferência* entre Conímbriga e Coimbra, mercê fundamentalmente da maior acessibilidade da última. Aliás os desenvolvimentos urbanísticos de Lisboa e de Coimbra no período islâmico obedeceram a uma matriz comum a muitas outras cidades no Mediterrâneo – a alcáçova no ponto mais alto e que outrora serviu de sede militar romana apoiada por um bairro com carácter aristocrático; novos bairros comerciais, de artesãos e de pescadores em arrabalde, desenvolvidos junto às vias terrestres e marítimo-fluviais à cota mais baixa; articulação já na medina e a meia encosta de ambas as zonas por centros cívicos provavelmente protagonizados pelas mesquitas e pelo comércio, próximos ou coincidentes com os locais onde vieram a ser erguidas catedrais medievais. É a instituição de uma oposição corrente na realidade e no imaginário urbano português, a *alta* e a *baixa*, simultaneamente opositoras e complementares, ancestralmente referenciadas no povoamento agrícola sazonal do Noroeste. No período que estamos a abordar tratou-se, nada mais, que da aproximação do espaço urbano às zonas portuárias possibilitada por uma versão islâmica do *mare nostrum*, o ingre-

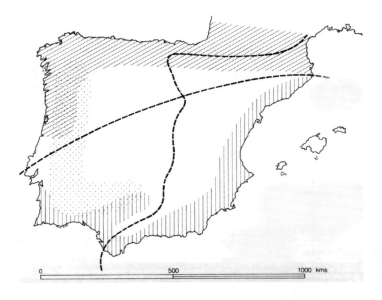

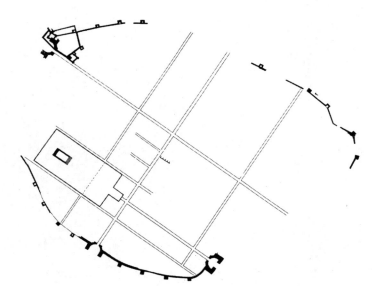

Barry Cunliffe, *As principais ecozonas da Península Ibérica* in "Social Complexity and the Development of Towns in Iberia — from copper age to the second century AD", Oxford University Press, Oxford, 1995

"*Planta da cidade romana de Beja, com a indicação das muralhas, do forum e de alguns arruamentos*" in Jorge Alarcão, "A Cidade Romana em Portugal…" in "Cidades e História", FCG, Lisboa, 1992

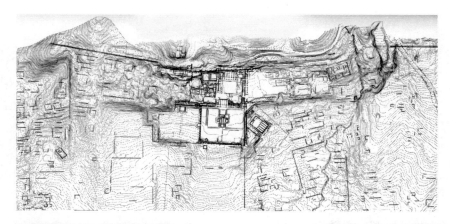

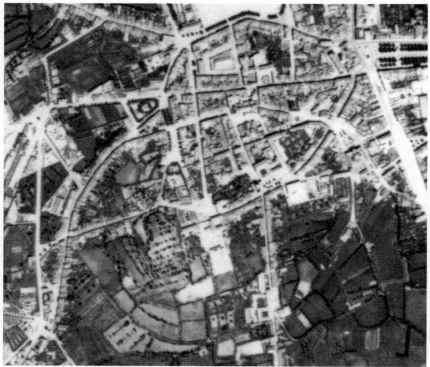

Levantamento planimétrico das ruínas de Medina Al Azahra (Córdoba) in Serafín López-Cuervo,
"Medina Az-Zahra, Ingeniería y formas", MOPU, Madrid, 1985

Fotografia aérea de Braga evidenciando os perímetros romano e cristão, 1946,
Instituto Geográfico Português, Lisboa

diente principal da revolução urbana e territorial ocorrida no mundo mediterrânico até à passagem do primeiro milénio. Lisboa, de uma forma geral, e Coimbra, excepcionalmente, eram os limites ocidentais desse grande espaço marítimo-comercial.

Aspecto de relevo é o facto de no espaço nacional não ter sido fundada pelos muçulmanos qualquer cidade. De facto a zona que efectivamente ocuparam já tinha uma rede urbana razoavelmente coesa, o que não acontecia a Norte, diferença que será mantida durante séculos mesmo após a fundação da nacionalidade. Em contrapartida contamos um número considerável de bairros novos, normalmente fora dos muros das cidades preexistentes que, para além de sofrerem alterações na sua morfologia, são assim consideravelmente ampliadas e mais um vez alteradas na sua imagem. Foi nestes bairros que sistematicamente se instalaram os recém chegados, os mais desfavorecidos e as *nações* não islâmicas, entre eles judeus e moçárabes. Posteriormente, com a alternância de domínio entre cristãos e muçulmanos, trocavam-se as residências, processo que, estabilizado, deu origem à fórmula definitiva das *judiarias* e *mourarias* das cidades medievais portuguesas.

A Mudança de Milénio e a Reconquista

A mudança do milénio marca, *grosso-modo*, o início do processo vulgarmente designado por *Reconquista Cristã*. Para a época a matriz da diversidade do território que veio a ser Portugal pode ser organizada, num primeiro nível, em dois grandes grupos com clara expressão geográfica: o Norte (asturiano-leonês) e o Sul (árabe-sírio-berbere).

O primeiro, sensivelmente entre o Minho e o Mondego, a extensão para sul da velha *Gallaecia* que se viria a identificar como Condado Portucalense. Era uma área recentemente reorganizada e em boa parte repovoada pelo reino cristão, que desde meados do século VIII, com a rebelião das guarnições berberes e as pilhagens cristãs, no foro civil quase ficara sem estruturas administrativas aglutinadoras, profundamente desurbanizada e sem coesão territorial (José Mattoso *in* AAVV, 1992a, vol. I, p. 445 e segs.). Era, em contrapartida, matizado por uma relativa, mas persistente, estrutura administrativa e territorial religiosa, baseada ainda na instituição de paróquias por S. Martinho de Dume. Tinha um centro perceptível em Braga cuja influência se diluía gradualmente para o Interior e para Sul. Sofria uma síntese cultural entre os autóctones, os colonos do Sul – *moçárabes* – e os colonos do Norte – *neogodos* (José Mattoso *in* AAVV, 1992a, vol. I, p. 456 e segs.). O Sul, estava profundamente marcado pela presença muçulmana que, ao invés do que sucedera no Norte, produzira a sua verdadeira islamização, como, aliás, já tive oportunidade de deixar apontado. Trata-se de uma dicotomia amplamente tratada e divulgada por muitos autores (Jorge Dias, 1950 e José Mattoso, 1985, exemplos extremos de época, síntese, profundidade e orientação).

Apesar do já referido carácter agregador das cidades episcopais, entre os séculos VIII e X estas sofreram processos ainda nebulosos de abandono e retorno por parte dos seus prelados que, em muitos casos, exerceram funções noutros sítios, apesar de manterem os títulos de origem. De uma forma geral o Norte sofrera um processo de ruralização efectiva, por oposição ao Sul fortemente urbanizado. Por isso o estender do domínio cristão no Norte é fundamentalmente um processo complexo de ocupação, pilhagem, guerrilha, *presúria*, nem sempre contra muçulmanos mas também contra a população autóctone, que culmina com a fixação, quase pacífica e por um longo período, da fronteira no Douro pelos finais do reinado de Afonso III de Leão (910).

A verdadeira Reconquista é a do Sul, iniciada já pela dinastia de Navarra, caracterizada por uma sequência de batalhas e cercos para a tomada e instalação de poder nos centros urbanos, dos quais se destaca na série inaugural o cerco e conquista de Coimbra em 1064 por Fernando I, *o Magno*. Tudo isto apesar de decorrerem paralelamente, mais com finalidades económicas e de subsistência que de domínio efectivo, pilhagens, assaltos, surtidas, etc. de iniciativas com origens variadas. Na compreensão do vasto fenómeno da Reconquista é necessário ter em conta o acentuado crescimento demográfico verificado a partir de meados do século XI. Desenvolvendo-se sempre em relação a um alargado número de variáveis, tem inevitavelmente na sua conjuntura evoluções nos domínios económico, territorial e urbano.

Atalhando caminho por conhecimentos que para o nosso caso são de menor objectividade, no final do século XI temos no Norte a área na qual se reconhece o Condado Portucalense e no Sul o espaço que aquele veio a anexar para que existisse um território independente designado *Portugal*.

JÁ PORTUGUESAS – A SEDIMENTAÇÃO DAS VARIÁVEIS

Fizemos até aqui um acelerado percurso pela evolução das formas de ocupação do território, acompanhando fundamentalmente as condicionantes históricas dos processos de povoamento. A diversidade verificável e a densidade temporal a que somos obrigados não permite que a abordagem seja feita a uma escala menor. No entanto, podemos questionar se nos seria possível caracterizar a cidade *estratigraficamente* legada pelos povos e culturas que nos antecederam no domínio do território.

Uma vez mais seríamos forçados a um discurso cujo conteúdo não seria mais que um punhado de ideias vagas, aplicáveis em muitos outros contextos.

É que o capital cultural e material acumulado é demasiado rico e o território, sem ser grande, muito variado. Aliás, a preponderância dos aspectos físicos do território no condicionamento das formas e das políticas de ocupação a par com a diversidade são, ironicamente, os factores mais constantes. Face a isto *apenas* as características específicas de cada caso o diferenciam de um arquétipo cujas fronteiras ultrapassam sempre as do espaço nacional e a capacidade imagética da memória.

Daqui em diante iremos acompanhar alguns aspectos da evolução das cidades em Portugal durante o Antigo Regime, com especial relevo para aqueles que considero serem os *grandes momentos*. Não me vou desviar da tendência normal da historiografia de arte/urbanismo anotando fundamentalmente as intervenções identificadas com o Poder. São as mais conhecidas e documentadas, as únicas sobre as quais é possível estabelecer quadros de referência, ordenáveis em grupos que de facto correspondem a períodos mais ou menos identificáveis da história política e cultural.

Com excepção para um ponto da situação de partida, ficam praticamente de fora os processos (*orgânicos?*) de criação e desenvolvimento de grandes áreas urbanas, mais difíceis de detectar e descrever e cuja atemporalidade apenas é traída pela evolução das formas arquitectónicas, estas sim verdadeiramente caracterizadoras de uma imagem portuguesa das nossas paisagens urbanas. São, contudo, mais constantes no seu processo de evolução, atentas mas menos permeáveis a modelos externos e de origem sempre nebulosa.

Recorrendo às palavras de Orlando Ribeiro (1968, p. 177) para centrar a problemática: "A cidade pode nascer, assim, insensivelmente, de uma aglomeração rural, onde se desenvolveram a par os ofícios mecânicos e o convívio, fermentos da vida urbana, ou resultar de um acto de vontade e de um propósito de organização do espaço a que ela serve de centro." É a questão do momento fundacional, porque nos tempos de concretização e transformação ambos os conceitos se cruzam, não havendo exemplos puros. Assim como se tem vindo a chegar à conclusão que a nossa arquitectura *vernácula* não é mais que o final de um processo de aculturação da *erudita* – por sua vez fortemente inspirada pela primeira, ainda que de contextos diversos – talvez venhamos a estabelecer uma ponte entre o urbanismo pré--desenhado e o que se desenhou ao *praticar a cidade*.

O Urbanismo e os Processos de Povoamento Medievais

No período que medeia entre os primeiros actos de independência e a estabilização dos limites do território português na Europa, há dois fenómeno que, não só por si mas por todos os que evocam, nos é importante destacar: a presença e influência dos *Francos* e a instituição da concessão de forais como processo de urbanização.

A peregrinação a Santiago de Compostela criou no Norte da Península um saturado corredor de circulação de todo o tipo de pessoas, ideias e objectos. Com os peregrinos deslocavam-se e fixavam-se pessoas interessadas em tirar partido da criação desse vasto espaço de comércio e da necessidade de colonos para o *repovoamento* (*reurbanização* seria mais correcto). Vinham da Europa além-Pirinéus onde alguma estabilidade gerara também crescimento económico e demográfico. De nacionalidades variadas, a proximidade geográfica e uma eventual maioria proveniente do actual território francês levou a que fossem globalmente designados por *Francos*. Aliás, na época em vários sítios (Oriente, Levante), os europeus, nomeadamente os do Centro-Sul, eram conhecidos com essa designação genérica.

A corte Leonesa desde cedo esteve sob influência franca. Portugal não pôde ficar indiferente a esse fenómeno que se desenrolava por perto, até porque era uma das *portas* de acesso do espaço galego ao tentador mercado islâmico e às terras conquistadas que era necessário povoar com maior densidade e intensidade. Com a conquista definitiva de Coimbra em 1064 este processo ficou instalado, sendo interessante verificar como ali se manteve durante a Idade Média uma alargada e influente colónia franca com reflexos na própria toponímia, tal como Santigo de Compostela, aliás. O fenómeno alastraria posteriormente para Lisboa e Évora. Por outro lado terras e povoações do Centro do país foram doadas a colonos francos e flamengos e, com maior raridade, a ingleses e alemães, em especial durante o século XII.

A origem borgonhesa da primeira Dinastia é outro dado que contribui para a fixação dos Francos em território português. Com os peregrinos, os comerciantes e a aristocracia vieram Ordens religiosas, as vanguardas da época. Acresce a tudo isto o facto de um dos objectivos do povoamento ter sido a formação de um grupo social intermédio, ainda que muito heterogéneo, dinamizador da vida económica do país, gerador de frentes de incidência fiscal e fiel à monarquia.

A imigração franca veio a revelar-se de grande importância para o urbanismo português, pois trazia na bagagem diferentes experiências de povoamento que tinham como orientação básica a urbanização do território. Recorriam, por regra, à reforma e ao estabelecimento de novas cidades, muitas das quais com características defensivas, as *bastides*. No espaço além--Pirinéus, tal como no espaço asturiano, tinham-se mantido *no activo* e foram desenvolvidos muitos dos princípios e conquistas civilizacionais dos Romanos, entre os quais tem para nós relevo especial a racionalidade urbanística. A sua aplicação em territórios cuja romanização fora deixada latente revelou-se profícua, regeneradora.

A questão das castas de foral está interligada. A concessão de forais era um dos processos usados para dinamizar a vida urbana e económica e estabelecer institucionalmente as próprias urbes, definindo também o seu território vital. Eram dados a povoados existentes ou que com eles se pretendiam fundar. Os forais, resultando da existência prévia dos *municípios*, instituíram-se como a sua base legal, sendo precisamente o reverso do efeito criado pelas cartas de couto (ou equivalentes), mas também o seu complemento, se entendidas como integradas no processo de conquista e povoamento.

As cartas de foral têm, contudo, a particularidade de estabelecerem uma relação quase sem intermediários entre o rei e o povo, pelo que se instituem como um instrumento *moderno* e centralizador do Poder. Acresce o facto de incidirem sobre os centros de fomento económico do território, as cidades. Um dos sinais da mudança introduzida na administração do Condado Portucalense por D. Henrique de Borgonha, foi precisamente a concessão de uma carta de foral a Guimarães dois meses depois de ter sido nomeado (1096). O filho, D. Afonso Henriques, concedeu dezenas, sendo um dos seus instrumentos fundamentais para a fixação e defesa das fronteiras (José Mattoso *in* AAVV, 1992, vol. II, pp. 80-81). É bastante conhecida a rede de praças fortificadas por ele estabelecida através de forais para a defesa de Coimbra.

Para além de implicarem mudanças no espaço urbano – radicais, na evolução do sistema –, com a sua proliferação criou-se um primeiro nivelamento de direitos e processos de actuação, uma teia legal de âmbito territorial que cristalizaria com D. Manuel pela sistematização na *Leitura Nova*, *Ordenações*, etc. Como se sabe, os municípios foram o primeiro factor catalisador de uma leitura e estrutura nacionais do território português e foram a base de apoio dos reis cada vez que estes punham em prática políticas centralizadoras.

É curioso fazer notar que as cartas de foral eram por norma redigidas com base num modelo já testado. Tal facto, que obviamente não é casuístico, permitiu a Torquato de Sousa Soares (1963) o estabelecimento da sua genealogia e denuncia, uma vez mais, a normalização que tentam introduzir entre as comunidade, a primeira para todo o território desde a romanização. José Mattoso (AAVV, 1992a, vol. II, p. 165) resume este aspecto de forma bastante clara no trecho seguinte: "a unidade política de Portugal sobrepõe--se a unidades locais e regionais de âmbitos variáveis, que anteriormente tinham poucos vínculos comuns. As diferenças mais notáveis, [...], são aquelas que separam entre si, por um lado, uma região situada, grosso modo, no noroeste português e no litoral até ao Mondego, onde a organização social e económica se sujeita ao regime senhorial, e, por outro, o espaço geográfico que abrange o Norte interior e as Beiras, onde predomina a organização concelhia. [...] O facto, porém, de a reconquista do território português ter sido feita predominantemente pela autoridade régia, com a colaboração intensa dos concelhos do centro do País e, mais tarde, das ordens militares, que organizavam os seus domínios sob uma forma concelhia, apesar da sua sujeição ao senhorio, leva a que o País, a sul da cordilheira central, adopte também um forma semelhante, mesmo quando os concelhos estão dependentes de senhores nobres, eclesiásticos ou militares."

As Cidades na Baixa Idade Média

Quase no início deste texto ficou anotada a inevitável mudança que se deu com o términos da nossa Reconquista. É o período a que corresponde a subida ao trono de D. Afonso III (1248). Então tornou-se clara a necessidade de estabilizar os limites do território e de fomentar a sua coesão interna. Três exemplos diversos: os concelhos passaram a ter assento nas Cortes (Leiria, 1256); foi feito um esforço para que os bispos nomeados fossem fiéis ao rei; foi definida uma política monetária e fomentado um mercado interno (feiras francas, por exemplo). Mas, inevitavelmente, a afirmação da monarquia e a implantação do Estado tiveram também como instrumentos o urbanismo e o ordenamento do território.

Com algum exagero, podemos dizer que nos reinados de D. Afonso III e de D. Dinis, a rede urbana do país foi radicalmente reformada. Só em 1255 foram emitidos 17 cartas de foral. D. Dinis concedeu um total de 80, para além de passar 42 cartas de feira-franca. Grande parte destes diplomas dizem respeito a povoações junto às fronteiras. Por outro lado, o amplo fomento das actividades económicas levou à dinamização do intercâmbio com outros países. Assim, ao esforço de povoamento e defesa do Interior fronteiriço, correspondeu uma aproximação ao litoral e a organização da sua defesa contra a pirataria. Significativamente a corte permanecia cada vez mais tempo em Lisboa.

Gradualmente a nobreza senhorial foi trocando as suas torres – em especial entre o Douro e o Minho, fora das redes de comunicação e frequentemente construídas sobre *castros* – pelos centros urbanos, reconhecendo assim o seu papel regulador, não sem numa fase intermédia tenderem a fixar-se nos vales agrícolas. As principais cidades revitalizaram-se segundo o velho eixo romano Braga (e Guimarães), Porto, Coimbra, Santarém, Lisboa, Évora. Favorecidas pelo crescimento demográfico e económico, cada uma delas gerou à sua volta um conglomerado de prósperas povoações inter-dependentes.

As cidades actuais, salvo alguns casos que mais adiante iremos identificando, resultam do desenvolvimento de aglomerados urbanos já existentes ou fundados neste período. Assim, quando tentamos determinar as especifidades e os elementos geradores da malha urbana de uma cidade portuguesa do território original/actual, estamos sempre em presença de elementos resultantes da abrangente síntese sócio-cultural realizada nesta época, que mais não foi que a instituição da nação portuguesa. Por tal razão vale a pena alargar um pouco algumas reflexões, até porque de um forma geral, estão aqui algumas das tão referidas *invariantes* existentes entre algumas cidades portuguesas. No entanto, para uma leitura mais completa, circunstanciada e documentada, não posso deixar de recomendar o texto de Amélia Andrade (1988) referenciado na bibliografia.

Nos primeiros séculos da nacionalidade os centros urbanos existentes, desde que implantados em zonas favorecidas pela rede de comunicações (terrestre, fluvial e marítima), pela riqueza do subsolo ou pela natureza produtiva do respectivo *termo*, cresceram. Densificaram-se e alastraram os bairros *baixos* e *fora-de-muros*, continuando processos – ou iniciando-os à sua imagem – que anotamos acerca do período islâmico. O arrabalde era um espaço simultaneamente urbano e periurbano, fundindo a cidade com o mundo rural não só na imagem, mas essencialmente em aspectos funcionais, como a implantação de oficinas, moinhos e de uma agricultura de produtos frescos de consumo diário. Eram áreas com forte identidade comunitária, organizadas em paróquias tidas como rurais.

Com as devidas adaptações e nos sectores mais próximos das muralhas, também ali se redefiniram as mourarias e as judiarias que então, por oposição à estrutura aberta da generalidade do espaço urbano, se constituíram em guetos, em especial no segundo dos casos. Na Baixa Idade Média só nas cidades do Sul existiam bairros de comunidades islâmicas (os mais a norte eram os de Leiria e Santarém), enquanto que os dos judeus surgem por todo o país. No entanto, indesejados pelos restantes cidadãos, mas imprescindíveis ao Poder, os judeus foram muitas vezes instalados dentro de muros, por vezes perto do Paço. As judiarias eram dotadas de alguma individualidade funcional possuindo regularmente, para além da sinagoga, poço e açougue próprios, este por causa do ritual de matança e desmanche das reses impostos pela religião. Em casos de maior dimensão chegavam a estar equipadas com hospital, estalagem, cadeia e balneário.

É importante fazer notar que o estabelecimento e reforma dos arrabaldes, em casos de maior dimensão e celeridade na concretização, deu origem a malhas com padrão visivelmente regular. Tal são os casos de Santana em Lisboa e da mouraria e da judiaria em Évora (J. Gaspar, 1969).

O alastramento das cidades também expressa e resulta da premente necessidade de espaços para trocas comerciais entre a região, o termo e a cidade. Não me refiro ao mercado de carácter local e diário que tardou a sair do espaço muralhado, nem do comércio desse tipo que, sem outra opção, se dispersaria anarquicamente pelo arrabalde, mas fundamentalmente à feira de âmbito regional e menor periodicidade, instituída por carta real ou senhorial, que, por vezes, lhe acrescia o privilégio de ser "franca".

Estes acontecimentos concorreram para a definição e caracterização de, pelo menos, um espaço próprio, difícil de encontrar em dimensão e condições topográficas dentro das muralhas. Assim surgiram os *rossios*, por vezes tirando partido simultâneo do espaço livre e da acessibilidade existentes junto a uma porta da muralha, normalmente a principal (Coimbra, por exemplo), por vezes refuncionalizando um equipamento abandonado (caso das *masalas* islâmicas ou do hipódromo romano em Lisboa), noutros casos ainda, tirando partido de terreiros/adros formados em função de edifícios religiosos pré-existentes (Leiria, por exemplo). O *rossio*, *terreiro* ou *largo da feira*, as designações mais comuns, era frequentemente arborizado e rápidamente passou a estar envolvido por construções, onde alguns dos sectores comerciais das feiras se instalavam de forma mais constante, acompanhados de artesãos, taberneiros e estalajadeiros, organizando gradualmente o comércio diário do arrabalde. Os últimos prestavam os seus serviços a forasteiros sem que estes tivessem necessidade de procurar alojamento intra-muros, para o que teriam de pagar portagem.

A *Rua*

Quase sempre dali saía uma rua comercial que o ligava aos elementos urbanos mais importantes da cidade, a matriz, o paço ou castelo, etc., terminando no terreiro de um destes ou ligando a outra porta da muralha. Desempenhava, de forma mais evidente no último dos casos, o papel de um *cardos* ou *decumanus* do urbanismo romano, pois assumia-se como um verdadeiro eixo estruturador, sempre gerador e fundacional da malha urbana. Muitos dos aglomerados urbanos portugueses tiveram a sua génese numa via, sendo ainda muitos deles pouco mais que urbes com umas dezenas de metros de largo e quilómetros de comprido, com poucos e mal definidos largos, devendo-se, em grande parte, a tudo isto o traçado tortuoso dessa rua.

Por regra, todos esses fenómenos espaciais que ocorrem ao longo do trajecto da rua são-lhe adjacentes, funcionando mais como elementos de referência que de descontinuidade. Podendo adquirir outros nomes de circunstância, por vezes associados, era (é!) *esta a rua Direita*, normalmente tida como o *forum* das cidades portuguesas. Com o tempo o conceito confunde-se, sendo normal encontrarem-se mais que uma *rua Direita* na mesma cidade. Por vezes isso deve-se ao facto de um núcleo periférico ter sido assimilado, permanecendo os topónimos das suas ruas. Noutros casos deve-se à importância que o senso comum atribui a determinada artéria, por nela habitar um notável, por aí existir um convento, capela ou igreja ou qualquer outra marca urbana de relevo. Mais interessante é quando verificamos que a dinâmica urbana levou a que uma artéria preexistente se desenvolvesse ou fosse criada para assumir preponderância, surgindo assim uma outra *rua Direita*. Caso último dá-se quando o aglomerado atinge um desenvolvimento espacial que origina a existência de dois ou mais eixos viários hierarquicamente equivalentes.

Assim, contrariamente ao que por vezes se tem tentado dar como provado, o conceito *rua Direita* não é uno e tal como na cidade romana surgiam frequentemente mais que um forum, nas cidades portuguesas a complexização da sua estrutura e vivência produziu várias artérias principais com características, por vezes, bem diferenciadas. De qualquer forma, como imagem de síntese, a *rua Direita* que corresponde ao arquétipo tido como original do urbanismo português, era a rua onde se encontravam os estabelecimentos dos comerciantes mais importantes (alfaiates, ourives, marceneiros, sapateiros), onde se admiravam coisas trazidas de fora, bens do comércio não diário e que o forasteiro percorria no seu primeiro contacto com a cidade. Como veremos, mais importante é o facto de ter sido durante séculos o instrumento preferencial para o desenvolvimento urbanístico.

Nas cidades marítimas ou fluviais, a rua Direita surgiu fundamentalmente em duas situações: ligando o principal acesso terrestre ao cais ou como via paralela à margem. Os primeiros casos têm maior incidência em costas pantanosas ou de orografia mais acidentada, quando o acesso à água é feito numa faixa relativamente estreita ou quando a cidade é murada e o cais surge apenas junto a uma das portas. Em contrapartida, quando na sua origem a cidade acede ao mar ou rio através de uma praia sem uma barreira defensiva, assiste-se ao desenvolvimento de uma rua principal paralela ao cais e separada dele por uma banda de edifícios implantados em lotes longos e estreitos que normalmente para essa rua são lojas e habitações e para o cais armazéns. Numa fase posterior foi comum o equilíbrio destas tendências: ora se desenvolveram perpendiculares que estendem a cidade pelas margens sobre montes e aterros, ora se abrem vias de profunda penetração no território.

Note-se como estes tempos e diferenças são fundamentais na definição da forma dos perímetros urbanos que de facto surgiam com maior frequência mais alongados no litoral que no Interior, para o que concorria o amuralhamento quase sempre posterior à fundação. Este facto levou alguns autores a sistematizarem no sentido das cidades do interior terem uma estrutura viária predominantemente radio-concêntrica (Évora e Viseu) ao invés da alongada diversidade das do litoral (Gaetano Ferro, 1958). Generalização posta em causa com exemplos como o do Porto...

Outro aspecto importante é o facto de o entendimento dos bairros ser também ele muito em função da sua rua principal, verificando-se assim a existência de uma hierarquização social e funcional conjugada com a da forma urbana. Quando procuramos encontrar a zona da cidade relativa a uma corporação identificamo-la normalmente através de uma rua; quando procuramos um dos bairros *étnicos* de que falamos atrás, é também o topónimo de uma rua que nos dá a indicação (rua da Judiaria ou da Sinagoga, por exemplo, que após a expulsão quinhentista foram frequentemente rebaptizadas de *rua Nova*). Nas cidades mais pequenas aqueles bairros podiam mesmo reduzir-se ao todo de uma rua ou a uma pequena parte.

No que diz respeito à imagem, a rua das cidades medievais é hoje um quadro difícil de imaginar, cujo paralelo vivo só é possível encontrar em algumas cidades do Terceiro Mundo. Nela desempenham papel fundamental os objectos arquitectónicos dos quais, de facto, poucos exemplares chegaram até os nossos dias. Iria Gonçalves (1986 e 1991), apoiada em dados da realidade portuguesa e em bibliografia especializada, apurou para o caso lisboeta dados fundamentais que não eram exclusivos e com os quais passo a dar, livremente, algumas *pinceladas*.

A rua era o prologamento da habitação, compensado as suas más condições de habitabilidade, devidas não só às condições de higiene, mas também à não especialização dos espaços. As janelas só começaram a receber vidros nos finais do século XIV. Até então os vãos eram encerrados com tecido, papel ou o pergaminho encerados/oleados ou ainda por gelosias de madeira. Se as ruas principais podiam atingir 6 metros de largura, a maioria ficava-se por menores dimensões, sendo 2 e 3 metros medidas comuns, bastando, em alguns casos, 1 escasso metro. Mesmo assim era este o espaço comum disputado por todos com vista à sua inclusão nas próprias casas.

Em Lisboa, um primeiro regulamento impunha que os balcões e as sacadas ocupassem *apenas* 1/3 da rua de cada lado, ficando incluído o beirado. Assim apenas restava livre o último terço do espaço aéreo da rua, mas se de ambos os lados os edifícios fossem do mesmo proprietário, este podia uni--los através de um passadiço/sobrado, sem que esse direito fosse definitivo, pois "vai a rua per fundo e e do concelho" que o podia mandar demolir quando o entendesse. Cavaleiros e carros tinham assim a sua circulação bastante limitada, mas como se tal não bastasse, poiais, bancas, tabuleiros, alpendres, escadas, esteios, ramos publicitando adegas, casas renovadas que avançavam sempre um pouco, as vendedoras sentadas na rua, etc. completavam a panóplia de problemas que entorpeciam mesmo o tráfego. Pavimentação era requinte quase inexistente, o que motivava a alternância sazonal da poeira com a lama.

Apesar das posturas proibindo despejos e indicando locais para tal, estabelecendo coimas, etc., acrescia a tudo isto a imundice. Autorizava-se e aconselhava-se o despejo no rio durante a preia-mar, mas para os habitantes do interior, apesar do policiamento, era mais fácil despejar junto às portas da cidade ou nos fossos das muralhas onde se formavam grandes monturos. A ineficácia das medidas era denunciada por uma mais primária, a obrigatoriedade de gritar "água vai!" antes de proceder ao despejo na rua. Eram os desperdícios dos mercados, os detritos dos omnipresentes animais, de actividades económicas como a salga e a tanoaria. Galinhas, patos e porcos (cada vizinho podia criar um) vagueavam pelas ruas, com excepção para determinados locais (vendas de fruta, Ribeira, designadamente). Regressando à arquitectura, tentemos imaginar a sucessão acidentada de alçados irregularmente alinhados, avançando sobre a rua em sacadas, muxarabis, balcões, predominando a madeira sobre a cal e o improviso sobre o senso.

Como se pode verificar, o estudo da rua nas cidades portuguesas pode revelar-se extremamente gratificante para a sua compreensão, pois tudo parece indiciar ser ela quem, na generalidade dos casos, detém as funções de caracterização base do espaço urbano no seu todo. Ficamos, pois, face a pólos lineares de desenvolvimento, contra o que, à partida, pareceria mais lógico. Talvez sejamos o único povo onde hábitos linguísticos exprimem a correspondência semântica que o subconsciente estabelece entre *exterior* e *rua*, pois quando nos referimos a uma despedida compulsiva, contrariamente a outros povos, pronunciamos frases como "vou para a rua", "pôs-me/botou-me na rua", etc.

Nesta linha também o conhecimento da evolução da toponímia das cidades é um elemento da maior importância para a história do seu urbanismo, pois dá-nos informações preciosas acerca da importância e funções relativas de cada artéria ao longo do tempo. Só com o Liberalismo o *baptismo* dos espaços urbanos públicos passou a ser correntemente feito de forma institucional, em detrimento da mais espontânea e significante escolha pelo hábito e uso.

O Largo

O quadro traçado para a *rua Direita* não invalida, de forma alguma, a importância que o *largo* podia desempenhar numa estrutura urbanística minimamente desenvolvida. Não estou a falar do largo imediato a uma porta da muralha ou do adro de uma qualquer paroquial ou convento. Refiro-me àquele espaço onde conduziam as principais ruas da cidade, naturalmente provenientes dos seus principais acessos, e que de facto poderia ter no seu perímetro uma igreja importante, a casa do concelho, do senhor, do almoxarife ou do alcaide. Ali ocorriam festas, touradas, representações. Numa fase inicial aí podia acontecer o mercado diário, a *praça*, mais tarde mudado para o arrabalde.

Mais uma vez devo chamar a atenção para a importância da realização de estudos linguísticos e toponímicos, pois ainda hoje (só?) em português *praça* é sinónimo de mercado, comércio, leilão, bolsa, etc., parecendo-me que para as cidades medievais portuguesas a designação correcta para o espaço urbano a que nos referimos é *largo*. Contrariamente à rua, onde o encontro, apesar de frequente, era ocasional, era no largo que se procurava alguém e para onde se agendavam as reuniões dos homens-bons e as assembleias populares. Espaço, por regra, diminuto na sua origem – em muitos casos pouco mais que o alargamento de uma ou mais ruas confluentes – sofreu sistematicamente obras de aumento e regularização dos seus perímetro e planimetria.

Não tendo a característica fundacional que atribuímos à rua, sendo, aparentemente, um derivado resultante da sua intersecção com um outro elemento urbano proeminente, o largo foi ganhando protagonismo na definição do desenvolvimento urbanístico das cidades portuguesas. Em muitos casos, já como *praça*, viria a ser um dos seus elementos fundamentais de composição, em especial quando a maior complexidade da estrutura urbanística dá origem à sua multiplicação e especialização funcional. Estou obviamente a referir-me à frequente dualidade entre a praça civil, com Câmara ou casa do responsável administrativo e muitas vezes dotada de pelourinho, e a praça religiosa, com a Matriz, convento ou Misericórdia, frequentemente centrada num cruzeiro.

Edifícios

A abordagem que temos vindo a fazer à *aparência* da cidade portuguesa *espontânea* (e/ou preexistente), mesmo como esboço ficaria incompleta nos casos dos burgos mais importantes se não falássemos das construções com maior expressão. Esta é-lhes fundamentalmente conferida pela função, dimensão e perenidade, características que normalmente andam associadas. Ao edifício corrente com um sistema misto pouco apurado e precário de construção em pedra, barro (cozido em alvenaria ou cru em taipa) e madeira opunha-se a obra com algum aparato erguida fundamentalmente em pedra. São elementos que orientam a estrutura viária de que falámos atrás e que, por outro lado, marcam a imagem e o perfil urbanísticos com a sua implantação peculiar e também pela sua massa e recorte. Correspondem fundamentalmente a programas religiosos, pois nem a insipiente estrutura municipal nem o Estado, tinham ainda meios (e/ou necessidades?) para construções de grande vulto.

A *Domus Municipalis* em Bragança é uma excepção humilde, talvez única, cuja realização depende de uma motivação diversa, a construção no sub-solo de uma cisterna. Para além do mais é tardia, quando muito de finais do século XIII, segundo a leitura de Ferreira de Almeida (AAVV, 1986, vol. 3, pp. 141-142). Também tardio, mas expressivo, é o caso do Porto. Com frequência, as funções administrativas instalavam-se em torres da própria muralha, sendo para tal realizados alguns melhoramentos. Foi o caso da Torre de Almedina em Coimbra.

A aristocracia que habitava a cidade era normalmente a sua donatária e por isso ocupava o centro estratégico da estrutura muralhada, o *castelo*, o *paço* ou a velha *alcáçova*. Nos outros casos, para além de frequentemente encontrar oposição à sua permanência na cidade – em muitos casos sancionada pela própria carta de foral – não promovia ainda a construção de edifícios que se diferenciassem dos restantes, mantendo, no entanto, a preferência por se implantar no interior do perímetro muralhado, aspecto fundamental para a manutenção de estatuto e privilégios de cidadania. No seu todo a arquitectura civil respondia apenas a requisitos de exclusivo carácter funcional e quando adquiria alguma dimensão ficava a devê-la a um programa militar.

Em detrimento do pátio, que em outras culturas mediterrânicas torna a ocupação mais densa e os fogos mais intimistas, o lote era organizado por forma a que a sua área posterior fosse o quintal, tipo de ocupação que de facto é característica do lote urbano português. Os casos frequentes, mesmo junto ao centro urbano, de lotes profundos, levam a que a imagem de densidade sentida na rua seja traída pela existência de grandes espaços não edificados como miolo dos quarteirões. Estes vazios, bem como os das cercas conventuais, faziam com que as cidades deste período tivessem uma boa percentagem de campo no seu interior.

Os Templos e os Núcleos Conventuais
Nos edifícios religiosos tinham igual destaque as igrejas individualizadas e os complexos conventuais. A sua importância urbanística deve-se funda-

mentalmente ao facto de normalmente darem origem a largos ou terreiros, funcionando como pólos de atracção e de densificação do tecido urbano. Em termos de imagem urbana é mais importante a sua massa e volumetria que o recorte, pois nem mesmo na arquitectura gótica portuguesa a verticalidade é um fim. Deve-se apenas à reduzida escala do grosso das restantes construções a força com que algumas igrejas emergiam no perfil das cidades. Os conventos urbanos tinham ainda uma grande importância como reservas e ordenadores do crescimento urbanístico, pois por regra eram dotados de uma cerca para onde cresciam e que parcimoniosamente iam loteando e alugando.

Aliás, essa componente de especulação fundiária durante todo o Antigo Regime foi quase exclusivamente baseada nas iniciativas das Ordens religiosas. Implantaram preferencialmente os seus edifícios principais num local bem servido de acessos, adjacente à malha urbana já *tecida*, tendo por trás zonas amplas e não edificadas. Estas características são especialmente verificáveis nas casas mendicantes que, por vocação, são criadas na época como ordens urbanas por excelência. Implantavam-se preferencialmente fora de portas, junto aos mais movimentados acessos da cidade, podendo dar-se o caso de os muros da cerca continuarem os da cidade. Não deixa de ser significativo que no Entre Douro e Minho, o velho núcleo senhorial e por isso menos urbanizado, durante muito tempo os mendicantes apenas se tenham instalado em Guimarães e no Porto. Com implantação idêntica, mas muito menor importância formal, reformaram-se ou criaram-se em muitas cidades hospitais/albergarias que eram o contraponto de alojamento na estalagem para quem o não podia pagar.

As Muralhas
Ao serem construídas novas muralhas era frequente serem também englobados espaços ainda não afectos à vida urbana que passavam a ser reservas de crescimento. Nem sempre se pode dizer que tal resultava de uma opção tomada com essa intenção, pois por vezes era o traçado de uma nova e mais abrangente cerca que não era compatível com os caprichos do perímetro edificado. Historicamente o alargamento da área muralhada corresponde já à fase de consolidação do espaço nacional, sendo normalmente notadas as iniciativas do século XIV, em especial as de D. Fernando entre 1373--1375 (por exemplo as muralhas *fernandinas* do Porto, Lisboa, Évora, Ponte de Lima, etc., para além dos melhoramentos em outras). As últimas cercas de feição medieval erguidas em território nacional foram as de Aveiro e Viseu, já no século XV e com a Dinastia de Avis, deixando consideráveis áreas de crescimento no seu interior. Implicaram sempre ajustes no esta-

tuto dos cidadãos, aumentos de impostos, alterações na administração da cidade, etc.

Até ao fim do Antigo Regime as questões da conservação e actualização das muralhas foram tema do dia-a-dia das populações urbanas. Mais importante para nós é a transformação lenta, mas permanente, que obras de reforço, abertura de portas e postigos e até a própria decadência (permitindo nomeadamente a edificação adoçada), acarretaram à imagem das cidades. No entanto, os procedimentos, técnicas e formas da fortificação medieval portuguesa são em muito a adaptação local do corpo de conhecimentos legado no território pelos povos responsáveis pela islamização da Península e que já tivemos oportunidade de listar sumariamente. Era também importante a evidente descontinuidade que as muralhas introduziam no tecido urbano e social. O facto de à porta das cidades pessoas e bens pagarem portagem é suficiente para a exprimir.

Por último chamamos a atenção precisamente para a importância urbanística das portas das muralhas, bastando para tal notar a frequência com que as temos vindo referir. Eram referências fundamentais para o espaço urbano. Se por um lado a sua fragilidade em termos defensivos, levava a que fossem rodeadas de torres que marcavam de forma indelével a paisagem urbana, razões idênticas impediam no exterior a construção próxima, o que deu origem aos terreiros, largos ou rossios a que atrás aludimos. No interior é também frequente o largo, espécie de átrio de distribuição. Ainda assim são os elos da continuidade possível do espaço urbano. Outro aspecto importante é o da sua toponímia. Entre os casos de explicação mais diversificada, como as alusões de carácter religioso, pontuam, com alguma frequência, referências ao mundo a que ligam no exterior, desde o bairro imediato (*Porta da Mouraria* ou *Porta da Ribeira*, por exemplo) às ligações territoriais, sendo adoptados os nomes das cidades vizinhas ou topónimos sugerindo pontos cardeais (*Porta do Sol*, talvez o caso mais frequente).

Bastide ou Póvoas

Ao terminarem uma apressada caracterização urbanística dos aspectos *mais orgânicos* das cidades portuguesas, as questões da defesa devolvem-nos a um tema anteriormente apontado e, desta vez, pouco espontâneo, as *bastides*.

O fenómeno é bem conhecido e os estudos feitos para os casos franceses caracterizam-no com suficiente proficiência. A *balcanização* dos vastos vales com origem nos Pirinéus devida, em grande parte, ao fim da presença muçulmana a Sul, e à falta de potencial, definição ou concentração das três futuras potências europeias com interesses na região (Inglaterra, França e a Espanha em formação) são dois dos múltiplos factores que compunham a complexa conjuntura que permitiu a fundação e reforma sistemática de mais de meio milhar de povoações fortificadas destinadas a garantir o povoamento e o controle do território.

As cartas de fundação estabeleciam também o ordenamento da envolvente agrícola e florestal, prazos para o seu arroteamento e para a construção que, aliás, devia ocorrer em toda a frente do lote, etc. Correspondiam, portanto, à formalização de um plano. Foi um processo que se prolongou por cerca de século e meio, desde inícios do século XIII até à Guerra dos Cem Anos, na qual, aliás, estas cidades tiveram participação activa. É um fenómeno a que não foram alheios, em oposição, a organização feudal e a forte romanização, pelo que ocorreu num território fortemente marcado pela história, recheado de preexistências.

Fundamentalmente pelo carácter defensivo e sistemático do seu aparecimento, as *bastides* são os casos mais referidos das cidades medievais de colonização interna racionalizada e, por isso mesmo, normalmente regulares. Mas a realidade da Alta Idade Média europeia demonstra que o recurso à fundação de cidades corporizando processos de colonização, apesar de descontínuo, não era um fenómeno épocal, mas um instrumento permanentemente à mão do poder que dele necessitasse, aliás tal como o verificámos para a cidade islâmica.

Enrico Guidoni (1981) deixou bem clara a ampla utilização deste procedimento na Idade Média em quase toda a Europa por senhores feudais, príncipes, reis, bispos, ordens religiosas, etc. Aliás, para as últimas (beneditinos, cistercienses e mendicantes), estabeleceu um quadro de tipos onde é evidente o carácter conceptual das suas fundações. Tornou também evidente o facto de nos programas adoptados nem sempre serem preponderantes as preocupações defensivas, o que permite considerar as *bastides* como apenas um dos géneros e a futura França como uma das áreas do vasto território que foi sendo objecto da racionalidade urbanística que também se aplicou a extensões programadas de núcleos preexistentes.

Desde o Norte, onde Køge é um exemplo dinamarquês, à Sicília, passando pela Alemanha, em que Nova Brandeburgo, Meckelemburg e a vasta colonização da Pomerânia são casos fundamentais, pelas Baleares, pelo Valdarno italiano, por Pavia e pela ampliação de Bréscia, os casos são inúmeros e variados. Ainda no sul temos os casos ao longo dos Caminhos de Santiago inventariados, entre outros, por Torres Balbas (AAVV, 1954, pp. 104-135), sendo aqui clara a contribuição da colonização franca para o fenómeno. Como referimos atrás, não faria sentido que com uma independência e (re)povoamento fortemente apoiados por outros povos europeus, a fundação programada de cidades não tivesse tido expressão em Portugal.

Sendo escassos os conhecimentos disponíveis sobre o género *bastide*, para os restantes são praticamente inexistentes, o que influencia negativamente qualquer abordagem global. Porém, importa desde logo referir que um dos factores que contribuiu de forma decisiva para o esbatimento do processo, foi o ciclo de guerras e epidemias que em Portugal marcou o século XIV – período que teria sido decisivo para a consolidação e crescimento ordenados das novas urbes – levando a uma drástica decréscimo demográfico, só recuperado em meados do século XIV.

Como tenho vindo a fazer notar, o carácter marcadamente intencional da instituição de uma *bastide*, para além do relativamente curto período de concretização, implicava a existência de uma gestão urbanística forte e racional. Assim a malha urbana é, por norma, geometrizável, devendo-se as excepções a preexistências ou condições topográficas adversas. No entanto, a irregularidade da muralha e a falta ou apatia conceptual de pólos urbanos compositivos, denuncia uma atitude que as afasta de qualquer formulação estética próxima das *cidades ideais* e deixa claro o facto de a cidade existir apesar deles, da própria essência da sua fundação e tipologia. Por outro lado, os quarteirões de planimetria rectangular alongada, próximos, em muitos casos, do duplo quadrado e compostos por lotes profundos e estreitos, denunciam a importância dada ao aproveitamento do espaço, que é outra característica marcadamente medieval, mas que nestes casos não põe em causa um generoso dimensionamento das vias. Gilles Bernard (1993) vai quase ao ponto de admitir não passarem de meras operações de loteamento o que nos dá, no mínimo, uma imagem aproximada da realidade formal.

Para além da faceta militar é precisamente na regularidade e no pragmatismo da concretização, bem expresso na arquitectura das próprias igrejas que nem sempre surgem implantadas na única praça, onde reside o seu grande interesse para a história do urbanismo, pois para uma época em que de um modo geral tudo é apresentado como irregular, irracional, orgânico, místico, etc., o facto de cidades de fundação apresentarem características estruturais opostas e admitirem a existência de um esquema de implantação prévio é, pelo menos, revelador da naturalidade e facilidade conceptual do modelo ortogonal. Acresça-se ainda o facto de ser o que mais optimiza o aproveitamento do espaço.

Outro dos aspectos peculiares das *bastides* é o da sua toponímia, também ela determinada por *alguém*. Para além de em muitos casos se terem adoptado termos derivados dos nomes dos seus fundadores, em outros antepôs-se a um topónimo próprio termos como "Villefranche", "Villeneuve", "La Bastide" e "Sauveterre", nos casos francos, obviamente. Entre nós é também pela toponímia que mais facilmente se identificam. Por exemplo "Salvaterras" há duas, tal como "Vianas", que não sendo uma designação das atrás apontadas, tem pelo menos um paralelo na Vianne do departamento francês de Lot-et-Garonne e outro na Viana de Navarra. Entre as *Vilas*, refiro, a título de exemplo, Vila Real, Vila Nova de Cerveira, Vila Franca de Xira e Vila Viçosa. Claro que a pesquisa documental e morfológica, tem permitido encontrar algumas mais como Setúbal, Campo Maior, Arronches, Caminha, Sines, Sesimbra, Belmonte, Sabugal, etc.

Ao procedermos de forma breve a esta comparação toponímica não encontramos de facto qualquer topónimo próximo de *Fortificada de...* ou *Muralhada de...*, as traduções mais prováveis para os inúmeros casos Bastide franceses. É que na realidade toda a documentação e tradição oral designa sugestivamente este tipo de cidade como *Póvoa*. Já há muito Alberto Sampaio (1923) deu início ao estudo parcial do fenómeno, interessando-se fundamentalmente pelos casos do litoral, as *póvoas marítimas*. No entanto, com particular clarividência sabia o que estava em jogo ao afirmar (p. 9): "Chamaram-se *Póvoas* os grupos urbanos, nascidos em geral à sombra dos forais, outorgados pelos reis da dinastia borgonhesa, ou por entidades sucedâneas da coroa. Houve-as no interior e na costa;..."

Em Portugal o facto de já ser claro quem detinha a soberania do território e de ser preponderante o papel colonizador das novas (re)fundações – por vezes não chegam a ser erguidas muralhas – fez com que a tipologia urbanística medieval resultante de um acto de poder seja a *póvoa*, termo próximo do tipo geral, e não a *bastide*, um género específico. Corroborando esse raciocínio, note-se como em muitos casos conhecidos, à personagem encarregue de desenvolver o processo a documentação régia atribuir o título de *povoador*, uma espécie de gestor urbanístico e não propriamente um urbanista *avant-la-lettre*. Claro que há casos toponímicos de "Póvoa" que resultam de processos bem diversos e menos inspirados. Remeto para a bibliografia estrangeira e para estudos em elaboração sobre os casos portugueses a discussão acerca das diferenças formais e conceptuais que estão por trás de tudo isto.

Dificuldades de gestão, preexistências formais e culturais e falta de colonos agravada pela peculiar conjuntura do século XIV já atrás abordada (arrastando o processo no tempo) raras vezes permitiram concretizações geométricas claras. Por outro lado as transformações entretanto ocorridas impossibilitam na maior parte dos casos qualquer leitura capaz. São no entanto observáveis algumas constantes. Jorge Gaspar (1969), no trabalho que é ainda a única referencia para o estudo formal do fenómeno em Portugal, refere, por exemplo, como no Alentejo existem dois tipos de estrutura. Sempre baseadas numa rua de onde saem perpendiculares, a diferença reside no facto de a rua terminar no terreiro do castelo, como em Monsaraz e Alegrete, ou numa outra porta da muralha, como no Redondo. A praça encontra-se no centro, mas sempre adossada à rua que nunca a atravessa. Atente-se na coincidência conceptual com o quadro traçado para as cidades ditas *espontâneas* e ainda no carácter fundacional daquilo a que agora começa a ser possível chamar *praça*. Acresça--se a isto o facto de a mancha urbana ser predominantemente fusiforme, com eixo na rua principal, o que, mais uma vez, confirma a importância da rua como geradora do espaço urbano português.

A *vila de baixo* de Tomar é um caso que interessa anotar. Muito se tem hesitado em abandonar a ideia de se dever a uma fundação do Infante D. Henrique, *moderna* portanto. A análise morfológica (lotes, quarteirões, praça, dimensionamento, rua, hierarquia, etc.) coloca-a inequivocamente na lista das *póvoas* medievais e as provas documentais reunidas por Manuel Conde (1988) a partir do trabalho preliminar de José Rosa (1981), confirmam o facto de a estrutura viária geometrizável estar lançada já em meados do século XIII. Tal era o caso do principal eixo estruturante, a Rua da Corredoura, que significativamente é o prolongamento além-ponte do *decumanus* da canónica Sellium romana (Salete da Ponte, 1985), cujos vestígios estariam ainda bem evidentes.

Aliás, até à decisão de implantação de uma urbe entre o rio e o sopé do morro do Castelo para onde fossem transferidos os moradores laicos da cidadela e do pequeno arrabalde da sua vertente poente – por imposições resultantes de uma reforma da Ordem anterior à sua *nacionalização* por D. Dinis em 1319 – existiu uma povoação na margem esquerda (nascente) à qual o Grão-Mestre Gualdim Pais concedeu foral em 1162, precisamente sobre a velha Sellium e organizada em torno da igreja paroquial de Santa Maria do Olival, provavelmente fundada por aquele Gão-Mestre. A igreja de S. João, implantada sob a forma de quarteirão com frente para a única praça, resulta da renovação de uma outra cuja fundação é dada para o segundo quartel do século XIII (J. A. França, 1994, pp.13 e 36).

A praça, em acordo com o arquétipo que esboçamos, surge no ponto mais próximo do castelo e nela tem remate a Rua da Corredoura. O sítio escolhido pelos Templários para a sua cidade desdenhou deliberadamente a implantação do núcleo preexistente, mais lógica pela insolação, natureza do subsolo, acessibilidade, etc. Uma série de vicissitudes concorreriam para na realidade ser D. Henrique, como Grão Mestre da Ordem de Cristo, o grande responsável pelo desenvolvimento da vila no século XV, ampliando-a para norte (o que retirou à mancha urbana a tradicional preponderante rectangular), dotando-a, para além da feira franca, de infra-estruturas e equipamentos que de facto anunciam a Idade Moderna (Salete da Ponte, 1994). Mas de facto, o lançamento do traçado no território deve-se ainda à Ordem do Templo que, também no período das *bastides* francas e das *póvoas* portuguesas, em Paris (Marais) promovera igual operação. Não ter muralha é uma das constatações mais relevantes, pois mais uma vez demonstra a importância e aplicabilidade que o modelo tem em Portugal para cidades de fundação, independentemente da existência ou não de uma conjuntura bélica.

Foi precisamente a centúria que decorreu a partir de meados do século XIII o grande período da criação e reforma das *póvoas*, havendo já desde o período da fundação da nacionalidade alguns casos que o indiciam. Como vimos, coube a D. Afonso III e a seu filho D. Dinis (atente-se na sugestão cultural do nome de baptismo) a implementação desta política urbanística. O zelo legislativo de D. Afonso IV teve também uma importância convergente. Amélia Andrade (1992), por exemplo, constatou os seus inequívocos empenhos no estabelecimento de uma rede urbana no Entre Douro e Minho – Viana, Caminha, Cerveira, Valença, Monção e Melgaço (atente-se na toponímia específica, por vezes imposta à custa de alterações de topónimos preexistentes) – precisamente uma zona senhorial e conflituosa por excelência, onde a definição fronteiriça tinha ainda alguns obstáculos e opositores, de entre os quais o bispo de Tui.

À escala do território assistia-se também a uma grande transformação da paisagem. Para além da reforma das estruturas urbanas e defensivas e da valorização das vias de comunicação, eram plantados pinhais que asseguraram a estabilidade das linhas de costa, arroteadas áreas de floresta, drenados terrenos pantanosos (nas Lezírias do Tejo, por exemplo) e irrigados outros. Note-se também a intensificação da actividade marítima e aproximação ao litoral, possível graças à formação de uma armada cujo contributo é fundamental para atenuar a pirataria. Velhos núcleos piscatórios (Caminha, designadamente) puderam finalmente desenvolver-se, sendo instituídos como *póvoas marítimas* (Alberto Sampaio, 1923).

Regressando à escala da cidade, paralelamente aos processos *naturais* assistia-se às primeiras intervenções promovidas com objectivos de fundo. Note-se a abertura da Rua Nova em Lisboa, o grande eixo comercial e de crescimento até ao período manuelino. Parcialmente substituiu em preponderância urbana a Rua dos Mercadores seguindo a orientação da presumível malha romana. Mais uma vez é a rua, não a praça ou uma grelha viária, o instrumento utilizado para fomentar o desenvolvimento urbanístico.

Fotografia aérea de Coimbra, c. 1970, Instituto Geográfico Português, Lisboa

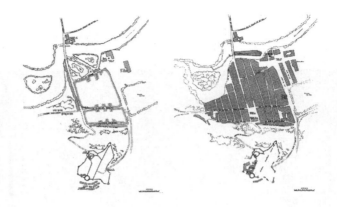

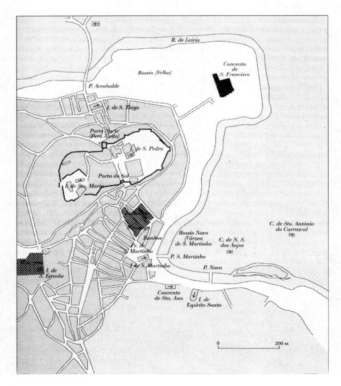

Tomar dos Templários (séc. XIII) e Tomar da Ordem de Cristo/Infante D. Henrique (séc. XV)
in J. I. da Costa Rosa, *"Nascimento e evolução urbana de Tomar até ao infante D. Henrique"*
in *"Boletim Cultural e Informativo da Câmara Municipal de Tomar"*, n°2, Tomar, 1981

Leiria na Baixa Idade Média adaptado de *"Atlas de Cidades Medievais Portuguesas"*, INIC, Lisboa, 1990

Fotografia aérea de Évora, Instituto Geográfico Português, Lisboa

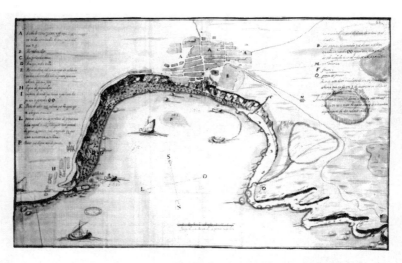

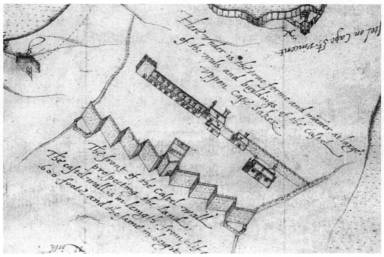

Leonardo Turriano, A *póvoa e a enseada de Sines*, inícios do séc. XVII, Torre do Tombo, Lisboa

A *correnteza e a muralha de Sagres*, detalhe de um desenho do barlavento algarvio, 1587, British Library, Londres

"*Planta da praça de Caminha*", c. 1750, Sociedade de Geografia de Lisboa

Tal como na gestão política dos concelhos, estava inaugurado o papel do Estado como interveniente privilegiado no espaço urbano. Como escreveu Thierry Mariage (1990, p. 21) a propósito das reformas que Henrique IV mais tarde promoveria em França "L'espace dans son ensemble, comme dans le détail devenait ainsi l'affaire de l'Etat." No entanto, à margem e até hoje, os processos ditos *espontâneos* mantiveram intactas a sua vitalidade e potencial criativo.

SINTOMAS DE UM *URBANISMO REGULADO* [1]

Após o período que acabamos de abordar, a fundação de cidades no actual território nacional (excepção feita às ilhas) passou a ser um fenómeno esporádico e nem sempre expressivo. Por exemplo, D. João II, com motivações diferentes, fundou em 1486 Vila Nova de Milfontes e em 1488 a Vila das Caldas (da Rainha). Não contamos com estudos aprofundados sobre estes casos, mas à partida não parecem ser muito relevantes para a história do urbanismo. Também a fundação de Peniche por D. João III, apesar de apresentar uma mais racional organização do espaço urbano, não contém inovações que vão além das novas tipologias do sistema defensivo. No entanto, um século atrás já a Vila (com foral) do Infante em Sagres era um caso peculiar e experimental. São da década de 50 do século XV os documentos da sua fundação pelo Infante D. Henrique. Não é conhecido o projecto e o que esteve edificado foi, até à recente destruição, mal compreendido pelos responsáveis do património.

Da reconstituição possível, sabemos que na banda mais estreita do promontório foram erguidos dois panos de muralha entre falésias que a separavam de terra e da *ponta*; o pano norte, por onde se fazia o acesso, tinha um traçado zig-zagueante, uma curiosa e precoce experiência procurando a forma mais eficaz de evitar ângulos mortos na defesa dos muros, resposta mais tarde sistematizada nos sistemas abaluartados da *fortificação moderna*; já o pano sul era recto e servia de encosto a uma "correnteza" de casas dando sobre um terreno destinado a ser configurado como praça; aquelas construções iniciavam-se a nascente com uma torre cisterna e de vigia, que em si era o módulo de composição; todas as casas (chegaram a ser 24), com excepção para a da Câmara com sineira e mais tarde adaptada a residência do Governador, eram de um só piso e igual feição; no extremo poente ficava a *casa do Infante*, desenquadrada das restantes; junto a esta situava-se a igreja de Santa Maria, aumentada no século XVI.

---

[1] Em "*O urbanismo regulado* e as primeiras cidades coloniais portuguesas" também publicado nesta secção, desenvolvi consideravelmente este conceito operativo da urbanística que, aliás, no quadro prático e legislativo é extremamente actual.

Na metade nascente do pavimento da praça foi desenhada em calçada uma rosa-dos-ventos que, para além do simbolismo imediato, obedecia por certo a necessidades funcionais – uma eventual relação com ilustrações de algumas das primeiras edições renascentistas (1521 e 1548) do tratado de Vitruvius pode conferir-lhe outros valores e indiciar a sua realização tardia. Na outra metade, frente à Câmara, esteve implantado o desaparecido pelourinho. Na falésia nascente uma escada permitia o acesso à enseada que servia de porto e era em grande parte a justificação da fundação da Vila.

A métrica, a volumetria, a composição em alas, o programa, etc., têm paralelo nos acampamentos e aquartelamentos militares, lembrando em muito os alinhamentos das suas casernas. Aliás nunca vi explorado o topónimo "Vila de Terçanabal" com o qual a designava o Infante, pois parece-me admissível e apropriado que seja uma expressão coeva que hoje possa ser traduzida por *tercena-naval*. Constituindo um modelo que aparentemente não terá sido seguido, mas tentando precocemente resolver globalmente os requisitos urbanísticos propostos com uma resposta *de programa* arquitectónico, a Vila do Infante em Sagres foi (é?) a primeira cidade pré-desenhada portuguesa da Idade Moderna.[2]

A Cidade Burgueso-Manuelina: Regulamentação e Nova Centralidade

Mas para o actual território nacional é na ampla reforma ocorrida nas cidades portuguesas, que por simplificação mas com injustiça tendemos a identificar apenas com o reinado de D. Manuel I, onde reside a novidade, o verdadeiro interesse urbanístico do período áureo dos Descobrimentos. Não se tratou apenas da sistematização (e *nivelamento*) dos forais, mas fundamentalmente da grande transformação da imagem urbana. De uma forma abreviada pode ser analisada por duas vias: a organização de um corpo normativo e a nova centralidade. Lamentavelmente tenho que (apenas) deixar subentendido um aspecto fundamental: a caracterização urbanística produzida pela classe média que, pela primeira vez, cristaliza no seio da sociedade portuguesa.

Quando tentei dar uma ideia da rua medieval portuguesa ficou subjacente o estado de rotura a que o espaço urbano português estava a chegar. Simultaneamente, ficou referida a existência de algumas preocupações de

---

[2] Conforme se poderá verificar em estudos posteriores – alguns dos quais também aqui publicados – adquiri então o conhecimento de as características aqui anotadas acerca deste caso serem recorrrentes no urbanismo medieval português, pelo que esta afirmação de modernidade deverá ser relativizada, senão mesmo revista. Veja-se, por exemplo, o texto que encerra esta colectânea.

regulamentação através das posturas municipais e fiscalização surgidas ainda com a 1.ª Dinastia. Esse corpo normativo foi sendo renovado e em boa parte surgiu já nas *Ordenações Afonsinas* (1447), mas com D. Manuel foi bastante ampliado não só através das suas *Ordenações*...(1521), mas também numa série de posturas, cartas, etc. – v. *Livro das Posturas Antigas* e *Posturas do Concelho de Lisboa*. Com efeito, nos finais do século XV nos monarcas e nos gestores municipais despertou o orgulho pela cidade, aperceberam-se da importância do seu embelezamento, da sua aprazibilidade, em especial para os casos onde a corte permanecia mais tempo.

Na prática uma das preocupações principais era a da limpeza das ruas, praças, canos, muralhas, etc. (Iria Gonçalves, 1986), para o que contribuía a frequência de surtos epidémicos. Em Lisboa os vizinhos passaram a ser forçados a varrer diariamente a rua diante da sua porta da Primavera ao Outono, obrigação que em 1499 foi expressamente alargada aos cortesãos. Passou a haver alguém encarregado da recolha do lixo, foram afastadas dos espaços públicos principais as actividades mais poluentes, foi iniciado o calcetamento de ruas (em tijolo e, para os casos excepcionais, em pedra) e o encanamento dos seus esgotos, valas a céu aberto foram abobadadas e cobertas. Em 1486 foi organizado um sistema coerente e hierarquizado de esgotos.

A meio caminho entre as preocupações sanitárias, estéticas e funcionais encontramos a notícia do início do calcetamento da Rua Nova de Lisboa, realizado com tais cuidados que foram feitos desenhos à escala natural (Iria Gonçalves, 1991). Após a viagem ao Porto em 1483, D. João II, tendo apreciado na Rua Nova a qualidade do trabalho e da pedra utilizada, ordenou que em Lisboa fosse utilizado igual processo e a pedra dali trazida. O caso do Porto, já então a segunda cidade da rede urbana portuguesa, dá bem a ideia de como o *saneamento* urbanístico vinha sendo almejado pelos reis desde o início da Dinastia de Avis. Para além da reinstalação planeada e coerente da judiaria no interior do perímetro muralhado nos alvores de Quatrocentos, em 1395 iniciara-se a abertura da Rua Nova ou Formosa, como D. João I a baptizou, que contava com uma série de preceitos obrigatórios relativos às construções limítrofes, o que poderá ter sido entre nós o primeiro caso de um projecto urbanístico com programa arquitectónico. Aliás, este rei teve um papel fundamental no desenvolvimento desta cidade (Real e Tavares, 1987, p. 398).

Outra aspiração importante era a de que as ruas fossem suficientemente desimpedidas para que se tornassem possíveis um eficaz policiamento e o tráfego florescente de cavalos e carruagens. Talvez pela primeira vez foram feitas demolições para desafogo urbanístico e realinhamento que com D. Manuel atingem um avançado grau de radicalismo. Entre outras medidas o rei proibiu a construção ou reconstrução de balcões ou sacadas, obrigando os donos dos existentes a desmontá-los (1502). Antes de qualquer demolição para reconstrução era obrigatório solicitar uma vistoria da Câmara para garantir, pelo menos, que a nova construção não iria avançar ainda mais sobre a rua.

No meio do imediato conteúdo funcional e do pragmatismo destas medidas, penso vislumbrar a existência de uma clara e forte política de valorização estética da cidade, principalmente quando nos lembramos de que já em 1462 D. Afonso V tentou impor que as casas da Rua Nova de Lisboa fossem feitas sobre arcos de cantaria e daí até ao telhado em alvenaria de pedra e cal, sem tabuados. Também D. Manuel em 1502 lamentava a existência ali de frontais em madeira e tentou levar os proprietários a substituí-los por tijolo. Era também expressa a intenção de minorar os frequentes incêndios (Helder Carita, 1990 e 1994). Estes, a par com alguns sismos e a má qualidade construtiva, tornaram possível a renovação de uma parte considerável do parque imobiliário.

Com algum exagero pode dizer-se que, pela consciente e dirigida determinação real *(manuelina?)*, a imagem das cidades portuguesas, como se não bastassem as medidas exclusivamente urbanísticas, foi radicalmente alterada a partir da própria arquitectura corrente que vê quase banidos do seu léxico balcões, varandas, avançados, poiais, consolas, muxarabis, etc. e por isso teve de ser *reinventada*. Surgiu assim um tipo de alçado que até há bem pouco tempo configurava o grosso do espaço público urbano português. Correspondendo a um edifício construído em alvenaria de pedra e/ou tijolo, é plano, alinhado com os confrontantes e, por imposição regulamentar, sem saliências que vão além de palmo e meio incluindo o beirado, como o determinava a postura depois também vertida no *Regimento dos Officiais Mecânicos...*

Os vãos, fechados por caixilharia de madeira, são guarnecidos com cantaria lisa de textura a *pico fino* com orla que contrasta na superfície rebocada nem sempre caiada, pelo que o branco e os tons naturais das argamassas de cal e areia predominam. Os casos mais ricos ou de onde a tradição ornamental era mais forte (como em Coimbra) expressam-se precisamente nas guarnições dos vãos. A valorização de um piso era obtida pela substituição da janela por uma sacada servida por uma consola, também de palmo e meio, com guarda em rotulado de madeira, no futuro gradualmente substituídas por ferro forjado.

Estudos em curso indiciam a existência de coerência matemática nas proporções de vãos, alçados, etc., o que tem raízes profundas nos esquemas de composição anotados em cadernos transmitidos e copiados entre os mestres-pedreiros medievais. Quanto ao espaço-rua, agora desafogado, passou a dispensar a galeria que estranhamos não encontrar nas nossas cidades com a frequência corrente noutros casos. Chã, enfim, é a arquitectura formulada e experimentada no Bairro Alto de S. Roque em Lisboa, da qual resulta essa área urbana regular – regulada seria mais correcto – produzida a partir dos inícios do século XVI, tantas vezes identificada como o primeiro plano pré-desenhado para Lisboa e que um estudo recente (Helder Carita, 1990) prova mais não ser que a aplicação directa do corpo manuelino de normativas urbanísticas a uma mera operação de rentabilização imobiliária.

Desenho urbano e programa arquitectónico são produtos naturais do melhor e mais racional aproveitamento do espaço e das normas legais enunciadas. "A inexistência de eixos geradores de praça ou edifícios notáveis na ordenação do conjunto, é disso exemplo. Ele estrutura-se por fases, claramente documentadas, e ao longo de mais dum século." (Helder Carita, 1994). Nesse estudo está demonstrado como o período de vigência deste corpo normativo vai praticamente até à Reforma Pombalina. Por processos diversificados, com adaptações às realidades locais e celeridade variável o resto do país foi absorvendo esta reforma. Em breve – o que no tempo urbano português é muito tempo – assim se construía tudo o que era novo.

Penso que nos níveis de ensino mais elementar uma das imagens que ainda se dá da nova dinâmica de D. Manuel I, é a do rei que trocou o Castelo pela Ribeira, a alta pela baixa. É para a história do urbanismo português o paradigma daquilo que atrás designei por nova centralidade.

A estabilização das fronteiras, a pacificação do território e toda a conjuntura sócio-económica que levou à dinamização da vida urbana, tornou natural o abandono das exíguas e frequentemente íngremes áreas muralhadas medievais. Os rossios, terreiros ou largos junto às portas das cidades, por regra sempre exteriores, mas com excepções (como em Setúbal), foram gradualmente reformados em praças onde frequentemente se construiu de novo a Casa da Câmara, o quase inseparável açougue e se ergueu o pelourinho. São espaços, equipamentos ou instituições velhos com novo significado, atribuições e poder, símbolos de um Estado já bem enraizado. Aliás, o pelourinho assume com D. Manuel I a marca simbólica e telúrica contida em tipologias semelhantes como o predecessor padrão dos descobrimentos ou o bem posterior obelisco.

Nas novas praças, ou por perto, implantou-se o equipamento/instituição urbano de invenção mais recente e exclusiva, a Misericórdia. Esta deve ser entendida como um conjunto de igreja, zona administrativa e todas as dependências assistenciais que eram a essência do seu funcionamento, hospitais e albergarias. É óbvio que esta recentralização das cidades naquele que normalmente já era o seu espaço preferencial de troca, aumentou o ritmo de desenvolvimento dos bairros periféricos que anotamos alguns parágrafos atrás, implicando e dependendo também da abertura de novas frentes.

Pelo pragmatismo, continuidade formal e processual que isso representa, devo chamar a atenção para o facto de que naturalmente são as cidades fundadas na Idade Média as que menos alterações sofrem com este processo. Estruturadas há relativamente pouco tempo, ainda com áreas urbanas por ocupar, tão cedo não acusaram na sua malha alterações de vulto. Recordemo-nos do caso precoce da fase henriquina de Tomar, em que na estrutura formal já existente foi implantado um vasto programa de equipamentos e do facto de D. Manuel ter substituído os Estaus henriquinos da Praça pela nova Casa da Câmara.

Também em Setúbal, sem atropelos das preexistências, se reformou a praça do município que também recebeu o elemento terminal do aqueduto recém construído. Em Elvas num *campo* reformado em praça construiu-se a igreja matriz e pouco depois a Casa da Câmara, sendo a Misericórdia erguida num largo próximo que era simultaneamente o ponto terminal do novo aqueduto. Lembremo-nos ainda da relativa facilidade com que Viana do Castelo viu inserida a sua Misericórdia, contrastando com a necessidade de em Caminha, bastante mais tarde, ser implantada no *campo* junto à porta da Torre do Relógio (M.ª Alfreda Cruz, 1967, p. 120). Em contrapartida, em cascos antigos como o de Coimbra[3], na fase pré-universitária construiu-se no antigo rossio da praça a Casa da Câmara e Cadeia, os açougues, o pelourinho e o Hospital Real, para além de se *encavalitar* sobre a medieval igreja de Santiago uma outra como Misericórdia. Paralelamente os Crúzios urbanizaram com uma geometrização razoável o espaço que medeia entre o mosteiro e o rio, ordenando o largo fronteiro, encanando a velha *runa* das termas romanas e integrando na cidade o núcleo rural de Santa Justa. A Rua da Calçada sofreu a sua primeira reforma, construiu-se a muralha de cais e a ponte que serviram até ao século XIX.

---

[3] No que aqui se anotou em relação a Coimbra, na minha dissertação de doutoramento – *Diver-Cidade, urbanografia do espaço de Coimbra até ao estabelecimento definitivo da Universidade*, dissertação de doutoramento apresentada à Faculdade de Ciências e Tecnologia da Universidade de Coimbra, Coimbra, 2001 – ficaram invalidadas algumas das observações aqui feitas. Com efeito, nem as novas instalações municipais erguidas na praça tinham a função de Casa da Câmara, nem a Rua da Calçada sofreu então qualquer reforma, a qual ocorreu um século antes. Também ali se demonstra como a referida urbanização crúzia foi produzida pouco tempo depois da instalação do próprio mosteiro, ou seja, pelos inícios do século XIII.

As Ruas Novas

Este vasto processo tem também na sua origem intervenções pontuais com a aberturas e loteamento *regulado* das frentes das já referidas *ruas Novas*. Foi com este espírito que se desenvolveram processos como os das ruas de Belmonte e das Flores no Porto (Real e Tavares, 1987, p. 399), do Norte e do Vento na "Vila Nova" em Aveiro, etc. Paralelamente, pela via da arquitectura ensaiavam-se os primeiros programas tendo também como objectivo a alteração da escala urbana, nomeadamente através da definição de eixos com marcada componente monumental. Casos como o do Bispo D. Miguel da Silva para a Foz do Douro (R. Moreira *in* AAVV, 1989b, pp. 108-110) e o do bispo D. Diogo de Sousa para Braga (Oliveira, Moura e Mesquita, 1982) ilustram bem esta situação, a que não pode ser alheio o facto de ambos os prelados terem permanecido por largos períodos em Itália (Roma e Florença, designadamente).

O Convento de Santa Maria de Belém foi também desde o início integrado num alargado programa monumental e paisagístico (Rossa, 1989). São os indícios de uma mudança rapidamente operada na arquitectura, mas que só se instalou no urbanismo bastante tempo depois. É que enquanto a evolução da arquitectura depende em muito dos encomendadores, para o urbanismo nos seio das comunidades burguesas/mercantis é necessário o seu empenhamento ou, no mínimo, a sua tolerância.

Na paisagem urbana começaram finalmente a surgir com a afirmação que o tipo arquitectónico requer, os palácios de uma nobreza nova e enriquecida com o florescimento comercial dos Descobrimentos. Paralelamente, ordens religiosas de vincado carácter urbano nascidas com o surto humanista e, posteriormente, com a Contra-Reforma, instalam-se nas cidades, constituindo novos pólos de desenvolvimento. Na diversificação das respostas urbanísticas aos programas e clientelas arquitectónicas ocupa especial destaque a reforma e reinstalação da Universidade em Coimbra por D. João III (1537).

Problema complexo de que se aguarda investigação esclarecedora[4], teve basicamente dois momentos a que correspondem dois espaços: a fase laica e humanista que deu origem à abertura do pátio/via da Rua da Sofia onde se alinharam experimentalmente os primeiros colégios e igrejas; a fase contra-reformista que relançou a Alta como *campus* universitário polarizado na milenar Rua Larga e, *grosso-modo*, no velho forum æminiense agora

---

[4] Também na obra referida na nota anterior acaba por ter sido registada uma análise detalhada das questões aqui levantadas a propósito de Coimbra, a qual altera consideravelmente o panorama traçado neste parágrafo.

designado por Largo da Feira (dos estudantes) e dominado pela superestrutura jesuíta dos colégios de Jesus e das Artes. As principais novidades foram a definição de novos tipos arquitectónicos, a regulamentação da volumetria e da tecnologia para a construção das fachadas e o anacrónico regresso à *medina*, que indirectamente forçou a divisão funcional artificial de um único organismo urbano. Pela primeira vez em Portugal as funções comercial e/ou defensiva não são a essência *urbanificadora* de uma cidade.

Também directamente relacionado com as profundas mutações estruturais da sociedade identificáveis com a Contra-Reforma, está o fim formal dos guetos étnicos. Com efeito, judiarias e mourarias deixaram forçosamente de existir e se, na realidade, sempre que possível aquelas comunidades permaneceram nos seus espaços ocultando os seus ritos e tentando manter as suas formas de vida, não é menos verdade que o espaço público que lhes era exclusivo deixou de estar descontinuado do restante. A este *alargamento* de causa institucional, devemos juntar a caducidade dos muros defensivos, o abandono pelas actividades económicas das alcandoradas cidadelas, etc., que de facto fizeram com que as urbes passassem a ser um espaço aberto à envolvente, alteração conceptual de fundo sofrida pela tradicional oposição cidade-arrabalde.

Contudo é extremada e importante a excepção das designadas *praças de guerra*, onde, como pretendia Dürer (*Etliche Underrichte zu Begestigung der Stett, Schloss und Flecken*, Nüremberg, 1527, traduzido para português em 1552 por Isidoro de Almeida), a cidade era um apêndice interno da fortificação. As adaptações às novas técnicas de defesa tornavam necessário "abbassare le mura [...], addossare terrapieni alla parete muraria interna [...], inserire bastioni negli angoli e in alcuni tratti intermedi, [...], e realizzare la spianata [...] attraverso la demolizione di case e colture, alterando il rapporto antico della città con il suo territorio" (Amelio Fara, 1993, p. 68).

Novos Equipamentos
Directamente inspiradas no reencontro com as civilizações da antiguidade e no desenvolvimento dos ideais humanistas, como temos vindo a verificar, são permanentes as preocupações com a higiene e a assistência. Para além das Misericórdias, dos hospitais, das posturas higienistas, outras medidas foram tomadas. No domínio do abastecimento de água, D. Manuel I, sem resultados, iniciou o complexo processo que conduziria à construção do Aqueduto das Águas Livres em Lisboa (Rossa, 1990). Os primeiros aquedutos de abastecimento urbano erguidos em Portugal depois dos romanos – em alguns casos inspirados na sua recuperação – foram os de Aveiro (?) e Setúbal ainda com D. João II, Elvas e Évora com D. João III, e Coimbra

com D. Sebastião (Rossa, 1993). Outros equipamentos infra-estruturantes como pontes, cais e muralhas de regularização de margens e contenção de cheias foram implantados e a sua ampliação e manutenção passaram a ser preocupações correntes dos reis e vereações.

No domínio das infra-estruturas defensivas devem ser tidas em conta as profundas transformações que a pirobalística levou a introduzir. Como já referi, os *muros* medievais viram a sua caducidade anunciada, até no que dizia respeito ao papel delimitador da urbe. Em breve passaram a ser a parede de encosto de moradas mais humildes – o *Livro das Fortalezas* de Duarte d'Armas elaborado em 1509 é já, positivisticamente e pela justificação da própria encomenda, o retrato fiel desta situação. De uma forma geral foram substituídos por fortes que não participam activamente na estrutura urbana. Gradualmente algumas cidades, com especial incidência para as da raia fronteiriça, passaram a estar contidas por estruturas abaluartadas com amplas faixas *non-aedificandi* em redor, muito difíceis de transpor pelas dinâmicas urbanísticas instaladas. Estamos já no século XVII, com o país a defender a independência readquirida utilizando as técnicas da fortificação moderna. A par com a recentralização, em muitos casos bipolarização, e a regulamentação da vida urbana, as cidades haviam sofrido um acelerado processo de infra-estruturação funcional e formal que demonstra a clara existência prévia de princípios sem pré-desenho de reforma e intervenção.

A *Realidade e os Modelos*

Pela breve amostragem de um estudo que se encontra completamente por fazer, a reforma *manuelina* das cidades portuguesas corresponde ao segundo grande momento da história do urbanismo português, aquele onde os procedimentos passam a ser regulados por uma *praxis* específica. Depois da sistematização, simplifiquemos também, *dinisiana* da rede urbana como estrutura e palco preferencial da vida de uma nação, passou-se ao entendimento da cidade como espaço civilizacional, onde à utilidade e ao comunitarismo foram acrescidos valores estéticos e humanistas.

A transformação é radical e parece-me ser claro o facto de que da imagem da cidade medieval restaram *apenas* as marcantes e persistentes malhas e variados marcos arquitectónicos. Sem querer entrar numa discussão que não cabe aqui, não posso deixar de desafiar os interessados nesta problemática a estabelecer-lhe paralelismos com a forma como a arquitectura medieva portuguesa, com contribuições várias e em muito de vanguarda, radicalmente se *transformou* – não se mascarou nem foi substituída – em moderna (aliás *antiga* ou *romana* como prefeririam na época) antes da importação directa de alguns modelos internacionalizantes.

É importante fazer notar como, do ponto de vista do pensamento que os estrutura, cada um daqueles momentos de reforma urbanística está integrado com actualidade no tempo geral da civilização ocidental, o que não sucede com a produção teórica e os procedimentos da disciplina. O carácter periférico (de *finisterra*) da posição geográfica do território relativamente à Europa não pode ser a justificação, pois desde o período de ouro das *bastides* que no resto da Península se dissertava sobre urbanismo: no século XIII nas *Sete Partidas* de Afonso X *o Sábio* (ou *o Astrónomo*); em 1300 nas *Ordinancions* de Jaime II para Maiorca; em finais do século XIV no *Regiment de Princeps e de las Ciutats e de la cosa públic* do valenciano Francesc Eiximenis, a real pré-figuração da cidade colonial hispano-americana, corporizada nas *Ordenaçiones Filipinas* de 1573 que mesmo depois da união ibérica não foram directamente aplicadas ao império português, mas lentamente absorvidas. Veja-se assim como a evolução se produziu sem que a mudança tenha implicado a interiorização forçada de valores estranhos.

À regularidade possível da póvoa medieval foi acrescida uma ordem urbanística em grande parte operada através da arquitectura que, sem programas com claras opções formais, transforma os simples quesitos de um direito aparentemente asséptico em germens de uma nova ordem estética provavelmente moldada a expressões ancestrais. Os valores correntes do tempo em que se vivia foram integrados indirectamente pela assimilação dentro das estruturas do Poder e da sociedade e gradualmente induzidos nos processos de formalização dos espaços, quase sempre com a aparente ingenuidade de quem persegue objectivos mesquinhos sem ter consciência da transformação que a sua interactiva globalidade opera. Por tudo isto não contamos com operações geniais que possam ser estudadas com as metodologias usuais da historiografia urbana internacional.

Até aqui as cidades portuguesas são muito mais o resultado vivo de uma sedimentação e mutação de culturas operada pelo senso comum, do que a realização possível de um qualquer idealizado imaginário. Entre os muitos textos coevos em que se dissertou, quase sempre apologeticamente, acerca das características e qualidades dos espaços urbanos quinhentistas, o profundo lamento de Francisco d'Holanda (1571), a primeira reflexão disciplinada de um português sobre urbanismo, é, paradoxalmente, o reconhecimento da inapetência portuguesa para a conceptualização e concretização de um programa urbanístico integrado, neste caso, de pendor monumental e classicizante. Foram necessárias muitas décadas!...

É, no entanto, forçoso referir o anónimo tratado de arquitectura militar escrito cerca de 1576 [o qual tem andado atribuído a António Rodrigues, Mestre das obras de El-Rei (1565 a 1590) e Mestre das obras das fortifi-

Rua da Atalaia no Bairro Alto (Lisboa), 1ª metade do séc. XX, Arquivo Fotográfico da Câmara Municipal de Lisboa

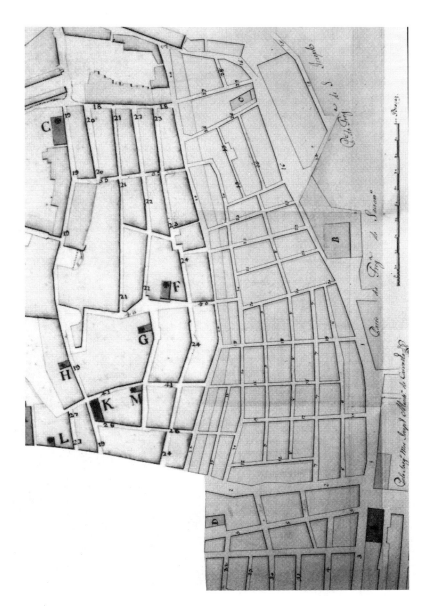

José A. Monteiro de Carvalho, *Bairro Alto (Lisboa) circa 1770*, montagem de partes das plantas das freguesias da Encarnação e do Loreto, Torre do Tombo, Lisboa

Casas do loteamento autorizado em 1576 para a abertura das ruas do Norte e do Vento em Aveiro, 2001

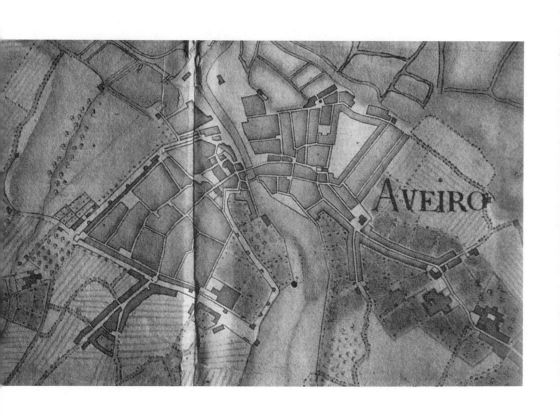

As duas "vilas" de Aveiro, detalhe da "Carta Particular dos contornos da Vila de Aveiro...", 1759, Instituto Geográfico Português, Lisboa

Praça, pelourinho e Casa da Câmara e Cadeia de Cabeço de Vide, 2002

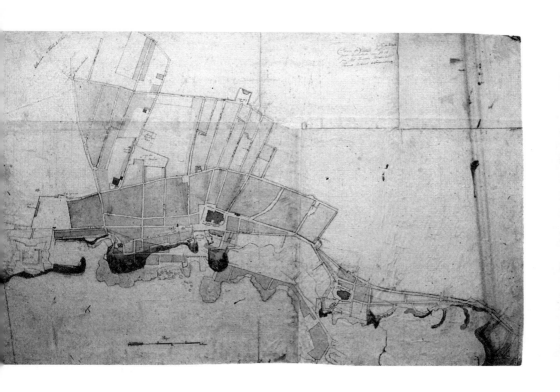

José T. Michelotti, *Planta de Ponta Delgada*, 1814, Biblioteca Pública e Arquivo Distrital de Ponta Delgada

cações]. Segundo Rafael Moreira (1982a), que o estudou e publicou, tratando-se de uma obra essencialmente didáctica – o autor era também professor daquelas disciplinas – foi o resultado de uma montagem crítica dos textos de Vitrúvio, Sérlio e Catâneo, com especial destaque para este do qual transcreveu parágrafos inteiros (R. Moreira 1980 e 1983). Este facto é particularmente significativo se nos recordarmos da importância que os *Quattro Primi Libri de Architettura* editados em 1554 em Veneza tiveram na definição da *cidade ideal* do Renascimento.

Na realidade Catâneo é o último dos tratadistas internacionalizados a tratar em simultâneo as arquitecturas militar e civil. Abordando a cidade pela via da fortificação, propôs modelos extremamente formais e geométrico-matemáticos. Contudo, não têm nem reconhecem as imposições interactivas do meio físico, para além de o suporte programático ser insipiente – o que para o matricial pragmatismo luso os torna insuficientes... O autor daquele tratado no crepúsculo da Dinastia de Avis, deixou bem assinalada a direcção a seguir pelas teoria e prática do urbanismo português.

A falta de programa arquitectónico no seu sentido estrito e a displicência com que até aqui se instituía alguma regularidade, a substituição do pré-desenho urbano como forma eficaz de *regular* o urbanismo pelo controlo individualizado da ocupação das ruas que parcimoniosamente se abriam, paralelamente à existência de uma normativa que persegue um ideal de cidade, mas nunca uma *cidade ideal*, permitem descortinar um processo aculturado de produzir cidade que pode ser identificado com a vertente orgânica da própria racionalidade urbanística. Este estado de coisas, eficaz e adaptado à rede urbana instalada *(suficiente!)* e à realidade territorial que a determinara, nem por homotetia poderia ser adoptado no espaço celeremente ampliado pela diáspora ultramarina.

OS *FUNCIONÁRIOS DO URBANISMO*
Até aqui abordamos os processos de formação das cidades portuguesas até aos Descobrimentos e não deixa de ser significativo que, para esse período e para além da figura real, a historiografia ainda não tenha identificado pessoas ou grupos com funções exclusivas e determinantes na gestão urbanística de qualquer cidade. No entanto parece-me indiscutível que para operar a profunda transformação urbana *manuelina* foram necessários quadros municipais. Admitindo que para a definição das novas regras bastariam as críticas e sugestões forjadas no ambiente cultural da corte, decerto que para a sua implementação, em especial no que dizia respeito à fiscalização e definição de novos alinhamentos, se tornaram necessárias pessoas a tal dedicadas, mas que não podemos considerar especializadas.

É que na realidade, apesar de ser clara a existência de uma cultura urbanística, não existia um corpo teórico correspondente, pois, como vimos, a cidade regular quinhentista resulta de um somatório coerente de intervenções empíricas e não de um plano determinante e abrangente. As primeiras representações convencionais/ortogonais de cidades surgiram no domínio estrito do reconhecimento de problemas defensivos (v. AAVV, 1989a e 1994a), o que confirma o alheamento geral relativamente àquele método de planeamento e resolução global dos problemas urbanísticos. Mas em breve e pela própria via da defesa o apuramento conceptual atingido levou à comunicação da *ideia* de cidade através do desenho.

A Influência de Expansão
Sabemos que foi no século XVI que se desenrolou entre nós o complexo processo de especialização e hierarquização dos papéis desempenhados na direcção de uma obra/construção que, aliás, iam sendo gradualmente alargados a cargos por área geográfica, por tipologia, de domínio senhorial, etc. (de Mestre-d'Obras da Batalha a Engenheiro-Mor do Reino, por exemplo) e que no futuro estariam em estreita ligação com outros dentro da própria estrutura de ensino (Ayres de Carvalho, 1962, vol.II). A instituição de títulos/cargos parece decorrer sem qualquer plano prévio, mas foi adquirindo coerência, especialização e hierarquias internas. Aliás, esta realidade era comum a outros reinos europeus (R. Moreira, 1988 e 1991).

O facto de a expansão do território ter dado origem à forte necessidade de estabelecer procedimentos para a sua gestão e defesa que não dependessem da participação de uma massa populacional que a nação nunca teve, levou a que no centro dessas preocupações tenha estado, inevitavelmente, o desenvolvimento dos conhecimentos e da prática de fortificação. De uma forma muito breve e simples, podemos considerar que antes da estruturação de uma carreira com ensino e exercício, os pedreiros de maior ciência, engenho e arte passaram de uma só vez a ser engenheiros e militares, não raras vezes designados por arquitectos ou, respeitavelmente, por mestres-pedreiros, muito ao sabor dos papéis desempenhados na obra, cargo ou tempo de que cada documento é testemunho.

Ser militar no Portugal de Quinhentos era um estatuto natural e com muitas variantes para o grosso dos servidores directos do Estado, que em muito por essa via encontrava formas de os recompensar. Não fosse isso moda, também nesta lógica se poderiam encontrar as razões exclusivas para o facto de serem muitos os nobres e príncipes que se interessavam pela arquitectura militar, balística e castrametação, os ramos principais da ciência/arte da guerra, cuja base disciplinar são as ciências matemáticas. De tudo isto resulta que o esboçar de um primeiro esquema de transmissão de um corpo completo de conhecimentos teóricos sobre a matéria tenha acontecido no seio da corte (a Escola Particular de Moços Fidalgos, 1559), mas as ambiguidades historiográficas são ainda muito grandes, o que é extensivo aos sistemas de formação e contratação dos técnicos que realmente actuavam no terreno (R. Moreira, 1987).

No entanto é certo o progresso do conhecimento, nomeadamente no que diz respeito aos vários ramos das matemáticas, à circulação da tratadística europeia e dos álbuns com gravuras ainda pouco rigorosas de cidades, às viagens de estudo e à formação no estrangeiro e ao convívio com especialistas de variadas proveniências, nomeadamente de Itália. São algumas as obras científicas produzidas e traduzidas em Portugal, actividade reforçada por um reconhecido experimentalismo e pela indeterminável (secretismo!?) dimensão da produção científica de apoio aos Descobrimentos. Usando, para sintetizar, as palavras de Horta Correia (AAVV, 1986, vol. 7, p. 135): "a cultura portuguesa da segunda metade do século XVI foi profundamente marcada pela influência da tratadística italiana e pelo desenvolvimento da Matemática na conjuntura dos Descobrimentos. E [...] igualmente a importância decisiva que a arquitectura militar passou a ter, não só como veículo de um novo gosto, mas também como pressuposto de uma nova forma de projectar. Neste contexto se deverá entender o surto de um urbanismo de espírito novo."

Paralelamente à militarização e definição dos estatutos, cargos, processos de aprendizagem e/ou ensino, etc. dos personagens do projecto e da construção, emergiu um corpo de profissionais desempenhando tarefas cuja relação com o urbanismo, tal como a dos engenheiros militares, foi crescendo gradualmente. Era constituído por alguns dos que passavam pela Escola Particular de Moços Fidalgos e por outros personagens apenas com a formação da prática e do convívio.

Vice-Reis e governadores, comandantes de guarnição, donatários de capitanias coloniais, etc. foram o vértice de uma hierarquia de militares e/ou administrativos com responsabilidades na defesa e gestão de território (Afonso de Albuquerque, João de Castro, Martim Afonso de Sousa, Manuel de Portugal, etc.) e que por vezes nos deixaram testemunhos de conhecimentos especializados. Nesta linha com D. Manuel surgiram cargos específicos nunca desempenhados por técnicos, como o de Provedor das Obras Reais ou o de Provedor das Fortificações.

A Arregimentação dos Arruadores
Desde o início dos Descobrimentos, mas com intensidade crescente face à vastidão dos territórios a dominar, os engenheiros militares ao serviço de

Portugal circularam pelo mundo com ritmo e mobilidade insuspeitados, da qual o material dos arquivos dá provas irrefutáveis (Sousa Viterbo, 1899--1922). Num curto espaço de tempo encontramos o mesmo indivíduo a trabalhar na Metrópole, no norte de África, nas costas do Índico e até no Brasil. Como eles deslocava-se o pessoal militar, judicial e administrativo, decrescendo o ritmo em relação directa com a posição hierárquica. Ao longo do tempo foram evoluindo em importância e desempenho as categorias de funcionários de maior permanência no território e de cuja formação ainda pouco se sabe.

A vasta documentação existente no Arquivo Histórico Ultramarino acerca da colonização e demarcações fronteiriças setecentistas do Brasil – tratada com nível e objectivos divergentes por Renata de Araujo (1992) e Vasco Salema (1982) – dá conta da frequente nomeação de profissionais não engenheiros responsáveis pela execução dos planos e ordens definidas na (re)fundação de novas cidades. Eram cargos com designações sugestivas: *piloto, arrumador da agulha, ajudante da corda*, etc. Sabe-se ainda que em alguns casos *(picador do mato)* eram desempenhados por indígenas ajuramentados na ocasião. De um modo geral podem-se alimentar suspeitas de ligações à actividade náutica e ao ancestral alinhamento das ruas com corda...

Mas todas estas tarefas específicas tinham como pano de fundo a função geral que entre todos desempenhavam e que para o nosso tema base tem a maior relevância: a de *arruar*. É o verbo, acção portanto, usado na documentação coeva para exprimir o acto de urbanizar. É que, como sabemos, a rua era o elemento fundamental, a geratriz do espaço urbano português. Por isso e pela própria originalidade do termo, não podem restar dúvidas da sua utilização na urbanização das cidades medievais portuguesas.

O *arruador*, que podia surgir na pele de um engenheiro, um funcionário administrativo, um Governador, etc., mas que no início era decerto um curioso dotado de alguns conhecimentos práticos, marcava a rua no terreno como quem *traça*. Arruar é um virtual acto de desenhar (n)o território aquilo que se estabelecera com umas regras simples ditadas pela tradição, pela convenção de uma carta régia ou pelo projecto, mas com as potencialidades de reflexão e adaptação à realidade (síntese!?) que o desenho permite. Assim é natural que os comentários coevos às urbes regulares surjam com expressões como "arruada por boa ordem..."

Com algumas curiosas e inevitáveis semelhanças com o caso romano, foi no meio de factos como os que sobressaltadamente tentamos anotar, que se foi organizando um quadro de funcionários que gradualmente veio também a ter como tarefa o urbanismo. Devemos a Renata de Araujo (1992) a feliz expressão que intitula esta parte do ensaio, ainda que aplicada de uma forma quase restrita aos engenheiros militares. Com efeito, ao traçar as linhas mestras do urbanismo colonial português, esta investigadora brasileira abriu um caminho ainda por percorrer: o do estudo do papel dos agentes encarregados pela coroa para a urbanização, os *funcionários do urbanismo*. Usando palavras suas "A coroa espanhola forneceu às suas colónias um regulamento para a formação de cidades. A coroa portuguesa forneceu às suas, funcionários que as fizessem. Funcionários do Urbanismo, como os havia da fazenda, da justiça ou da religião" (p. 29). Funcionários que "ao contrário dos Espanhóis, estavam equipados com menor número de normas e maior número de princípios" como diria Horta Correia (AAVV, 1989, p. 508).

Entre a fortificação experimental do período manuelino e a fortificação *sebástica*, moderna e de âmbito Europeu, distam poucas décadas, mas o salto teórico-prático é abissal. Do paulatinamente preparado período *científico* dos Descobrimentos, passara-se à surpreendente necessidade de um império *musculado* para o qual a Nação não tinha gente e necessitava dos conhecimentos bélicos de vanguarda desenvolvidos no estrangeiro. Como vimos, igualmente célere foi o percurso do pensamento urbanístico entre as duas primeiras e as duas últimas décadas de quinhentos, das posturas manuelinas para Lisboa aos textos de Francisco d'Holanda e o que anda atribuído a António Rodrigues. Pelo meio há indícios de novidades na forma de olhar o território – para além de vários *Atlas*, o primeiro mapa do território nacional foi publicado em 1561 por Fernão Álvares Seco – nos métodos de concepção e projecto, na formação e organização dos profissionais, etc.

A integração do Reino de Portugal no império dos Áustrias é outro dando convergente. As leituras globais que têm vindo a ser efectuadas nos últimos anos acerca deste período, apontam para uma governação respeitadora da essência das estruturas e tradições preexistentes. A ideia transmitida pela historiografia tradicional de ter sido praticada uma política impositiva, resultou, entre outros factores, de uma leitura pouco informada dos impulsos dados ao desenvolvimento de tendências já anteriormente reveladas, não se podendo considerar que o reconhecido esforço de reestruturação do aparelho de Estado tenha sido feito contra a lógica natural da evolução da sociedade portuguesa de medieval a moderna. Era natural que na presença de modelos já testados e para os quais não houvesse equivalente português se fizessem *importações*, mas é bastante significativo que as *Ordenações Filipinas* de 1603 pouco mais tenham sido que uma ratificação das manuelinas, quando trinta anos antes havia sido organizado um corpo legislativo bastante diferente para o resto do Império.

No campo das ciências em geral e da arquitectura em particular têm vindo a ser postos em evidência alguns aspectos onde se revela um intercâmbio de experiências e conhecimentos em ambos os sentidos. É com essa perspectiva que deve ser entendida a instituição do ensino da arquitectura com a criação da Aula do Risco em 1594, a vinda de Juan de Herrera a Portugal e a presença em territórios portugueses nos principais cargos de ensino e do exercício da engenharia militar de homens como Leonardo Turriano, Giovanni Vincenzo Casale, Alexandre Massai, João Baptista Cairato, Giacomo Fratino, Tiburzio Spanochi, etc., para não referir casos como o de Filipe Terzi "que só após 1580 se torna realmente operoso, etc." (R. Moreira, 1980, p.283). No entanto, tenha-se em conta que é fundamentalmente a D. Filipe II que devemos o maior empenho e os melhores resultados obtidos nos reinados portugueses dos Áustrias.

O Urbanismo e o Ensino dos Seus Agentes

Para deixar resumidamente alinhado o quadro de relações entre o ensino, a arquitectura, a fortificação e o urbanismo deste período em Portugal, é fundamental registar ainda a importância dos Jesuítas. Os requisitos da institucionalização da *Companhia* levaram a que as suas casas – os significativamente chamados *Colégios* – fossem espaços abertos à cultura científica. O marcado carácter internacionalista permitia que a circulação de conhecimentos de vanguarda pudesse escapar ao apertado controle dos Estados, o que aumentou grandemente o ritmo de evolução de diversos ramos do conhecimento.

Muita da *investigação de ponta* de então, nomeadamente nos ramos das matemáticas, deve-se a padres jesuítas que, com frequência, nos surgem também como fortificadores. Assim era natural que parte da formação teórica dos nossos engenheiros militares acontecesse em colégios jesuítas como o de Santo Antão de Lisboa (a Aula da Esfera ou da Matemática), o que se prolongou até às medidas reformadoras do Marquês de Pombal. Entre outros, ali prestou provas em 1736, mais tarde impressas, Eugénio do Santos e Carvalho – *Exercitações Mathematicas de geometria Elementar, Trignometria Plana, Geometria Practica, Arte de Esquadronar, Arquitectura Militar, Expugnação e Propugnação das Praças.* [...] *e demonstrada na Aula Publica do Real Collegio de Santo Antão* [...] *por* [...] *partidista do Numero da Real Academia dos Engenheiros da Corte*. Também muito importante foi a formação ali obtida pelos jovens nobres que encabeçariam o exército português da Restauração.

Este movimento de formulação, organização e transmissão de conhecimentos nos domínios da arquitectura, fortificação e urbanismo não teve na prática tradução simultânea, o que, aliás, está dentro da natureza própria de cada disciplina e de acordo com a leitura que temos vindo a fazer – que, é imperiosa a advertência, em muitos aspectos e neste em especial diverge de outras relativamente recentes. Como exemplificarei mais adiante, se no século XVI já contávamos com cidades cuja fortificação seguia os novos formulários, apesar dela as suas estruturas urbanas resultavam ainda dos métodos observados anteriormente. A passagem da racionalidade empírica, imediata e natural que potenciava a produção de estruturas urbanas geometrizáveis, ao racionalismo puro no planeamento urbanístico, implicou uma maturação obrigatoriamente morosa, apesar de facilitada pelas possibilidades experimentais do universo colonial, em especial do Brasil.

O Período Filipino

Dentro do espírito parcialmente esboçado decorreram as seis décadas de dominação filipina. As cidades, pela via de consideráveis programas arquitectónicos que, em alguns casos, resultam da qualificada encomenda real ou a tentam seguir, assistiram a um crescimento ímpar da escala das suas edificações. Surgiram os maciços paços da nobreza filipina, novas e renovadas igrejas paroquiais, reformados (mendicantes e agostinhos, entre outros) e novos complexos conventuais. Com efeito, a Reforma, pelo *exílio* imposto a algumas ordens (flamengas, alemãs, irlandesas) e facilitado pelos reis espanhóis, e a Contra-Reforma, pela criação de novas ordens religiosas (jesuítas, por exemplo) e pelos processos de secessão das já existentes, deram origem à necessidade de construção de inúmeros conventos, para além de simultaneamente catalisarem o aumento em exponencial do número e do volume das dotações de particulares.

Por outro lado as poderosas e então reformadas ordens de vocação rural (nomeadamente os beneditinos) lograram instalar-se com aparato nas principais cidades. Mas tudo isto continuou a passar-se dentro dos anteriores métodos do processo urbanístico, apesar de serem notórios os esforços das administrações urbanas de criar estruturas mais eficazes de controle e ordenamento. Diferente (quase nula) era a dinâmica urbana de uma sociedade onde a classe média fora dizimada pelo surgimento da Inquisição e a ausência de corte implicara a ruralização de parte da aristocracia, num processo que, salvaguardando a relatividade das conjunturas, se poderia apelidar de *refeudalização* e ao qual também poderá não ter andado alheio o imaginário das sociedades da Antiguidade Clássica.

Ao nível da fortificação, os esforços passaram a concentrar-se na defesa da costa e, fundamentalmente, dos principais portos, através da *montagem* de complexos sistemas defensivos. Por outro lado as próprias infra-estruturas portuárias foram substancialmente melhoradas (construção ou renovação de cais) e a navegabilidade dos rios melhorada. À semelhança de estudos para os rios Lima e Douro, o Tejo foi alvo de algumas das obras de um ambicioso projecto do engenheiro italiano Batista Antonelli cujo utopismo, só face à efectiva realização filipina de outros, pode ser posto em causa. Tratava-se de o tornar navegável até Aranjuez! (J. Romero de Magalhães *in* AAVV, 1992, vol. III, p. 325). Ainda no domínio da hidráulica registe-se o esforço dos Áustrias para resolver o abastecimento de água a Lisboa (Rossa, 1990).

O Problema da restauração.
A Aula de Fortificação
Com a Restauração e até ao fim do século não são visíveis alterações de fundo nas políticas urbanísticas, mas a mudança na imagem operada pela via da arquitectura e pelas preocupações com a defesa das cidades *(praças)*, em especial nas da zona fronteiriça, é notória. São de então os perímetros abaluartados de cidades como Valença, Almeida, Estremoz, Olivença e Elvas, a última centro de um impressionante complexo defensivo. Também na costa a defesa foi reforçada, nomeadamente em zonas até então desprotegidas como a faixa litoral que vai de Cascais a Peniche. Tal como a do Douro, a entrada do Tejo, que já sofrera significativas intervenções filipinas, transformou-se num grande estaleiro de obras de fortificação (Carlos Callixto *in* AAVV, 1989a, pp. 207-220), procedimento que culminava em Lisboa, onde um ambicioso plano de cerco total da cidade foi posto em execução para só ser abandonado na *viradeira*. Este plano teve a importância fundamental de estabelecer um novo perímetro urbano para a cidade, o que veio a ser uma das linhas mestras para o planeamento do seu crescimento (Rossa, 1990 e 1994a).

Retomando a questão do ensino registe-se como, apesar de tudo, a conjugação Aula do Risco/Aula de Matemática de Santo Antão parece não ter resolvido as necessidades quantitativas ou até qualificativas portuguesas de formação de engenheiros militares. Sobre este assunto sabe-se ainda muito pouco, mas na realidade não se terá ficado a dever apenas à intenção de controle militar da nação anexada e às necessidades da Guerra da Restauração, o facto de no meio dos mercenários contratados para o exército terem sido incluídos tantos engenheiros militares estrangeiros – cerca de uma centena – que foram quem tudo fez nas primeiras décadas da independência restaurada. Devem-se, contudo, abrir excepções para casos como Mateus do Couto, João Nunes Tinoco ou Luís Serrão Pimentel e, em especial, para chefes militares oriundos da nobreza que de facto demonstraram profundos conhecimentos de matemática e da arte bélica, no geral, e de fortificação, em particular.

Excluindo o período filipino, o único Engenheiro-Mor estrangeiro (Charles Lassart) foi nomeado por D. João IV a seguir à Restauração (1641). Significativamente esses mercenários foram fundamentalmente recrutados em França e nos Países Baixos, merecendo referência Lescole, Mallet, Sainte Colombe, Saint-Paul, Granges, Lassart, Gilot, Cosmander, etc., sendo este um jesuíta já mestre em Santo Antão e Gilot um dos discípulos favoritos de Decartes (R. Moreira *in* AAVV, 1986, vol. 8, p. 70). É que, para além de ser importante não ter dentro das linhas militares da nacionalidade inimiga, a vanguarda da teoria e da prática de fortificação havia-se deslocado para norte. Por outro lado, os ataques às nossas possessões ultramarinas tinham vindo a ser operados essencialmente por franceses e holandeses, depois dificilmente desalojáveis. Eram assim permanentes os exemplos de obsoletismo das técnicas de defesa e ataque até então *importadas* de Espanha e de Itália. Esta realidade é especialmente sensível na produção teórica da época se lançarmos um olhar à filosofia e a todas as restantes áreas científicas, nomeadamente às *ciências puras*. Como em toda a Europa, são essencialmente franceses os manuais técnicos de várias especialidades que a partir de meados do século XVII passam a ser comentados e traduzidos pela *intelligenza* da engenharia militar portuguesa. A mudança do *registo* italiano para o francês veio a ter reflexos muito importantes no urbanismo português.

As prementes necessidades de formação de um escol nacional, fiel e actualizado de engenheiros, expressas, aliás, por um conjunto de militares, levou a criar em 1647 na Ribeira das Naus em Lisboa a Aula de Fortificação. Decorrido algum tempo, dali começaram a sair os substitutos dos engenheiros mercenários que entretanto morreram, desertaram, etc. Meio século depois era possível com *gente da casa* começar a abrir mais Aulas (ou Academias): Baía, 1696; Rio de Janeiro, 1698; S. Luís do Maranhão, 1699; Recife e Viana, 1701; Peniche, 1719; Almeida e Elvas, 1732; Belém do Pará, 1758; quase uma por região militar funcionando conforme os casos, com maior ou menor regularidade, sendo especialmente significativo o facto de só terem sido criadas na Metrópole e no Brasil.

Fora finalmente lançado com sucesso um sistema de ensino que tinha a vantagem acrescida de operar directamente no terreno, permitindo a elaboração no local, por isso perfeitamente adaptados, de projectos que iam a aprovação a Lisboa, atitude em tudo oposta ao sistema espanhol, por exemplo. No entanto, que não se fixe a ideia de auto-suficiência. O século XVIII viu entrar ao serviço de Portugal inúmeros engenheiros estrangeiros, em especial destinados ao Brasil. Elementos essenciais de actualização, passaram a ser subalternos dos portugueses, o que só por si é a maior prova da mudança operada. No entanto, são muitos os que entrando pela base da carreira, já *nacionalizados* nela se valorizam e progridem, atingindo lugares de relevo.

Luíz Serrão Pimentel
Luíz Serrão Pimentel foi a personagem chave deste processo. À data da Restauração contava 27 anos e era possuidor de uma sólida formação matemática obtida no Colégio de Santo Antão, para além de também ter cursado Humanidades. Possuía alguma experiência prática que, aliás, foi ampliando junto dos mercenários franceses e depois em posições de chefia. Foi incumbido do papel de organizar e coordenar o ensino da Aula o que fez durante as suas três primeiras décadas, sendo também o principal mestre das matérias não cursadas pelos jesuítas. A conjunção destas características numa só pessoa tornou possível a síntese entre os conhecimentos da ancestral tradição portuguesa e a mais actualizada vanguarda. É pois no papel de pedagogo que aqui quase exclusivamente o admiramos, para tal sendo significativo que durante muitos anos tenha pretendido o cargo de Engenheiro--Mor que só lhe foi concedido em 1673, seis anos antes de morrer.

Conhecemos o seu pensamento fundamentalmente a partir de duas fontes: os apontamentos dos discípulos e a sua obra de magistério, o *Método Lusitânico de Desenhar as Fortificações das Praças Regulares e Irregulares*, publicada no ano a seguir à sua morte. Alguns manuscritos como *Castrametação e alojamento dos exército...* (BN, Cod. 1648) ou *Das fortificações de campanha e quartel de um exército* (BN, Cod. 7013/4) são também importantes para a nossa reflexão. Não podemos no entanto deter-nos neste material (v. R. Moreira *in* AAVV, 1986, vol. 8, p. 83-85 e J. F. Pereira, AAVV, 1989c, p.354-355), mas importa anotar a sua relevância urbanística.

O *Método Lusitânico...* é o corolário do esforço pós-Restauração de estabelecimento de uma identidade nacional dentro dos domínios que aborda – desde o título aos detalhes do discurso, com especial destaque para a explicação inicial dos objectivos, o *desiderandum* nacionalista é declarado. É também um compêndio didáctico, um manual amplamente ilustrado, destinado a dotar os formandos de conhecimentos teóricos profundos e de instrumentos de intervenção e decisão, não de receitas. Por exemplo, pela primeira vez em Portugal ficou bem clara a importância do desenho como ferramenta primeira do projectista, o meio de estabelecer a relação entre a teoria e a realidade. Sendo dados modelos de construções geométricas e exercícios a executar, não são, contudo, fornecidos exemplos que facilmente e sem reflexão (desenho!) possam ser transpostos para o real, mas sem qualquer espécie de rodeios e em função da própria posição hierárquica do objecto na rede urbana do território, estabelece-se uma tabela (regulamento?) para o dimensionamento dos espaços urbanos e do parcelamento privado.

Por tal razão, a propósito das vilas e cidades, ali escreveu o mestre "Basta o que até aqui havemos dito por mayor. O Engenheiro experto e de juízo poderá acomodar as mais particularidades com bom discurso e consideração. Não trago figura com as disposições das ruas, praças e sítios das casa em planta [...] e porq muito poucas vezes se podem dispor na forma apontada para a praça em tudo ser regular." Como escreveu Renata de Araujo (1992, pp.40-41) a "essência do *Método Lusitânico* é pois a transferência de um conhecimento prático, e além disso pragmático, que se queria de execução fácil e de resultado eficiente. [...] O conhecimento prático advinha de uma experiência nacional concreta, que até 1680 já tinha construído, só no ultramar, mais de 200 fortalezas e fundado cerca de 150 povoações."

Tendo como objecto a fortificação de cidades (*praças*) pressupõe também uma *ideia* urbanística, não um modelo, obviamente vocacionada para servir a função militar, no fundo uma para-utopia e uma estética urbana castrenses que se reforçam pela prática que o próprio título das outras obras referidas sugere. Tal como no trecho que citei, também no título do *Método...* se assume a existência de casos imperfeitos, indício insuspeito do reconhecimento teórico da tendência portuguesa da transformação em detrimento da rotura. Tratava-se de fazer prevalecer um pragmatismo de forte componente científica e cultural sobre as tendências de importação acrítica de modelos. Para além do *nacionalismo* e do facto de ter partido da prática para a teoria, é também nestes aspectos que se afasta do conceito de *cidade ideal* e se aproxima de um racionalismo de base ideológico-programática, não meramente especulativo e asséptico. Também por isso não é proposto em desenho nenhum traçado.

Descrevem-se os equipamentos necessários, a articulação funcional do *esqueleto* viário e a sua relação com a muralha, insiste-se na necessidade de moderação na linguagem arquitectónica, nomeadamente no que diz respeito à utilização de elementos decorativos que pouco deveriam ir além da ornamentação de vãos (a este respeito estabeleçam-se relações com o *estilo chão* consultando George Kubler, 1972 e Horta Correia, 1991 e *in* AAVV, 1986, vol.7, p.93-136). Tão significativo quanto as inevitáveis e claras influências das escolas italiana e espanhola em que se formara e das francesa e holandesa com que convivia na prática – por exemplo, o Marechal-de-

-campo conde de Pagan, autor de *Les Fortifications* (Paris, 1645), obra que Serrão Pimentel refere abundantemente, esteve cá a seguir à Restauração – é o *libelo* tecido contra as obras de Manuel Fernandes de Vila Real e de Diogo Henrique de Vilhegas (*Architectura militar ó fortificación moderna*, Paris, 1649 e *Academia de fortificacion de plazas y nuevo metodo de fortificar* Madrid, 1651, respectivamente – dois portugueses refugiados no estrangeiro. Tratava-se de anular qualquer equívoco sobre *outro* pensamento teórico português. Em contrapartida, para além destas obras é importante fazer notar o facto de Serrão Pimentel referir no final do *Método*... algumas das mais recente publicações da especialidades (1678), o que demonstra o permanente confronto do seu pensamento com a produção científica e artística internacionais.

O caminho, já indicado no tratado que anda atribuído a António Rodrigues e contrário à tendência internacional, de em caso algum se dissociar a arquitectura militar do urbanismo, é também outro dos elementos matriciais e específicos da Aula de Fortificação modelada por Serrão Pimentel. O seu *Método*... institucionalizou a tendência de ser domínio exclusivo dos engenheiros militares o projecto e a realização das transformações edificadas do espaço. É o novo engenheiro *totalitário*, "um tipo social e intelectual novo, que vai adquirir grande relevo ao longo do século XVIII: o engenheiro-cartógrafo. Com a sua sólida formação geométrica e militar, trabalhou como topógrafo, construiu pontes, trincheiras, estradas e obras hidráulicas, traçou no papel e no terreno os esquemas urbanísticos do *ruador*, ou abridor de ruas; também combinou o desenho artístico com a observação científica, projectou palácios e igrejas" (R. Moreira *in* AAVV, 1986, vol. 8, p. 85).

Para não falar da impossibilidade de no país terem operado ou teorizado planeadores da paisagem de formação diversa – como um Le Nostre ou um Désallier d'Argenville, por exemplo – com efeito só muito mais tarde veio a ser possível a existência *pacífica* de arquitectos civis. Os poucos que entretanto trabalharam em Portugal eram essencialmente estrangeiros recrutados para tarefas ou fins específicos do seu serviço pelo rei ou por particulares (Nazoni, Ludovice, Juvarra) e por eles cuidadosamente protegidos. Note-se ainda o papel desempenhado pelo *Método*... como catalisador da produção teórica. Daqui em diante foram muitos os que por estímulo próprio ou por obrigações de docência nas Academias de Fortificação dissertaram por escrito acerca das vastas matérias da sua formação.

Restaurada a independência instaurou-se, sob a forma e o conteúdo de um esquema de ensino, uma verdadeira *escola portuguesa de urbanismo*. Resultou da síntese entre a tradição e o *agiornamento* que, para além e através da componente castrense, a própria Restauração impusera.

Manoel de Azevedo Fortes

À instituição de um sistema de ensino próprio e à sua catalisadora vontade e consequente formação de um escol de engenheiros portugueses (de nacionalidade e formação), era inevitável e consequente a tomada de consciência própria. Depois do *Método*... o *Engenheiro Portuguêz*, depois do pedagogo prático Luís Serrão Pimentel o *corporativista* teórico Manoel de Azevedo Fortes. Uma vez mais este vulto da cultura portuguesa não pode ser tratado como a própria há muito o exige (v. J. F. Pereira *in* AAVV, 1989c, p. 195-197).

Para o papel que desempenhou foi essencial o facto de a sua formação ter decorrido fora do sistema de ensino que temos vindo a caracterizar. Tendo nascido em Lisboa em 1660, passou como estudante de Filosofia por Alcalá e Plesis, onde também estudou Matemática, e ainda por Siena, já como docente. Ao regressar (1695) trouxe com ele os conhecimentos da vanguarda cultural e científica da Europa que a segunda escolástica coimbrã persistia em ignorar – trabalhos de Gassend, Le Grand, Jussien, Bacon, Gableau, Newton, Torricelli, etc. (Silva Dias, 1972). Foram estes os antecedentes que lhe permitiram o acesso imediato à docência dos futuros engenheiros militares, no seio dos quais também iniciou carreira. Assim, paradoxalmente pode dizer-se que como engenheiro militar Azevedo Fortes se formou enquanto docente na Academia de Fortificação de Lisboa! Deixando de parte a sua actividade prática, detenhamo-nos um pouco sobre parte da sua produção teórica nas áreas que mais directamente nos dizem respeito.

Já como Engenheiro Mor do Reino (1719) publicou em 1720 a *Representação a Sua Magestade sobre a forma e direcção que devem ter os Engenheiros...* onde propõe uma profunda reforma do ensino (fundamentalmente pelo primado da prática da geometria) e sua extensão a todo o país. Queixa-se do baixo número, falta de ética e de qualidade dos engenheiros militares. Paradoxalmente defende que o recrutamento de cadetes deve ser feito junto da melhor nobreza do Reino. Dois anos depois lançou as directrizes do levantamento geral do país a ser levado a cabo pelos engenheiros já em serviço no território (*Tratado do modo o mais fácil, e o mais exacto de fazer as cartas geográficas. Assim...*). Seguiu-se-lhe *O Engenheiro Portuguez* (1728) e depois a *Evidência Apologética, e crítica...* (1733), uma recensão fortemente crítica a uma obra publicada em Amesterdão contra si para que "Leam todos para evitarem os erros que tem introduzido a ignorancia, e se servirem dos termos proprios das Artes, que professão."

Na *Oração Académica* (1739) Azevedo Fortes reforça a apologia da matemática, deixando claro o facto de o instrumento da sua aplicação prática ser a geometria. Só através dela será possível aproximarmo-nos da perfeição divina(!)... Em *Lógica Racional, Geométrica, e Analytica*... (1744), o corolário testamental da sua produção teórica, recomendou aos discípulos a leitura de Decartes apesar de interdita pela Inquisição e deixa estampada a matriz de todo o seu pensamento. Um pensamento de raiz filosófico--matemática, eivado já de um iluminismo auto-dedutivo pelo qual defende o primado da geometria.

O Engenheiro Portuguez (1728) é a sua obra de referência e significativamente não é mais que um puro tratado de fortificação apoiado numa bastante desenvolvida secção de geometria. São escassas as referências à arquitectura e as relações com o urbanismo apenas sensíveis no acréscimo de rigor dado ao *método* pelas extensas explanações geométricas e processos de medição, que são de facto fundamentais no acto de *arruar*. Interessante é também a preocupação em esclarecer como se manufacturam e para que servem os instrumentos usados para desenhar, bem como os sistemas de representação (técnicas, cores, etc.). Mas ao centrar o interesse da formação na problemática da fortificação – eventual aproximação ao modelo puro (leia-se internacional) da formação do engenheiro militar – Azevedo Fortes pretendeu desviá-la da orientação instituída por Serrão Pimentel e já balizada no tratado atribuído a António Rodrigues.

Na realidade o papel de Azevedo Fortes no urbanismo português ocorreu *apenas* ao nível dos efeitos e não por uma intervenção dirigida. Esta teve maior consistência no despertar de uma consciência corporativa e elitista para os engenheiros militares.

Ciente das suas crescentes responsabilidades para com a Nação, nomeadamente ao nível de serviços não directamente relacionados com necessidades de defesa – anotem-se, por exemplo, as preocupações também de âmbito macro-económico que estiveram por trás da necessidade de se fazer o levantamento geral do país – pugnou pela melhoria da sua formação técnica e cívica, ética enfim. Por trás de tudo isto estavam como modelos os corpos de elite entretanto formados em França e Espanha [v. A. Picon (1992) e Capel, Sanchez e Moncada (1988)], actuantes quase exclusivamente no domínio das engenharias, que por certo conhecera de perto e como *estrangeirado* desejava para Portugal. Já aí estava em curso a lenta separação de especialidades (e sensibilidades) como a arquitectura, urbanismo e ordenamento do território, hidráulica, infra-estruturas viárias, etc.

Como vimos, em Portugal as vicissitudes do processo histórico tinham levado à criação da figura do *engenheiro totalitário* formado pelo *Método*..., o engenheiro militar que em muitos casos concretos a historiografia ainda não consegue distinguir dos outros funcionários do urbanismo activos em

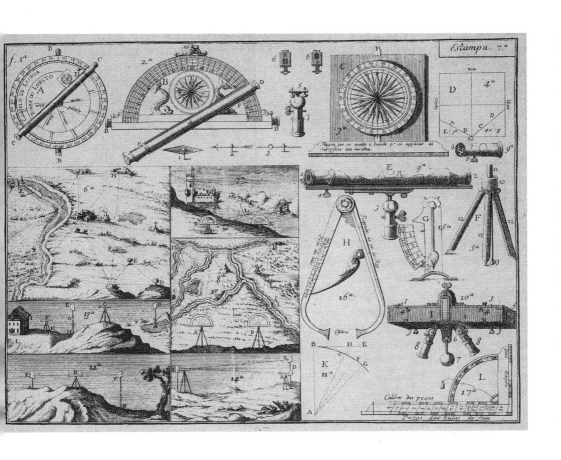

Luís Serrão Pimentel, *portada do "Método Lusitânico..."*, Lisboa, 1680

Manuel de Azevedo Fortes, *tábua do "Engenheiro Português"*, Lisboa, 1728

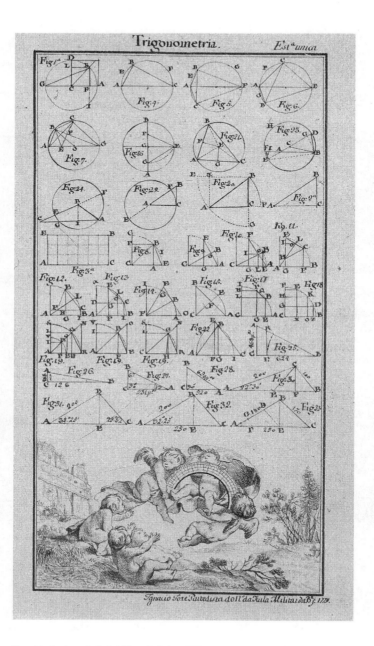

Exercício de aluno da Aula Militar da Bahia, 1779, Arquivo Histórico Ultramarino, Lisboa

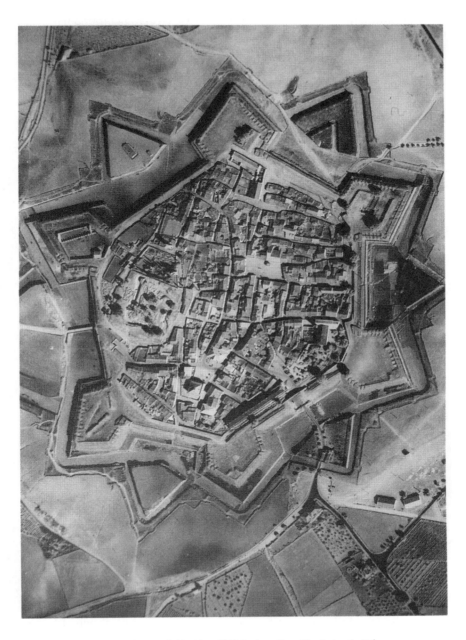

Fotografia aérea de Almeida, c.1970, Instituto Geográfico Português, Lisboa

todo o território, entre os quais os oficiais de infantaria – gradualmente também de artilharia – com exercício de engenheiro. Pela sua própria natureza e face ao *sismo pombalino* esta situação seria ainda mantida por algum tempo.

Como corolário da evolução real deste tema, é ainda importante anotar que o desempenho dos engenheiros militares não ocorria na exclusividade do serviço da ou de outras instâncias do aparelho de Estado. A sua presença no terreno tornava óbvia a possibilidade de os encomendadores locais a eles recorrerem para obras de toda a natureza. Aos poucos vão sendo identificadas figuras que a par com obra militar realizaram obra civil e religiosa. Alimentando o gosto das comunidades locais ou dos próprios encomendadores, por vezes concretizam experiências espaciais inovadoras dentro dos cânones de uma corrente ou origem artística, mas na maior parte dos casos sintetizam-nos com as realidades do contexto.

Em muito por essa via se terá introduzido e divulgado no país o barroco, em especial no que diz respeito ao urbanismo de cidades com clara estrutura medieval. A sua versatilidade e capacidade de adaptação aos materiais, técnicas e mão de obra locais, bem como às idiossincrasias dos encomendadores, são em grande parte os meios pelos quais se consolidaram os processos de construção/transformação do espaço nos séculos XVII e XVIII, nomeadamente no período pombalino. Com excepção para os programas *áulicos* de D. João V, a eles, em especial aos mestres da Aula, recorria o rei para a concepção e direcção das obras de carácter civil e religioso. Procedimento idêntico foi adoptado pelos grandes titulares, em especial do clero.

Até hoje, não tendo sido facilmente identificável uma transmissão directa de conhecimentos actualizados no domínio estrito da arquitectura no seio do sistema de ensino que procurei caracterizar, parece plausível atribuir especial importância nesse domínio à circulação de informação escrita e desenhada bem como ao convívio com os arquitectos, entalhadores, pintores, escultores, viajantes estrangeiros que, por contrato ou aventura, surgiam com cada vez maior frequência nos estaleiros de obra portugueses. Aliás, só dessa forma se poderão ter formado algumas distintas e renovadoras personagens da arquitectura portuguesa da segunda metade do século XVIII. Por outro lado é fundamental ter sempre presentes factos como a criação joanina da Academia Portuguesa em Roma (1725).

DE MAZAGÃO A MAZAGÃO
AS CIDADES DO OUTRO LADO DO *ESPELHO OCEÂNICO*

O título desta secção do texto é obviamente uma provocação, aliás, tal como a opção de tratar à parte as cidades normalmente designadas por coloniais. Como indiciara em *pontos da situação* propositadamente não usei até aqui qualquer exemplo urbanístico resultante da diáspora, mas foram inevitáveis algumas referências. É que a realidade não ocorreu de forma assim compartimentada. Ficamos, no entanto, com uma experiência de análise que talvez propicie formas diferentes de reagir à provocação. Por opção metodológica penso que também não nos interessa o debate acerca das diferenças entre o urbanismo colonial português e o espanhol. Se por um lado não cabe aqui e já se encontra formulado em textos a tal dirigidos (Nuno Portas, 1985; J. Manuel Fernandes, 1987, p. 96 e segs. e 1992; Horta Correia, 1984 e 1989), não me parece possível fazê-lo sem o confronto com o holandês, o francês e o inglês, de quem na tratadística ou no terreno recebemos influências e até cidades. De facto, o nosso objecto não é o urbanismo colonial português, mas sim o todo da produção artística portuguesa de cidades.

A instalação em territórios diversos do original ocorreu de formas excessivamente variadas para que possa ser feita uma leitura global sintética e apressada. Em muitos casos é-nos bastante difícil conseguir distinguir entre a instalação exclusivamente militar e aquela que simultaneamente tinha intenções de criação de urbe. É que de facto muitas foram as cidades que espontaneamente resultaram do desenvolvimento de actividades em torno de implantações cuja intenção inicial se poderia resumir ao controle militar de uma determinada área. Situações idênticas, mas aqui de forma mais previsível, terão ocorrido em entrepostos comerciais inicialmente resumidos também a uma fortaleza. Por oposição foram muitos os casos em que a única intenção era urbanizar, não existindo preocupações defensivas.

Essas diferenças tinham como causa fundamental o tipo de exploração e instalação que a realidade preexistente propiciava ou deixava antever, o que permite a sua sistematização por áreas geográficas. Com as reservas que qualquer generalização implica, é normalmente aceite a seguinte divisão: Magreb; ilhas atlânticas; costa ocidental africana; Oriente, expressão que neste caso engloba a costa oriental africana, o Mar de Oman, a Índia (costas de Malabar e Coromandel), o Ceilão e o Extremo Oriente; o Brasil.

No norte de África não se pode dizer que tenha existido uma política urbanizadora. De um modo geral conquistaram-se cidades ocupando depois os seus sistemas defensivos que passaram a ser sistematicamente actualizados, desde a experimental fortificação manuelina ao exemplo tido como mais próximo do *ideal* renascentista, Mazagão. Mas até aí a realidade dos factos não admite continuar a sustentar essa ideia, baseada fundamentalmente na forma da fortificação.

Substituindo um anacrónico castelo construído em 1514-1517, esse sistema defensivo foi erguido para defesa de uma cidade preexistente de cuja estrutura urbanística, apesar das naturais alterações, permaneceram profundas cicatrizes. Da *cidade ideal,* Mazagão teve eventualmente o referente no autor do projecto-base das suas muralhas, Benedetto da Ravena, ao que parece exclusivamente consultado para o efeito em 1541 (Rafael Moreira, 1980 e John Bury *in* AAVV, 1994a, pp. 130-134), constituindo este facto um marco fundamental na procura de um rumo de mudança do conhecimento e de outros métodos de concepção.

Urbanisticamente a ocupação das cidades magrebinas, onde para além de Mazagão Alcácer-Ceguer é também um bom exemplo, implicou a construção de novos equipamentos (Câmara e Cadeia, Misericórdia, Matriz, etc.), o que, a par com a necessidade de estruturar os respectivos largos e de *sanear* as principais vias, implicou alterações na estrutura urbanística. Não havendo vestígios ou notícias de intervenções planificadas, pode-se concluir que a especificidade, hoje obliterada, das cidades portuguesas no norte de África, resultou da aplicação dos processos de *regulação* urbanística contemporaneamente em uso na Metrópole sobre um tecido urbano e um território matricialmente diferentes.

No que diz respeito ao *caminho da Índia,* o extenso bordo afro-asiático que vai do Sahara até Diu no norte da Península Industânica, só parcialmente e muito tarde houve interesse em que fosse colonizado. Eram suficientes estabelecimentos militares para apoio à navegação e controle hegemónico dos mares, mas por vezes também o comércio era outra das finalidades, sendo para tal estabelecidas feitorias (Pedro Dias, 1988). Nomeadamente na costa ocidental de África, Cabo Verde e S. Tomé e Príncipe, onde também o tráfego de escravos para o Brasil levaria ao desenvolvimento de alguns núcleos urbanos ao abrigo de anteriores estabelecimentos militares (Luanda, S. Tomé, S. Salvador no Congo e Ribeira Grande em Santiago, por exemplo).

No Extremo Oriente era o comércio a única motivação e por isso foram também feitorias, quase sempre fortificadas, os núcleos iniciais depois urbanizados. Como excepções é obrigatório ressalvar os casos de Malaca e Macau. Apesar de tudo no domínio do urbanismo e para as primeiras fases da Expansão têm especial interesse as Ilhas Atlânticas, a Índia e o Brasil.

As Ilhas Atlânticas
Como contraponto contemporâneo aos estabelecimentos no Magreb, a ocupação das ilhas Atlânticas é uma verdadeira colonização cujos aspectos urbanísticos foram recentemente sistematizados (J. Manuel Fernandes, 1992). De um modo geral o processo decorreu dentro dos parâmetros próprios ao urbanismo português tradicional, incluindo o característico povoa-

mento linear e até disseminado – "uma poeira de casas que trepam até ao últimos campos sujeitos a cultura regular" (Orlando Ribeiro, 1949, p. 13) – que aqui adquiriu expressões topográficas e toponímicas próprias (Fajãs, Lombas ou Lombos, Achadas).

Ao nível das urbes, Angra, pela sua importância histórica e óbvia regularidade, é o caso mais referido e estudado (J. Manuel Fernandes, 1989a), sendo claros os três momentos que conduziram à sua formação. Após a instalação junto ao morro do castelo no sítio do actual monumento da Memória (terceiro quartel do século XV), foram ocupadas as margens da Ribeira dos Moinhos que ligava aquela zona com a do porto (último quartel do século XV). Esta ocupação linear e de natureza claramente orgânica, face à importância de entreposto e apoio à navegação decorrente do novo comércio das Índias, logo no dealbar de Quinhentos foi obliterada por uma ocupação mais intensa e regulada do espaço urbano. Alfândega e Misericórdia junto ao cais, Casa da Câmara e Pelourinho na praça onde se iniciam as escaladas dos declives envolventes e Matriz/Sé, são os pólos de um percurso – uma verdadeira rua Direita – que estrutura duas ruas perpendiculares geradoras de uma malha urbana regular, mas nem por isso geometricamente ortogonal, configurada por edifícios de cérceas concordantes implantados em lotes mais ou menos normalizados. Parte deste percurso coincide com o anel viário e de povoamento que contorna toda a ilha Terceira.

A maior regularidade da malha, para além de estimular o estudo do caso, tem vindo a sugerir comparações com Tomar e o Bairro Alto de S. Roque em Lisboa. São de facto os casos mais emblemáticos do processo de fazer cidade comum a muitas outras. Entre elas e não menos interessantes estão o Funchal (J. Manuel Fernandes, 1989b e Rui Carita, 1993), Ponta Delgada (Nestor de Sousa, 1983 e 1989), Horta, Vila Franca do Campo, Ribeira Grande em S. Miguel, Ribeira Grande em Santiago (Ilídio do Amaral, 1964), Vila da Praia na Terceira, etc., que também não fogem às constantes que inventariamos para as cidades litorâneas e aos esquemas das póvoas medievais e do urbanismo regulado da Dinastia de Avis. Por exemplo, não foi por acaso que J. Manuel Fernandes (1992, p. 120-131) encontrou relações estreitas entre o Funchal, Sesimbra e Setúbal. Relevante é também o facto de nunca terem estado contidas por cercos muralhados, o que nem sequer presidiu à definição inicial de qualquer dos casos. Na realidade quando tal se tornou necessário, já as técnicas de defesa permitiam e advogavam sistemas baseados em unidades pontuais estrategicamente implantadas.

A Índia[1]

Foi precisamente pelas necessidades defensivas que a instalação de cidades na Índia e no Ceilão adquiriu feições diversas das atlânticas insulares. Não fora a necessidade de, face à distância ao centro do Poder, ali ser necessário algo de mais estável, uma rede urbana propícia ao estabelecimento de um Estado próprio – um *Vice-Reino* indostânico com um razoável grau de autonomia sobreposto ao mosaico político – e o processo teria resultados urbanísticos em tudo semelhantes aos do norte de África: fortalezas estratégicas ao longo da costa e cidades preexistentes ocupadas e reformadas, também elas fortificadas.

Por essas e outras razões se encontra na Índia um pouco de tudo. Tal é a imagem que nos foi deixada nos textos e na iconografia de Gaspar Correia (1560), D. João de Castro (1538-39), Manuel de Faria e Sousa (1666-75), António Bocarro e Pedro Barreto Resende (1635), António Maris Carneiro (1639), Erédia (1620), entre outros. São fortalezas isoladas; fortalezas dominando cidades preexistentes; cidades ocupadas, reestruturadas e fortificadas; cidades fortificadas feitas de raiz; correspondendo cada um destes casos, de um modo geral, a estádios progressivos de afirmação de poder ou de interesses económicos. Se no Portugal da Baixa Idade Média, "fazer vila" era o acto de cercar (J. C. Vieira da Silva *in* AAVV, 1989a, pp. 63), nas crónicas da Índia "fazer fortaleza" confundia-se com o acto de urbanizar. Na realidade até ao século XVIII pode dizer-se que o verdadeiro território do Estado da Índia era o Oceano Índico, orlado por um complexo sistema de *praças de guerra* fronteiriças, estabelecidas em ilhas ou enclaves definidos por rios no litoral, por isso frequentemente planos e até alagadiços.

Não é novidade para ninguém o facto de a principal porta de qualquer destas cidades ser precisamente a *porta do mar* – eu talvez dissesse *porta do reino*. O carácter *externo* destes estabelecimentos é bem patente na necessidade de um ritual de iniciação do território escolhido para se "fazer fortaleza". "No dia escolhido, o governador, ou vice-rei, seguido por todos os capitães e demais população, sacerdotes, trabalhadores, etc., marcava com uma corda esticada a configuração geral da fortificação, após o que um sacerdote, seguido por todos os seus companheiros e com toda a capitania de joelhos, benzia o local. [...] Feita a cerimónia religiosa [...] o governador, o vice-rei ou o capitão dava a primeira enxadada no terreno e punha a primeira pedra na fundação da torre de menagem ou em local próximo da

---

[1] No livro *Cidades Indo-Portuguesas – contribuição para o estudo do urbanismo português no Hindustão Ocidental* [(Português/Inglês) Comissão Nacional para as Comemorações dos Descobrimentos Portugueses, Lisboa, 1997], escrito em 1996, actualizei e ampliei consideravelmente o que em 1995 aqui se sintetizou sobre esta temática.

porta principal. Por vezes, como em Ormuz, o governador colocava por baixo da pedra alguns objectos simbólicos, como ouro, moedas ou a imagem do santo padroeiro da fortaleza. Após isto todos os capitães e demais fidalgos davam a sua enxadada e colocavam as respectivas pedras nas fundações da fortaleza" (A. Brandão in AAVV, 1989a, p. 173).

De um modo de vista urbanístico, as primeiras viagens à Índia apenas visaram o estabelecimento de feitorias em locais cedidos pelos rajás sempre junto ao mar, em cabos, penínsulas, istmos, ilhas ou enclaves delimitados por rios – Cochim, Cananor e Coulão na costa de Malabar e S. Tomé de Meliapor na costa de Coromandel – mas já dentro dos projectos globais estabelecidos por D. Francisco de Almeida e por D. Afonso de Albuquerque, ainda antes da chegada (1505-1506) do primeiro *mestre das obras de pedraria* da Índia, Tomás Fernandes, iniciou-se a sua fortificação, bem como a de outros novos estabelecimentos e conquistas.

Cochim em 1503 foi a primeira sede do poder português na Índia. Entretanto desenvolviam-se em redor estruturas urbanísticas de que os rigorosos levantamentos feitos pelos holandeses, logo após a sua conquista no século XVII nos permitem ter ideias muito claras. Gradualmente instalaram-se equipamentos e funções urbanas características das cidades portuguesas como a Câmara, o Pelourinho, a Misericórdia, a Matriz, conventos (franciscanos, dominicanos e agostinhos, nomeadamente), o colégio jesuíta, etc. Documentalmente não sabemos até que ponto e em que situações esses espaços urbanos novos (como Cochim) ou reformados (Cananor) eram sujeitos a um objectivado ordenamento português. Verifica-se, no entanto, uma relativa regularidade com características formais que, sem qualquer hesitação, considero similares às que encontrámos em realizações anteriores e contemporâneas na Metrópole. Sem desenho prévio, por conseguinte.

Goa
Goa é um caso obrigatório e paradigmático hoje perdido no meio de um denso palmeiral. Foi conquistada em 1510 por D. Afonso de Albuquerque com o objectivo de ali estabelecer o centro de poder do Estado Português na Índia. Não podemos aqui dissertar acerca da sua importância política, económica e estratégica, nem sequer sobre a dimensão física e populacional – colossal para a época – ou a imponência de alguns dos seus edifícios como a Sé e hospital, mas devemos fazer realçar três aspectos da sua geografia: tratava-se de uma cidade implantada à beira de um rio, numa encosta suave e a maior distância do mar que qualquer uma das outras; a ela correspondia um território (a ilha de Tiswadi) também delimitado por linhas de água e pântanos, fácil de defender e com a dimensão necessária a alguma

autonomia de bens agrícolas de primeira necessidade; numa extensão de centenas de quilómetros, o território de Goa era o único acesso fácil, através da cordilheira dos Gates Ocidentais, do litoral para o Decão.

Estas características obrigaram ao estabelecimento de um complexo sistema defensivo quer do estuário do rio, quer das ligações com o interior que reforçaram o carácter territorial, único para a Índia, desta possessão portuguesa. Mas perante a intencional excepcionalidade de Goa, a ocupação e reforma do seu espaço urbano não decorreu de forma equivalente. Para além do perímetro (vincado pela primeira muralha portuguesa) e da localização de uma ou outra função urbana, como o Palácio de Adhil Shah, a mesquita ou os estaleiros (Penrose, 1960), desconhecemos em absoluto a fisionomia urbanística da cidade conquistada que a partir do governo de D. João de Castro cresceu muito para além desse núcleo inicial.

Sendo hoje possível trabalhar com plantas muito aproximadas da realidade (ver Cristina Henriques *in* AAVV, 1994b, p. 202) cotejadas com as descrições coevas (Pietro della Valle e Linschoten) podemos ter a certeza de que a estrutura urbanística, nem na reforma do existente, nem nas extensões extra-muros foi objecto de uma acção racionalizada, quer ao nível do seu traçado viário quer no que diz respeito à implantação dos conjuntos edificados de maior importância simbólica, urbanística ou arquitectónica. Há, isso sim, aquele especial entendimento da paisagem que preside às escolhas de um local e da orientação mais favorável patente, por exemplo, nas igrejas do Priorado do Rosário e de Nossa Senhora do Monte ou no partido volumétrico do mosteiro dos Agostinhos ou do convento dos Oratorianos.

Graças às mais frequentes deslocações de especialistas ao local têm vindo a ser desmontados outros mitos, como o da semelhança com Lisboa. De facto, à parte algumas inevitáveis coincidências como a implantação distanciada do mar, o cais com praça e o arsenal na margem do rio, não podem estabelecer-se outros paralelos entre cidades cujas estruturas urbanísticas foram ditadas por topografias bastante diferentes. Em termos de importância e ao nível da organização das suas estruturas administrativas civis e religiosas, eram de facto semelhantes, o que, aliás, deliberadamente passou a ser uma constante em todas as cidades coloniais.

Diu

Diu é outro caso paradigmático. Quando os portugueses obtiveram o seu senhorio, a densa cidade já estava separada do resto da ilha (a Poente) por uma aparatosa muralha de torreões cilíndricos e acentuados jorrantes que ia do canal ao mar.

Os portugueses ergueram um colossal sistema fortificado no extremo Nascente do já isolado território, também ele separado da cidade, desta feita por muralha e fosso, articulado com um forte implantado no meio do canal. Estando o núcleo urbano preexistente concentrado junto à muralha inicial, os portugueses, instalando os seus equipamentos urbanos no espaço intermédio – casa do Governador, convento franciscano, colégio jesuíta, recolhimento de Santa Ana, igreja Matriz, etc. – e reestruturando a praça do cais e mercado situada no limite interior do espaço já edificado, visaram recentralizar a urbe à imagem dos processos em curso na Metrópole que oportunamente sistematizámos.

Reforçando essa metodologia de intervenção urbanística por pólos, o largo junto à porta principal da cidade muçulmana foi reformado em praça com um sistema normalizado de arcaria *à romana*, ainda hoje surpreendente. Na reconstrução da fortaleza de Diu, gizada por Francisco Pires em 1546, pela primeira vez na Índia foram construídos baluartes de *orelhões* da ciência da fortificação moderna.

Chaul, Baçaím[2] e Damão versus Conceito de Cidade Ideal
No que tenho vindo a dizer acerca dos estabelecimentos urbanos na Índia está aparentemente implícita alguma desconfiança relativamente aos materiais que têm vindo a servir de suporte às abordagens da nossa temática. É que a realidade dos locais e da cultura urbanística portuguesa de Quinhentos bem como o confronto com levantamentos mais fiáveis entretanto vindos a público, fazem com que de facto os registos iconográficos que inicialmente listei tenham que ser interpretados de outra forma. São fundamentalmente ilustrações de viagem com um carácter memorialista e descritivo, frequentemente encomiástico, sem qualquer finalidade de utilização com rigor projectual. Por outro lado foram realizados num período em que a cultura urbanística era já substancialmente diversa.

Em finais de Quinhentos e início de Seiscentos era perfeitamente natural que na ilustração e descrição das distantes e míticas cidades portuguesas elas fossem normalizadas segundo padrões modernos, até porque era mais fácil. Tal acontece com a representação ao nível da arquitectura para a qual foi utilizada uma imagem estereotipada dos edifícios que chegam a ocupar a totalidade do perímetro urbano, o que em Baçaím, S. Tomé ou Damão, por exemplo, nunca chegou a acontecer. Pela via do *ideal de cidade*

---

[2] Em "Baçaím – 7 alegações para…" publicado na 3.ª Secção desta colectânea, actualizei e ampliei consideravelmente o que em 1995 aqui se registou sobre esta cidade e, em especial, sobre o território que dela dependia.

dos cronistas transmitiu-se à história do urbanismo português o equívoco das *cidades ideais* feitas na Índia pelos portugueses.

Essa ideia tem abusivamente como referência um estudo específico de Mário Chicó (1956), onde a propósito de Damão se refere também Baçaím. Chaul, erguida em igual conjuntura, rapidamente se lhes passou a associar. Com base nas realidades histórica e local (Gerson da Cunha, 1876 e 1900), nas informações de Carlos de Azevedo (1970) e nos levantamentos rigorosos de Damão e Baçaím que reproduzimos e ainda no de Chaul publicado na monografia de Mitterwallner (1964), julgo possível um maior rigor de abordagem que passo a resumir.

Em 1516 os portugueses ergueram em Chaul uma modesta feitoria a que se seguiu em 1521-24 um pequeno fortim. Entretanto desenvolvia-se uma cidade regulada segundo processos semelhantes aos já descritos para os outros estabelecimentos e ampliações urbanas coevas. O caso de Baçaím é idêntico (Dejanirah Couto *in* AAVV, 1994b, pp. 258-267). Tendo sido cedida com os proventos do seu vasto e rico território aos portugueses em 1534, logo no ano seguinte ali se ergueu uma feitoria seguida de uma primeira fortaleza construída em 1536-1539. Tal como em Mazagão, só já com as estruturas urbanas bem consolidadas – implantação de equipamentos e edifícios principais, ruas abertas e pavimentadas, etc. – ambas as cidades foram envolvidas pelas míticas e perimetralmente irregulares muralhas renascentistas realizadas no último quartel do século XVI.

Nelas trabalhou o eventual autor da planta da cidade fortificada de Damão, sendo esta de facto o caso excepção. Só em 1559 se deu a conquista definitiva daquele ponto do território indiano por D. Constantino de Bragança. Ao norte do rio Ganga existia uma povoação, mas foi sobre a plataforma elevada situada no ângulo do mar (a Poente) com a margem esquerda do rio (a sul), onde João Baptista Cairato, Engenheiro-Mor da Índia entre 1583 e 1596, construiu a cidade fortificada que previamente delineara. Da conquista até esse momento pouco mais que o pequeno fortim quadrangular que passou a ser a casa do Governador ali fora construído.

Autor de outra obra provadamente inspirada na produção teórica de Pietro Cataneo, o Forte de Jesus em Mombaça, Cairato pôde realizar em Damão o que o prévio desenvolvimento urbano de Chaul e Baçaím não lhe permitiram: uma cidade rigorosamente regular composta por quarteirões quadrados cujo módulo é a quarta parte do fortim pré-existente. Ocupando este o lugar canónico para a virtual implantação da praça, o espaço do quarteirão fronteiro à igreja do Rosário, à porta de terra, a um convento, ao colégio e à Sé jesuítas, deu origem à sua substituta. Entre as duas portas únicas, a de *Terra* e a do *Mar*, desenvolve-se a rua principal, tendo à ilharga a praça e o palácio do Governador. A cerca abaluartada é, apesar de tudo, menos regular, sendo reforçada a Nascente por uma linha de água secundária e a sul por um fosso unindo aquela ao mar.

Curiosamente a cidade fortificada, Moti Daman, nunca foi tão densamente povoada como a da outra margem, a caótica Nani Daman onde já em 1614-1627 foi erguido o forte de S. Jerónimo por Júlio Simão, um mestiço que depois de formado na Metrópole regressou à Índia onde foi discípulo e sucessor de Cairato e construiu, entre outros, o Bom Jesus, a Sé e o Arco dos Vice-Reis (ao qual na década de 1940 os Monumentos Nacionais retiraram um piso) em Goa.

De acordo com os conhecimentos actuais – ainda pouco ou nada se sabe sobre as cidades portuguesas no Ceilão – Damão, a última das conquistas portuguesas no Oriente, poderá ser de facto a única *cidade ideal do renascimento* da Índia portuguesa, planeada e erguida por um engenheiro italiano durante a dinastia filipina!... Quanto às restantes os factos expostos levam-nos a ter que distinguir entre os tempos e teorias de fortificação e de cidade, problema já equacionado e teorizado para a generalidade da Europa por Amelio Fara (1993). Sendo viável e necessária a actualização ou substituição das primeiras, não foi de todo possível obliterar por substituição as segundas. A estrutura destas é de facto anterior à internacionalização do ideário urbano renascentista: a obra de Filarette de 1461-64 só foi publicada no século XIX; *De Re Ædificatoria* de Alberti, publicado em 1485, nem continha um modelo formalizado de cidade nem circulou entre nós tão cedo; a edição dos Quattro *Primi Libri...* de Catâneo, tal como a referida tradução de *Etliche Underrichte zu Begestigung...* de Dürer, que de facto tiveram influência quase imediata em Portugal, apenas ocorreram na década de 1550; Palma Nuova de Scamozzi foi iniciada em finais de Quinhentos.

O Século XVII. Mormugão
No Oriente, pela via das necessidades concretas, a engenharia militar portuguesa testou novas técnicas de concepção e construção, primeiro nas estruturas defensivas, depois ao nível urbanístico, quando paradoxalmente já não havia cidades para estabelecer ou reformar e o declínio do Estado da Índia não propiciava qualquer expansão das urbes já estabelecidas. Em todo o século XVII e apenas como prenúncio do relançamento iluminista do território de Goa, só o projecto da mudança da capital do Estado da Índia para uma nova cidade a construir em Mormugão merece algum destaque (Cunha Rivara, 1866-67 e A. Germano Correia, 1931).

Contrariamente aos mitos, a vida em Goa desde cedo demonstrou a má salubridade do sítio (Manuel Filipe Canaveira *in* AAVV, 1994b, pp. 204-210) e, para além das frequentes epidemias, também o açoreamento do rio e o facto de a sua barra não ser praticável durante a monção, rapidamente tornaram desejável a sua substituição. Este negativo estado de espírito era acentuado por outros factores: corrupção, desleixo, pressão e conquistas holandesas e Marathas, desaparecimento do comércio de cavalos persas destinados ao Decão motivado por alterações geopolíticas locais. Ao longo do século XVII a cidade perdeu 80% a 90% da sua população. Quem pôde começou a mudar-se para Ribandar, Panelim e Pangim, nas imediações ribeirinhas.

Na década de 1670 os Governadores António de Mello e Castro e Manuel de Corte-Real de Sampaio reagiram à situação. Propuseram ao rei a construção de uma nova cidade na península de Mormugão, na margem esquerda do rio Zuari. Os ares eram bons, já existia um forte, a barra podia ser utilizada todo o ano, a vigilância da sua entrada era permanente. Contudo, o sucessor informou o rei da impossibilidade de construção de uma cidade tão grande. Seria o Conde de Alvor, o Vice-Rei Francisco de Távora, a retomar a ideia em 1684, usando como alegação principal serem permanentes os ataques Marathas à muito desprotegida Goa. À excepção de parte do clero, os notáveis de Goa apoiaram sem reservas a proposta. Nos anos seguintes manteve a pressão, enviando em 1686 um projecto detalhado para apreciação e aprovação que permanece inédito.

Antes de qualquer resposta o Conde foi chamado para presidente do Conselho Ultramarino, cargo que usou para que em 1687 o rei ordenasse ao novo Governador o início da mudança. Desta vez as *forças vivas* de Goa, nomeadamente o Senado da Câmara, manifestaram uma fortíssima oposição transmitida a Lisboa sob a forma de um pedido de meios materiais e humanos alegadamente inexistentes no território. Mas a ordem foi reconfirmada, o que se repetiu sistematicamente sem que os resultados práticos tenham sido significativos. Apesar de tudo em 1712, ano em que o Conde de Alvor abandonou o cargo, os trabalhos foram suspensos sendo retomados alguns anos depois. Mas em 1734 o Vice-Rei informou o rei do fiasco das tentativas e do sorvedouro de dinheiro em que o projecto se transformara propondo como alternativa o sítio de Pangim, do que não houve consequências imediatas. No entanto seria esse o futuro da capital.

Curiosamente, por iniciativa de finais do século XIX e pelo posterior empenho do Estado Novo, construiu-se a cidade de Vasco da Gama junto ao sítio escolhido no século XVII para a reinstalação da velha capital dos territórios portugueses no Oriente, hoje o único e importantíssimo porto com o também único terminal ferroviário do território de Goa e tendo ainda por perto o aeroporto.

Brasil

O Brasil foi o campo das mais variadas e ricas realizações urbanísticas portuguesas de além-mar, sendo ali que a *escola portuguesa de urbanismo*, já aqui caracterizada, fez o seu tirocínio. Por tal razão é-nos impensável fazer uma leitura adequada desse rico manancial de casos, aliás já proficuamente estudados em muitos trabalhos de que se referem escassos exemplos na bibliografia.

Logo de início, o facto de ser um extenso território totalmente desurbanizado e onde o parco povoamento não fizera ainda qualquer marca, estabeleceu uma diferença fundamental para qualquer outra zona de colonização. Contrariamente à América Espanhola, no Brasil nada havia para conquistar sendo as ameaças mais do mar (europeus) que de terra. Esta realidade era comum à das ilhas Atlânticas, *apenas* sendo diferente a dimensão e o facto de existirem indígenas com os quais inicialmente se pretendeu comerciar através de umas precárias feitorias, muito à imagem do que acontecia no bordo ocidental africano mas sem os resultados aí obtidos. A cultura do açúcar cedo se revelou promissora, acabando por catalisar a fixação permanente e orientar o futuro. Como escreveu Nestor G. Reis (1990, p. 519), gradualmente "El Brasil fue organizado, [...], como una retaguardia rural para los mercados urbanos europeus."

Nas primeiras décadas aquele território era para os portugueses uma extensão de costa e pela sua medição foi, depois de uma primeira fase de contratos de exploração geral, tal como nas ilhas, dividido em capitanias cuja profundidade territorial era desprezível, não sendo o meridiano de Tordesilhas para o efeito levado muito a sério. Era a primeira resposta às ameaças que desde cedo (como as dos franceses em 1503 e 1508) haviam chegado de outros países europeus. Do sistema de capitanias e, directamente, dos primeiros capitães dependeu a fortuna urbanística inicial. Eram homens com experiências variadas devidas a uma mobilidade extrema, a quem eram dadas prerrogativas de fundação de cidades e de emissão das respectivas *cartas de vila*.

São Vicente, a primeira, surgiu em 1532 sobre um estabelecimento prévio por determinação do futuro capitão donatário do território onde se insere, Martim Afonso de Sousa, que em 1536 estaria na tomada e fortificação de Diu e viria a ser Governador da Índia (1542-1545). Este abandono é um exemplo, entre os muitos, de como à data da descoberta do Brasil era o Oriente o centro de interesses do Império. A par com a titubeante evolução do povoamento (nomeadamente a instituição das primeiras misericórdias em 1543 e a fundação das vilas de Porto Seguro em 1535; Igaraçú, Ilhéus, Santa Cruz em 1536; Santos em 1545; Olinda em 1537) a ameaça de outros países europeus era crescente.

Este estado de coisas mudou rapidamente, pois a coroa, que nunca pusera nem viria a pôr em causa a sua soberania sobre o território, revendo o sistema de capitanias hereditárias resolveu estabelecer um governo geral para aquela colónia, para além de reservar para si a exploração directa de algumas áreas. Assim foi nomeado em 1548 o primeiro Governador-Geral do Brasil, Tomé de Sousa, que no ano seguinte fundou a capital do governo, S. Salvador da Baía, a primeira *cidade real*. Tal como o Governador recebera ordens precisas para o seu governo, o mestre pedreiro que o acompanhava, Luís Dias, escolhido e instruído por Miguel de Arruda, o Mestre das Fortificações do Reino, era portador de amostras e modelos da cidade fortaleza a ser edificada.

Ao que parece aqueles desenhos perderam-se na atribulada viagem, mas de facto, como diz Gabriel Soares de Sousa no seu *Tratado Descritivo do Brasil* (p. 134), depois de construídas a muralha Luís Dias "arrumou a cidade dela para dentro, arruando-a por boa ordem." Contrariamente ao que até aí fora regra em todo o Império, a fundação desta cidade teve pois como grande novidade a intenção prévia de não só planear a sua implantação e defesa, mas também pré-conceber o seu espaço urbano. Tendo em conta tudo o que temos vindo a dizer desde o início e o que pode ser aduzido de outros textos desta obra (nomeadamente acerca do significado da figura de Miguel de Arruda), para além da situação única de uma implantação sem preexistências ou marcas humanas e apesar da pequena diferença de datas, outra *era urbanística* se iniciava.

Salvador quinhentista aparece-nos em plantas de inícios do século XVII – desenhos holandeses, um deles publicado por Nestor G. Reis (1990, p. 521) e do *Livro Que Dá Razão do Estado do Brasil*, que publicamos – de facto bem arruada, com quarteirões próximos do quadrado, estruturada a partir de uma praça central e dotada de todos os equipamentos e instituições de uma cidade portuguesa da época. As preocupações defensivas haviam levado à escolha de um morro sobre a baía quase integralmente rodeado de taludes que, se reduziram significativamente os esforços de fortificação, tornaram impossível uma estrutura urbanísitica racional de mais imediata leitura, também prejudicada pelas *ladeiras* de ligação à *baixa*, que entretanto se foi desenvolvendo e seria sistematizada no período pombalino com plano e arquitectura que em muito lembram Lisboa (Nestor G. Reis, 1989). A adaptação ao sítio de uma *ideia* formal pré-concebida, matriz fundamental da futura *escola portuguesa de urbanismo*, aplicou-se pela primeira vez no morro sobranceiro à Baía de Todos-os-Santos.

O Impulso Filipino no Brasil

Na linha de Salvador e visando o controle do sul, a fundou em 1565 S. Sebastião do Rio de Janeiro na baía da Guanabara. Nos primeiros anos pouco mais era que um sistema fortificado erguido sobre colinas para se poder dar luta aos franceses que já por ali se haviam instalado (1555). Cumprida essa etapa, passou-se, já no período filipino, à urbanização regular da várzea intermédia. Sabe-se que em 1571 para lá foi enviado como mestre da fortificação Francisco Gonçalves, o que se repetiu em 1582 numa estadia de sete meses de Batista Antonelli, engenheiro militar italiano que muito serviço prestou a D. Filipe II (recorde-se o projecto de navegabilidade do Tejo). Como Antonelli, outros engenheiros estrangeiros estiveram no Brasil (destaque-se, entre outros, Spannochi) a mando deste monarca que em em 1588 nomeou um ainda desconhecido Alexandre de Urbino como *fortificador do Brasil*.

No espaço entre os dois morros foi alinhada uma malha urbana regular que ao longo dos anos se foi estendendo para o interior sempre limitada por linhas de fortificação nem sempre concretizadas. Como elemento estruturador principal, uma rua interior, paralela à margem e ligando os dois morros. Entre ela e o cais os equipamentos ficavam as dependências portuárias e alguns dos equipamentos mais importantes. Esta rua, perfeitamente integrada na regularidade da malha, pelo desenvolvimento, função e localização lembra muitas outras, anteriores e posteriores, existentes em cidades costeiras como Lisboa, Porto, Horta, Ponta Delgada, Funchal, Luanda...

Já demonstrado no Rio, o interesse da dinastia filipina tornou-se evidente no esforço de ocupação do norte, desde sempre fortemente ameaçado pelos franceses e agora por holandeses e ingleses. Filipeia (depois João Pessoa) em 1585, São Cristóvão em 1590 e Natal em 1599 são os primeiros passos de uma *marcha* estrategicamente planeada que teve o seu primeiro ponto alto na conquista aos franceses e posterior urbanização de S. Luís no Maranhão em 1615. Pouco depois, já em 1616, fundou-se Belém num dos bordos do extenso delta do Amazonas.

Para cada uma das etapas desta actividade urbanizadora estão identificados os engenheiros militares participantes (v. Renata de Araujo *in* AAVV, 1989a, p.263), entre os quais se destacou Francisco Frias de Mesquita, Engenheiro Mor do Brasil desde 1603 e responsável, entre outros, pelo traçado de S. Luís. Os desenhos do projecto foram acompanhados de um *Regimento* que apresenta já alguns traços daquilo que em breve seriam as Cartas Régias para a (re)fundação de cidades. As peças escritas e desenhadas foram elaborados face à necessidade de o Governador e o Engenheiro terem de partir, deixando em S. Luís funcionários encarregados da urbanização da cidade, o que de facto fizeram com rigor. S. Luís do Maranhão, apesar do acidentado do terreno, foi composta segundo uma estrutura quase rigorosamente ortogonal, sendo os quarteirões quadrados, as praças omissões de quarteirões, enfim um *damero*.

Dali partiu a expedição para o *redescobrimento* da Amazónia que em breve fundaria o Forte do Presépio e baptizaria em pleno período filipino a região como *Feliz Lusitânia*, os embriões de Belém. Esta cidade, em grande parte devido às características do local – uma estreita faixa de terra firme entre o delta e um pântano – não tem a regularidade cartesiana de S. Luís, mas a sua arruação foi indubitavelmente orientada por algum esquema pré-concebido, pois até a proporção dos quarteirões e o traçado viário já nada têm a ver com o urbanismo português das *póvoas*. Infelizmente não há dados documentais que permitam conhecer este processo, mas é admissível que, sendo a conjuntura comum à da fundação de S. Luís, também tenham sido elaboradas normas escritas e desenhadas que guiassem os seus arruadores, talvez até pelo próprio Francisco Frias de Mesquita.

Paralelamente densificava-se a ocupação do Centro-Sul com a fundação de muitas outras cidades onde é também patente grande regularidade, por alguns atribuída a uma maior aproximação às *Ordenaciones* filipinas para a América espanhola (Nestor G. Reis, 1990, pp.524 e 529). Da actividade urbanizadora dos *assaltantes* europeus a única realização digna de referência é a cidade do Recife (Mauritzstad), junto a Olinda, conquistada em 1630 pelos holandeses. Aí, junto ao mar e no meio de um conjunto de ilhas e pântanos que facilitavam a defesa terrestre, preferiram ter a sua capital, quiçá também pela maior semelhança com o território natal.

Apesar de todo este surto urbanizador, a vida urbana, à excepção da Baía do Rio e de algum outro caso, era ainda muito dispiciente, nomeadamente nas vilas estabelecidas pelos capitães donatários. As actividades económicas eram praticamente resumidas às resultantes da actividade agrícola, também ela pouco diversificada. Os habitantes das cidades eram fundamentalmente senhores e escravos, sendo praticamente inexistentes os escalões intermédios que por norma são quem de facto *urbanifica* o espaço. Acerca disto escreveu Nestor G. Reis (1990, p. 526): "La mayor parte de los edifícios de las villas, y también de las ciudades, pertenecían a los grandes proprietarios rurales, que sólo frecuentaban el medio urbano en los momentos de fiestas y en las épocas de embarque de las cosechas."

A Restauração e a Política Territorial no Brasil

Após o processo da Restauração, o Brasil era inquestionavelmente a principal possessão portuguesa, quer em termos económicos quer territoriais – fundamental para a estabilização da independência – pois o Estado da Índia resumia-se a Goa, Damão, Diu, Chaul e Baçaím e no resto do Oriente só Macau contava. As Ilhas Atlânticas eram fundamentalmente plataformas das carreiras marítimas que serviam a colónia, quer para o comércio com a Metrópole (Açores e Madeira), quer para África (Cabo Verde e S. Tomé e Príncipe), onde se obtinham escravos por troca de produtos como a aguardente de cana.

As Guerras da Restauração catalisaram o início do complexo processo de definição da fronteira entre os territórios de domínios português e espanhol na América Latina. Por razões tão importantes como estas foi gizada uma estratégia com vista ao controle directo da coroa sobre o território. Gradualmente foram criadas ou reformadas estruturas administrativas enquanto as capitanias iam sendo postas sob a administração directa da coroa. Os poderes municipais foram reduzidos sendo, em grande parte, transferidos para os Governadores. Entretanto começam a ser enviados para o Brasil funcionários públicos de diversas especialidades e categorias, com especial destaque para os engenheiros militares que, como vimos, em breve passaram a ser formados no próprio território e vieram também a ter um papel fundamental na qualificação e incremento da arquitectura civil e religiosa.

A criação de vilas e cidades, essencial para a afirmação da soberania territorial, passou a ser prerrogativa exclusiva do Estado através de Cartas Régias aos Governadores. Quase se pode dizer que estes diplomas legais são iguais para todos os casos de fundação de novos aglomerados. À parte uma ou outra especificação de carácter local o articulado urbanístico essencial é o seguinte: "determineis na vila o lugar da praça no meio da qual se levante pelourinho e se assinale a area para o edifício da Igreja [...], e que façais delinear por linha recta a área para as casas com seus quintaes, e se designe o lugar para se edificarem a casa da Camara [...] e mais oficinas publicas, e que todas devem ficar na area determinada para as casas dos moradores as quais pelo exterior sejam todas do mesmo perfil, [...] de sorte que em todo o tempo se conserve a mesma fermosura da terra e a mesma largura das ruas." [extraído das cartas régias de (re)fundação de cidades em meados do século XVIII no Brasil, publicadas por Paulo Santos (1968)].

Igualmente significativos são os rituais de posse de territórios ou de fundação de cidades. Num *auto de posse* lavrado em 1639 e transcrito por

Renata de Araujo (1992, p. 90) pode ler-se o seguinte: "em nome de El Rey Felipe IV nosso Senhor, tomou posse pela coroa de Portugal, do dito sítio [...], tomando terra nas mãos, lançando-as ao ar e dizendo em altas vozes: Que tomava posse [e não havendo quem contestasse] eu escrivão tomei terra nas mãos e dei mão do capitão e em nome de el Rey [...], o houve por metido e investido na dita posse."

De entre os *autos de aclamação* da fundação de várias vilas na Amazónia na década de 1770 publicados por Vasco Salema (1982), detenhamo-nos nos seguintes trechos: primeiro população e oficiais dirigiram-se "para a casa que se havia deputado para Igreja desta nova Freguezia emquanto se não erigia outra mais decente" e antes da missa escolheram o orago; à tarde "foram marchando por boa ordem para o lugar já assignado medido e demarcado para a praça cujo terreno já existia bem limpo e preparado e aberta nelle a cova em que se havia de crevar o Padrão do Pilourinho junto da qual se achava o mesmo muito bem lavrado e preparado e alli pelo mesmo Ministro lhes foi a todos novamente ditto e proposto ser aquele o lugar que na planta que tinha formado da Villa achava mais coherente pelas medidas della e das suas ruas cujos nomes se acharião no livro dos provimentos da correição, para servir de praça e que alli mesmo hé que se devia arvorar e acclamar a nova Villa para o que logo mandando-o meter na cova e levantar ao alto chegando ao pé delle e com o chapeo na mão entrou em voz alta e bem intellegível a pronunciar as palavras seguintes: Real, Real Real esta nova Villa de [...] pelo Nosso Augustissimo e Fidelissimo Monarcha Dom Joseph o primeiro, Rey de Portugal"; repetida e aplaudida a aclamação seguiam-se mais cerimónias religiosas.

Para além das óbvias e diversificadas componentes de carácter ideológico descritas nestes trechos de *autos* de urbanização, é fundamental fazer notar a importância fundacional e do simbolismo de poder carregados no "padrão" do pelourinho, talvez ainda mais fortes que os referidos a propósito da reforma urbana manuelina. Com raciocínio e antecedentes idênticos atente-se na importância atribuída à Casa da Câmara (e cadeia), no fundo o equipamento executivo do poder simbolizado pelo pelourinho (Vasco Salema, 1982 e Thedim Barreto, 1937).

A *escola de urbanismo* sistematizada por Serrão Pimentel e instrumentalizada pelo poder criara uma rotina de fundação de cidades que, para além de regulares na estrutura, tinham de programa, por força de lei, equipamentos, símbolos de poder e arquitectura. Este sistema veio a ser aperfeiçoado ao ponto de no período pombalino as Cartas Régias já estabelecerem "uma coordenação dimensional, que incluía medidas para os lotes, número de aberturas, altura dos pavimentos e formas de relação com as construções vizinhas" [Nestor G. Reis (s/d), p. 367]. Surgira a figura legal e metodológico a que hoje chamamos *Plano de Pormenor*.

Bandeirantes, Missionários e Minérios
De um modo geral até então a urbanização do território resumia-se ao litoral. As excepções eram S. Paulo, fundada em 1558 num planalto a cerca de 60 quilómetros da costa e uma série de povoados índios urbanizados por franciscanos e jesuítas sem qualquer referência de nacionalidade. Desde cedo e com interesses vários (nomeadamente captura de escravos e demanda de jazidas de ouro) foi essencialmente a partir de S. Paulo que se lançaram as *bandeiras* de exploração do interior que deram origem ao surgimento de povoados. Com motivações diferentes, bandeirantes e missionários jesuítas e franciscanos, foram os grandes auxiliares do Estado no povoamento do interior que em breve sofreu o *boom* das descobertas de jazidas de minerais preciosos nas regiões interiores do centro – Minas Gerais, Mato Grosso e Goiás – dos últimos anos do século XVII ao fim do primeiro terço do seguinte.

Esse surto urbano teve reflexos no desenvolvimento agro-pecuário do Sul para abastecimento das regiões mineiras e, por razões óbvias, nos portos marítimos mais próximos, deixando quase paralisados o Norte e o Nordeste. De tudo isto é especialmente significativa a mudança em 1763 da capital para o Rio e a *promoção* de S. Paulo a cidade em 1711. Esta revolução no povoamento teve como reflexo inevitável a estruturação de um verdadeiro sistema social que finalmente *urbanificou* as cidades brasileiras e, pelo aumento da qualidade construtiva e arquitectónica, alterou profundamente a paisagem e as estruturas urbanísticas.

O *ciclo mineiro* deu origem a uma série de cidades sem desenho prévio que, pelas comuns características topográficas, pela animação paisagística e espacial dos consideráveis programas religioso-monumentais das irmandades e Ordens Terceiras e através de reformas posteriormente introduzidas pelos funcionários do urbanismo da coroa, adquiriram características tipológicas ímpares que a arquitectura corrente em muito faz filiar em exemplos Metrópole. Sabará e Vila Rica de Ouro Preto (1711), S. João d'El-Rei (1713), Serro (1714) e Tiradentes (1718) são alguns dos casos onde ao organicismo inicial foram impostas regras barrocas de composição da paisagem urbana que fazem lembrar processos como o do Porto setecentista, por exemplo. Casos como o da Praça dos Governadores em Ouro Preto, demonstram também a racionalidade imposta em condições extremas de adversidade topográfica, quando a tal obriga a dignidade do programa.

Segundo Horta Correia (AAVV, 1989, pp. 508-509) foi nestas condições, autênticas "brechas" nos procedimentos castrenses da *escola portuguesa de urbanismo*, que homens de princípios racionalistas melhor demonstraram a maleabilidade de raciocínio com que a sua formação específica os dotara. Formação que pelo primado da inteligência fomentara em "técnicos" o desenvolvimento da sensibilidade artística. Mas até dentro deste ciclo houve casos em que o Estado se conseguiu antecipar fundando cidades com as características próprias às *cidades reais*. Mariana em 1745, traçada pelo mestre da Aula de Fortificação do Rio, José Pinto de Alpoim, e Vila Bela da Santíssima Trindade em 1752, são exemplos paradigmáticos.

Para além destes casos, esporádicos face à vastidão da conjuntura da urbanização do Brasil no século XVIII, por parte da coroa existia de facto uma estratégia de fundação de cidades. Estando em bom curso a promoção de uma rede urbana no interior-centro, era premente promover a ocupação efectiva do Sul e do Norte, as zonas em acesa disputa com franceses e espanhóis. A portuguesa cedo se apercebeu que o facto consumado era o melhor argumento dos diplomatas à mesa das negociações e por isso, também precocemente, procurou ganhar essa vantagem.

No Sul os marcos mais importantes, por vezes descaradamente dentro de território historicamente espanhol, foram as fundações de Paranaguá (1653), S. Francisco (1660), Sorocaba (1661), Iguape (1665), Colónia do Sacramento (1680), Curitiba (1693) Laguna (1737), Porto Alegre (1743), S. Pedro do Rio Grande (1747), Desterro (actual Florianópolis, 1749). A participação de engenheiros militares nacionais e estrangeiros neste processo fez-se num acelerado crescendo, sendo já considerável em meados do prolongado reinado de D. João V. Aliás a morte deste monarca ocorreu pouco depois da assinatura do Tratado de Madrid e com os primeiros sinais da crise das minas do Brasil, marcos fundamentais na mudança de rumo da história do Brasil.

A *Amazónia*

Não podendo acompanhar o extenso fenómeno urbanizador do Brasil no século XVIII (veja-se o quadro estabelecido em Nestor G. Reis, 1964), concentremo-nos no *ciclo* que, como tal, é sem dúvida mais significativo, o *fenómeno* pombalino na Amazónia.

Foi a consequência de um processo inevitável e já indiciado, se não preparado, anteriormente. Cuiabá, fundada em 1727, e Barcelos, em 1728, são etapas do processo de demarcação do Norte e Noroeste que vimos ter sido iniciado ainda no século XVI. Para além de mitos como o de Eldorado, era bem clara a necessidade de controle efectivo da banda mais *espessa* do continente sul-Americano, ainda por cima vantajosamente estruturada por uma navegável bacia hidrográfica que ligava os Andes ao Atlântico. A afirmação da soberania portuguesa sobre a Amazónia rendeu ao Brasil cerca de metade do seu território actual, sendo também o *ciclo* urbanístico mais profícuo, pois levou à fundação de cerca de sessenta vilas e lugares entre 1755 e 1759. É ainda o que conta com o estudo mais recente e aprofundado (Renata de Araujo, 1992), pelo que me limitarei aos factos essenciais.

O Tratado de Madrid estabelecia a realização de duas (a sul e a norte) expedições demarcadoras constituídas por delegados portugueses e espanhóis. Francisco Xavier de Mendonça Furtado foi em 1751 nomeado pelo irmão, o futuro Marquês de Pombal, titular do Governo do Grão-Pará, agora sediado em Belém. Tinham-lhe sido dadas instruções específicas para as tarefas demarcadoras que deram origem a uma primeira fase preparatória e a outra, iniciada em 1754/1755 com o início da expedição demarcadora e a promulgação das duas peças legislativas básicas: a lei da liberdade dos índios e a instituição da Companhia Geral do Grão Pará e Maranhão.

De uma forma sintética, o fim da escravatura dos índios seria fundamental para anular a fonte do poder dos missionários (até então os soberanos efectivos do território), que até aí os protegiam, e criava cidadãos portugueses de pleno direito para as cidades a fundar, que em muitos casos não passavam das próprias aldeias índias refundadas. Mas a abolição da escravatura índia tinha como fortes opositores os colonos para quem aquela mão de obra era fundamental. A única solução era a sua substituição por escravos trazidos de África por uma estrutura também responsabilizada pela dinamização da agricultura e do comércio, a Companhia, que no fundo financiaria toda a operação.

A equipa demarcadora, com uma composição que revela o zelo com que a operação tinha sido preparada, chegou a Belém em 1753, iniciando a sua missão no ano seguinte. Com o próprio Governador, durante quatro anos aguardaram no terreno a chegada da comissão espanhola, o que só aconteceu quando já lá não estavam. Entretanto fora feito muito mais que o trabalho de demarcação: a Amazónia estava reconhecida, medida, desenhada, planeada, urbanizada e dotada de estruturas institucionais. Como diz Renata de Araujo (1992, p. 110) "O território [foi] reformado, ou melhor, finalmente formado." Era o resultado de uma ideologia no poder, o Iluminismo, patente em todas os detalhes da intervenção, como a toponímia das artérias urbanas e das próprias cidades, em que as fundações têm hierarquicamente o nome das vilas na Metrópole da Casa de Bragança, da coroa, da Casa da Rainha, da Casa do Infantado e da Ordem de Cristo.

As soluções urbanísticas dadas a estas cidades e a muitas outras que paralelamente se fundavam por todo o Brasil, revelam já a maturidade que a *escola portuguesa de urbanismo* demonstraria em toda a segunda metade do século XVIII. De uma forma finalmente clara já não se tratou de perseguir a regularidade ou a concretização dos modelos de estudo tirados da tratadística, mas sim de compor. Compor segundo o programa, a realidade, os meios (normalmente escassos) e a ideologia do poder sem nunca se perder a obsessão pela proporção geométrico-matemática da grande escala ao pormenor. Só assim se compreende a tão grande diversidade de soluções que hoje encontramos no território e nos arquivos, sendo também significativa a existência de tantos e tipologicamente tão variados desenhos: quarteirões quadrados e rectangulares conjugados ou não; quarteirões profundos dando origem a *campos internos* e a cidades só aparentemente extensas; quarteirões exíguos originando urbes pequenas e densas; igrejas quarteirão, igrejas inseridas em quarteirões ou igrejas isoladas no meio de uma praça; praça do pelourinho dedicada às funções civis e militar articulada com a praça do cruzeiro que antecede a igreja; praça única congregando em seu redor aquelas funções; rua principal vazando ou não a(s) praça(s) ou até ausência de uma rua predominante; cidade sem fortaleza ou articulada com ela; estruturas de concepção aberta ou fechada; etc. Entre as características comuns assinale-se o primado da praça como elemento base da composição planimétrica da cidade, a par com o da rua no que diz respeito ao sentir volumétrico do espaço urbano. Tudo produzido no território e enviado a Lisboa para uma simbólica ratificação.

Mendonça Furtado terminou a comissão de serviço em 1759, mas o seu trabalho foi continuado até à *viradeira*, pois, fundadas as cidades, entrava-se agora na fase concreta da sua realização. Belém sofria uma profunda (re)infra-estruturação sendo dotada da dignidade urbanística necessária à sua capitalidade, designadamente pela estruturação de uma praça de consideráveis dimensões e pela edificação das estruturas necessárias à dignidade do bispado, até então fortemente descurada. O seu obreiro principal foi António José Landi, um dos membros da equipa demarcadora que se revelou polivalentemente como arquitecto.

A fundação de Macapá, era o pilar fundamental na estratégia de domínio da verdadeira foz do Amazonas e das Terras do Cabo norte, a *Guiana portuguesa*. Por isso foi fundada (1751) ainda antes da chegada da equipa demarcadora de cujos membros, no entanto, acabou por sair o seu urbanista, Tomás Rodrigues da Costa, que a planificou no ano em que de facto foi aclamada vila (1758). Pensada para uma dimensão relativamente considerável, Macapá teve como matrizes de composição duas praças iguais e alinhadas em torno das quais tudo se estrutura, solução comum a outras cidades deste *ciclo* e que, não fora a considerável diferença da topografia, dos quarteirões e do sistema de proporções, nos levaria a filiá-la na série de El Ferrol,

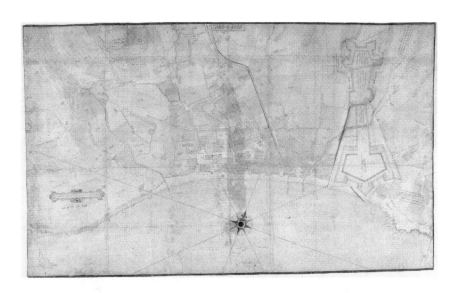

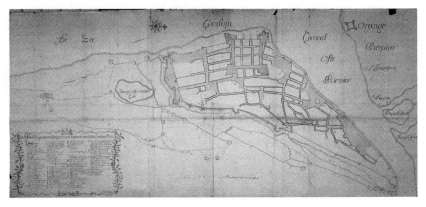

Mateus Fernandes, *"Cidade do Funchal"*, c.1570, Biblioteca Nacional do Rio de Janeiro

M. Hool, *Planta da cidade de Cochim*, 1663, Algemeen Rijksarchief, Haia

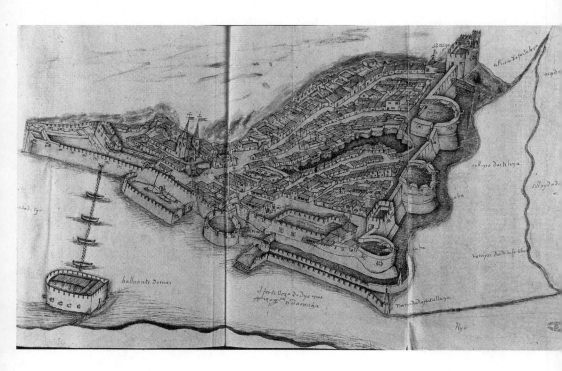

Gaspar Correia, *vista aérea (imaginária) da cidade de Diu* in *"Lendas da Índia"*, Lisboa, 1560

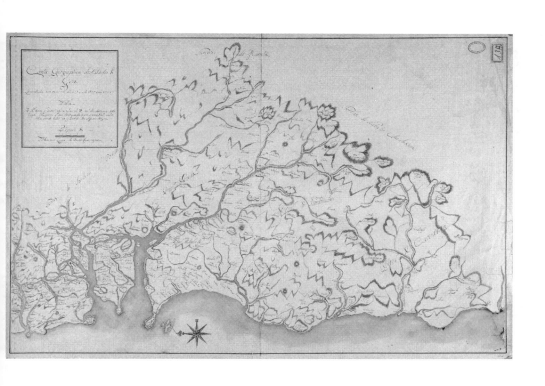

"*Carta geográfica dos estados de Goa Levantada em os annos de 1776, 1777 e 1778...*", Biblioteca Pública e Municipal do Porto

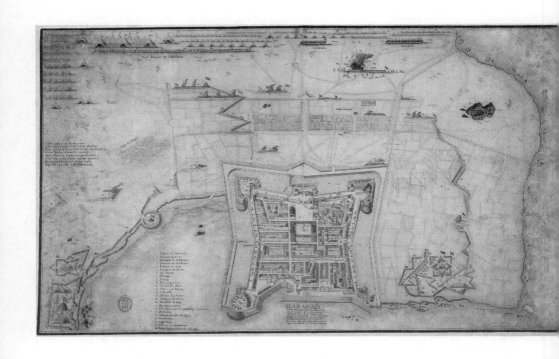

Inácio António da Silva, *"Mazagão"*, 1802, Biblioteca Nacional, Lisboa

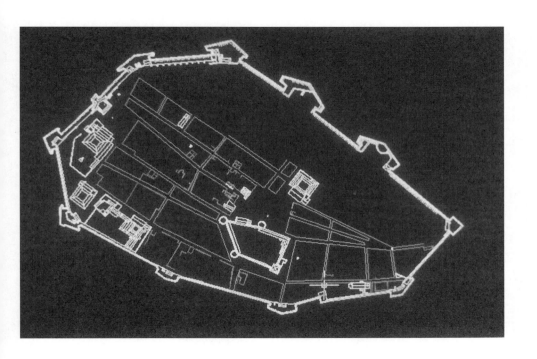

W. Rossa, *reconstituição do traçado urbano de Baçaim*, 1999

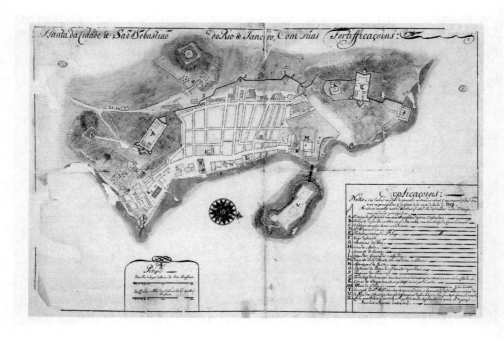

João Massé, *"Planta da Cidade de São Sebastião do Rio de Janeiro, Com suas Fortificaçõins"*, 1713, Arquivo Histórico Ultramarino, Lisboa

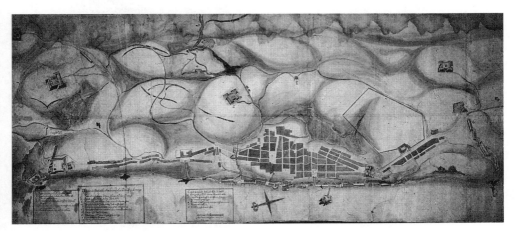

Christovão Álvares, *"Perfil da Çidade Salvador Bahia de Todos os Sātos que Mostra a altura do mar a ella"*, c.1610-1616, Algemeen Rijksarchief, Haia

Salvador, *"Desenho das forteficações, e trincheiras q se fizerão em deffença do inimigo"*, c.1638, Algemeen Rijksarchief, Haia

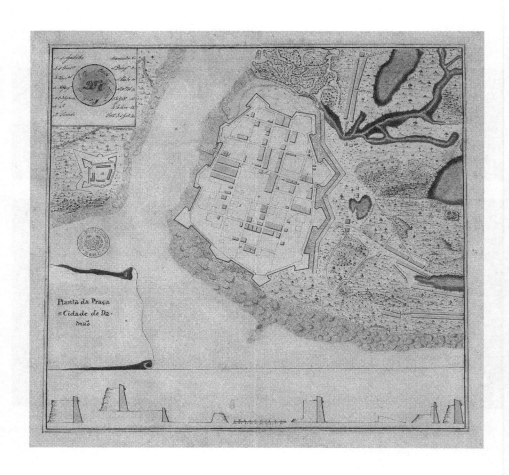

"Planta da Praça e Cidade de Damão", inícios do séc. XIX, Arquivo Histórico Ultramarino, Lisboa

Pastor, *o forte/Paço do Governador de Damão*, finais do séc. XIX

TORRINHA DO PALACIO DE DAMÃO

Maquete do Centro Histórico de S. Luís do Maranhão, Prefeitura de S. Luís

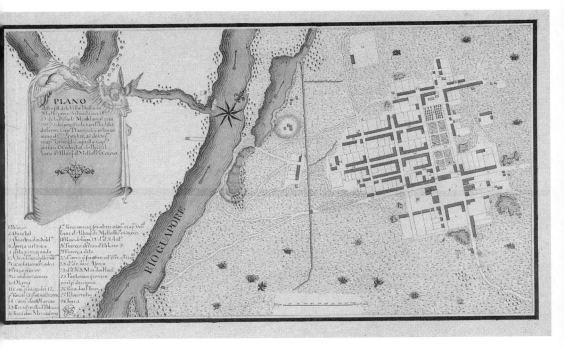

"Plano da Capital de Villa Bella do Matto groço...", 1777, Casa da Ínsua, Penalva do Castelo

Praça, pelourinho e Casa da Câmara e Cadeia de Mariana (Minas Gerais), 1997

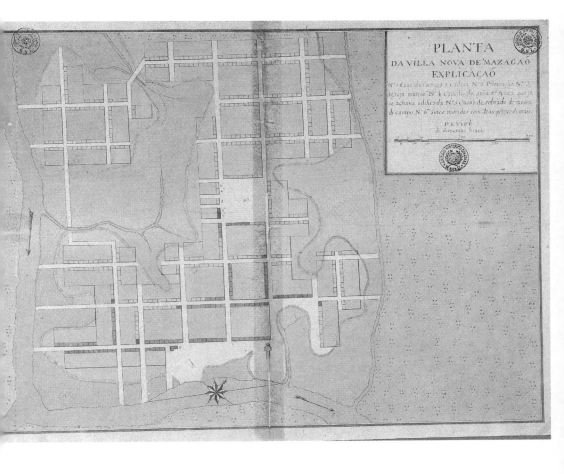

"*Planta da Villa Nova de Mazagão*", 1770, Arquivo Histórico Ultramarino, Lisboa

base naval fundada perto da Corunha em 1762, ou na extensão georgiana de Edimburgo iniciada em 1767.

Nova Mazagão foi fundada em 1770. Sendo, simbolicamente, a última das maiores intervenções urbanísticas deste *ciclo*, resultou da necessidade de reinstalar a povoação da gloriosa Mazagão magrebina abandonada por opção político-estratégica do Marquês de Pombal no ano anterior. As condições não eram as melhores e em breve a população deslocada clamava por autorização para abandonar...

O *ciclo* urbanístico que deu corpo à Reforma Pombalina da Amazónia constituiu o fecho da inenarrável e formativa actividade da *escola portuguesa de urbanismo* no Brasil. De Mazagão, a primeira cidade portuguesa *fortificada à moderna*, a Mazagão, a simbolicamente derradeira e frustrada fundação urbana pombalina no Brasil, fizera-se um considerável percurso...

"Ao encerrar o século XVIII, a população total do Brasil aproximava-se dos 3 milhões. Salvador, a principal cidade, teria cerca de 50.000 moradores e 15.0000 nos seus subúrbios, rivalizando com o Porto, como segunda cidade do império português. [...] Eram ao todo 10 cidades e 118 vilas, sobre um território imenso" [Nestor G. Reis (s/d), p. 369]. Estava criado um país.

O COROLÁRIO E O OCASO DE UM PROCESSO
Deixámos o actual território nacional pelo século XVI, alertando posteriormente para o facto de, por simplificação, no campo das realizações especificamente urbanísticas, o quadro até aí esboçado se poder estender até aos inícios de Setecentos. Entretanto, reflectindo acerca dos agentes e sobre outros territórios, podemos verificar como a partir das décadas centrais do século XVI se deu início a uma outra forma portuguesa de fazer cidade sem que para tal tenham acontecido descontinuidades ou se fossem criando fronteiras rigorosas entre ambos os métodos. É que de facto tradição é a cadeia ininterrupta das inovações assimiladas por um grupo ou comunidade. A conclusão fundamental, e como todas banal, é a seguinte: sem o método ancestral – o orgânico como aquele que intitulei de *regulado* – e sem a realidade ultramarina, aquela *outra forma* (leia-se *escola portuguesa de urbanismo*) nunca teria ocorrido.

Com dificuldade retardei o óbvio anúncio da convergência que toda a *escola portuguesa de urbanismo* tem no *abalo pombalino* de Lisboa, a realização urbanística portuguesa que mereceu a primeira reflexão aprofundada de uma historiografia específica e, por enquanto, a única a suscitar alargado interesse internacional. É agora necessário fazê-lo, ainda que de forma sumária e pelo quase exclusivo meio da abordagem da conjuntura urbanística que lhe foi próxima e contemporânea, uma vez que o plano global da obra lhe concede espaço específico.

A rotina da historiografia da arquitectura há já algum tempo rotulou de pombalinos a linguagem e o conjunto de procedimentos comuns (estilo?) à série de realizações promovidas pelo Estado no consulado do Marquês de Pombal durante o reinado de D. José I. Tais referências, até há bem pouco tempo tinham por base quase única a realidade de Lisboa posterior ao Terremoto de 1755 sistematizada em 1962 por José-Augusto França. Nessa data os conhecimentos disponíveis não permitiam reconhecer antecedentes àquele fenómeno, mas estudos mais recentes levaram a que se vislumbrasse a existência, a importância e o valor erudito da *escola portuguesa de urbanismo*, levando a que para o período pombalino surgissem trabalhos de fundo como o de Horta Correia (1984) acerca de Vila Real de Santo António e os de Ferreira Alves (1988) e Bernardo Ferrão (1985) para o Porto, estando em curso um sobre Coimbra. Entretanto, acerca da Lisboa setecentista foram surgindo dados particularmente importantes, exumados e interpretados em muitos trabalhos de menor envergadura (Gonçalo Byrne, 1986; Helena Murteira, 1994; Rossa, 1990 e 1994a), tal como acerca de Goa (J. M. Fernandes, 1988), Coimbra (Lurdes Craveiro, 1988 e 1990, e *in* AAVV, 1990c) e da Amazónia (Renata de Araujo, 1992). O isolado fenómeno urbanístico *pombalino* deixou de existir e o termo passou a ser o significante do período no qual a *escola portuguesa de urbanismo* atingiu a sua máxima expressão.

O Prenúncio Joanino[1]

Para abordar os antecedentes imediatos no território metropolitano atentemos em dois grandes estaleiros – autênticas escolas de arquitectura, engenharia e construção – que D. João V manteve em funcionamento durante quase todo o seu reinado, expressando cada um atitudes diversas do poder também detectáveis em outras obras contemporâneas de menor expressão. São o cerne do que Varela Gomes (1987) caracterizou como *ciclo de Mafra* e *ciclo do Aqueduto* das Águas Livres.

O Palácio de Mafra tem um programa arquitectónico que torna clara a tentativa de aproximação aos congéneres do absolutismo europeu, mas falta-lhe uma envolvente urbanística adequada, para além de serem preponderantes em área, composição e notoriedade os espaços religiosos, o que se compreende pelo facto de no início ter sido pensado como convento e não como habitação real, tornando o seu programa funcional similar ao do Escorial. O requinte da execução e a desmesura da escala, se por um lado enaltecem o poder absoluto da realeza, face ao subdesenvolvimento do país ampliaram paradoxalmente a relativa mesquinhez do programa global.

No entanto, as novidades subjacentes revelaram-se marcantes para aqueles que, sem a oportunidade de passarem pelo ensino das Aulas de Fortificação, ali se formaram trabalhando na *Casa de Riscar* dirigida por Ludovice, mas onde também Custódio Vieira e Manuel da Maia desenvolveram trabalho nomeadamente em todos os aspectos relativos às engenharias. Alguns, como Reinaldo Manuel dos Santos, impuseram-se no processo pombalino e a par com Carlos Mardel foram os grandes inovadores da arquitectura portuguesa desse período, precisamente por serem portadores de *novas* na linguagem arquitectónica. Curiosamente, outros, como Mateus Vicente de Oliveira, desenvolveram carreiras paralelas, aparentemente orientadas para uma clientela diversa e demonstrando opções estéticas opostas às seguidas pelos arquitectos da reconstrução de Lisboa, para além de uma visível inapetência urbanística.

Carlos Mardel, tal como Rodrigo Franco (Bonifácio, 1990), foi um dos que, independentemente de contarem com uma outra formação inicial, fez o seu tirocínio de engenheiro militar na *Casa das Águas Livres* sob o mestrado de Custódio Vieira, ascendendo depois a seu director vitalício. Foi no desempenho dessas funções que concebeu grande parte do equipamento de aparato áulico e grande dinamização urbanística da obra: os chafarizes principais, parte dos quais nunca foi construída, o arco triunfal da entrada da água em Lisboa e o principal depósito de distribuição (Arco e Mãe de Água das Amoreiras). No Aqueduto, por oposição a Mafra, o supérfluo de algumas opções reais, como a arcaria sobre a ribeira de Alcântara, não ofuscou o vanguardismo ideológico da iniciativa, sendo a sua concretização o passo mais ousado de um programa de reforma urbanística da cidade de Lisboa, amadurecido e protagonizado ao longo da primeira metade do século por Manuel da Maia (Rossa, 1990 e Horta Correia *in* AAVV, 1989c, pp. 277-280).

Aquele mestre da Aula de Fortificação, discípulo e colaborador próximo de Azevedo Fortes, futuro Engenheiro Mor do Reino e urbanista da Lisboa Pombalina, que desde o reinado de D. Pedro II desempenhava tarefas relacionadas com o reconhecimento (em 1718 fez o levantamento que serviria de base a toda a operação pós-Terremoto), o crescimento e o ordenamento da cidade, definiu os aspectos fundamentais da obra, da captação aos pontos de distribuição. Fundamental entre as peças instrumentalizadas pelo plano

---

[1] Em "A imagem ribeirinha de Lisboa..." publicado na 2.ª Secção desta colectânea, fiz uma actualização considerável do que em 1995 aqui se registou acerca das acções urbanísticas de D. João V, nomeadamente no que diz respeito ao caso de Lisboa.

de reforma e expansão para Ocidente da cidade de Lisboa (Rossa, 1990), o Aqueduto foi durante o reinado de D. João V a única a catalisar o início desse processo.

Também as obras de fortificação iniciadas na Restauração tiveram durante todo o século XVIII a máxima importância no urbanismo de Lisboa, pois virtualmente e, depois do Terremoto, legalmente, estabeleciam com rigor o perímetro urbano, aliás em grande parte comum a descontinuidades topográficas (vale de Alcântara, depressão da Palhavã, etc.). Curiosamente a cidade veio a ter nessa linha imaginária a sua primeira *circunvalação* (1849) e o local de implantação dos seus grandes cemitérios oitocentistas. Manuel da Maia também aí desempenhou uma das suas funções urbanísticas vitalícias (protecção *non ædificandi* à faixa definida e promoção da obra), pois ainda como aprendiz ali tivera a sua primeira comissão de serviço.

Porém a peça central do plano joanino de reforma de Lisboa em *capital* era a construção de um novo Paço Real com Basílica Patriarcal e morada para o respectivo dignatário. A elevação de Lisboa a sede Patriarcal era uma das suas grandes e primeiras vitórias diplomáticas. Integrava-se numa estratégia de afirmação da realeza portuguesa no âmbito internacional que passava em grande parte pelo aumento de prestígio junto do Vaticano. Em 1717 dividiu a cidade em duas, cabendo à velha Sé o papel agregador da *cidade antiga* (Oriental) e à Capela Real, então promovida a Patriarcal, a função de centro espiritual da *cidade nova* (Ocidental). Esta abrangia as áreas mais desenvolvidas desde o século XVI e a zona com maiores potencialidades para a edificação de um novo centro do poder.

Era o primeiro indício de uma reforma realizada através da transposição dos modelos europeus de novas sedes de poder. Feita de forma original uma vez que projectando-se uma expansão renovava-se, por forma meramente institucional, a parte do tecido existente de origem mais recente. Lisboa tinha com esta reforma administrativa dois membros de funções distintas: a parte Oriental era meramente a cidade, a parte Ocidental a *Capital* do reino, a sede comum do poder temporal e espiritual. Era premente realizar no terreno aquilo que a nível institucional se obtivera, catalisando, simultaneamente, a reforma urbanística da cidade.

Procurando obter um actualizado e qualificado plano geral desse empreendimento, o rei fez deslocar a Lisboa em 1719 Filippo Juvarra (Gritella, 1992), talvez o mais famoso arquitecto italiano da época, a quem solicitou outros desenhos como o de um farol-monumento a erguer em sua honra no rio, frente a Santos, uma clara referência à arquitectura imperial da Antiguidade e ao classicismo romano (Rossa, 1994a). As opções para a implantação deste conjunto monumental eram basicamente duas: a renovação do conjunto da Ribeira ou a construção *ex-nuovo* na encosta que desce da Lapa/Buenos Aires para o rio, a meio caminho entre o Terreiro do Paço e o limite poente da cidade. A antevisão realizada ainda em Roma, coincidente com a opinião do principal conselheiro artístico do rei, o Marquês de Fontes, era a da renovação do Terreiro do Paço.

Após debate entre Juvarra, os engenheiros militares e os conselheiros da corte, foi assumida a outra opção. Juvarra, num processo muito participado pelo rei, terá elaborado o projecto que hoje se desconhece. No entanto, através dos esquiços anteriores à viagem de Juvarra a Portugal e relativos à opção Terreiro do Paço é possível avaliar a dimensão e o partido arquitectónico adoptado, tratando-se fundamentalmente de uma grande composição cenográfica barroca. Pena é que não existam elementos que permitam verificar como estavam equacionadas as questões do desenvolvimento da envolvente urbana, do que sem dúvida se tratou, pois a escolha do local e o tipo de intervenção que implicava tinham muito a ver com o trabalho realizado em Turim por Juvarra.

O atribulado e ainda obscuro processo é especialmente expressivo pelo desconcertante resultado: renovou-se o Paço manuelino, sendo a Capela Real reformada em Patriarcal e erguendo-se uma torre-relógio, projecto do também italiano António Cannevari; fora desse contexto surgiu (1742-50) mais um Paço-convento, o das Necessidades. Se as intervenções no Paço da Ribeira não contribuíram grandemente para qualquer novidade no urbanismo lisboeta, pois nem o dito Largo da Patriarcal perdeu a sua anterior característica de logradouro, já as Necessidades tiveram um forte impacto na paisagem urbana da cidade, devido, em grande parte, ao arranjo urbanístico *à romana* da praça fronteira, quase sobre a porta poente do perímetro muralhado.

Outra infra-estrutura urbana reclamada desde o século XVI e já iniciada por D. Manuel I, que contou com a iniciativa de D. João V, foi a das obras do cais, mais explicitamente a regularização em cais contínuo da margem urbana do Tejo. Para tal interesse contribuiu a aquisição de um conjunto de quintas no subúrbio ribeirinho de Belém por D. João V. Nessa altura (1727) foi realizado um levantamento de toda a margem do Tejo de Lisboa até Pedrouços, incluindo um estudo preliminar ao Plano do Cais Novo de Pedrouços ao Cais de Santarém, que em 1742 os engenheiros militares Custódio Vieira e Carlos Mardel foram encarregues de elaborar.

O projecto acabou por ser apresentado quatro anos mais tarde sem a assinatura de Custódio Vieira que adoecera gravemente. O cais foi pensado como uma *marginal* em alameda que ligava o Paço da Ribeira às Quintas Reais de Belém, passando pelo do Calvário e por um número crescente de palácios *fora-de-portas* de dignatários da corte. Como a maioria dos troços, o elaborado ordenamento da foz da ribeira de Alcântara não foi concretizado, mas prevendo a reinstalação dos estaleiros e arsenal na saída poente do novo perímetro fortificado, testemunha a vontade de balancear a cidade para Ocidente.

Fazendo lembrar a *efervescência* urbanística manuelina e expressando de forma séria o estado de pré-rotura urbana da *capital*, muitas eram as reformas pontuais promovidas pela coroa e pelo Senado que entretanto se iam operando no tecido urbano preexistente, para além do reforço e inovação na legislação específica (Rossa, 1990 e 1994a e, fundamentalmente, Helena Murteira, 1994). São especialmente significativas e convergentes nas questões do Aqueduto e do Paço Real, as tentativas também frustradas de criação de um sistema monumental fundado em praças (S. Pedro de Alcântara, Patriarcal) e equipamentos urbanos (chafarizes e farol) de enaltecimento da figura real, muito à imagem dos programas de outros monarcas *absolutos* europeus, de que o exemplo imediato eram as praças francesas *de programa* com estátua e topónimo real – cerca de quinze entre Paris e a província. Mas tudo era feito sem uma base ordenadora planificada e muito ao acaso de técnicos e conselheiros de circunstancia ou dos caprichos do favor real.

Este lancejar barroco do urbanismo de Lisboa adquiriu na paisagem portuguesa e em outras cidades da Metrópole outras expressões que aqui não se podem comentar ou listar na totalidade (1994b). A propósito das cidades de Minas Gerais, referi a animação barroca introduzida pela arquitectura na paisagem urbana do Porto, mas é também obrigatória a referência à tentativa de reforma pela introdução de novas praças [Mandroux--França, 1972 e Real e Tavares, 1987, (pp. 402-403)]. Em 1687 surgiu o primeiro destes projectos, uma grande praça rectangular com um chafariz monumental em cada topo, ligada ao exterior por quatro portas monumentais que os enquadrariam. Perante a impossibilidade da sua concretização, pois destinava-se a ser implantada intra-muros, sobre o rio da Vila e jardins de casas nobres da malha urbana consolidada, logo surgiu o projecto de outra (1691) no Campo das Hortas, fora de muros portanto. Um quadrado com 120 metros de lado, com quatro acessos segundo os dois eixos e galeria de abóbada de arestas e arcaria, claramente uma *plaza mayor* espanhola.

Ambos os projectos foram promovidos pelo bispo D. João de Sousa cabendo ao sucessor, o futuro primeiro Patriarca de Lisboa D. Tomás de Almeida, o papel de ingloriamente ter tentado reanimar o projecto em 1715. Meia dúzia de anos depois o Cabido da Sé relançou a obra com um âmbito mais modesto: a matriz da Praça Nova oitocentista.

Braga foi marcada pela actividade urbanística do Arcebispo D. Rodrigo da Moura Teles que, entre outras iniciativas, em 1725 dotou a cidade de um espaço urbano com arquitectura *de programa* e grande qualidade formal, o Campo Novo, fulcro de um novo bairro de artesãos (Oliveira, Moura e Mesquita, 1982). O traçado deve-se muito provavelmente a Manuel de Vilalobos, engenheiro militar, mestre da Aula de Fortificação de Viana e um dos introdutores do barroco erudito no Minho, pese embora o facto de documentalmente surgir na execução um homónimo do André Soares do tardio barroco minhoto.

O arranjo promovido por D. João V com a introdução de chafarizes nas duas praças da pequena vila de Castelo Novo, a construção do monumental chafariz de Alpedrinha, tal como a valorização urbanística da morada rural de D. Tomáz de Almeida em Santo Antão do Tojal, são paradigmas de muitas outras intervenções de pequena escala para a valorização de espaços com prévia, mas diversa, estruturação. Nada que por enquanto possa integrar uma política urbanística barroca coerente e autonomizável nesta especialidade da história. Falta a grande escala falhada em Mafra e frustrada na desconcertante e pia *Capital*. Só num contexto pós-barroco e com a necessidade interpretada pelo reformismo iluminista viria a acontecer.

A *Lisboa de Pombal*

A reforma urbanística de Lisboa foi catalisada pela destruição considerável de edifícios da sua malha pelo Terremoto de 1 de Novembro de 1755, com especial relevo para os de maior carácter público e simbólico. Por igual motivo vacilou a frágil estrutura administrativa e ficou a nu a inexistência de uma ideia operativa de Estado, para além de um iniludível apetite centralizador. O futuro 1.º Conde de Oeiras e 1.º Marquês de Pombal assumiu quase por instinto de homem de Estado a direcção do processo de reconstrução da cidade e, por osmose decorrente, a governação absoluta do país. Acerca da globalidade da sua governação tem havido debates apaixonados, sendo fulcral a questão do desenho prévio de um projecto político.

Da leitura possível através das realizações urbanísticas, não hesitamos em propor a existência para a actuação global de uma atitude coincidente com a atrás esboçada para a *escola portuguesa de urbanismo*: um conjunto coerente de princípios, o conhecimento detalhado de realidades diversas e um método pragmático e flexível de resposta aos desafios do momento. A convergência de procedimentos, para além de uma indiscutível comunhão ideológica, conjuraram um impulso ímpar que quase somente através de uma revisão circunstanciada pôs em prática ideias sedimentadas de há muito.

Manuel da Maia era a escolha natural para a direcção técnica da reconstrução. O Ministro no dia da catástrofe tomou medidas que já denunciavam a opção de reconstruir a cidade. O Engenheiro Mor do Reino vinte e nove dias depois apresentou um primeiro relatório sobre as diversas implicações urbanísticas da questão, a primeira das três partes das conhecidas *Dissertações*...(1755-1756). No dia anterior Pombal decretara a proibição de edificar fora dos limites antigos da cidade, dando uma clara indicação da área onde pretendia reconstruí-la. Em 30 de Dezembro proibia toda e qualquer construção até à definição de um plano. Já então se processava o balizamento e o levantamento topográfico e cadastral exaustivo.

Desta sucessão de factos, bem como de outros aqui omitidos, ocorridos em apenas dois meses, transparece claramente a ideia de uma estreita colaboração e coordenação entre o poder e o urbanista produzindo soluções em espaços de tempo extremamente reduzidos para a complexidade das questões postas. Tal só era possível pela existência da *praxis* urbanizadora que já estabelecemos e da aprofundada reflexão sobre Lisboa realizada por Manuel da Maia no reinado anterior. O sucesso da reconstrução pombalina da cidade de Lisboa deve-se de facto à conjugação de esforços nas áreas de concepção, realização, legislação e fiscalização, ocorrência extremamente rara na história do urbanismo e só possível perante a concentração e objectivação do Poder. Como prova contamos fundamentalmente com as *Dissertações*...

Nelas torna-se evidente a cautela com que é medida a determinação e força do Poder e também que a grande dificuldade era a zona destruída da cidade com os equipamentos outrora nela existentes e não previstos no plano que desde há muito procurava implementar. Esse é o problema novo posto ao urbanista uma vez que, como escreveu Manuel da Maia, "para fazer Turim novo, porque só foi acrescentar Turim novo a Turim velho, fazendo em hum sítio plano contiguo a Turim, hum aditamento a Turim, no que não havia dificuldade que vencer; donde venho a concluir q a renovação de Lisboa destruida tem muito mais que ponderar que o augmento da de Turim acrescentada". O caso de Turim, cuja última fase se deve ao labor urbanístico de Juvarra, era semelhante ao que houvera estudado no reinado anterior para a expansão ocidental da cidade.

Na primeira parte do seu texto Manuel da Maia pôs em discussão cinco vias para a reconstrução, centrando a escolha na decisão acerca do local para a construção do Palácio Real. No entanto deixa bem clara a sua preferência pelas duas últimas, relativas a uma cidade com traçado regular e *arquitectura de programa*. Numa delas a cidade seria implantada sobre a plataforma de escombros da antiga e, pela diminuição da área de construção, necessitava obviamente de uma alargada extensão com vista a albergar a população e funções excedentes. Essa área seria estabelecida segundo a implantação do novo Paço Real no actual sector regular de Campo de Ourique, sítio de que enaltece as qualidades – ares, abastecimento de água (o Aqueduto não sofrera nenhum dano com o sismo), boas comunicações terrestres e fluviais, etc. No fundo tudo vinha sendo preparado há algum tempo!... A outra consistia na construção de uma nova cidade entre Alcântara e Pedrouços, abandonando a cidade destruída à iniciativa privada com um rol de inconvenientes que significativamente não deixa de listar.

No pressuposto de vir a ser aprovada a primeira, que no fundo já tinha sido assumida pelo decreto do dia anterior que deixou de fora do perímetro urbano a zona de Alcântara a Pedrouços, discorre sobre o caminho a seguir de imediato, adiantando que já tinha dado ordens para a demarcação de "hum hospital na quebrada da cerca de S. Bento p.ª a p.te do nascente, cuja pozição já escolhi q.do se tratou do sítio p.ª o Hospital real de todos os Santos [ardera em 1750], por o reconhecer melhor no prez.te tempo do q o de junto a S. D.os no rocio." Este aspecto parece-me particularmente importante pois introduz uma leitura diferente do facto de terem sido apresentadas várias opções que apenas terão servido para fundamentar e simultaneamente medir a capacidade realizadora do novo Ministro. Por outro lado demonstra o cartesianismo dos próprios métodos de raciocínio e decisão. Voltando às Dissertações..., era esta a oportunidade para o rei largar "o seu Palácio antigo, assim como os Sr.es Reys seus antecessores havião largado os em q habitavão, q se achão hoje servindo de outros uzos:" Na Ribeira seriam prioritáriamente construído edifícios públicos "por serem os pr.os fundam.tos dos reais subsídios quasi todos na marinha,..."

Entre a Ribeira e o Palácio seria criado um contínuo urbano, aliás já em franco desenvolvimento antes do Terremoto. Nas seis plantas que apresentou com a terceira parte do seu texto destaca-se com particular evidência o eixo que liga a Ribeira e o Rossio às portas de Santa Catarina a partir de um nó no Espírito Santo – a Rua Garret. Em todas é a rua de orientação nascente/poente com maior secção, recuperada da preexistência mas regularizada. A partir desse ponto seria fácil atingir o Bairro Alto como ele próprio refere, mas também o Paço Real e toda a zona de expansão da cidade.

Perante uma cidade com o cerne destruído não seria esta ideia da expansão ocidental megalómana? O próprio Manuel da Maia tinha por "moralm.te por impraticavel a renovação inteira de Lix.ª em toda as suas Freg.as; mas esta minha imaginação não impede q depois de vencida a reformação da cid.e baixa, se possa com melhor segurança empreender o q agora tanto se me difficulta." Conclui-se que para ele era prioritária a reconstrução da Baixa, com especial destaque para os equipamentos público/administrativos da Ribeira (as bases do Estado), e de importância imediata a construção do Palácio Real entre S. João dos Bem-Casados e o Convento da Estrêla. Com estes dois polos realizados estaria, na sua opinião, recuperada a cidade e ficariam obviamente lançadas as bases da sua expansão, que só então seria de possível concretização.

O passo imediato da reflexão de Manuel da Maia são os problemas das infra-estruturas funcionais e de segurança da Baixa. Aí demonstra, uma vez mais, grande perspicácia e sentido prático sem nunca se alhear dos conceitos de fundo, do que é exemplo a importante e ainda actual referência à necessidade de integração da cidade nova na que subsistira, defendendo que não deve ser seguido o caso de Turim em que "formar huma Cidade de novo sem attenção mais que a ella propria, unindoa a outra antiga [...], será mais divertimento que trabalho;..."! É nesta parte terceira das *Dissertações...* que, com grande mestria e pelo mesmo método cartesiano, Manuel da Maia introduz as primeiras quatro hipóteses desenhadas para reflexão sobre a reconstrução da Baixa acompanhadas de desenhos tipo das fachadas de rua e do Terreiro do Paço.

No que dizia respeito à arquitectura bastava isso, pois os interiores eram problema dos proprietários, apesar de ser sugerido num corte um saguão para ventilação e recolha dos esgotos a ligar à rede pública. As plantas representavam diferentes graus de intervenção, desde a reconstrução quase plena da preexistência a uma gradual abstracção operada pela geometria. Só três semanas depois surgiram as duas plantas mais ousadas, uma das quais a eleita. Mais uma vez há uma solução excessivamente radical dando cobertura à preferida.

Manuel da Maia, lamentando não ter condições físicas para ser ele próprio a realizar os desenhos, esclarece que a definição do programa era sua e que já designara os arquitectos que iam apurar a planta final e dirigir as obras, Eugénio dos Santos e Carlos Mardel, ambos "Engenheiros de Profição [e] na Architectura Civil os primeiros Architectos". De facto não nos podemos esquecer que o embrião daquilo que em breve veio a ser instituído como a *Casa do Risco das Obras Públicas*, funcionava dentro de parâmetros militares onde hierarquia e antiguidade no posto imperavam e a autoria do trabalho produzido não tinha nefastas pretensões à individualidade. Note-se que Carlos Mardel não colaborou em nenhuma das plantas exploratórias.

Na solução encontrada a Baixa aparece concebida como um todo programado que recupera os aspectos fundamentais da memória sendo, contudo, usada uma "liberdade competente". Nessa linha se explica a ortogonalidade, o regular tabuleiro topográfico criado com os escombros, a rígida hierarquia e orientação dos espaços, a articulação com as malhas adjacentes que cirurgicamente une, a manutenção do diálogo entre as duas praças – a do Rossio, centro comunitário, e a do Comércio, outrora Terreiro do Paço, espaço do poder estatal que agora se quer baseado na economia e iconografado na figura do Rei. O objecto arquitectónico é o espaço público total, a grelha e não apenas a rua, tendo sido desenhados obsessivamente e em contínuo todos os seus alçados.

A hierarquização estabelecida pelo grau de elaboração do desenho dos vãos em função das ruas e a respectiva toponímia foram feitas em concordância com a importância urbanística resultante do dimensionamento, traçado e posição atribuídos pelo desenho. Subtis variações, pouco mais que um brasão e/ou um frontão, foram admitidas a particulares que pretenderam nobilitar os seus palácios. Os únicos edifícios com plantas são os equipamentos públicos: Senado, Arsenal, Bolsa, igrejas, padarias, etc. Com raras, mas compreensíveis excepções, a arquitectura pombalina mantinha-se fiel à tradição dos "edifícios urbanos que não tinham em geral decoração externa e eram alheios ao entendimento das Ordens clássicas; tinham fachadas discretas e interiores ou jardins recolhidos. Não exigiam (e não eram incluídos) em perspectivas monumentais, frentes de rua luxuosas, praças de cerimónia. As cidades portuguesas da Idade Clássica eram notavelmente modernas na sua falta de uma ordem simbólica subjacente" (Varela Gomes, 1990).

O Arquitecto do Senado, Eugénio dos Santos, foi encarregue do trabalho de direcção do balizamento de ruas e praças e no que dizia respeito aos edifícios também "assim como ha de dar desenhos para a renovação da cid.e baixa arruinada, os dê tambe p.ª esta p.te q de novo se edifica." Mas do primeiro de dois planos para a zona ocidental da cidade ordenados por Manuel da Maia em 9 e 12 de Abril de 1756 foi também encarregue Carlos Mardel, o que revela a especial eleição de toda esta área com vista a uma efectiva expansão e a preocupação em garantir coerência urbanística e arquitectónica com a Baixa. O primeiro desses planos compreendia as zonas dentro do perímetro Arco do Carvalhão, Amoreiras, Bairro Alto, Rossio e S. Sebastião, numa primeira versão concluída em Dezembro de 1756, e, acrescentadas numa segunda versão entregue a 11 de Agosto de 1757, Anjos, Arroios, Bemposta e o Campo do Curral (Santana).

De outra autoria é o segundo dos planos que cobria a zona compreendida entre Alcântara, S. Paulo, Rato e Arco do Carvalhão, entregue em 5 de Novembro de 1756. Na legenda da segunda versão do primeiro destes planos encontramos respostas ao problema da protecção à *Linha Fundamental da Fortificação*. Na do segundo encontramos a formulação de um regulamento para as larguras das ruas e infra-estruturas a implantar, localização das fontes/chafarizes e enumeração dos locais e funções relativas de cada uma das praças, por norma destinadas a mercados. Era definido um ponto para a venda de peixe, a *ribeira*, e um edifício para Terreiro do Pão. Com estes dois planos e o da Baixa ficou coberta a quase totalidade da área inserida no perímetro urbano inicialmente definido e coincidente com a linha de fortificação. Restavam as já ocupadas e pouco afectadas zonas da Mouraria, Alfama e Castelo e a vasta área a nascente destas e do vale dos Anjos.

1755-1756 foi o ano preparatório com as *Dissertações...*, as plantas para a Baixa, os planos exploratórios da expansão ocidental da cidade, a criação de estruturas como a Casa do Risco das Obras Públicas, o estudo de formas de financiamento, etc. No ano seguinte trabalhou-se nos diversos processos e projectos para a reconstrução da cidade baixa. Em 1758 assistiu-se à publicação da legislação de excepção, dos projectos dos edifícios e ao início dos trabalhos de reconstrução. Nesta altura já era possível pormenorizar as zonas de expansão, cuja concretização se iniciou no ano seguinte com o Bairro das Águas Livres e as demarcações e expropriações para o Palácio Real que, preventivamente, Manuel da Maia propusera nas *Dissertações...*

O decreto real de 2 de Julho de 1759 estabeleceu com rigor a implantação do Palácio e do bairro destinado à "residência, que a Nobreza, e Pessoas occupadas no meu Real serviço devem fazer". O Palácio ficaria situado na plataforma de Campo de Ourique, envolvido por jardins e uma extensa mata unida à Tapada das Necessidades, sobre o então paradisíaco Vale de Alcântara, com vista sobre o Aqueduto, o rio e o mar e com acesso fácil à linha de água. Uma forte escarpa envolvia-a de poente unindo os baluartes das muralhas projectadas para o Carvalhão e para a Triste Feia/Necessidades. Ainda relativamente à utilização da ribeira Jacome Ratton escreveria: "Entrava também no projeto fazer-se navegável o rio d'Alcantara para nelle entrarem os Escaleres Reaes até o Palácio". A ligação com a cidade seria obrigatoriamente estabelecida através do bairro destinado a alojar a corte. A charneira entre ambos era uma "Rua nova, que tambem mando demarcar para sahir por linha recta..." de orientação norte/sul, correspondendo as actuais Rua Silva Carvalho e parte da rua do Patrocínio.

O novo e nobilitado bairro estabelecer-se-ia entre aquela linha e o Vale de S. Bento, descendo de S. João dos Bem Cazados apenas até à Estrela.

Segundo escreveu J. Baptista de Castro na página 94 do seu *Portugal Antigo e moderno* "Ficando este sitio sendo cabeça, e parte principal da Corte, e Cidade de Lisboa, que por este novo plano ficará mais extensa, regular, e decorosa." Como tal era tido o plano global da nova Lisboa. Contudo, numa primeira fase a burguesia em ascensão e até os nobres preferiram edificar em propriedades que já possuíam, em grande parte dos casos a menor distância das sedes das actividades económicas. A ideia de simbolicamente retirar a instituição real da Ribeira substituindo-a integralmente pelo aparelho de Estado, fora a razão da implantação de um novo Palácio em posição distante e encurralada, apesar de paradisíaca.

O rei era cada vez mais uma referência ideológica de Poder, distante e irreal na vida quotidiana da Nação e por isso o desejo de um novo Paço na Capital acabou por morrer pela razões que levaram a propô-lo. Talvez com base em toda esta complexa conjuntura, a provisória instalação da corte em Belém/Ajuda tornou-se definitiva, sendo posto de parte um projecto em que os urbanistas da cidade tanto acreditaram como segunda essência da renovação de Lisboa. Para Pombal este aspecto ter-se-á tornado cada vez menos importante à medida que ia consolidando o apoio do rei e vendo realizada a parte da cidade necessária à sua concepção de Estado e de Nação. Entretanto, D. José, mais por desdém que por um lendário terror, demonstrava não ter intenções de voltar a habitar a cidade. A construção do Palácio, tida como uma prioridade, conceptualmente não era de forma alguma o eixo pelo qual a nova cidade devia ser alinhada. Entretanto, os desenhos para a Baixa criaram o arquétipo para qualquer tipo de construção a realizar, com excepção para as instalações públicas da Praça do Comércio. Até que ponto seria admissível equiparar o Paço do Rei com a exuberância do Paço do Estado?

Mas vistas as coisas segundo uma outra perspectiva, parte da ideia vingou. Graças a uma primeira iniciativa meramente especulativa das freiras do Convento das Trinas do Mocambo, logo a seguir ao Terremoto foi lançado o loteamento particular de parte considerável do que hoje é a Lapa, ali se iniciando o estabelecimento de muitos nobres e burgueses em ascenssão (Sarmento de Matos, 1994). O processo não foi pacífico pois o Senado, a quem não fora sujeito qualquer pedido de apreciação, opôs-se com veemência alegando estarem a serem postos em causa os planos de expansão que já comentamos. Mas à inconformidade com os planos não correspondia a disparidade dos princípios arquitectónicos e urbanísticos, tudo indicando a provável autoria de um dos membros da própria Casa do Risco...

Tudo isso, para além do real escape que a iniciativa constituía para as inúmeras pressões sobre a Baixa, terá levado à tolerância através da qual as coisas se foram concretizando, surgindo um bairro que ainda hoje não perdeu a sua componente burguesa e aristocrática, implantado em contiguidade, mas em mais adversa topografia, que o virtual bairro da corte josefina. Apesar de tudo, na área abrangida por todo esse vasto plano de expansão foram poucas as zonas objecto de projectos de execução dentro do contexto da Casa do Risco. Foram realizados sem serem cuidadas a qualidade e a homogeneidade dos princípios compositivos, uma manta de retalhos sem os métodos da planta para a Baixa.

Problemas decorrentes da impossibilidade de inicialmente serem tidos em conta o relevo e a estrutura fundiária e de não se ter implementado nesta zona a aplicação da legislação de excepção criada pelo Marquês de Pombal. Assim, caso a caso, para onde havia solicitação ou urgia pôr ordem, foram sendo elaborados planos de pormenor que em grande parte obedeciam à especulação pelo lucro, à topografia do local e à divisão da propriedade. Os planos para as zonas onde a família de Carvalho e Melo tinha interesses (S. Paulo e Rua Formosa nomeadamente) são disso exemplos claros.

Anexo à zona onde se previa a construção do Palácio Real viu-se concretizada uma pequena parte do Bairro industrial das Águas Livres, reflexo urbanístico da estatização da Fábrica das Sedas do Rato. Foi de todos os planos exteriores à Baixa o único com prévio conteúdo urbano, para além da simples ocupação racional do terreno em descontinuidades da malha já edificada, sendo inclusivamente acompanhado de um "estudo económico" cuja implementação incumbia directamente à Junta do Comércio (Rossa, 1990). Houve ainda a preocupação de reforçar a ligação urbana da Baixa a esta zona do Rato. Daí o plano para os terrenos compreendidos entre S. Pedro de Alcântara e o Passeio Público com a criação da Praça do Suplício (Alegria); o plano para a zona compreendida entre as Mercês, a Rua Nova da Cotovia (actual Politécnica) e a Rua de S. Bento; a abertura da Rua Nova de S. Mamede ligando o Salitre com a Rua Nova da Cotovia, sendo projectada e realizada a regularização desta e das ruas confluentes junto ao Noviciado da Cotovia, agora reconvertido numa nova instituição, o Colégio dos Nobres.

Se para a rua Nova de S. Mamede os alçados então desenhados não foram executados, podemos admirar os da reforma da Rua Nova da Cotovia, ainda que em frente de um edifício que apenas retém memórias do antigo Colégio. Outro facto de algum relevo foi o da construção da nova Patriarcal sobre os alicerces da obra do Conde de Tarouca. Com ela e o Colégio dos Nobres confirmava-se o desenvolvimento da cidade sobre este eixo. Também foi projectada a ligação entre as Necessidades e a Estrela, no que seria a continuidade urbanística entre o projectado bairro do Palácio e a zona ribeirinha.

A planta geral da cidade que aqui se reproduz é a clara síntese de tudo isto. Aí verificamos como as zonas projectadas, não obedecendo a uma estrutura rígida, se vão inserindo no existente acentuando as preexistências e introduzindo variações de escala que valorizam o relevo, com clara excepção para o Bairro das Águas Livres. É também evidente o vazio da zona destinada ao Palácio, apesar de a cidade surgir completamente balanceada para Ocidente. À miragem da imposição de um plano global sucedeu o retomar da atitude de gestão urbana que o próprio Manuel da Maia adoptara durante todo o reinado joanino.

É na notável peça de síntese e lição de metodologia urbanística que são as *Dissertações...* que com clareza se verifica como a intervenção pombalina em Lisboa, mais que um processo de reconstrução de uma cidade atingida por uma devastadora calamidade se pauta pelo ordenamento *iluminado* da capital da Nação. Entre o Poder e os urbanistas estabelecera-se finalmente a sincronia programática e ideológica necessária para se produzir um corpo legal e administrativo implacável, mas estimulante, ao serviço de uma proposta de desenho cristalizada de um trabalho de fundo sucessivamente pensado e reformulado desde o início da Idade Moderna. A *escola portuguesa de urbanismo*, experiente da criação de cidades e na gestão territorial do Império, forneceu a base teórico-prática de toda a operação racionalizando métodos, recursos e soluções e construtivas estandartizadas em prazos extremamente curtos.

A transferência gradual do poder do Rei para o Estado é apenas uma das componentes de uma conjuntura europeia em que a própria ideia e plano para a cidade ideal/renovada foram evoluindo no sentido da satisfação de necessidades cívicas directas, no sentido da habitabilidade do espaço, enfim a iluminista *felicidade dos povos*. O pensamento urbano sobre Lisboa foi evoluindo para um certo ecletismo adoptando, por exemplo, preocupações de natureza cívica em detrimento de outras de aparato real.

Não deixa de ser extremamente significativo que nos compêndios de história do urbanismo Lisboa não seja referida no conjunto das cidades capitais mas sim num espaço à parte. É que naquele grupo surgem os centros de poder de territórios heterogéneos, unificados sob o poder divinizado de um monarca absoluto que, no fundo, é a justificação e o único símbolo de unidade entre esses territórios, o que não corresponde à situação de Lisboa, sede de uma só nação com uma identidade imperecível e símbolos com passado. A tentativa de contorno de uma tal situação poderia ter acontecido com D. João V, mas de forma alguma corresponderia ao quadro da vigência nominal do seu sucessor. Naquelas cidades a simbologia urbanística do Poder centra-se na residência do soberano, não nos espaços funcionais do Comércio, a figuração concreta do Estado português de Setecentos.

A formulação Iluminista de Lisboa diz respeito à afirmação do poder absoluto da instituição que, jansenisticamente, se sobrepõe ao poder espiritual da igreja romana colhendo para si os atributos de natureza divina atribuídos pela ideologia então corrente. No processo que temos vindo a estudar a grande inovação pombalina esteve na atitude perante o urbanismo, pois se até então fora utilizado pelo Poder como operador da prática de políticas objectivas, tal nunca ocorrera como instrumento da ideologia do regime reformista de um déspota iluminado cuja marca fundadora é a própria reforma urbanística de Lisboa.

O Porto do(s) Almadas
A reforma urbanística do Porto não ocorreu por prévia determinação pombalina (Ferreira Alves, 1988).

Desde o último quartel de seiscentos que o Porto registava grande prosperidade económica, aliás expressa num surto construtivo de onde sobressai o programa mecenático dos bispos e, posteriormente, do cabido. A criação em 1756 da Companhia Geral dos Vinhos do Alto Douro, que tinha por finalidade controlar monopolisticamente a produção e comercialização do Vinho do Porto e assim desviar para o Estado um considerável naco das suas receitas, no Carnaval do ano seguinte deu origem a um motim popular com vista à sua extinção.

Reagindo com celeridade e pulso de ferro, entre as várias medidas tomadas, o futuro Marquês de Pombal ordenou ao seu primo João de Almada e Melo que se estabelecesse na cidade como Governador das Armas, chefiando os regimentos para aí deslocados com vista a reprimir a revolta com a severidade adequada à implantação da (sua) ordem e a prover no sentido de que nada de igual voltasse a acontecer. Os seus talentos de chefia em poucos anos lhe valeram a nomeação para os principais cargos da cidade como o de Governador das Justiças (Presidente da Relação) e o de Presidente do Senado.

Ao contrário de Lisboa, o Porto não se encontrava numa situação de rotura das suas estruturas urbanísticas essenciais, não sendo a densidade de ocupação suficiente para que o perímetro muralhado tivesse sido caoticamente ultrapassado e iniciativas urbanísticas programadas encontrassem a receptividade necessária junto dos eventuais investidores. Pelo contrário. Uma série de realizações recentes dotara a cidade de alguma animação espacial e à data da posse do novo Governador das Armas tinham-se iniciado há menos de um ano as igreja da Ordem Terceira do Carmo, da Irmandade de Nossa Senhora do Terço e, ainda mais recentemente, a Torre dos Clérigos, obras que estabeleceriam o *fundo barroco/rocaille* sobre o qual decorreu todo o século XVIII portuense.

O curso dos acontecimentos em Lisboa, a considerável elevação do ambiente cultural da cidade e o espírito empreendedor de Almada e Melo, levaram a que gradualmente fosse demonstrando interesse pelo urbanismo, manifestando preocupações relativas ao desregrado crescimento urbano e ao carácter medieval de uma malha onde as únicas intervenções modernas quase se podiam resumir a três artérias: a Rua Formosa, a Rua das Flores e a Rua de Belmonte.

Tudo isso foi relatando ao primo sugerindo-lhe que fossem tomadas medidas, o que levou a que por volta de 1762 tenha surgido a Junta das Obras Públicas, um gabinete de foro municipal com a incumbência de prover em tudo o que dissesse respeito ao urbanismo da cidade. A sua institucionalização foi possível graças ao lançamento de um imposto destinado a fazer face à invasão espanhola desse ano: esta foi rapidamente reprimida e a relação entre fundos cobrados e os dispendidos registou um saldo positivo considerável, de imediato desviado para as obras públicas da cidade.

Com base nesse precedente, o Marquês de Pombal estabilizou o esquema fiscal que financiou durante décadas as obras da cidade. Na Junta, para além de um quase plenipotenciário corpo administrativo, funcionou e parcialmente se formou o núcleo de arquitectos intervenientes na *cidade dentro da urbe* hoje conhecida como o *Porto dos Almadas*.

Nos cinco anos entretanto decorridos, tirando partido da presença do engenheiro militar Francisco Xavier do Rêgo e do ajudante Francisco Pinheiro da Cunha num trabalho de demarcação para a Companhia Geral das Vinhas do Alto Douro, Almada e Melo tinha tomado algumas iniciativas, como a do início da Rua do Almada (o ordenamento do empreendimento privado do Bairro dos Laranjais).

De uma maneira geral toda a operação almadina caracterizou-se fundamentalmente pela prevenção, por forma a que o normal desenvolvimento da cidade fosse encontrando *caminho feito*, um quadro relativamente rigoroso dos vectores de crescimento urbano. Foi de facto vectorial, de *arruação*, o processo implementado. Para além de se demolirem troços e portas da cidade, de se repararem ruas e infra-estruturas e de se reformar a malha existente com a abertura da Rua de S. João, a reconfiguração da Praça da Ribeira e a criação da Praça de S. Roque, sobre caminhos de relação inter--regional ou vicinal preexistentes abriram-se ruas que regularizaram traçados e levaram ao desenho integral das fachadas urbanas. As ruas de Santa

Catarina, Cedofeita, do Almada e de Santo Ildefonso, são os exemplos mais claros da opção de que resulta o reforço dos valores visuais e tendências radio-concêntricas da malha orgânica preexistente. Essas ruas estavam articuladas por vias transversais.

Como *baliza* de crescimento foi projectado um grandioso terreiro, o Campo de Santo Ovídio, onde significativamente foi implantado um enorme quartel, e a rua transversal da Boavista, levada até ao mar ao longo de todo o século XIX. O conjunto destas e de outras intervenções foi inscrito na *lista de melhoramentos* de 1784, no fundo um levantamento das acções já realizadas e a empreender, um plano de desenvolvimento onde não faltavam sistemas de infra-estruturas e detalhadas normas urbanísticas.

A definição dos contornos normativos da reforma almadina ocorreu gradualmente. Só em 1764 se fixou no Porto, já como primeiro Director das Obras Públicas, Francisco Pinheiro da Cunha, engenheiro militar formado no âmbito da Casa do Risco de Lisboa, e foram necessários mais cinco anos para que o Marquês de Pombal alargasse à cidade o âmbito da legislação de excepção promulgada para a reconstrução da capital. Paulatinamente foram sendo impostas regras urbanísticas e construtivas aos edifícios existentes, não só com objectivos *saneadores*, mas fundamentalmente com a intenção de arregimentar a sua aparência.

No que diz respeito às características formais dos alçados, apesar da experiência prévia do primeiro arquitecto-chefe, são muitas e cronologicamente crescentes as diferenças relativamente a Lisboa, desde a previsão de pilastras e de platibandas (depois não concretizadas), a jogos de eixos de simetria e de recuo/avanço de volumes, passando pela maior proporção relativa e absoluta dos vãos, tudo facilmente legível nas centenas de metros de desenhos e redesenhos de alçados guardados nos arquivos (Luís Berrance, 1987).

Diferentes conjunturas, materiais de construção, características lumínicas, cromáticas e climatéricas, terão levado a uma sensível exuberância, à qual, se não andou alheio um mais acentuado e antropológico gosto decorativista, terá sido determinante o neo-classicismo veiculado na arquitectura e no gosto da influente colónia inglesa. O seu representante diplomático, o Cônsul John Whitehead, demonstrava especial interesse e qualidades de arquitecto, tendo feito alguns projectos e protagonizado a encomenda do projecto do Hospital de Santo António a John Carr logo em 1769. Neste ambiente de inovação formal simultânea do *rocaille* dos programas religiosos e do neo-paladianismo burguês, filtrados pelo crivo rigoroso da *escola portuguesa de urbanismo*, foi forjada a conhecida *Arquitectura do Vinho do Porto*.

Os equipamentos de carácter cívico são também uma das características inovadoras do *Porto dos Almadas*. Para além do Hospital de Santo António, também o do Carmo, a Cadeia da Relação, a Casa Pia, o Teatro de S. João, o Matadouro, são fenómenos de programas arquitectónicos até então praticamente desconhecidos em Portugal. Só em Lisboa se erguia um hospital, o Erário, o celeiro público, etc. A par com estes programas civis também o Quartel de Santo Ovídio e a Academia Real da Marinha seriam inovadoras (Varela Gomes, 1990). Enquanto em Lisboa se procedia à configuração do jardim do Passeio Público, o Porto beneficiava da construção dos jardins das Fontaínhas, Virtudes e Massarelos. Tornada fundamental pelo desenvolvimento que o comércio do Vinho do Porto trouxera a Gaia, a Ponte das Barcas foi montada em 1806, depois de gorada a execução do projecto de uma ponte de pedra à cota alta projectada por Carlos Amarante.

Pelo que resumidamente se pôde registar, o *Porto dos Almadas* constitui-se como um caso especial dentro do universo do urbanismo do período pombalino. Não se trata apenas da iniciativa e do carácter local e individualizado da acção, mas das suas próprias características formais, programáticas e de antecipação, inclusive ao nível da compreensão dos conteúdos funcionais e de equipamentos que as cidades da burguesia oitocentista viriam a reclamar. Enfim, precoce ou precursora terá sido a forma como João de Almada e Melo encarou a reforma da cidade, sendo-o também o facto de parte considerável dos arquitectos intervenientes no processo não pertencer ao escol de engenheiro militares saídos ou não das Aulas de Fortificação.

Uma Coimbra
A profunda reforma do ensino empreendida a partir de 1759 teve o seu ponto alto em 1772, não só com a reforma dos estudos menores e com a criação da Junta do Subsídio Literário, mas fundamentalmente pela série de medidas tomadas relativamente à Universidade de Coimbra, antecedidas em 1770 pela criação da Junta da Providência Literária. Para além desse inequívoco e primordial móbil, era também o encerramento do processo de expulsão dos jesuítas, pois foi com o seu património que se deu corpo ao novo sistema de ensino que, aliás, substitui o que por eles até então tinha sido monopolizado. Pretendia-se que o ensino fosse de responsabilidade e conteúdo laico e a ele pudessem ter acesso interessado e desinibido outros que não religiosos ou aristocratas, contando-se já com a experiência de sucesso limitado do Colégio dos Nobres (1761). Importante para a nossa disciplina é a instituição, ainda que inconsequente, do ensino da arquitectura no seio da Universidade no âmbito da Faculdade de Matemática (Antero Ferreira, 1990).

Para tudo isso se deslocou a Coimbra em 22 de Setembro de 1772 o Marquês de Pombal com plenos poderes de visitador e reformador, ali permanecendo até 24 de Outubro daquele ano. Durante a estadia foi organizada e legislada a reforma que inevitavelmente implicou profundas transformações nas infra-estruturas edificadas existentes. Depois da visita, ao reitor e bispo D. Francisco de Lemos de Faria Pereira Coutinho ficou entregue a execução da reforma em toda a sua plenitude, sendo o renascentista Paço Episcopal transformado no autêntico *quartel general* onde ainda hoje se guarda o principal conjunto de projectos.

Um dos vectores fundamentais da reforma era a introdução do ensino experimental, para além de acabar com o velho sistema de acesso e o papel propedêutico do Colégio das Artes, pois tinham passado a existir níveis inferiores de ensino público. Para além da necessidade de adaptar as instalações existentes e de construir edifícios escolares onde pudessem ser leccionadas as novas matérias (laboratórios, hospital, teatro anatómico, observatório astronómico) foi entendida como necessária a criação de museus dos *reinos naturais* (mineral, vegetal e animal) e de um jardim botânico. Criava-se assim um vasto e inédito programa arquitectónico que teria que ter em conta as potencialidades da cidade existente.

O ponto de partida era o vasto e agora devoluto património deixado pelos jesuítas, os colégios das Artes e de Jesus. O Colégio das Artes foi adaptado para albergar estudantes laicos, os "Nobres das Províncias," reforçando-se desta maneira a fórmula colegial da estrutura dos alojamentos estudantis, definitivamente abolida no liberalismo com a expulsão das ordens religiosas. Já o Colégio de Jesus propiciava outra ocupação. Se por um lado tornava possível a reinstalação e reforma em *universitário* do hospital até então existente na Baixa (Praça Velha), permitia ainda albergar as dependências necessárias aos museus, à Física, à Farmácia, à Anatomia e à Química, esta num edifício a construir no sítio das antigas cozinhas. Ainda assim foi imediata a ideia de dar destino catedralício à igreja, sem dúvida a mais imponente e bem implantada da cidade, sendo um dos pátios transformado em claustro do cabido.

Só por si a ocupação daquele edifício gerou transformações urbanas de relevo: da Praça Velha saía não só o hospital, mas também a Misericórdia agora instalada na antiga Sé; o logradouro privativo conformou-se em praça, passando o espaço em torno do edifício a ser de contínuo domínio público. Mais uma vez a Universidade contrariava a tendência natural da cidade para *descer*, embora desta vez se tenha produzido uma fractura entre a cidade e a universidade, posteriormente acentuada pelo abandono dos colégios da Baixa e pela reforma do Estado Novo. A cidade universitária de Coimbra era agora a, até então, muralhada Alta.

A reforma incluiu a substituição parcial da muralha por eixos de acesso à Alta, nas *couraças*, sendo a de sul projectada com especial cuidado. Tratava-se de regularizar pendentes, erguer guardas, *actualizar* a porta romana de Belcouce, desenhar as frentes de rua. Este acesso seria rematado pela construção de um monumental Observatório Astronómico junto ao antigo castelo, que formalmente substituiria, no início do percurso de acesso ao Pátio das Escolas, a Rua Larga. Lamentavelmente não nos podemos deter no vasto programa de reforma do *Pátio*, que basicamente consistia na sua conformação em praça aberta ao Mondego e do qual apenas se executaram algumas transformações na já existente a Via Latina.

Aliás a Reforma Pombalina da Universidade pautou-se fundamentalmente pela não realização, pois muito em breve a conjuntura da *viradeira* paralizou parte considerável do processo: o Observatório quedou-se pelo primeiro piso, sendo provisoriamente substituído por uma modesta versão erguida no próprio Pátio das Escolas; solução idêntica teve a ampliação da Biblioteca; a *couraça monumental* amesquinhou-se; etc. Contudo, fizeram--se alterações profundas nas dependências do antigo Paço e realizou-se parte considerável do programa para o Colégio de Jesus, sendo especialmente significativa a construção do Laboratório Químico do outro lado da nova praça, agora chamada de Marquês de Pombal.

É ali que com base em alguma coerência formal se pode avaliar da expressão arquitectónica impressa à reforma: um neo-paladianismo imposto aos volumes preexistentes, mas condicionado pela respectiva métrica. Para tal terá contribuído em muito o arquitecto responsabilizado pela direcção das obras, o engenheiro militar de origem anglo-germânica Guilherme Elsden, cuja formação inicial ocorreu de forma que permanece desconhecida. De Fevereiro de 1773 até à morte formou e dirigiu a equipa, uma outra *casa do risco* que por algumas décadas se auto-transformou em escola prática de arquitectura e à própria cidade em estaleiro, deslocando-se com insuspeitada frequência a Lisboa para a apresentação e aprovação dos projectos junto do Marquês de Pombal, cujo gosto eclético é hoje uma certeza.

A par e na continuidade de Elsden, o seu próprio filho como ajudante, José Carlos Magne, José do Couto dos Santos Leal e Manuel Alves Macomboa, são alguns dos nomes que designam arquitectos da Universidade que matizaram as suas propostas com linguagens menos convergentes do que aquelas que de uma maneira geral temos vindo a verificar. Tal como o Porto, a operação coimbrã é já um desvio híbrido ao integrismo urbanístico da engenharia militar portuguesa.

Entre os muitos e variados contributos pontuais das obras pombalinas para a cidade de Coimbra – a presença de um corpo de técnicos, a criação pela prática de um ensino artístico que depois se pretendeu institucionalizar, a dinamização de uma indústria da construção (fábricas de telha e azulejos, por exemplo), o rejuvenescimento das oficinas de canteiros – ficou a marca de um urbanismo regrado, desta vez virtual e cirurgicamente feito de formas e objectos arquitectónicos e não de grelhas viárias ou arruamentos, pois a única intervenção *em superfície* foi a transformação em Jardim Botânico daquilo que em parte eram cercas colegiais. Apesar de previsto no plano de Pombal, eram já outros o contexto, os arquitectos e a moda.

Vila Real de Santo António

Realizada em campo aberto como renovação mítica de uma povoação submersa, Vila Real de Santo António de Arenilha é, pelo desenho, um modelo teórico da *cidade total*, um sistema fechado, um objecto com valor panfletário do regime, para além de um sério aviso fronteiriço às novas regras comerciais impostas pela reforma das pescas (criação da Companhia Geral das Reais Pescarias do Algarve). Cumpre também o objectivo de urbanisticamente marcar a integração do reformado Reino do Algarve no Reino de Portugal (1773), o corolário simbólico e cronológico da *restauração* integral da Nação portuguesa.

Com excepções para a motivação, o suporte financeiro e o programa funcional, o facto desta cidade ter sido erguida num ponto determinado do território continental é, para o nosso tema, o seu aspecto menos importante, pois com excepção para a *montagem*, pode dizer-se que o processo de concepção e construção decorreu em Lisboa sob orientação da Casa do Risco e do seu Director, o engenheiro Reinaldo Manuel dos Santos. Parte considerável dos elementos construtivos, tal como os desenhos, viajou em barco do estaleiro lisboeta até ao Algarve em 1774 num espaço de tempo extremamente curto (5 meses) com vista a que a vila *abrisse* a tempo da safra da sardinha desse Verão.

Na realidade, a melhor imagem que se pode dar desta cidade é a da sua integral e *mecânica fabricação*, sendo pois o teste ao pensamento teórico e ao apuramento a que a prática da reconstrução da capital levara a *escola portuguesa de urbanismo* em fórmula ainda pura. Extremada foi também a aplicação da geometria, sendo Vila Real a possível concretização urbanística omitida por Manoel de Azevedo Fortes na sua obra teórica. Por tudo isto a sua expressão não pôde escapar ao caminho de um pretenso proto-neoclassissismo doméstico indiciado no modelo original.

Tal como a construção, a concepção é extremamente racionalizada, resumindo-se a uma fórmula $(1 + \sqrt{2})$ a totalidade das relações proporcionais, da janela à planta geral, sendo constantes relações geométricas como a simetria e a homotetia. Da divisão do quarteirão à organização dos fogos, passando pela métrica geral, desenhos dos elementos de cantaria, dimensionamento das vias, etc., muitas são as relações com o Bairro das Águas Livres projectado década e meia antes. Marcantes são no entanto as diferenças: a concepção fechada de uma cidade estruturada como um edifício, das fachadas à divisão interna; a transferência para o logradouro da actividade económica que justificou a definição urbanística do programa; as variações de cércea reforçando a hierarquização dos espaços urbanos inexistente no bairro lisboeta. De facto, só nos torreões de remate da vila e de definição dos cantos da praça se atingem cérceas superiores às dos edifícios vizinhos.

Numa cidade organizada como o *cosmos*, o obelisco, finalmente assumido apesar de tantas vezes anunciado pelos padrões e pelourinhos das fundações coloniais, é o eixo de uma praça onde todos os poderes (Câmara, Igreja, Corpo da Guarda) se subordinam à força telúrica que simboliza, inequivocamente representada pela esfera armilar, símbolo iluministicamente recuperado da *idade de ouro* da Monarquia e por isso da Nação agora *refundada*. Também monárquica e simbólica foi, uma vez mais, a toponímia impressa na rede urbana.

Vila Real de Santo António é o ponto de referência máximo do urbanismo do consulado pombalino, pois contém em si a síntese dos paradigmas teóricos da *escola* e do iluminismo formulado por Pombal. Passando pelos pólos reformados de Coimbra e pela racionalizada grelha lisboeta, da solução linear portuense chegara-se ao absoluto. *Cidade ideal do iluminismo* é também a cidade-ideal da *escola portuguesa de urbanismo*, o seu acabado produto final (Horta Correia, 1984 e 1989).

O Território do Império
Voltando um pouco atrás, o caso da Amazónia face à escassez de estudos dirigidos é em muito a *amostra de controle* da actividade urbanística pombalina. Lançado no período preliminar da acção governativa de Carvalho e Melo já com as características de intervenção e reforma do *Iluminismo Católico*, como vimos adquiriu especial dinamismo precisamente a partir de meados da década de 1750. Foi uma das reformas integradas (políticas, económicas, sociais, urbanísticas, etc.) que o Marquês de Pombal promoveu por todo o território do Império Português. Ainda no Brasil, mas em processos cuja especificidade urbanística é ainda mal conhecida, ocorreram outras cujos *sintomas* poderão ser, por exemplo, a mudança da capital para o Rio, o ordenamento da *baixa* de Salvador, a criação da Companhia de Pernambuco e Paraíba ou os surtos urbanizadores do Sul (J. Manuel Fernandes, 1988) e do Mato Grosso (Renata de Araujo, 1992, pp. 61-66).

A dinamização e incremento da rede urbana, tal como a política mercantilista do Conde da Ericeira, em curso desde o reinado de D. Pedro II, nas possessões cujo estatuto era até aí ambíguo, ganhou no período pombalino a expressão e definição territorial que caracterizaria o Império Colonial até ao seu fim há poucas décadas: em 1753 foi restabelecida a Capitania de Bissau; em Angola o Governador Francisco de Sousa Coutinho, a par com importantes inovações administrativas, promoveu melhorias sensíveis no *desleixado* ambiente e espaço urbano de Luanda (Ilídio do Amaral, 1961 e 1967) e pôs em marcha as fundação da colónia fabril de Nova Oeiras e do presídio de Novo Redondo (1769); em 1756 foram unificados os governos das ilhas de S. Tomé e do Príncipe; em 1752 foi criada a Capitania-Geral de Moçambique tendo por base territórios desmembrados do Estado da Índia, sendo em 1755 restabelecida a feitoria e fortaleza de Lourenço Marques; em 1768 a capital de Timor foi transferida para Dili.

Também Cabo Verde sofreu alterações na sua estrutura territorial, simbolizadas pela transferência da capital da Ribeira Grande para a Praia em 1770 (Ilídio do Amaral, 1964). Em 1766 foi extinto o regime de capitanias nos Açores, sendo sediado o Governo-Geral no antigo Colégio Jesuíta de Angra. A par de tudo isto em 1769 abandonaram-se as praças de Azamor e Mazagão no Magreb. Não foram ainda realizados estudos que permitam avaliar qual a profundidade das acções urbanísticas das *réplicas* deste autêntico *sismo* reformista – imagine-se, por exemplo, a importância que a gradual abolição da escravatura e a concessão de direitos de cidadania a todos os autóctones teve no conceito de povoamento – mas mais uma vez, Goa é um hipotético paradigma.

Pelo menos a partir do reinado de D. João V, à constante pressão Maratha sobre os territórios portugueses na Índia, correspondeu a reacção que, no essencial, definiu o *interland* goês designado por *Novas Conquistas*. Tratava-se do espaço compreendido entre os contrafortes dos Gates Ocidentais e a estreita faixa litoral ocupada desde o século XVI, essencial para a estabilidade dos limites do território. Em contrapartida perderam-se definitivamente Baçaím (1739) e Chaul (1740), ficando o Estado da Índia com a configuração aproximada do território anexado pela União Indiana em 1961.

Em 1753 foi fundada a Companhia da Ásia Portuguesa, um primeiro gesto de renovação, mas só no início de 1774 se tomaram medidas de fundo, uma reacção à conquista de Ponda e à provisória submissão dos Marathas no ano anterior. Nesse ano foram mandados para a Índia os novos Governador, Capitão-General e Arcebispo Primaz do Oriente com as instruções para a "Restauração do Estado da Índia" onde "não mando socorrer o mesmo Estado no modo ordinário, mas sim restaura-lo, e funda-lo de novo" (*in* Cláudio Barbuda, 1841). Das "seis medidas", a primeira é precisamente a "Reparação, e segurança da capital de Goa" cujas vantagens são enaltecidas e os defeitos atribuídos aos jesuítas num impressionante rol de acusações.

Lamentavelmente não posso alargar a análise daquele documento, contudo de entre os seus aspectos mais importantes destaco a aplicação directa ao território da legislação de excepção criada para a reconstrução de Lisboa e o âmbito territorial da reforma, onde Damão e Diu mereciam especial atenção. De acordo com as instruções, a *"reparação"* de Goa consistia fundamentalmente em reordenar a ocupação dos espaços existentes, em grande parte à custa do que fora confiscado aos Jesuítas. Pombal previra a necessidade de algumas obras e, estando informado do êxodo da população, proibia terminantemente os funcionários e dignatários de habitar fora dos limites da cidade.

Porém a decadência era muito superior ao que imaginara e a distância suficiente para esfumar a pressão do seu poder. Apesar de tudo foram elaborados planos enviados a Lisboa para aprovação em 1774, 1775 e 1777, entremeados por um de 1776 relativo a uma desejada reinstalação em Pangim (Germano Correia, 1931 e Cláudio Barbuda, 1841). Os planos para Goa assumiram uma crescente dimensão utópica se tivermos em conta a realidade goesa de então. Pelo contrário, o de Pangim, para além de um rigoroso geometrismo, não iludes a realidade.

Apesar da insistência de Lisboa já depois do ocaso pombalino, o processo caiu no esquecimento e Pangim foi crescendo desordenadamente, só sendo oficialmente reconhecida a sua capitalidade em 1843. À orgânica estrutura do Bairro das Fontaínhas foi então acrescida "uma malha grosseiramente reticulada, definidora de uma estrutura funcional menos clara" (J. Manuel Fernandes, 1988). Tal como nas cidades da Amazónia, as plantas do período pombalino para Goa assumem partidos urbanísticos variados na composição e proporção dos espaços e dos volumes.

Reforma Política, Reforma Urbanística...Revolução
Mais uma vez nos perdemos num *mundo* português cuja coesão/comunicação em muito dependia das companhias monopolistas criadas para as principais regiões em exploração e, simultaneamente, objectos das reformas urbanísticas que, aliás, aquelas financiavam. Não existissem todas as outras coincidências e só por isto já seria possível conformar-se um modelo de intervenção. Económico, é certo, mas não era o Comércio, a compreensível tradução coeva de Economia, o motor do projecto político de Pombal? Não foi a Junta de Administração dos Depósitos Públicos da Corte e Cidade de Lisboa – um *Ministério das Finanças* – a primeira (1751) e a

Junta do Comércio – o equivalente para a Economia – a segunda (1756) das instituições da complexa burocracia pombalina? Não foi a Aula do Comércio o primeiro (1759) dos estabelecimentos de ensino então criados?

Talvez com algum exagero parece ser possível afirmar que a cada uma das grandes reformas sectoriais pombalinas corresponde a reforma urbanística de um aglomerado: *comércio* (politico-económica) – Lisboa; indústria – Bairro das Águas Livres (Rossa, 1990); agricultura – *Porto dos Almadas*; pescas – Vila Real de Santo António; ensino – Coimbra; etc. Segundo os extensos considerandos que acompanham as *Memórias, Provisões, Decretos, Medidas* tratam-se, aliás, de "restaurações", "ressurreições", "fundações" e não de reformas (para o desenvolvimento v. Horta Correia, 1984), tal é o estado em que fatalidades e inimigos de Portugal, espanhóis e Jesuítas para os casos vertentes, haviam colocado as preexistências.

Com excepção para Lisboa e, obviamente, para o Porto, na realidade cada reforma foi sempre precedida de um libelo justificativo e acusador, cuja retórica iluminista atinge o clímax na década de 1770 nos casos de Coimbra, Vila Real de Santo António e Goa. Neste último, por exemplo, chega a declarar-se que S. Francisco Xavier havia sido usurpado pelos padres da Companhia de Jesus, coisa que em vida nunca fora (Cláudio Barbuda, 1841)!...

Esta relação economia-reformismo-urbanismo, cuja percepção na história deste período é imediata, teve insuspeitada correspondência na escala global do território. A estruturação empreendida só me parece compreensível perante uma radical mudança da perspectiva macro-económica que *grosso--modo* pode ser sintetizada da seguinte forma: ao Império litorâneo e marítimo de lida essencialmente comercial, correspondia desde o início da expansão o mercantilismo; ao Império de *terra firme* que possibilitava o desenvolvimento dos sectores primário e secundário da economia, demandado a partir de D. Pedro II, mas cristalizado na era pombalina, tinha que corresponder o primeiro estádio das teorias do capitalismo contemporâneo, o fisiocratismo. Nada que não tenha tido em desenvolvimento simultâneo na França e na Espanha bourbónicas, onde Carlos III assumiu especial protagonismo (Sambricio, 1991 e AAVV, 1988). Esta doutrina considerava fundamental a eficácia dos meios de transporte por forma a ser possível a circulação dos bens *rendidos* pelo território, que por sua vez deveria ser organizado por forma a optimizar os recursos naturais e humanos existentes.

Dentro dessa perspectiva deverão ser investigados os claros indícios da atitude que, pela primeira vez de forma pré-concebida e integrada, tinha como objectivo o ordenamento do território (Rossa, 1994b). Tais realidades tornam-se especialmente evidentes já no reinado de D. Maria I, com inúmeras notícias de reconhecimentos cartográficos, tais como os resultados subsequentes à triangulação geral do país empreendida a partir de 1790 por Francisco António de Ciera (professor da Academia Real de Marinha), a criação por Alvará de 30 de Junho de 1798 da Sociedade Real Marítima, Militar e Geográfica para o Desenho, Gravura e Impressão de Cartas Geográficas e Militares, a renovação das infra-estruturas civis (as novas Câmaras Municipais de Vila do Conde e Aveiro, por exemplo), fiscais (alfândegas) e de transportes (faróis, cais, canais e barras) das cidades portuárias (A. Loureiro, 1904-25), o plano à escala nacional para aumentar a navegabilidade dos rios, a *estatização* do serviço de correios em 1797, um primeiro plano de *estradas reais*, pontes, infra-estruturas sanitárias, etc.

Numa escala bastante mais pequena, qual o significado a atribuir ao crescente interesse do Marquês de Pombal pelo desenvolvimento das suas propriedades agrícolas que o leva à modelar estruturação das Quintas de Oeiras e da Gramella (Pombal), ou Pina Manique a erguer a sua vila rural junto a Alcoentre, ou ainda o Estado a *sangrar* os férteis terrenos do Ribatejo e das várzeas de Loures e Alfeizerão? O olhar sobre o território mudara e com ele surgira uma nova geração de tratados e manuais, para além da necessidade de métodos de representação eficazes, no que foi fundamental a conceptualização da *curva de nível* como forma exacta de representar a topografia.

Estes factos também não podem deixar de ser relacionados com a profunda reestruturação do exército promovida por Pombal a partir da década de 1760. O desempenho do Conde de Lippe foi apenas o primeiro elo de uma cadeia de alterações que culminou com a imposição de novas teorias de estratégia militar face à necessidade de repelir as tropas napoleónicas. Pondo o problema de uma forma simples, à guerra por *praças* sucedeu a guerra pelo território e pelos seus recursos estratégicos. A mudança arrastou o imediato obsoletismo das fortificações *modernas* que foram abandonados ou integradas como pontos de complexos sistemas de escala territorial, perdendo utilidade prática qualquer tipo de cerco urbano muralhado. Prova de tudo isto foi o aparecimento de uma tipologia nova, o quartel, com o caso evidente da Ajuda, significativamente designado por *Quartel do Conde de Lippe* e projectado por Reinaldo Manuel dos Santos.

A defesa *contemporânea* deixou em definitivo de ter como matrizes bases urbanísticas e, por arrastamento, os engenheiros militares deixaram de ser os intervenientes directos e/ou exclusivos no desenho urbano. Terminou aqui a carreira do *engenheiro totalitário*. Nas carreiras e no ensino separam-se finalmente a engenharia civil da militar, clarificando-se também as diferenças existentes entre o exercício e a formação dos arquitectos e dos engenheiros. Estando ainda em curso trabalhos que poderão vir a esclarecer este processo em Portugal, sabe-se já de forma muito clara como este processo decorreu em França (A. Picon, 1992) e em Espanha (Capel, Sanchez e Moncada, 1988). Em França, por exemplo, é o longo processo que da constituição do Corp de Génie de Vauban que, passando pelas École du Génie de Meziéres e École National de Ponts et Chaussées, leva à École Politécnique, cuja equivalente espanhola viria a ser a Escuela de los Caminos e Cañales.

Durante a longa transição o *arregimentamento* militar é a principal marca, pois até os engenheiros de Ponts et Chaussées (civis) têm o estatuto de um corpo de elite (farda, posto/patente, votos, etc.). Tal como o que pretende José Manuel de Carvalho e Negreiros nas propostas utópicas apresentadas ao rei, das quais as mais significativas são a *Jornada pelo Tejo* nas várias versões manuscritas de 1793 e 1798 e a *introdução ao Projecto de Regulam.to p.ª os Engenheiros Civiz...* de 1797 (Varela Gomes, 1988 e 1990). Tratava-se de reorganizar por completo o território e a sociedade, entregando o poder a uma elite civil de engenheiros arregimentada numa hierarquia com muitas referências (terminologias) à Revolução Francesa – aliás, Carvalho e Negreiros viajara pela Europa e estudara em Itália e França. Para a sua cuidada formação compôs tratados/manuais práticos com todos os conhecimentos (especialidades) necessários ao exercício do cargo. Tratava-se de reconhecer a validade das propostas corporativistas feitas meio século antes por Manoel de Azevedo Fortes, um dos "antecessores", como o próprio Carvalho e Negreiros gostava de dizer.

Essa utopia, que para além do esboço de um modelo de sociedade inclui ainda extensas listas, programas e modelos de equipamentos urbanos, fora precedida, e a meu ver inspirada, de outra com a qual tem algumas semelhanças, o *Tratado de Ruação...* de José Figueiredo de Seixas (Rafael Moreira, 1982a). Trata-se de um texto com inequívocas *manifestações* iluministas, dedicado ao Conde de Oeiras e escrito por um artista/arquitecto do Porto aparentemente interessado em prestar de forma programaticamente orientada os seus serviços na Casa do Risco de Lisboa ou na Junta do Porto. Propõe também uma estrutura administrativa de arruadores obrigatoriamente civis, chegando a fornecer o questionário para o exame de admissão. Mas a base da proposta é a divisão e ordenamento de todo o território (vias, propriedades, etc.) por um módulo quadrado com meia légua de lado, subdividido nas urbes onde, por composição, forma quarteirões rectangulares dispostos concentricamente em torno de uma praça derivada do cruzamento de duas das linhas da quadrícula territorial. Tudo "de modo que todo elle [o país] parecera hum tabuleiro do jogo das damas" (fl.39).

São imediatas as ligações deste modelo ao de outras utopias coevas. O autor era *"Mestre na Aula de Riscar na cidade do Porto"* (da Escola Náutica), o que explica a sua formação cartesiana. O conceito de *ruação* por ele proposto tem sido identificado como um retorno aos valores tradicionais do urbanismo português, mas parece-me indiscutível que se de facto na terminologia e método de abordagem está bem clara a tradição já então ancestral do urbanismo português, a ideia de *arruação* é aqui fundamentalmente a de *ordenamento* e por isso extremamente inovadora. Só em 1785 Thomas Jefferson formularia e promulgaria a sua *Land Ordinance* (Sica, 1976), a peça base do *quadriculado* ordenamento e urbanização do Estados Unidos após a independência, que eu não estranharia ter vindo a ser do conhecimento de José Manuel de Carvalho e Negreiros, o nosso segundo *utopista pré-moderno*.

Como já atrás referi, neste complexo ambiente de mudança tornou-se inevitável a especialização. Paralelamente è entrada em cena de técnicos e artistas de formação muito diversificada, o próprio sistema de ensino dos engenheiros militares começou a ser reformado, sendo agora comum a distinção entre arquitectura e engenharia, civis ou militares. A Aula de Debuxo do Colégio dos Nobres foi em 1766 o sinal de partida para a institucionalização do ensino artístico que teria na Reforma da Universidade outro episódio marcante; em 2 de Janeiro de 1790 foi criada a Academia Real de Fortificação, Artilharia e Desenho, substituindo a velha Aula de Fortificação; entretanto já em 1762 fora criada a Real Escola Náutica do Porto a que sucederia a Real Academia da Marinha e Comércio, o embrião da futura Escola de Belas Artes; começou a ganhar forma o Real Corpo dos Engenheiros que em 12 de Fevereiro de 1812 teria os seus Estatutos promulgados; na linha das *Casas de Riscar* a obra do Palácio Real da Ajuda foi também durante décadas uma verdadeira escola prática de arquitectura; em Lisboa Cyrillo Volkmar Machado ensaiou a fundação da Academia do Nu; etc. (v. Bernardo Ferrão, 1985, pp.83-103 e Antero Ferreira, 1990). De Roma vieram Fabri, Costa e Silva, Carvalho e Negreiros e alguns outros.

Joaquim Fortunato de Novais foi talvez o mais notável de entre os arquitectos formados pela Academia Portuguesa de Roma (re)fundada por Pina Manique que, como por inerência, tinha palavra decisiva na designação dos respectivos bolseiros. Por essa razão não é de estranhar que tenha sido aquele arquitecto o responsável pela fase de execução do plano da vila que o Intendente instituíra no seu senhorio do Alcoentrinho, agora rebaptizado de Manique do Intendente. Um misto de impacto paisagístico barroco e de urbanismo neo-classicizante.

Encimado por frontão e obelisco o palácio, que de ambos os lados de uma fachada unificada ladeia a igreja, é o *ponto de fuga* de uma estrada que com rigorosa orientação a Lisboa atravessa um vale e a vila. Excêntrica e bem destacada do terreiro do paço, fica uma praça hexagonal em cujo centro se implantou o pelourinho. A praça é conformada por edifícios de dois pisos cujo rigor compositivo é evidente, tendo no topo norte a inevitável Casa da Câmara e Cadeia com tratamento compositivo especial. Como curiosidade (neoclássica) registe-se que a toponímia das ruas irradiantes resulta da escolha de nomes dos mais famosos imperadores da Roma Antiga.

Mas se a filiação formal da eclética fundação ribatejana pode ser encontrada nas cidades de colonização interna promovidas por Carlos III na Andaluzia ou em propostas mais divergentes feitas no seio da *escola portuguesa de urbanismo*, como a de Filipe Strum para a vila de Serpa na Amazónia, o *caso limite* de Porto Côvo não permite hesitações, tal é o mimetismo formal relativamente a Vila Real de Santo António.

Foi Jacinto Fernandes Bandeira – um dos comerciantes em meteórica ascensão social a partir do período pombalino, vindo a receber precisamente o título de Barão de Porto Côvo em 1805 – quem fundou esta vila portuária (ferro, magnésio, junco e carvão), mas fundamentalmente piscatória, em data compreendida entre os anos de 1789 e 1794 (António Quaresma, 1988). O autor do plano foi o arquitecto Henrique Guilherme de Oliveira, filho e discípulo do arquitecto da Casa do Risco das Obras Públicas Joaquim de Oliveira (Rossa *in* AAVV, 1989c, pp.329-330). Desse plano muito pouco foi realizado, mas a sua análise, ainda que sumária, é reveladora.

Seguindo de terra para o mar segundo o eixo principal encontramos, após o ponto de convergência das estradas de acesso, num "U" aberto ao campo o terreiro do mercado, arborizado, equipado com uma fonte e tendo no meio do alçado da base um "*Hospital para os Inválidos e expostos*" dotado de ermida pública. Nas suas costas e estruturando a praça de uma vila cuja fundação não é Régia, fica a Igreja que partilha esse espaço urbano com a Casa da Câmara e Cadeia, a Fazenda e o Pelourinho. Na frente fluvial uma réplica do Cais das Colunas lisboeta remata o eixo estruturante em torno do qual se desenvolve uma malha ortogonal funcionalmente ordenada por quarteirões destinados a habitações, à estalagem e aos armazéns das armações de pesca, do sal, do carvão, do trigo, etc.

Para além da similitude formal com Vila Real de Santo António do que foi edificado (praça, igreja, torreões), são evidentes e ricas as citações urbanísticas feitas no projecto desta vila alentejana de Porto Côvo: um rossio na franja rural/urbano dotado do acolhimento e conforto necessários aos forasteiros; o relativamente elevado nível dos equipamentos; uma praça onde se

Face sul do arco triunfal das Amoreiras (Lisboa), inícios do séc. XX, Arquivo Fotográfico da Câmara Municipal de Lisboa

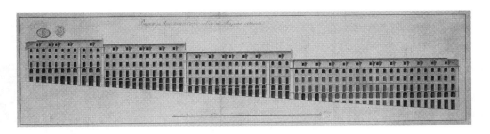

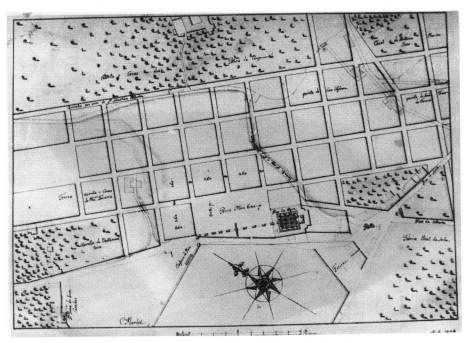

pecto da Rua Nova do Carmo no lado que olha para o Oriente" (Lisboa), c.1759-1769, Arquivo Histórico da Câmara Municipal de Lisboa

s Mardel, *Plano do projecto aprovado para o Bairro das Águas Livres (Lisboa)*, 1759, Museu Nacional de Arte Antiga, Lisboa

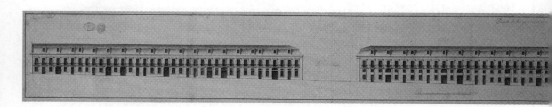

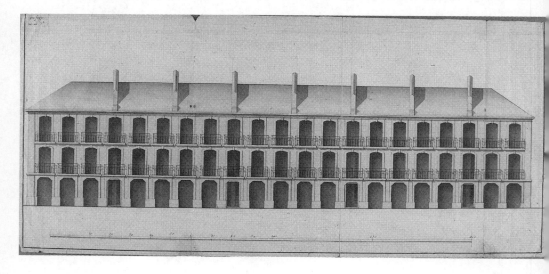

Parte do *"Prospecto da rua que vahe pela parte oriental do Passeyo Publico" (Lisboa)*, c.1759-1769, Arquivo Histórico da Câmara Municipal de Lisboa

Eugénio dos Santos, *"configuração 7ª"*, um dos desenhos tipo iniciais do processo de reconstrução da Baixa (Lisboa), 1756, Museu da Cidade, Lisboa

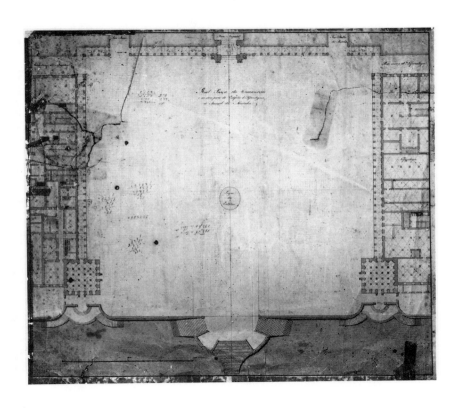

"Real Praça do Comércio e mostra parte do edifício da Alfândega e do Arsenal da Marinha" (Lisboa), c.1759-1769,
Arquivo Histórico do Ministério das Obras Públicas, Lisboa

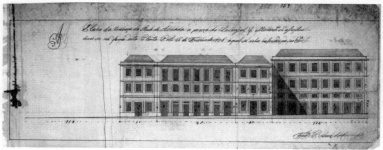

Eugénio dos Santos, "Espacato que atraveça huma das ruas principaes, mostrando a devizão que se faz com os culunclos nos caminhos para a Gente de pè, com a largura e altura da cloaca do meyo da rua, a forma de madeyrar as cazas, cos patios que hade aver no meyo delas para luz e despejo das agoas, que por canos particulares dezagoão nas cloacas geraes", um dos desenhos tipo iniciais do processo de reconstrução da Baixa (Lisboa), 1756, Museu da Cidade, Lisboa

F. Pinheiro da Cunha, "Plano da traveça da Rua do Almada a praça do Laranjal…" (Porto), 1776, Arquivo Histórico da Câmara Municipal do Porto

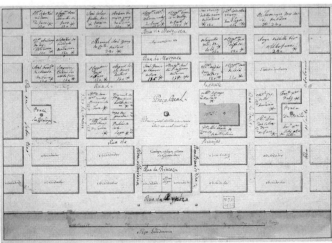

Reinaldo Manuel dos Santos, *Alçado do lado norte da praça de Vila Real de Santo António*, 1774, Arquivo Histórico do Ministério das Obras Públicas

Reinaldo Manuel dos Santos, *Planta de Vila Real de Santo António com a toponímia e a identificação dos proprietários*, 1774, Arquivo Histórico do Ministério das Obras Públicas

Praça de Vila Real de Santo António, 2001

José do Couto dos Santos Leal, *"Projecto da cadeia e de todos os tribunais pertencentes à cidade de Coimbra"*, inícios do séc. XIX, Museu Nacional de Machado de Castro, Coimbra

Alçado do lado poente do Pátio das Escolas após a renovação e ampliação da Biblioteca Joanina no âmbito da Reforma Pombalina da Universidade de Coimbra, 1772, Museu Nacional de Machado de Castro, Coimbra

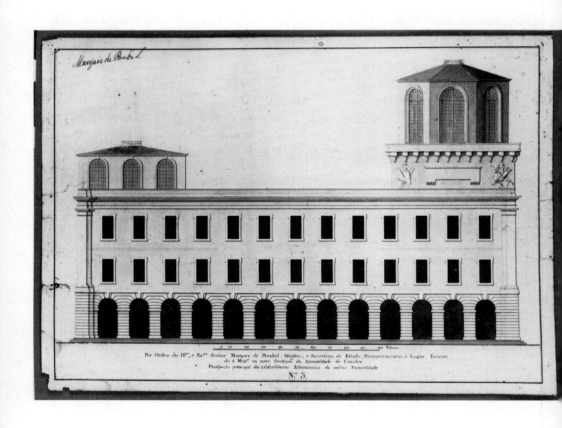

"Propspecto principal do Observatório Astronomico da mesma Universidade" (de Coimbra), 1772,
Museu Nacional de Machado de Castro, Coimbra

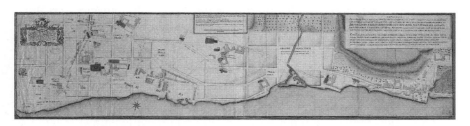

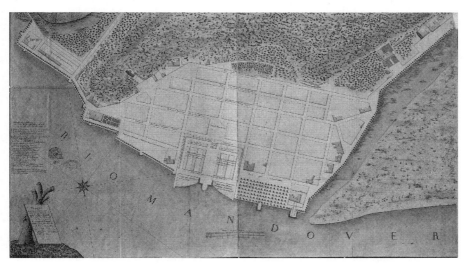

José António Aguiar Sarmento, *"Projecto para a nova Cidade de Goa"*, 1777, Gabinete de Estudos Arqueológicos de Engenharia Militar, Lisboa

José de Morais Antas Machado, *"Projecto para a nova Cidade de Gôa se erigir no sítio de Pangim"*, 1776, Gabinete de Estudos Arqueológicos de Engenharia Militar, Lisboa

integram os poderes tradicionais e o da nova ordem económica; a linearidade como mote; o quadrado como elemento-base de uma rigorosa composição geométrica; o cais lisboeta; o zonamento funcional; a referência aos Invalides parisienses; a utopia; enfim, a forte carga de significados culturais e a desconcertante simplicidade e pragmatismo de uma *cidade portuguesa...*

ENGENHEIROS, ARQUITECTOS, URBANISTAS...
ESPECIALISTAS

A custo interrompi a revolta torrente de informação disponível – mas raras vezes inter-relacionada – acerca das profundas alterações que os sistemas artificiais de transformação do espaço sofreram nas décadas finais do Antigo Regime. Sem surpresas torna-se assim evidente a ruptura em termos de produção de pensamento urbanístico, independentemente de durante décadas se ter continuado a produzir cidade usando os mesmos métodos e instituições. Essa descontinuidade em nada se assemelhou a mudanças anteriores, pois tudo acabou por ser revisto, sendo fundamentalmente outra a dimensão do olhar.

Recorrendo mais uma vez à terminologia tradicional do âmbito disciplinar, sempre pródiga na síntese dos conceitos, se na Baixa Idade Média, "fazer vila" era o acto de cercar, nas crónicas da Índia "fazer fortaleza" o acto de fundar e na cidade setecentista/oitocentista "arruar" é fazer cidade, na era industrial tornou-se fundamental a mudança de escala e a interdisciplinaridade. Do amuralhamento da urbe preexistente passou-se à prévia construção do sistema defensivo e daí à simples construção programada do espaço urbano, mas no futuro imediato tornou-se necessário o estabelecimento de uma rede de relações ao nível do território físico e social, o planeamento contemporâneo.

Tendo em linha de conta o *inquinamento* aqui introduzido por um relativamente desorganizado e indisciplinadamente doseado rol de contributos onde predominam a geografia, a história das mentalidades, a história social, o ordenamento do território e a arquitectura, de uma forma provisória podemos estabelecer que as especificidades das cidades portuguesas resultam fundamentalmente dos procedimentos urbanísticos de dois períodos, ou melhor, de duas grandes séries. Para cada uma podem alinhar-se algumas características específicas e também um rol de coisas em comum.

Seguindo terminologias já integradas no léxico próprio à história do urbanismo português, uma das séries, a primeira no registo cronológico, identifica-se com a génese do fenómeno português: é a cidade *medievo-renascentista* ou a de *urbanismo regulado*. A outra série é a que resulta da actividade directa do escol português dos engenheiros militares *totalitários*, a designada *escola portuguesa de urbanismo* cujo auge (e estertor) foi atingido com a ideologização iluministico-pombalina.

Se analisássemos as diferenças de método a que fomos obrigados nas sintéticas abordagens aqui realizadas, tornar-se-iam com certeza ainda mais claras as especificidades divergentes. Contudo, são compreensíveis as razões pelas quais o levantamento e teorização da primeira foi iniciada pelos geógrafos da escola de Orlando Ribeiro, tendo mais recentemente sido sistematizada pelo arquitecto José Manuel Fernandes na sua obra. Não menos compreensível é o facto de a *escola portuguesa de urbanismo* ter sido essencialmente reconhecida na esteira do trabalho percursor de José Augusto França (1962) por uma equipa de historiadores de arte da Universidade Nova de Lisboa sob o *magistério* de José Eduardo Horta Correia.

Apesar do prometedor percurso empreendido a partir da década de 1760, o urbanismo português, face às vicissitudes das Invasões Francesas – ausência da corte, crise económica, parco desenvolvimento de uma alta burguesia industrial, hegemonia inglesa, Independência do Brasil, etc. – inflectiu e em vez de atravessar com naturalidade a complexa fase de transformações, contornou-a, gerando assim um enorme vazio na experimentação e produção teórica. Nada mais do que aquilo a que Nuno Portas (1978, p. 699), referindo-se mais especificamente à arquitectura, chama "as décadas Obscuras", concretizando depois: "sintomática é também a ausência de trabalho teórico sobre a arquitectura e a urbanização ao longo destas décadas, que se soma à referida falta de «escola» com um mínimo de consistência e continuidade disciplinar. Serão, com efeito, sobretudo os literatos que tomam a arquitectura que se vai fazendo."

Claro que não podemos ignorar a extensa produção urbanística de um Ressano Garcia, mas da sua *avant-garde* formação francesa (Ponts et Chaussées) o que é que um eventual ou fugaz corpo teórico português obteve? Apesar de tudo muitas foram as realizações urbanísticas de vários tipos, mas as características *a-artísticas* e de *importação* não tornam pertinente o seu comentário aqui. No actual momento de profundas mudanças, urge que num outro contexto se proceda à elaboração de uma síntese que, contemplando a especificidade do período, possa estabilizar um quadro de referências.

De facto, foram muitas as transformações que malhas e redes urbanas tiveram que suportar durante os últimos dois séculos num ritmo crescente de dilatação do espaço e compressão do tempo. Basta pensar na implosão urbanística que a expulsão das ordens religiosas provocou e, em contrapartida, na industrialização e proletarização de extensas áreas urbanas sem qualquer regra urbanística. Registe-se o aparecimento dos *comerciantes da cidade* (especuladores, promotores imobiliários, etc.), do conceito de *propriedade horizontal*, dos conceitos de *zonamento social e funcional* do espaço urbano. Deu-se assim um amesquinhamento na forma de encarar a produção de cidade.

Com controlado exagero é novamente Nuno Portas (1978, p.694) quem coloca de forma clara a questão ao dizer "em caricatura, a profunda alteração metodológica que se verifica na construção da cidade entre o fim do século XVIII e o fim do século XIX: o espaço de um século em que pouco se constrói mas muito se altera no contexto sócio-económico das cidades portuguesas com a emergência da burguesia liberal, detentora de terrenos e de um excedente que se imobiliza no imobiliário (subtraindo-o, naturalmente, à industrialização) e de um terciário urbano que constituirá a melhor procura para esse fluorescente ramo de negócio, recém-descoberto: produzir, vender e alugar cidade."

Grande foi a inércia com que se ensaiou a saída deste estado de coisas após a Regeneração e mais rápida foi a sua repressão, primeiro de origem económica, de natureza política depois. O fértil período internacional de experimentação urbanística do modernismo, foi comedidamente passado entre nós, assistindo sem poder participar à reconstrução/renovação urbana do pós-guerra e encontrando no convite a estrangeiros a resposta a necessidades de planeamento que se mantiveram pela ineficácia de um corpo técnico/promotor/concretizador capaz.

Muitos foram os planos de urbanização de vilas e cidades, mas note-se, por exemplo, o sentido *razoavelmente tradicional* da Lisboa de Duarte Pacheco. Talvez por isso não lográmos construir tanto espaço urbano *invertebrado* e *amnésico* e mesmo nas colónias africanas, a uma arquitectura modernista descomprometida, correspondeu sempre algum integrismo do espaço público.

Essa permanência, ainda que pontualmente mínima, de estrutura e de memória na matriz das nossas cidades poderá ser a explicação para o facto de, com razoável rapidez, se terem apreendido com realização prática as primeiras críticas ao *movimento moderno* e ao receituário urbanístico da Carta de Atenas. Falo obviamente de casos como o do Bairro do Restelo (1971-1976), da Malagueira (1977) e da profunda reflexão colectiva sobre urbanismo proporcionada pelo processo SAAL (1974-1976).

Na tendência actual de construir a cidade do futuro sobre a cidade existente, reocupando-a e renovando-a, Portugal tem a vantagem de, pelo aprofundamento dos conhecimentos sobre o seu urbanismo do passado, mais facilmente poder encontrar caminhos de alguma continuidade, interpretando permanentemente pela via da inovação a sua memória.

REFERÊNCIAS BIBLIOGRÁFICAS

AAVV (1954), *Resumen Historico del Urbanismo en España*, Instituto de Estudios de Administracion Local, Madrid, 1987
AAVV (1959), *Utopie et institutions au XVIIIe siècle – le pragmatisme des Lumières*, Mouton & Co, Paris, 1963
AAVV (1961), *Arquitectura Popular em Portugal*, Associação dos Arquitectos Portugueses, Lisboa, 1980
AAVV (1969), *L'Urbanisme de Paris et L'Europe – 1600-1680*, Editions Kincksieck, Paris, 1969
AAVV (1986), *História da Arte em Portugal*, 15 vols., Publicações Alfa, Lisboa, 1986
AAVV (1988), *Carlos III y la Ilustracion, Catálogo da Exposição*, 2 vols., Ministerio de Cultura - Lunwerg editores, Madrid, 1988
AAVV (1989a), *História das Fortificações Portuguesas no Mundo*, Alfa, Lisboa, 1989
AAVV (1989b), "Dossier S. João da Foz" *in Oceanos*, Comissão Nacional para as Comemorações dos Descobrimentos Portugueses, Lisboa, 1989, n.º 1
AAVV (1989c), *Dicionário da Arte Barroca em Portugal*, Presença, Lisboa, 1989
AAVV (1990a), *Portugal das origens à romanização*, Presença, Lisboa, 1990
AAVV (1990b), *Atlas de Cidades Medievais Portuguesas*, I.N.I.C. e Centro de Estudos Históricos da Universidade Nova de Lisboa, Lisboa, 1990, vol./ano I
AAVV (1990c), *A Universidade e a Arte – 1290-1990, Actas do Colóquio*, Instituto de História da Arte da Faculdade de Letras da Universidade de Coimbra, Coimbra, 1993
AAVV (1992a), *História de Portugal*, Círculo de Leitores, Lisboa, 1992
AAVV (1992b), *Uma cartografia exemplar – o Porto em 1892, Catálogo da Exposição*, Arquivo Histórico da Câmara Municipal do Porto, Porto, 1992
AAVV (1994a), *A Arquitectura Militar na Expansão Portuguesa, Catálogo da Exposição*, Comissão Nacional para as Comemorações dos Descobrimentos Portugueses, Porto, 1994
AAVV (1994b), "Indo-portuguesmente" *in Oceanos*, Comissão Nacional para as Comemorações dos Descobrimentos Portugueses, Lisboa, 1994, n.º 19/20
ALARCÃO, Jorge de (1994), "Lisboa romana e visigótica" *in Lisboa Subterrânea, Catálogo da Exposição*, Electa, Lisboa, 1994, pp. 58-63
ALARCÃO, Jorge de (s/d), *Portugal Romano*, Verbo, Lisboa, 1987
ALMEIDA, Pedro Vieira de (1973), "A Arquitectura do século XVIII em Portugal –

Pretexto e argumento para uma aproximação semiológica" in *Bracara Augusta*, Câmara Municiapl de Braga, Braga, 1973, n.º 64/76, vol./ano XXIII, tomo II
ALVES, Joaquim Jaime B. Ferreira (1988), *O Porto na época dos Almadas – arquitectura. obras públicas*, 2 vols., dissertação de Doutoramento apresentada à Faculdade de Letras da Universidade do Porto, Porto, 1988-1990
AMARAL, Ilídio do (1961), "Descrição da Luanda Oitocentista, vista através de uma planta do ano de 1755" in *Garcia da Horta*, Revista da Junta de Investigações do Ultramar, Lisboa, 1961, n.º 9, vol./ano 9, pp. 409-420
AMARAL, Ilídio do (1964), *Santiago de Cabo Verde – a Terra e os Homens*, Junta de Investigações do Ultramar, Lisboa, 1964
AMARAL, Ilídio do (1967), *Luanda (Estudo de Geografia Urbana)*, Lisboa, 1968
ANDRADE, Amélia Aguiar (1988), "Um percurso através da paisagem urbana medieval" in *Povos e Culturas*, Centro de Estudos de Povos e Culturas de Expressão Portuguesa da Universidade Católica Portuguesa, Lisboa, 1987, n.º 2, pp. 57-77
ANDRADE, Amélia Aguiar (1992), "Um Empreendimento Régio: a Formação e Desenvolvimento de uma Rede Urbana na Fronteira Noroeste de Portugal durante a Idade Média" in *Penélope*, Cosmos, Lisboa, 1993, n.º 12, pp. 121-125
ARAUJO, Renata de (1992), *As Cidades da Amazónia no século XVIII – Belém, Macapá e Mazagão*, FAUP, Porto, 1998
AZEVEDO, Carlos de (1970), *A arte de Goa, Damão e Diu*, Pedro de Azevedo, Lisboa, 1992
AZEVEDO, Paulo Ormindo de (1990), "Urbanismo de trazado regular en los primeros siglos de la colonización brasileña" in *Estudos sobre urbanismo Iberoamericano – siglos XVI al XVIII*, Junta de Andalucia, Consejeria de Cultura, Sevilla, 1990, pp. 306-322
BARBUDA, Claudio Lagrange Monteiro de (1841), *Instrucções com que El-Rei D. José I mandou passar ao Estado da Índia O Governador e Capitão General e o Arcebispo Primaz do Oriente no anno de 1774*, Typographia Nacional, Pangim, 1841
BARRETO, Paulo Thedin (1937), "Casas de Câmara e Cadeia" in *Revista do Património Histórico e Artístico Nacional*, Ministério da Educação e Saúde, Rio de Janeiro, 1947, n.º 11, pp. 9-195
BERNARD, Gilles (1993), *L'aventure des bastides du sud-ouest*, Privat, Toulouse, 1993
BERRANCE, Luís (1987), *Evolução do desenho das fachadas das habitações correntes almadinas – 1774-1844*, Arquivo Histórico da C. M. P., Porto, 1993
BOCARRO, António e RESENDE, Pedro Barreto (1635), *Livro das Plantas de todas as Fortalezas, Cidades e Povoações do Estado da Índia Oriental*, 3 vols., I.N.C.M., Lisboa, 1992
BONIFÁCIO, Horácio Pereira (1990), *Polivalência e contradição*, dissertação de Doutoramento apresentada à Faculdade de Arquitectura da Universidade Técnica de Lisboa, Lisboa, 1990
BRENNA, Giovanna Rosso Dal (1990), "La città coloniale portoghese. Rio de Janeiro tra il XVI e il XVIII secolo" in *Estudos sobre urbanismo Iberoamericano – siglos XVI al XVIII*, Junta de Andalucia, Consejeria de Cultura, Sevilla, 1990, pp. 448-462
BRITO, Raquel Soeiro de (1966), *Goa e as Praças do Norte*, Junta de Investigação do Ultramar, Lisboa, 1966
BYRNE, Gonçalo Sousa (1986), "Ricostruire nella città – La Lisbona di Pombal" in *Lotus International*, Electa, Milano, 1986, n.º 51, pp. 6-24

CALADO, Margarida (1994), "Lisboa Joanina (de Matos Sequeira a Walter Rossa)" in *Colóquio sobre Lisboa organizado pelos Amigos de Lisboa no Palácio Fronteira*, comunicação dactilografada, Lisboa, 1994, pp. 13
CAPEL, H., SÁNCHEZ, J. E., MONCADA, O. (1988), *De Palas a Minerva – la formación cintífica y la estructura institucional de los ingenieros militares en el siglo XVIII*, Serbal / CSIC, Barcelona / Madrid, 1988
CARITA, Helder (1990), *O Bairro Alto – tipologias e modos arquitectónicos*, Câmara Municipal de Lisboa, Lisboa, 1994
CARITA, Helder (1994), "O Bairro Alto e a legislação urbana para Lisboa no séc. XVI e XVII" in *Lisboa Iluminista e o seu tempo, Colóquio*, Universidade Autónoma, Lisboa, 1997
CARITA, Rui (1993), *A arquitectura militar na Madeira – séculos XV a XVII*, 3 vols., dissertação de Doutoramento apresentada à Faculdade de Letras da Universidade de Lisboa, Funchal, 1993
CARNEIRO, António Mariz (1639), *Descrição da Fortaleza de Sofala e das mais da Índia*, Fundação Oriente, Lisboa, 1990
CARVALHO, Ayres de (1962), *D. João V e a Arte do seu tempo*, 2 vols., edição do autor, Lisboa, 1962
CASTRO, D. João de (1538-1539), "Roteiro de Goa a Diu" in *Obras Completas de D. João de Castro*, Academia Internacional de Língua Portuguesa, Coimbra, 1968-82
CHICÓ, Mário Tavares (1956), "A Cidade Ideal do Renascimento e as cidades portuguesas da Índia" in *Garcia da Horta*, Revista das Missões Geográficas e de Investigações do Ultramar, Lisboa, 1956, n.º Especial, pp. 319-328
códice 529 – Açores do Arquivo Histórico Ultramarino. A Capitania-Geral dos Açores durante o consulado pombalino, O, S.R.E.C./D.R.A.C., (s/l), 1988
CONDE, Manuel Sílvio Alves (1988), *Tomar Medieval – o espaço e os homens (séculos XIV--XV)*, dissertação de Mestrado apresentada à Universidade Nova de Lisboa, Lisboa, 1988
CORREIA, Alberto Carlos Germano da Silva (1931), *La Vieille Goa*, Jaime Rangel, Bastora-Índia, 1931
CORREIA, Gaspar (1560), *Lendas da Índia*, Lello & Irmão, Porto, 1975
CORREIA, José Eduardo C. Horta (1984), *Vila Real de Santo António – urbanismo e poder na política pombalina*, FAUP, Porto, 1998
CORREIA, José Eduardo C. Horta (1985), "Urbanismo em Portugal" in *Dicionário Ilustrado da História de Portugal*, Alfa, Lisboa, 1985, vol./ano II, pp. 306-308
CORREIA, José Eduardo Horta (1989), "Pragmatismo e utopismo na criação urbanística de raiz portuguesa no século XVIII" in *Revista da Faculdade de Ciências Sociais Humanas*, Universidade Nova de Lisboa, Lisboa, 1995, vol./ano 8, pp. 103-112
CORREIA, José Eduardo C. Horta (1991), *Arquitectura Portuguesa – renascimento, maneirismo, estilo chão*, Presença, Lisboa, 1991
COSTA, A. Alves (1989), "Valores permanentes da arquitectura portuguesa" in *Vértice*, Editorial Caminho, Lisboa, Outubro de 1989, vol./ano 19-II Série, pp. 109-111
CRAVEIRO, Lurdes (1988), "Guilherme Elsden e a introdução do neo-classicismo em Portugal" in *IV Simpósio Luso-Espanhol de História da Arte, Actas do*, Instituto de História da Arte da Faculdade de Letras da Universidade de Coimbra, Coimbra, 1988, pp. 503-519
CRAVEIRO, Lurdes (1990), *Manuel Alves Macomboa - arquitecto da Reforma Pombalina da Universidade de Coimbra*, Instituto de História da Arte da Faculdade de Letras da Universidade de Coimbra, Coimbra, 1990

CRUZ, Maria Alfreda (1967), "Caminha, evolução e estrutura de uma antiga vila portuguesa" in *Finisterra, revista portuguesa de geografia*, Centro de Estudos Geográficos da Faculdade de Letras da Universidade de Lisboa, Lisboa, 1967, n.° 3, vol./ano II, pp. 77-128

CUNEO, Paolo (1986), *Il mondo islamico, Storia dell'urbanistica*, Laterza, Bari, 1986

CUNHA, J. Gerson da (1876), *Notes on the history of Chaul and Bassein*, Asian Educational Services, New Delhi, 1993,

CUNHA, J. Gerson da (1900), *The Origin of Bombay*, Asian Educational Services, New Delhi, 1993

DIAS, J. S. da Silva (1972), *O Ecletismo em Portugal no século XVIII – Génese e destino de uma atitude filosófica*, Instituto de Estudos Psicológicos e Pedagógicos da Faculdade de Letras da Universidade de Coimbra, Coimbra, 1972

DIAS, J. S. da Silva (1984), *Pombalismo e Projecto Político*, Centro de História da Cultura da U.N.L., Lisboa, 1984

DIAS, Jorge (1950), *O essencial sobre Os Elementos Fundamentais da Cultura Portuguesa*, I.N.C.M., Lisboa, 1985

DIAS, Pedro (1988), "As primeiras construções portuguesas na costa oriental da África e no Golfo Pérsico (1503-1515)" in *IV Simpósio Luso-Espanhol de História da Arte, Actas do*, Instituto de História da Arte da Faculdade de Letras da Universidade de Coimbra, Coimbra, 1992, pp. 25-41

Engenharia Militar no Brasil e no Ultramar Português antigo e moderno, Catálogo da Exposição A, Estado Maior do Exército, Lisboa, 1960

ERÉDIA, Manuel Godinho de (1620), *Plantaforma das Fortalezas da Índia*, manuscrito existente na Biblioteca do Forte de S. Julião da Barra, (s/l), 1620

FARA, Amelio (1993), *La città da guerra*, Einaudi, Torino, 1993

FERNANDES, José Manuel (1987), "O Lugar da Cidade Portuguesa" in *Povos e Culturas*, Centro de Estudos de Povos e Culturas de Expressão Portuguesa da Universidade Católica Portuguesa, Lisboa, 1987, n.° 2, pp. 79-112

FERNANDES, José Manuel (1988), "L' Inde et le sud du Bresil – Plans de l'Urbanisme Portugais au XVIIIème siècle" in *Colóquio La Ville Regulière*, Picard, Paris, 1997

FERNANDES, José Manuel (1989a), *Angra do Heroísmo*, Presença, Lisboa, 1989

FERNANDES, José Manuel (1989b), "O Funchal e o Urbanismo de Raiz Portuguesa no Atlântico – estudo comparativo e de enquadramento histórico-estrutural" in *I Colóquio Internacional de História da Madeira, Actas do*, Direcção Regional dos Assuntos Culturais, Funchal, 1989, vol./ano I, pp. 247-269

FERNANDES, José Manuel (1991), "A Cidade Portuguesa: um modo característico de espaço urbano" in *Sínteses da cultura portuguesa – A Arquitectura*, Comissariado para a Europália91 - I.N.C.M., Lisboa, 1991, pp. 91-120

FERNANDES, José Manuel (1992), *Cidades e Casas da Macaronésia*, FAUP, Porto, 1996

FERNANDES, José Manuel (1993), "De Cochim a Diu – análise de alguns espaços urbanos na Índia de influência portuguesa" in *Encontro sobre Portugal e a Índia – referências e vivências culturais*, organização e edição policopiada das Fundação Oriente e Fundação das Casas de Fronteira e Alorna, Lisboa, 1993

FERRÃO, Bernardo José (1985), *Projecto e transformação urbana do Porto na época dos Almadas – 1758/1813*, Faculdade de Arquitectura da Universidade do Porto, Porto, 1989

FERREIRA, Carlos Antero (1990), "A reforma setecentista da Universidade e o ensino da arquitectura em Portugal no século XVIII" in *História da Universidade, comunicação ao Congresso*, do autor, Lisboa, 1991

FERRO, Gaetano (1958), "La città portoghese e la sua espansione nel mondo" in *Annali di Ricerche e Studi di Geografia*, XIV vols., (s/l), 1958, tomo 1
FINOTTO, Francesco (1992), *La città chiusa – Storia delle teorie urbanistiche dal Medioevo al Settecento*, Saggi Marsilio, Venezia, 1992
FORTES, Manoel de Azevedo (1728), *O Engenheiro Portuguez*, 2 vols., fac-símile pela Direcção da Arma de Engenharia, Lisboa, 1993
FRANÇA, José-Augusto (1962), *Lisboa Pombalina e o iluminismo*, Bertrand, Lisboa, 1987
FRANÇA, José-Augusto (1994), *Tomar*, Presença, Lisboa, 1994
GARCIA, José Manuel (1990), *Sagres*, Câmara Municipal de Vila do Bispo, Lisboa, 1990
GASPAR, Jorge (1968), "A Propósito da Originalidade da Cidade Muçulmana" in *Finisterra, Revista Portuguesa de Geografia*, Centro de Estudos Geográficos da Faculdade de Letras da Universidade de Lisboa, Lisboa, 1968, n.º 5, vol./ano III, pp. 19-30
GASPAR, Jorge (1969), "A morfologia urbana de padrão geométrico na Idade Média" in *Finisterra, Revista Portuguesa de Geografia*, Centro de Estudos Geográficos da Universidade de Lisboa, Lisboa, 1969, n.º 8, vol./ano IV, pp. 198-215
GASPAR, Jorge (1972), "Estudo Geográfico das Aglomerações Urbanas em Portugal Continental" in *Finisterra – Revista Portuguesa de Geografia*, Centro de Estudos Geográficos da Faculdade de Letras da Universidade de Lisboa, Lisboa, 1975, n.º 19, vol./ano X, pp. 107-152
GOMES, Paulo Varela (1987), *O essencial sobre a arquitectura barroca em Portugal*, I.N.C.M., Lisboa, 1987
GOMES, Paulo Varela (1988), *A cultura arquitectónica e artística em Portugal no século XVIII*, Caminho, Lisboa, 1988
GOMES, Paulo Varela (1990), "Ideias Portuguesas para uma cidade ideal no fim do século XVIII" in *Spain and Portugal in the Age of Discoveries*, Congresso, versão policopiada em português, Washington, 1990
GOMES, S. António (1990), "A Praça de S. Martinho de Leiria do século XII à reforma de 1546" in *Mundo da Arte*, Publicações Ciência e Vida, Lisboa, 1990, n.º 1, 2.ª série, pp. 57-79
GONÇALVES, Iria (1986), "Posturas Municipais e Vida Urbana na Baixa Idade Média: o exemplo de Lisboa" in *Estudos Medievais*, separata, Porto, 1986, n.º 7, pp. 155-172
GONÇALVES, Iria (1991), "Uma Realização Urbanística Medieval: o Calcetamento da Rua Nova de Lisboa" in *Estudos de Arte e História – Homenagem a Artur Nobre de Gusmão*, Vega, Lisboa, 1995, pp. 102-113
GRITELLA, Gianfranco (1992), *Juvarra – l'architettura*, 2 vols., Franco Cosimo Panini Editore, Modena, 1992
GUIDONI, Enrico (1981), *La Città dal medioevo al rinascimento*, Laterza, Bari, 1989
GUTIERREZ, Ramon (1992), *Arquitectura y Urbanismo en Iberoamerica*, Ediciones Cátedra, Madrid, 1992
GUTKIND, E. A. (1967), "Urban Development in Southern Europe: Spain and Portugal" in *International History of City development*, The Free Press, New York, 1967, vol./ano III
HOLANDA, Francisco d' (1571), *Da Fábrica que Falece à Cidade de Lisboa*, Livros Horizonte, Lisboa, 1984
KHIARA, Youssef (1993), "Propos sur l'Urbanisme dans la Jurisprudence Musulmane" in *Arqueologia Medieval*, Afrontamento, Porto, 1993, pp. 33-46

KUBLER, George (1972), *Portuguese Plain Architecture, between spices and diamonds, 1521-1706*, Wesleyan University Press, Middletown, 1972
LAVEDAN, Pierre, HUGUENEY, HENRAT, Philippe (1959), *Histoire de l'Urbanisme, Renaissance et temps Modernes, XVIe-XVIIIe sciècles*, Droz, Genève, 1982
Lisboa e o Marquês de Pombal, Catálogo da Exposição, 3 vols., Museu da Cidade/ Câmara Municipal de Lisboa, Lisboa, 1982, vol./ano 2
Livro das Posturas Antigas, Câmara Municipal de Lisboa, Lisboa, 1974
LOUREIRO, Adolfo (1904-1924), *Os portos marítimos de Portugal e Ilhas Adjacentes*, Imprensa Nacional, Lisboa, 1904-1924
MACEDO, Jorge Borges de (1962), *O Bloqueio Continental, economia e Guerra Peninsular*, Colecção Estudo & Ensaio, Lisboa, 1962
MACEDO, Jorge Borges de (1966), *O Mercantilismo em Portugal*, Lisboa, 1966
MACEDO, Jorge Borges de (1982), *O Marquês de Pombal (1699-1782)*, Lisboa, 1982
MAIA, Manuel (1755-1756), "Dissertações..." in *Lisboa Pombalina e o iluminismo*, Bertrand, Lisboa, 1987, pp. 311-33
MANDROUX-FRANÇA, Marie-Thérèse (1972), "Quatro fases da urbanização do Porto no século XVIII" in *Boletim Cultural, separata do*, Câmara Municipal do Porto, Porto, 1986, vol./ano 2, 2ª série
MANTAS, Vasco Gil (1985), "Arqueologia urbana e fotografia aérea: contributo para o estudo do urbanismo antigo de Santarém, Évora e Faro" in *Trabalhos de Arqueologia*, I.P.P.C., Lisboa, 1986, n.º 3, pp. 13-26
MANTAS, Vasco Gil (1987), "As primitivas formas de povoamento urbano em Portugal" in *Povos e Culturas*, Centro de Estudos de Povos e Culturas de Expressão Portuguesa da Universidade Católica Portuguesa, Lisboa, 1987, n.º 2, pp. 13-55
MANTAS, Vasco Gil (1990), "As cidades marítimas da Lusitânia" in *Les villes de Lusi- tanie Romaine*, Centre National de la Recherche Scientifique, Bordeaux, 1990, pp. 149-205
MANTAS, Vasco Gil (1992), "Notas sobre a estrutura urbana de Aeminium" in *Biblos*, Universidade de Coimbra, Coimbra, 1992, vol./ano LXVIII, pp. 487-513
MARIAGE, Thierry (1990), *L'univers de Le Nostre*, Pierre Mardaga, Bruxelles, 1990
MARQUES, A. H. de Oliveira (1981), "Introdução à História da Cidade Medieval Portuguesa" in *Bracara Augusta*, Câmara Municipal de Braga, Braga, 1981, n.º 79/80 (92/93), vol./ano XXXV, pp. 367-387
MARQUES, A. H. de Oliveira (1992), "As Cidades Portuguesas nos Finais da Idade Média" in Penélope, Cosmos, Lisboa, 1992, n.º 7, pp. 27-34
MATOS, José Sarmento de (1994), *Uma Casa na Lapa*, Fundação Luso-Americana e Quetzal Editores, Lisboa, 1994
MATTOSO, José (1985), *Identificação de um país - ensaio sobre as origens de Portugal, 1096-1325*, Editorial Estampa, Lisboa, 1988
MITTERWALLNER, Gritli von (1964), *Chaul – Eine Unerforschte stadt an der Wastküste Indiens*, Walter de Gruyter & Co., Berlin, 1964
"Monumentos de Sagres" in *Boletim da Direcção Geral dos Edifícios e Monumentos Nacionais*, Ministério das Obras Públicas, Lisboa, 1960, n.º 100
MOREIRA, Rafael (1980), "A arquitectura militar do Renascimento em Portugal" in *Simpósio Luso-Espanhol de História da Arte, Actas do*, Epartur, Coimbra, 1981, pp. 281-305
MOREIRA, Rafael (1982a), *Um tratado português de arquitectura do século XVI*, dissertação de Mestrado apresentada à Faculdade de Ciências Sociais e Humanas da Universidade Nova de Lisboa, Lisboa, 1982[1]

MOREIRA, Rafael (1982b), "Uma utopia urbanística pombalina: o Tratado da Ruação de José Figueiredo de Seixas" *in Pombal Revisitado, Actas do Colóquio*, Editorial Estampa, Lisboa, 1984, pp. 131-144

MOREIRA, Rafael (1983), "Arquitectura" *in Os Descobrimentos Portugueses e a Europa do Renascimento*, XVII Exposição Europeia de Arte, Ciência e Cultura, Lisboa, 1983, vol./ano Arte Antiga I, pp. 305-352

MOREIRA, Rafael (1987), "A escola de arquitectura do Paço da Ribeira e a Academia das Matemáticas de Madrid" *in II Simpósio Luso-Espanhol de História da Arte, Actas do*, separata, Coimbra, 1987, pp. 65-77

MOREIRA, Rafael (1988), "Os primeiros engenheiros-mores do império filipino" *in IV Simpósio Luso-Espanhol de História da Arte, Actas do*, Instituto de História da Arte da Faculdade de Letras da Universidade de Coimbra, Coimbra, 1992, pp. 521-534

MOREIRA, Rafael (1991), "Les "grands-ingénieurs du Royaume" et la circulation des formes dans l'Empire portugais" *in Portugal et Flandre, Catálogo da Exposição*, Fondation Europalia International, Bruxelles, 1991, pp. 102-113

MOTA, A. Teixeira da (1978), "Cartas antigas da Índia existentes em Portugal (séculos XVIII, XIX e XX)" *in Centro de Estudos de Cartografia Antiga*, Junta de Investigações Científicas do Ultramar, Lisboa, 1979, n.º CXVI

MURTEIRA, Maria Helena da Cunha (1994), *Lisboa da Restauração às Luzes – Uma análise da evolução urbana*, Presença, Lisboa, 1999

OLIVEIRA, Eduardo Pires de, MOURA, Eduardo Souto de, MESQUITA, João (1982), *Braga – evolução da estrutura urbana*, Câmara Municipal de Braga, Braga, 1982

Ordenações Afonsinas, 5 vols., Fundação Caloustee Gulbenkian, Lisboa, 1984

Ordenações Del-Rei D Duarte, Fundação Caloustee Gulbenkian, Lisboa, 1988

Ordenações Filipinas, 3 vols., Fundação Caloustee Gulbenkian, Lisboa, 1985

Ordenações Manuelinas, 5 vols., Fundação Calouste Gulbenkian, Lisboa, 1984

PENROSE, Boies (1960), *Goa – Raínha do Oriente*, Comissão Ultramarina, Lisboa, 1960

PICON, Antoine (1992), *L'Invention de L'Ingenieur Moderne – L'Ecole des Ponts et Chaussées 1747-1851*, Presses de L'École Nationale de Ponts et Chaussées, Paris, 1992

PIMENTEL, Luis Serrão (1680), *Método Lusitânico de Desenhar as Fortificações das Praças Regulares e Irregulares*, fac-símile pela Direcção da Arma de Engenharia, Lisboa, 1993

Pintura do Mundo – Geografia Portuguesa e Cartografia dos Séculos XVI a XVIII, Catálogo da Exposição A, Biblioteca Pública e Municipal do Porto, Porto, 1992

PONTE, Salete da (1985), "Inserção do Forum de Sellium no Tecido Urbano de Tomar" *in Trabalhos de Arqueologia*, I.P.P.C., Lisboa, 1986, n.º 3, pp. 43-48

PONTE, Salete da (1994), "O Infante D. Henrique em Tomar" *in Oceanos*, Comissão Nacional para as Comemorações dos Descobrimentos Portugueses, Lisboa, Março/ /1994, n.º 17, pp. 26-31

PORTAS, Nuno (1978), "A Evolução da Arquitectura Moderna em Portugal: uma interpretação" *in* (ZEVI, Bruno) *História da Arquitectura Moderna*, Arcádia, Lisboa, 1973, vol./ano 2º, pp. 687-746

---

[1] O texto desta dissertação – ou seja, sem a transcrição do tratado – foi publicado em AAVV (1998), "Colectânea de Estudos: Universo Urbanístico Português 1415-1822", Comissão Nacional para as Comemorações dos Descobrimentos Portugueses, Lisboa, 1998.

PORTAS, Nuno (1985), "Interrogações sobre as Especificidades das Fundações Urbanas Portuguesas" in *Estudos de Arte e História – Homenagem a Artur Nobre de Gusmão*, Vega, Lisboa, 1995, pp. 430-435
Posturas do Concelho de Lisboa, Sociedade de Língua Portuguesa, Lisboa, 1974
QUARESMA, António Martins (1988), "Porto Covo – um exemplo de urbanismo das Luzes" in *Anais da Real Sociedade Arqueológica Lusitana*, 2.ª Série, Santiago do Cacém, 1988, vol./ano II, pp. 203-212
REAL, Manuel Luís e TAVARES, Rui (1987), "Bases para a compreensão do desenvolvimento urbanístico do Porto" in *Povos e Culturas*, Centro de Estudos de Povos e Culturas de Expressão Portuguesa da Universidade Católica Portuguesa, Lisboa, 1987, n.º 2, pp. 389-417
REIS, Nestor Goulart (1964), *Contribuição ao Estudo da Evolução Urbana do Brasil (1500/1720)*, Liv. Pioneira Editora/Universidade de S. Paulo, São Paulo, 1968
REIS, Nestor Goulart (1989), "Notas sobre o urbanismo barroco no Brasil" in *2.º Congresso do Barroco*, cópia do original dactilografado, Ouro Preto, Set.º/1989
REIS, Nestor Goulart (1990), "Brasil" in *Historia urbana de iberoamerica*, Quinto Centenário, Madrid, 1990, tomo II-2, pp. 515-543
REIS, Nestor Goulart (s/d), "Urbanismo em Brasil. Século XVI-XVIII" in *De Teotihuacán a Brasilia- estudios de historia urbana iberoamericana y filipina*, (s/l), (s/d), pp. 349-369
RIBEIRO, Orlando (1949), *A Ilha da Madeira até meados do Século XX: Estudo Geográfico*, Instituto de Cultura e Língua Portuguesa, Lisboa, 1985
RIBEIRO, Orlando (1963), "Cidade" in *Dicionário de História de Portugal*, Livraria Figueirinhas, Porto, 1981, vol./ano II, pp. 60-66
RIBEIRO, Orlando (1968), *Mediterrâneo, ambiente e tradição*, Fundação Calouste Gulbenkian, Lisboa, 1987
RIVARA, J. da Cunha (1866/7), "Tentativa de mudança da cidade de Goa para Mormugão" in *O Chronista de Tissuary*, Imprensa Nacional, Nova Goa, 1866/7, n.º 5 a 13, vol./ano I e II
ROSA, José Inácio da Costa (1981), "Nascimento e evolução urbana de Tomar até ao infante D. Henrique" in *Boletim Cultural e Informativo da Câmara Municipal de Tomar*, C.M.T., Tomar, 1981, n.º 2, pp. 31-51
ROSENAU, Helen (s/d), *La ciudad ideal*, Alianza Forma, Madrid, 1986
* ROSSA, Walter (1989), "Elementos da estrutura urbana de Belém até ao século XVIII" in *Concurso para o projecto do Centro Cultural de Belém, Catálogo da Exposição do*, Instituto Português do Património Cultural, Lisboa, 1989, pp. 123/8
ROSSA, Walter (1990), *Além da Baixa — indício de planeamento urbano na Lisboa Setecentista*, Instituto Português do Património Arquitectónico, Lisboa, 1990
* ROSSA, Walter (1992), "Carlos Mardel" in *Congresso Internacional de História da Arte*, comunicação dactilografada, Associação Portuguesa de Historiadores da Arte, Lisboa, 1992
* ROSSA, Walter (1993), "Acquedotti di età moderna in Portogallo" in *Rassegna*, Editrice CIPIA srl, Bologna, Março/1994, n.º 57, vol./ano XVI, pp. 60-63
* ROSSA, Walter (1994a), "Episódios da evolução urbana de Lisboa entre a Restau-

ração e as Invasões Francesas" *in Rassegna*, Editrice CIPIA srl, Bologna, Setembro/1994, n.º 59, vol./ano XVI, pp. 28-43
* ROSSA, Walter (1994b), "O Or(de)namento do Território" *in Encontro sobre Ornamento no Barroco e no Rococó*, Fundação das Casas de Fronteira e Alorna, Lisboa, 1994
SALEMA, Vasco da Costa (1982), *Pelourinhos do Brasil*, Sociedade Histórica da Independência de Portugal, Lisboa, 1992
SALGUEIRO, Teresa Barata (1987), "Os transportes no desenvolvimento das cidades portuguesas" *in Povos e Culturas*, Centro de Estudos de Povos e Culturas de Expressão Portuguesa da Universidade Católica Portuguesa, Lisboa, 1987, n.º 2, pp. 113-14
SALGUEIRO, Teresa Barata (1992a), "A espacialidade no tempo urbano" *in Penélope*, Cosmos, Lisboa, 1992, n.º 7, pp. 7-25
SALGUEIRO, Teresa Barata (1992b), *A Cidade em Portugal – uma Geografia Urbana*, Afrontamento, Porto, 1992
SAMBRICIO, Carlos (1991), *Territorio y ciudad en la España de la Ilustración*, MOPT, Madrid, 1991
SAMPAIO, Alberto (1923), "As Póvoas Marítimas" *in Estudos Históricos e Económicos*, 2 vols., Editorial Vega, Lisboa, 1979, vol./ano 2.º, pp. 7-100
SANTOS, Paulo F. (1968), "Formação de cidades no Brasil colonial" *in Actas do V Colóquio Internacional de Estudos Luso-Brasileiros*, Coimbra, 1968
SEIXAS, José Figueiredo (s/d), *Tratado de arruação para emenda das ruas das cidades, villas e logares, d'este reino*, texto manuscrito com 3 desenhos, Porto, (s/d)
SEPÚLVEDA, Christovam Ayres de Magalhães (1902/29), *História Organica e Política do Exército Portuguez – Provas*, 17 vols., Imprensa Nacional (vols. I a VI) e Imprensa da Universidade (vols. VII a XVII), Lisboa e Coimbra, 1902-29
SICA, Paolo (1976), *Storia dell'urbanistica – Il Settecento*, Laterza, Bari, 1985
SILVEIRA, Luís (1956), *Ensaio de Iconografia das cidades portuguesas do Ultramar*, 4 vols., Junta de Investigações do Ultramar, Lisboa, 1956
SOARES, Torquato de Sousa (1963), "Concelhos" *in Dicionário de História de Portugal*, Iniciativas Editoriais, Lisboa, 1971, vol./ano I, pp. 651-653
SOUSA, Manuel Faria e (1666-1675), *Ásia Portuguesa*, 4 vols., Livraria Civilização, Porto, 1946
SOUSA, Nestor de (1983), *A arquitectura religiosa de Ponta Delgada nos séculos XVI a XVIII*, Universidade dos Açores, Ponta Delgada, 1986
SOUSA, Nestor de (1989), "Ponta Delgada: imagens de um percurso oitocentista" *in Revista de Cultura Açoreana*, Casa dos Açores, Lisboa, 1991, n.º 3, pp. 137-160
TORRES, Cláudio (1994), "Lisboa muçulmana – um espaço urbano e o seu território" *in Lisboa Subterrânea, Catálogo da Exposição*, Electa, Lisboa, 1994, pp. 80-85
VITERBO, Sousa (1899-1922), *Diccionario historico e documental dos Architectos, Engenheiros e Constructores Portuguezes ou a serviço de Portugal*, 3 vols., Imprensa Nacional Casa da Moeda, Lisboa, 1988

---

* Textos também publicados nesta colectânea.

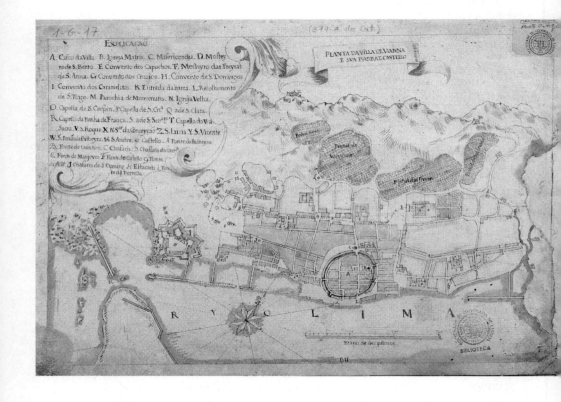

"Planta da Villa de Vianna, sua barra, e castelo", c. 1750, Sociedade de Geografia de Lisboa

O *URBANISMO REGULADO* E AS PRIMEIRAS CIDADES COLONIAIS PORTUGUESAS *

O ESTUDO da(s) forma(s) da *cidade do universo português* tem-se realizado essencialmente à luz dos debates das décadas de 50 e de 60 acerca da sua diferença em relação às cidades hispano-americanas, da (não) regularidade, da *organicidade inteligente*, etc., questões e propostas que para os casos em território brasileiro foram enunciadas por Aroldo de Azevedo,[1] Robert Smith,[2] Paulo Santos[3] e Reis Filho[4] que, entre outros, fizeram germinar a disciplina de forma então sem paralelo em Portugal. Graças ao labor dessa geração de pioneiros da *história do urbanismo português* os avanços foram grandes sendo hoje fácil encontrar a cartografia, as fontes, os factos e as cronologias fiáveis e essenciais. No entanto, em tudo o que diga respeito ao escrutínio/formulação da massa cultural geradora das suas especificidades formais/espaciais, tornava-se-lhes difícil ultrapassar algumas barreiras. Era mau e ideologicamente marcado o conhecimento da História geral e quase inexistente o interesse por estas questões em Portugal. Não estando acessíveis estudos de aproximação global recorreu-se com frequência ao avançado estado de conhecimentos sobre o urbanismo espanhol, em especial ao clás-

---

* Comunicação apresentada ao *IV Seminário de História da Cidade e do Urbanismo: herança, identidade e tendências da cidade latino-americana* realizado pelo PROURB da Faculdade de Arquitectura e Urbanismo da Universidade Federal do Rio de Janeiro em Novembro de 1996 e publicado na *Colectânea de Textos Universo Urbanístico Português 1415-1822*, Comissão Nacional para as Comemorações dos Descobrimentos Portugueses, Lisboa, 1998, pp. 507-536.
[1] "Vilas e cidades do Brasil colonial" in *Boletim*, Faculdade de Filosofia, Ciências e Letras da Universidade de S. Paulo, São Paulo, 1956, n.º 208, pp. 1-96.
[2] Essencialmente em "Colonial Towns of Spanish and Portuguese America" in *Journal of the Society of Architectural Historians*, 1956, n.º 4, vol./ano 14 e em "Urbanismo colonial no Brasil" in *Bem Estar*, vol./ano I, São Paulo, 1958, n.º 1.
[3] "Formação de cidades no Brasil colonial" in *Actas do V Colóquio Internacional de Estudos Luso-Brasileiros*, Universidade de Coimbra, Coimbra, 1968.
[4] Entre alguns outros na sua já clássica (1964), *Contribuição ao Estudo da Evolução Urbana do Brasil (1500/1720)*, Liv. Pioneira Editora/Universidade de S. Paulo, São Paulo, 1968.

sico *Resumen...*,[5] o que se por um lado permitiu desbloquear alguns aspectos da investigação, por outro contribuiu para retardar a necessidade da realização de estudos semelhantes dirigidos às especificidades portuguesas e para comparar em idêntica abordagem objectos com génese e percurso algo diferenciados, assim os desvalorizando. Não é correcto proceder-se a uma comparação formal das particularidades, semelhanças e diferenças das cidades de colonização espanhola e de colonização portuguesa quando o conhecimento dos contextos genéricos e específicos a cada uma é desequilibrado. Uma das primeiras tentativas para se ultrapassar este estado de coisas foi a dissertação de doutoramento apresentada por Roberta Marx Delson em 1975.[6] Apesar de então a historiografia de suporte não ter ainda melhorado consideravelmente, esta investigadora conseguiu traçar um quadro consistente da urbanização do Brasil no que diz respeito ao século XVII.

Ao nível da comunidade científica internacional, em termos concretos o *urbanismo português* na América Latina tem sido tratado como um capítulo apenas peculiar do *urbanismo ibero-americano*, quando pura e simplesmente não é confundido com o *hispano-americano*. Não será esta a oportunidade para debater terminologias, mas no futuro importará reflectir e definir se a temática do urbanismo no Brasil anterior à independência é *luso/portugueso-americana, luso/portugueso-brasileira* ou outra, tendo sempre presente que a totalidade da nossa realidade é universal enquanto que a espanhola é essencialmente ibérica e americana. Na nossa historiografia do urbanismo e da urbanística, por regra, tem-se passado um pouco ao lado desta questão, isto é, tem-se estudado essencialmente o caso brasileiro o que, face ao avanço disciplinar para a restante América Latina, à dimensão do Brasil e ao facto de dele serem oriundos os pioneiros da disciplina, é compreensível, mas, sem dúvida, equívoco. Paradoxalmente tem-se tentado contornar a assunção de qualquer influência do próprio urbanismo espanhol no universo português, preferindo-se assumir acriticamente o anátema de ausência de regularidade óbvia, o que também tem contribuído para este *envergonhado* estado das coisas no âmbito de um quadro um pouco afastado da realidade histórica e que urge desmontar. Em três alíneas de síntese avanço já com parte do meu contributo.

---

[5] AAVV (1954), *Resumen Historico del Urbanismo en España*, Instituto de Estudios de Administracion Local, Madrid, 1987.
[6] *Town Planing in Colonial Brazil*, Ph. D. dissertation, Columbia University, New York, 1975 depois vertida no livro *New Towns for Colonial Brazil – spacial and social planning of the eighteenth century*, Department of Geography of Siracuse University and UMI, Siracuse, 1979.

a) Tem sido tornado claro pelos seus especialistas que entre a totalidade das cidades hispano-americanas é percentualmente bastante reduzido o número de casos em *damero*. Desde há muito que interiorizaram a regra básica para a História do Urbanismo e da Urbanística segundo a qual os objectos de estudo são aqueles onde é descortinável uma pré-concepção. Assim se afastam de imediato casos de geração expontânea ou de núcleos de fundação cujo desenvolvimento espacial ocorreu de forma desregrada. Estes casos, cujos processos são vulgarmente designados por *orgânicos*, obedecem a uma lógica que é, ao nível da nossa disciplina, estruturalmente repetitiva, sendo as variações epidérmicas de foros disciplinares como a Antropologia, a Sociologia, a Geografia, destacando-se, entre outras, a mais próxima de nós, a História da Arquitectura. Usando o exagero como meio de clarificação deste ponto, julgo poder afirmar que, por exemplo, nas cidades mineiras, com excepção para Mariana e para sistemas urbanos planeados como a Praça dos Governadores em Vila Rica, as características do espaço urbano só podem ser cientificamente observadas recorrendo aos instrumentos e metodologias específicos da História da Arquitectura ainda que para a História do Urbanismo seja sempre enriquecedor averiguar as dinâmicas evolutivas e funcionais. Regressando às cidades hispano-americanas lembre-se, a propósito, que a famosa compilação de posturas de 1573 vulgarmente identificada por *Leys das Índias...* ocorreu depois de grande parte dos núcleos urbanos a que se dirigia terem sido estabelecidos, sendo ainda mais relevante o facto de as próprias cidades fundadas após aquela data não cumprirem na íntegra aquelas disposições regimentais[7]. Face a tudo isto o que nos importa reter é o facto de, por regra, a historiografia do urbanismo hispano-americano compreensivelmente se ter dedicado a um número proporcionalmente reduzido de casos e, consequentemente, que para o nosso fim não se pode tomar o todo pela parte. É que na Urbanística, os métodos e as teorias podem ser estudados pelas suas concretizações arquétipas, mas é mais compensadora a análise das excepções e desvios.

b) A formação da rede urbana da América espanhola teve o seu grande incremento pouco depois de ser achada por Colombo. Na primeira metade de quinhentos o número de núcleos urbanos fundados atingiu logo a centena. Já para o Brasil só na segunda metade do século XVII é que tal começou a ganhar forma segundo uma estratégia gizada pela Coroa face a duas realidades essenciais: o abandono em definitivo do sonho da Índia com a per-

---

[7] É uma notícia dada em quase todas as obras clássicas sobre a matéria. No entanto, para os aspectos específicos ao corpo normativo, é notável a síntese de Raffaele DAVANZO "Il sistema amministrativo e la legislazione urbanistica" in *Psicon, revista internazionale di architettura*, Centro Studi Architettura OUROBOROS, Firenze, 1975, n.º 5, vol./ano II, pp. 92-102.

cepção que só o Brasil poderia libertar os meios necessários à manutenção da integridade do Reino; a necessidade de argumentos de facto à mesa das negociações com a Espanha para a demarcação de fronteiras que inevitavelmente viria a substituir as regras estabelecidas em Tordesilhas. Só então se passou a ver e querer o Brasil como um único território, ultrapassando-se as divisões que os espanhóis haviam introduzido durante a sua administração que, por sua vez, em definitivo terminara com a fragmentação aleatória da divisão em capitanias com a qual a Coroa portuguesa delegara inicialmente a marcação do território[8]. Esta disparidade cronológica que de forma grosseira se pode quantificar em século e meio, ao ser levada em linha de conta permite-nos vislumbrar um universo urbanístico português quantitativa e qualitativamente muito rico. O processo de formação das redes urbanas da Amazónia e do Mato Grosso no século XVIII, que conheço essencialmente graças aos trabalhos de Renata Malcher de Araujo,[9] bem como o pouco que se sabe acerca de Santa Catarina e Rio Grande do Sul são disso provas irrefutáveis. No que diz respeito ao período em que se dava o grande impulso de urbanização da América espanhola, se os casos no Brasil são praticamente inexistentes, por esse mundo fora podemos para já contar uma meia dúzia no actual território indiano, mais alguns no Sry--Lanka[10] e cerca de uma dezena nas ilhas atlânticas.

Constituindo-se como mais uma relevante diferença relativamente ao processo espanhol, surge aqui a propósito uma referência ao facto de no universo português serem frequentes as acções urbanizadoras desenvolvidas fora da esfera do Estado, em especial por instituições do foro eclesiástico, tal era a dimensão territorial e a míngua demográfica. No entanto, por razões de natureza metodológica parece-me importante deixá-las por algum tempo de parte.

---

[8] Como sabemos esta matéria é um pouco mais complexa. À data da instituição das capitanias não se tinha percepção da *profundidade* do território, pois tal como para o resto do Império as instalações eram costeiras. Se a constituição de um Governo Geral por D. João III é, entre outras coisas, o primeiro passo num entendimento global do território, a sua extensão obrigou a que experimentalmente em 1572/7 e 1608/12 a respectiva administração fosse repartida entre o Salvador e o Rio. Mais significativa foi a criação em 1621 de um Estado sediado em S. Luís e abrangendo Maranhão, Ceará e Pará, medida de fundo que visou um rescalonamento similar à divisão dos territórios espanhóis na restante América Latina (ouvidorias, etc.). Apesar de só oficialmente extinta dois séculos depois, na realidade a eficácia desta divisão foi-se diluindo a partir da Restauração.
[9] *As Cidades da Amazónia no século XVIII – Belém, Macapá e Mazagão*, 3 vols., dissertação de Mestrado apresentada à Universidade Nova de Lisboa, Lisboa, 1992. Neste momento tem em preparação estudo idêntico centrado sobre a região do Mato Grosso.
[10] Sobre o urbanismo português em território indiano publiquei entretanto *Cidades Indo-Portuguesas – contribuições para o estudo do urbanismo português no Hindustão Ocidental*, edição bilingue (Português/Inglês), Comissão Nacional para as Comemorações dos Descobrimentos Portugueses, Lisboa, 1997.

c) Nas últimas décadas as ciências da História evoluíram no sentido de reconhecerem nos limites por elas virtualmente criados para a divisão do tempo em períodos estanques, apenas úteis instrumentos de sistematização e comunicação. Igual e convergente evolução têm sofrido os conceito de *estilo*. Persistem, no entanto, alguns focos de resistência. Por exemplo, na História da Arte Portuguesa tem resultado particularmente bizarra a surda discussão acerca do medievalismo/goticidade ou modernidade/renascentismo absolutos do (eventual) *estilo* manuelino. Mas mais equívocos têm sido os resultados deste tipo de abordagens na nossa disciplina em igual período. Não é possível fazer História partindo do princípio que a todos os níveis e em todos os lugares todas as coisas acontecem pelas mesmas razões, com igual ritmo e velocidade e apenas através de soluções da continuidade. A esta constatação banal acresce uma outra: a cidade, sendo por natureza obra do poder e da sociedade, é cronológica e epistimologicamente *reaccionária*, ou melhor dizendo, se a formulação de novos conceitos urbanísticos pode ocorrer em nichos culturais de vanguarda, a sua aplicação nunca é imediata nem íntegra, decorrendo sempre em concordância com os próprios ritmos e regras de evolução da sociedade. O que se pretende dizer com isto é que se aos poucos se vão descobrindo provas de em Portugal serem conhecidos quase em tempo real os textos fundamentais da tratadística renascentista, disso não é imediatamente dedutível que tudo o que desde então se tenha feito seja neles inspirado. É uma forma grosseira de desvalorizar a importância da cultura preexistente, uma visão ultrapassada da interacção entre universos culturais centro/periferia. Pelo contrário, da análise dos contextos, dos meios de transmissão, das personalidades, etc., vai emergindo um percurso contínuo que evolui de acordo com *os ares do tempo* sobre matrizes metodológicas e culturais constantes. Já há muito que o estudo da *arte* em Portugal esgotou os recursos e cedeu o lugar à *arte portuguesa* junto da vanguarda da investigação. Rumos da História como ciência após a modernidade...

O universo de evidências descortináveis por trás, entre outros, destes três argumentos tem-me levado a orientar o meu trabalho no sentido da compreensão dos contextos de fundação e desenvolvimento da rede urbana portuguesa enquanto todo civilizacional, esperando daí poder tirar conclusões para a compreensão dos resultados formais. Para isso considero fundamental o estabelecimento sem ambiguidade de uma matriz de factos, terminologias e cronologia com a qual, numa atitude de permanente revisão, seja possível trabalhar despreconceituosamente no sentido da construção do *corpus* disciplinar.

Aos estudos sobre a cidade portuguesa no século XVIII devemos o reconhecimento da existência inequívoca de uma *escola portuguesa de urbanismo* cujo inevitável radical foi a engenharia militar.[11] Inicialmente era intuitivo, mas foi-se provando, que esta escola se formava e renovava na rede de Academias de Fortificação cujo arquétipo surgiu em Lisboa em 1647 sob o magistério de Serrão Pimentel, personalidade que dos pontos de vista científico e pedagógico só veio a ser igualada – eu diria até ultrapassada – por Azevedo Fortes na primeira metade de setecentos. A ambos se devem os mais esclarecidos textos teóricos sobre estas matérias produzidos em território português[12]. Parece-me claro que o aparecimento sob uma forma institucionalizada da *escola* e da engenharia militar portuguesa[13] é um facto novo só explicável como inevitável consequência da Restauração.

---

[11] Refiro-me, para além das já citadas obras de Roberta M. DELSON e de Renata M. de ARAÚJO, entre outros, a: José Augusto FRANÇA (1962), *Lisboa Pombalina e o iluminismo*, Bertrand, Lisboa, 1987; J. E. Horta CORREIA, *Vila Real de Santo António – urbanismo e poder na política pombalina*, dissertação de Doutoramento apresentada à Faculdade de Ciências Sociais e Humanas da Universidade Nova de Lisboa, Lisboa, 1984; e ao meu trabalho *Além da Baixa – indícios de planeamento urbano na Lisboa Setecentista*, 2 vols., dissertação de Mestrado apresentada à Faculdade de Ciências Sociais e Humanas da Universidade Nova de Lisboa, Lisboa, 1990 (a editar em breve pelo IPPAR). Com outra orientação anote-se ainda de J. Jaime B. Ferreira ALVES, *O Porto na época dos Almadas – arquitectura. obras públicas*, 2 vols., dissertação de Doutoramento apresentada à Faculdade de Letras da Universidade do Porto, Porto, 1988/90.

[12] Por exemplo de Luís Serrão PIMENTEL (1680), *Método Lusitânico de Desenhar as Fortificações das Praças Regulares e Irregulares*, fac-símile pela Direcção da Arma de Engenharia, Lisboa, 1993 e de Manoel de Azevedo FORTES (1728), *O Engenheiro Portuguez*, 2 vols., fac-símile pela Direcção da Arma de Engenharia, Lisboa, 1993 e *Lógica Racional, Geométrica e Analítica, obra utilíssima e absolutamente necessária para entrar em qualquer ciência e ainda para todos os homens, que em qualquer particular, quiserem fazer uso do seu entendimento, e explicar as suas ideias por termos claros, próprios e inteligíveis*, José António Plates, Lisboa, 1744. Outros textos de destacadas figuras da *escola* mereceriam destaque. A propósito lembro ainda as próprias *Dissertações...* de Manuel da Maia acerca da reconstrução de Lisboa após o Terremoto de 1755.

[13] Não dispomos ainda de um estudo dirigido ao nível dos já feitos para os casos francês e espanhol (vidé, p.e., de Antoine PICON, *L'Invention de L'Ingenieur Moderne – L'Ecole des Ponts et Chaussées 1747-1851*, Presses de L'École Nationale de Ponts et Chaussées, Paris, 1992 e *Architectes et Ingénieurs au siècle des Lumières*, Parenthèses, Marseille, 1988 e de CAPEL, SÁNCHEZ e MONCADA, *De Palas a Minerva – la formación cintífica y la estructura institucional de los ingenieros militares en el siglo XVIII*, Serbal/CSIC, Barcelona/Madrid, 1988). Para Portugal, além do número razoável de estudos sectoriais e dispersos, a obra de referência é ainda, apesar de tudo, a de Christovam Ayres de Magalhães SEPÚLVEDA *História Organica e Política do Exército Portuguez – Provas*, 17 vols., Imprensa Nacional (vols. I a VI) e Imprensa da Universidade (vols. VII a XVII), Lisboa e Coimbra, 1902-29]. Está por determinar até que ponto é que uma estrutura designável, por exemplo, por *Real Corpo de Engenheiros Militares* estaria institucionalizada em finais do século XVII, como alguns documentos permitem indiciar, ou apenas em inícios do século XIX. É um caso que nem a própria Arma de Engenharia logrou ainda deslindar [vide, entre outros, "Publicação de 12 de Fevereiro de 1812, Regulamento Provisional do Real Corpo de Eng.ª" in *Arma de Engenharia – Boletim informativo*, Direcção da Arma de Engenharia, Lisboa, Jan.-Fev./1986, n.º 1/86, vol./ano 11.º, pp. 2 e 10 e *Real Corpo de Engenheiros Militares*, Gabinete de Estudos de Arqueologia e Engenharia Militar, Lisboa, (s/d)].

É inquestionável que a influência prática e alargada do surto científico-
-tecnológico nas disciplinas bélicas de ataque e defesa se deu apenas a partir
do último terço do século XVI[14]. Não é por acaso que no universo português
apenas a partir desta altura surgiram programas de construção sistemática
e integrada de sistemas defensivos e se passaram a destinguir os papéis do
engenheiro, do arquitecto, do mestre de obras, do canteiro, do imaginário,
etc., para apenas usar dois dos itens exemplares. Ora em Portugal o curso
normal deste processo, que levaria paulatinamente à cristalização, sem rotu-
ras, da sua *escola* de engenharia militar, esbarrou com a aglutinação do
reino na Coroa espanhola. Contrariamente ao que é vulgar dizer-se, este
facto afectou deveras o curso dos acontecimentos: os engenheiros militares
que actuaram em território português nos sessenta anos de dominação espanhola eram maioritariamente estrangeiros (espanhóis e italianos). Que eu
saiba, os únicos engenheiros militares portugueses aos quais foi dado um
cargo de chefia (relativa, aliás) foram Francisco Frias de Mesquita no Nordeste brasileiro e Júlio Simão na Índia[15]. A situação arrastou-se ao ponto
de, restaurada a independência, ter sido necessário recrutar dezenas de
engenheiros militares em França e nos Países Baixos – Estados então também em guerra com Espanha – nomeando-se Charles Lassart Engenheiro
Mor do Reino, o único estrangeiro com estas funções até ao fim do Antigo
Regime. Pelos vistos, nem Serrão Pimentel, formado nas aulas que, apesar
dos Áustrias, se mantiveram em funcionamento em Lisboa,[16] apresentava

---

[14] Não se pode confundir o período experimental durante o qual o alcance e potencial destruidor das armas de fogo crescia em exponencial arrastando o absoletismo precoce dos sistemas defensivos passivos, com o tempo longo (séculos XVII e XVIII) em que a evolução se processou lentamente e segundo variantes. Enquanto no primeiro tempo a construção ou a renovação de um elemento defensivo moderno era um acontecimento, no segundo era uma operação quase rotineira de um corpo profissionalizado que para tal existia. A arte bélica, matéria do interesse central dos príncipes do Renascimento, passou a ser a ciência e uma das preocupações centrais do Estado. Há quem veja aquele interesse dos príncipes como um dos sinais da modernidade, mas sem dúvida que é mais uma persistência seródia da romântica formação dos príncipes medievais que então davam largas à curiosidade e tiravam partido daquilo que o surto científico e tecnológico começava a disponibilizar para uma actividade que, em breve, trocariam pela vida cortesã e de chefes de Estado.

[15] Este último foi engenheiro-mor da Índia, título pomposo uma vez que na época parece não ter trabalhado em permanência outro engenheiro naquela vasta zona. É uma situação que se relaciona com o reduzido interesse que a administração filipina parecia demonstrar pelas posições no Oriente. Matéria de crucial importância que, sem o tratamento que merece, voltaremos a referir.

[16] Refiro-me, em especial, à Aula da Esfera do Colégio Jesuíta de Santo Antão. É ainda confusa a realidade histórica das origens deste tipo de ensino em Lisboa, sendo o assunto uma das discussões (latentes) mais apaixonantes entre a mais recente historiografia portuguesa e espanhola. No entanto é já um dado seguro o facto de desde o reinado de D. João III estar instituido o ensino das matemáticas nas suas mais nobres variantes na Côrte para príncipes e não só. Da extensa bibliografia sobre o assunto ocorrem-me, entre outros, o texto fundamental de Luís de ALBUQUERQUE, A *"Aula*

então qualidades para o cargo.[17] É da síntese entre a tradição, a presença espanhola e o contributo *aggiornato* dos engenheiros militares franceses e holandeses[18] que resulta o tão propalado, mas nunca estudado, *Método Lusitânico*....[19] Só com duas gerações de engenheiros portugueses formados na Academia de Fortificação da Corte e tirocinados em contacto com os mercenários, foi possível a criação de outras espalhadas um pouco por todos os territórios. O resultado prático foi um corpo de engenheiros com características diversas dos seus congéneres europeus, baseadas num posicionamento profissional (ético?) abrangente, quase demiúrgico, razão, entre outras, pela qual os designo como engenheiros *totalitários* – termo cujo significante até hoje me tem parecido mais próximo do conceito que deles formei.[20]

---

da Esfera" do Colégio de Santo Antão no século XVII, Agrupamento de Estudos de Cartografia Antiga da Junta de Investigações do Ultramar, Lisboa, 1972, n.º LXX (retomado por Rafael MOREIRA em "A escola de arquitectura do Paço da Ribeira e a Academia das Matemáticas de Madrid" in II *Simpósio Luso-Espanhol de História da Arte, Actas do*, separata, Coimbra, 1987, pp. 65-77) e os compilados in *Juan de Herrera y su influencia, Actas del simposio*, Fundación Obra Pía Juan de Herrera – Universidad de Cantabria, Santander, 1993, em especial o de Maria Isabel Vicente MAROTO (1992) "Juan de Herrera, un hombre de ciencia" pp. 79-90. Reveladores prometem ser os estudos acerca dos cargos em obras régias da autoria de Helder Carita e de Miguel Soromenho.
[17] Na realidade o que acontece é que Serrão Pimentel acabou por completar a sua formação trabalhando como subalterno dos mercenários. Como já tive oportunidade de justificar numa breve síntese acerca da sua importância para a *escola portuguesa de urbanismo* – a pp. 271/3 de "A cidade portuguesa" in *História da Arte Portuguesa*, 3 vols., Círculo de Leitores, Lisboa, 1995, vol./ano III, pp. 233-323 – Pimentel concentrou em si a tradição ancestral, a formação comum aos engenheiros militares portugueses de quinhentos, os conhecimentos das escolas espanhola e italiana e o contacto prático com a vanguarda da época. Por exemplo, o Conde de Pagan (*Les Fortifications*, Paris, 1645), que cita amiudadamente no seu *Método...*, esteve em Portugal no período da Restauração. Acresça-se a tudo isto a intensa vivência da luta pela independência e encontramos todas as razões para a sua determinação em criar, com um fortíssimo cunho nacionalista, uma *escola* seguindo um *Método Lusitânico...* No entanto, é significativo que, apesar de insistentes petições, apenas em 1673, seis anos antes de morrer, tenha sido nomeado Engenheiro-Mor do Reino.
[18] A contribuição destes não tem sido suficientemente valorizada. Note-se como então já não era na Itália que residiam o conhecimento e a investigação de vanguarda da engenharia militar. Deslocara-se em primeiro lugar para os Países Baixos – em grande parte graças à fundação pelos espanhóis em Bruxelas da mais brilhante escola do Império dos Áustrias – para então estar em explosivo desenvolvimento em França.
[19] O meu pensamento sobre esta matéria, em especial naquilo que ela tem de importante para a história do urbanismo, foi sumariamente retratado em "A cidade portuguesa", trabalho a que já aqui fiz referência.
[20] Uma outra das razões essenciais é o facto de em obras régias ou de Corte, em Portugal serem raros os casos de arquitectos sem estatuto militar. Aos casos em que o *lobbie* dos engenheiros militares manobrou contra o trabalho de arquitectos de outras nacionalidades opõe-se, significativamente, o bom acolhimento dispensado aos engenheiros estrangeiros integrados nas estruturas militares. Parte considerável do esforço de Azevedo Fortes enquanto Engenheiro-Mor do Reino

Em comunhão com este processo verificava-se uma mudança radical no entendimento e modelo de aproveitamento dos recursos ultramarinos: como já tive oportunidade de referir, de uma política com meros objectivos mercantilistas que fazia do mar o território do Império e da Índia o centro das atenções, evoluíra-se no sentido da exploração e produção dos recursos territoriais então apenas realizável no Brasil. Nada que não esteja indiciado no período final da governação de D. João III e que não tenha feito carreira sob a administração filipina. Por exemplo, lembremo-nos respectivamente da data da fundação da primeira capital do Brasil (Salvador, 1549) e da expedição que nos finais de quinhentos dali partiu para Norte incumbida de fundar cidades e fortalezas. Como sabemos, entre os produtos directos desta última medida surgiram os inequívocos *dameros* de S. Luís, de Alcântara e de Filipeia (Paraíba/João Pessoa), provas irrefutáveis da preponderância espanhola na prática urbanizadora de então no território brasileiro.

Com as naturais limitações neste contexto podemos dar por estabelecida uma esfumada panorâmica daquilo que, a meu ver, são os pontos de partida para o estudo aprofundado da *escola portuguesa de urbanismo* estabelecida com o processo da Restauração e que encontrou no Brasil o seu território de actuação por excelência – eufemisticamente diria mesmo que parece ter surgido com tal fim. Mas se para isso recuámos o suficiente para indiciar a importância do período filipino,[21] é fundamental ir um pouco mais atrás e abordar a mais castiça das correntes que convergem no *Método Lusitânico...*: as cidades de um outro ciclo, o da *expansão*.

(de 1719 até à morte em 1749) foi no sentido da dignificação e estabelecimento de um monopólio da classe (para além do já referido *O Engenheiro Portuguez* veja-se a sua *Representação a Sua Magestade sobre a forma e direcção que devem ter os Engenheiros...* de 1720), ideia que levaria José Manuel de Carvalho e NEGREIROS a redigir para uso do rei *Jornada pelo Tejo. Devidida em doze dias em cada hum dos quaes se tractão varias materias concernentes á Architectura Civil e seus pertences Obra utilissima, não só p.ª os Professores de Architectura Civil e Militar como tão bem p.ª todos os curiozos. Composto e oferecido ao Serenissimo Principe N. Senhor o Senhor D. João Por Jozé Manoel de Carvalho Negreyros Capitão Engenheiro Architeto dos Reas Paços de S. Mag.de e do Senado da Camara desta Cid.e de Lisboa. Anno de 1793*, Lisboa, 1793, BA 54-V-28. Trata-se de uma completíssima utopia hoje ainda sob a forma de manuscrito inédito existente na Biblioteca da Ajuda (com cópias de que conheço as do Arquivo Nacional da Torre do Tombo, da Biblioteca Nacional e do Arquivo Histórico Militar). Para o autor era uma proposta em que acreditava e não um mero exercício tardo-iluminista, tendo feito acompanhar o texto principal de diversos anexos, índices, regulamentos e petições. Note-se, por exemplo, o evidente significado da *Petição de ... em como os arquitectos do Paço foram sempre engenheiros militares*, Lisboa, 1793/10/06, BN cod 806, fls. 141/3. Era o clímax e o ocaso da velha escola erguida sobre o *Método Lusitânico...*

[21] O vastíssimo conjunto de conhecimentos já consolidados e disponibilizados por especialistas sobre o urbanismo hispano-americano dispensa qualquer pretensão – que aliás seria ridícula – de aqui se teorizar sobre o assunto.

É complexo estabelecer-lhes um modelo pois a instalação ocorreu de formas excessivamente variadas[22]. São frequentes os casos em que é difícil a distinção entre a instalação exclusivamente militar e a que simultaneamente tinha intenções urbanizadoras/colonizadoras. De facto muitas foram as cidades que resultaram espontaneamente do desenvolvimento de actividades em torno de implantações cuja utilidade inicial se poderia resumir ao controle militar de uma determinada área ou percurso. Igual, mas mais previsível, terá acontecido com entrepostos comerciais, por vezes também apoiados numa fortaleza. Houve ainda casos em que a intenção foi urbanizar e nem sempre com preocupações defensivas. Estas diferenças têm como explicação o que a realidade preexistente propiciava ou deixava antever sendo assim possível – com as reservas a que qualquer generalização obriga – a sua sistematização por áreas geográficas: Magrebe; ilhas atlânticas; costa ocidental africana; Oriente, expressão que neste caso engloba a costa oriental africana, o Mar de Omã, a Índia, o Ceilão e o Extremo Oriente; e, por fim, o Brasil.

No Magrebe não se pode dizer que tenha existido uma política urbanizadora. Conquistaram-se cidades ocupando depois os sistemas defensivos que passaram a ser periodicamente renovados, desde a experimental fortificação manuelina ao exemplo tido como o mais próximo do *ideal* renascentista, o perímetro fortificado de Mazagão. Esta, aliás, foi a única cidade fundada *ex-nuovo* pelos portugueses naquela região, mas significativamente a sua morfologia urbana, apesar de fortemente condicionada pelas muralhas, exprime uma conformação do traçado de acordo com a tradição urbanística portuguesa e não com qualquer modelo estranho. O facto de o autor do projecto-base das suas muralhas ter sido Benedetto da Ravena – ao que parece exclusivamente consultado para o efeito em 1541 – constitui um marco fundamental na procura de um rumo de mudança do conhecimento e dos métodos de concepção. Urbanisticamente a ocupação das cidades magrebinas onde Alcácer-Ceguer é um bom exemplo, implicou a construção de novos equipamentos (Câmara e Cadeia, Misericórdia, Matriz, etc.), o que, a par com a necessidade de estruturar os respectivos largos e de *sanear* as principais vias, implicou alterações na estrutura urbana. A especificidade, hoje obliterada, das cidades portuguesas nesta região, resultou da aplicação de processos de *regulação* urbanística então em uso na Metrópole sobre um tecido urbano e um território matricialmente diferentes. No que

---

[22] Neste parágrafo e nos dois seguintes utilizei de forma livre (reduzindo e actualizando) parte do meu trabalho (pp. 275-278) "A cidade portuguesa" já referido. Por tal razão omito deliberadamente a bibliografia de suporte que ali referenciei.

diz respeito à *rota da Índia*, o extenso bordo afro-asiático que vai do Sahara até Diu, só muito mais tarde houve interesse e meios para a sua colonização parcial. Eram suficientes estabelecimentos militares de apoio à navegação e controle hegemónico dos mares. Por vezes também o comércio era uma das finalidades sendo para tal estabelecidas feitorias, nomeadamente na costa ocidental de África, em Cabo Verde e em S. Tomé e Príncipe onde, bastante mais tarde, o tráfego de escravos para o Brasil levou ao desenvolvimento de alguns núcleos urbanos ao abrigo de anteriores estabelecimentos militares. Aliás foi nas ilhas onde, por razões óbvias, os portugueses se instalaram preferencialmente, sendo a partir delas que organizavam as expedições ao continente. No Extremo Oriente era o comércio a única motivação e por isso, além dos estabelecimentos de iniciativa eclesiástica ou privada, foram também feitorias, quase sempre fortificadas, os núcleos iniciais depois urbanizados. Ali a acção urbanizadora da Coroa era então nula. Como excepções é obrigatório ressalvar os casos de Malaca e, talvez, de Macau, sendo no entanto necessário desmontar o mito da primeira como uma esplendorosa e populosa metrópole, pois a realidade espacial e descrições cartográficas e literárias fidedignas tal não o permitem. Face a tudo isto, no domínio do urbanismo da fase da *expansão* o interesse reside essencialmente nas Ilhas Atlânticas, na Índia e no Brasil.

Como contraponto coevo aos estabelecimentos no Magrebe, a ocupação das ilhas atlânticas foi feita segundo um padrão colonizador. De um modo geral o processo decorreu dentro dos parâmetros próprios ao ordenamento português tradicional, incluindo o característico povoamento linear e até disseminado – "…uma poeira de casas que trepam até ao últimos campos sujeitos a cultura regular" segundo Orlando Ribeiro[23] – que ali adquiriu expressões topográficas e toponímicas próprias: *fajãs, lombas ou lombos, achadas*… Ao nível das urbes, Angra, pela sua importância histórica e óbvia regularidade, tem sido o caso mais referido, sendo claros os três momentos que conduziram à sua formação: instalação no terceiro quartel do século XV junto ao morro do castelo (sítio do actual monumento da Memória); ocupação no último quartel daquele século das margens da Ribeira dos Moinhos que ligava o castelo ao porto; substituição, no início de quinhentos, desta ocupação de natureza orgânica, linear e mal consolidada por uma mais intensa e regulada do espaço urbano, consequência da crescente importância da angra como entreposto e apoio à navegação decor-

---

[23] Orlando RIBEIRO, 1949, *A Ilha da Madeira até meados do Século XX: Estudo Geográfico*, Instituto de Cultura e Língua Portuguesa, Lisboa, 1985, p. 13.

rente do estabelecimento da *rota das índias*. Alfândega e Misericórdia junto ao cais, Casa da Câmara e Pelourinho na praça onde se irradiam as escaladas dos declives envolventes e Matriz/Sé, são os pólos do percurso estruturado sobre duas ruas perpendiculares geradoras de uma malha urbana regular e assim racionalizada, mas nem por isso geometricamente ortogonal, configurada por edifícios de cérceas concordantes implantados em lotes mais ou menos normalizados. Parte deste percurso coincide com o anel viário e de povoamento que contorna toda a ilha. É o caso maior, emblemático e mais completo do processo de fazer cidade comum ao Funchal, a Ponta Delgada, à Horta, a Vila Franca do Campo, às Ribeira Grande de S. Miguel e de Santiago, à Vila da Praia na Terceira, para apenas citar casos insulares, e que, para já, podemos sinteticamente caracterizar como resultante da implantação criteriosa dos equipamentos básicos referidos estruturados ao longo de um percurso a partir do qual, também com elementos *tirados a cordel*, se gerou a malha urbana. Relevante é o facto de nunca terem estado contidas por cercos muralhados, o que nem sequer presidiu à definição inicial de qualquer dos casos, pois são estruturas abertas.[24]

Foi pelas necessidades de defesa que a instalação de cidades na Índia e no Ceilão[25] seguiu processos diferentes. A distância ao centro do poder com a opção pelo estabelecimento de um Estado próprio – um *Vice-Reino* – sobreposto ao mosaico político-geográfico hindustânico justifica, no essencial, a diferença relativamente aos procedimentos nos restantes territórios. Na Índia encontra-se um pouco de tudo: fortalezas isoladas; fortalezas dominando cidades preexistentes; feitorias perto de cidades preexistentes que evoluem para cidade passando por um primeiro estado de fortificação (Cochim, S. Tomé, Bassaím, Chaul); cidades ocupadas, reestruturadas e fortificadas (Goa e Diu); cidades fortificadas feitas de raiz (Damão). Corresponde cada um destes casos a estádios progressivos de afirmação de poder ou de interesses económicos e se no Portugal da Baixa Idade Média "fazer vila" era o acto de cercar, nas crónicas da Índia "fazer fortaleza" confunde-se com o acto de urbanizar. Na realidade pode dizer-se que até ao século XVIII o verdadeiro território do Estado da Índia era o Oceano Índico orlado por um complexo sistema de *praças de guerra* fronteiriças.

---

[24] Na realidade quando tal se tornou necessário já as técnicas de defesa permitiam e advogavam sistemas baseados em unidades pontuais estrategicamente implantadas.
[25] Com a lógica do que declaro na nota 22, no que diz respeito à Índia recorri, para além daquele texto, à reflexão mais apurada referida na nota 10. Relativamente ao Ceilão não há ainda qualquer material disponível.

Não é novidade para ninguém o facto de a principal porta de qualquer destas cidades ser precisamente a *porta do mar* – eu talvez dissesse *porta do reino*.

De um ponto de vista urbanístico, as primeiras viagens à Índia apenas visaram o estabelecimento de feitorias em locais cedidos sempre junto ao mar, em cabos, penínsulas, istmos, ilhas ou enclaves delimitados por rios – Cochim, Cananor e Coulão na costa de Malabar e S. Tomé de Meliapor na costa de Coromandel – mas já dentro dos projectos globais estabelecidos com D. Francisco de Almeida e D. Afonso de Albuquerque, ainda antes da chegada (1505/6) do primeiro "mestre das obras de pedraria" da Índia, Tomás Fernandes, iniciou-se a fortificação da feitoria de Cochim – a primeira cidade e sede do poder português na Índia – bem como a de outros novos estabelecimentos e conquistas. A par com o desenvolvimento em redor da estrutura urbana de que rigorosos levantamentos holandeses do século XVII nos permitem ter ideias muito claras, em breve se instalaram os equipamentos que listamos em Angra (Casa da Câmara, Misericórdia, Pelourinho, etc.).

Em Goa – como em Diu, aliás – a situação é a de ocupação de uma cidade urbanisticamente consolidada. Até no que diz respeito aos edifícios muito se utilizou e refuncionalizou sem reformas imediatas. O célere desenvolvimento a que a capitalidade do efemeramente próspero Estado da Índia Portuguesa lhe impôs, levou a que muito pouco do seu crescimento urbanístico fosse controlado. O mito de uma cidade conquistada, arrasada e erguida como cópia renascenticizada de Lisboa é apenas um dos muitos que sobre Goa uma historiografia eivada de nacionalismo persistentemente exumou de fontes apologéticas e iconografia fantasiosa. A realidade histórica e geográfica é bem diversa. A mudança da cidade para um local que oferecesse condições mínimas de habitabilidade e de melhor defesa foi a grande aspiração dos seus habitantes durante pelo menos dois séculos. Não foi por acaso que, à falta de capacidade para realizar o processo de mudança para Mormugão – organizado e anunciado nos finais do século XVII e retomado logo no início do seguinte – sucedeu o seu abandono gradual que, aliás, determinou não só a instalação em zonas rurais de parte considerável dos mais altos estratos da sociedade, mas também o orgânico emergir no sítio de Pangim de uma urbe que no século XIX veio a ser Nova Goa, ou seja, oficialmente a nova capital. Apesar da opulência de alguns dos seus monumentos, em termos concretos Goa era, a vários níveis, uma cidade difícil, sendo para a nossa disciplina um caso determinante... pela negativa.

Mas o mito que em termos disciplinares mais interessa denunciar foi o que abusivamente se estabeleceu a partir de um artigo de Mário Tavares

Chicó.[26] Baseando-se em iconografia que muito deve à realidade, o autor ergueu a hipótese de Damão ser o resultado formal/prático da aplicação do conceito renascentista de *cidade ideal*. O facto de ali ter trabalhado o italiano João Baptista Cairato no início do período filipino, facilitou a aceitação desta proposta. Como aquele engenheiro militar também surge referenciado nas obras das muralhas de Bassaím e Chaul, Chicó admitiu ainda a influência daquele modelo nestas cidades. A distância, as dificuldades no terreno e as conjunturas políticas durante muitos anos desmotivaram a observação *in locco* dos objectos e, por outro lado, a historiografia era pouco precisa em tudo que dissesse respeito a factos e datas. Hoje estão ultrapassados estes obstáculos e, graças a alguma reflexão, desfeito o mito.[27] Chaul e Bassaím só na iconografia seiscentista lograram ter um desenho urbano unitário e/ou geométrico. Com um resultado formal muito diverso, os respectivos processos de estruturação urbanística, que ocorreram essencialmente nos anos 30 e 40 de quinhentos, são, em tudo, semelhantes ao de Cochim, se não mesmo mais explícitos no que diz respeito a um eventual modelo. Já as muralhas onde, aí sim, trabalhou Cairato nos anos 80 tiveram o seu início e definição perimetral na década de 70. Damão é de facto uma quadrícula, mas como único argumento tal revela-se insuficiente para que possa ser considerada uma concretização daquela fórmula renascentista[28]. Estabelecida em torno de um fortim de base quadrada que serviu de módulo à quadrícula, a cidade definiu-se nos anos 60 e ergueu as suas muralhas a partir da década seguinte, sendo já por 1581 que Cairato ali

---

[26] "A Cidade Ideal do Renascimento e as cidades portuguesas da Índia" in *Garcia da Horta*, Revista das Missões Geográficas e de Investigações do Ultramar, Lisboa, 1956, n.º Especial, pp. 319-328.
[27] O problema dos mitos é que necessitam de tempo e espaço para se desmontarem. Por conseguinte, também este não pode sê-lo aqui. A minha tese sobre esta questão, com a necessária fundamentação, foi exposta de forma provisória no texto "A Cidade Portuguesa" já citado e surgirá de forma revista e mais sustentada na publicação específica que também já referi. Entretanto tive já três oportunidades de a apresentar em comunicações realizadas em Lagos (Portugal), Recife e Rio (Brasil) ainda que para audiências muito restritas. Contrariamente ao que se possa entender, pessoalmente é uma matéria que só agora considero em aberto...
[28] Uma das omissões mais importantes na proposta de Chicó é a da definição do seu próprio entendimento do conceito *cidade ideal* no renascimento. Apesar das variantes e divergências de interpretação há, como sabemos, essencialmente duas famílias: a da cidade monumentalizada, clássica, recuperação mítica e romanticizada da Roma antiga; a cidade geometricamente racionalizada, onde da arquitectura se espera pouco, *petrificação* e optimização do acampamento militar. Formalmente é o último modelo o que Chicó propõe, apesar de que para a cronologia verificada apenas o primeiro seria aplicável ainda que com muitas reservas. A questão das cidades ideais é uma das matérias sobre as quais ao longo do tempo mais bibliografia tem sido produzida e não pode, sob forma alguma, ser restringida ao Renascimento ou até apenas alargada a períodos clássicos. Aquilo a que na nossa disciplina nos referimos do conceito é apenas o seu módulo formal, fundamental para o seu objectivo último – a qualidade de vida – mas que não pode ser dissociado da própria síntese, a sua superior construção filosófica.

arribou para nelas trabalhar. Foi, no entanto, a última das conquistas portuguesas e a última das fundações urbanas a Oriente do período da *expansão*. Foi também o único caso de fundação determinada e pré-desenhada e, significativamente, a única cidade erguida no período sebástico. Não sendo uma *cidade ideal do renascimento*, é, contudo, a prova da evolução de algo que ainda desconhecemos no sentido da racionalização pelo desenho. Muito em breve estas questões passariam a ser tratadas sob a tutela filipina com a evolução para a *escola* a que, timidamente, me referi atrás.

Mais pelo muito de implícito que pelo até aqui anotado não restam dúvidas acerca de uma série de constantes no universo urbanístico deste ciclo. Na condição presente e face ao estado preliminar da questão, a dificuldade reside no seu estabelecimento e comunicação em síntese. Por razões de ordem prática não pude referir-me aos contextos económicos, políticos e culturais. No entanto, para além de itens mais visíveis – a constância e interacção espacial dos equipamentos prioritários, a independência cronológica e conceptual entre o tecido urbano e os perímetros defensivos, o reformismo criterioso (pragmatismo) sobre as preexistências, a ordem sem preocupações de rigor geométrico – está subjacente uma regulação urbanística que por certo só em Damão surgiu em vias de substituição ou a par com desenho prévio.

Sabe-se como o período manuelino – devendo este para o efeito ser entendido no seu sentido mais alargado – foi marcado pelo reformismo administrativo, em especial em tudo o que diz respeito a legislação, sendo a *Leitura Nova* a expressão máxima desse processo. A par com algumas *modernidades* a grande inovação residiu na determinação e sucesso em compilar de forma clara e coerente o emaranhado de disposições legais acumulado, sendo assim o culminar de um processo desenvolvido nas diversas *Ordenações...*[29] desde o início da Dinastia de Aviz e, por assim dizer, dos *descobrimentos*. Ultimamente têm vindo a ser estudadas posturas que regulam ao pormenor toda a actividade urbana e urbanística da cidade de Lisboa,[30]

---

[29] A Fundação Calouste Gulbenkian tem publicadas as de D. Duarte, D. Afonso V, D. Manuel e D. Filipe II. Para além das *Ordenações...* há outras compilações muitas vezes de caracter local – por exemplo o *Livro das Posturas Antigas* (editado pela Câmara Municipal de Lisboa em 1974) e as *Posturas do Concelho de Lisboa* (editadas pela Sociedade de Língua Portuguesa, Lisboa, 1974). Foi uma prática corrente em todo o século XVI a tentativa de reduzir a letra moderna muito do que andava disperso ou era uso.

[30] Foram os medievalistas os primeiros a dar tratamento científico ao tema. Refiram-se, a título de exemplo, alguns trabalhos de Iria GONÇALVES ["Posturas Municipais e Vida Urbana na Baixa Idade Média: o exemplo de Lisboa" in *Estudos Medievais*, separata, Porto, 1986, n.º 7, pp. 155-172 e (1991)"Uma Realização Urbanística Medieval: o Calcetamento da Rua Nova de Lisboa"

sendo determinante o facto de para a esmagadora maioria das cidades da *expansão* a documentação de instituição – foral, carta de vila, etc. – repetidamente tornar claro que tal núcleo urbano se ia regular pelas leis e regimentos daquela cidade. Esta legislação estabelecia implícita e explicitamente uma série de cargos e hierarquias, um funcionalismo urbano. É ali que encontramos as primeiras referências ao traçado *à corda* ou *ao cordel*, que se estabelecem regras relativamente aos avançados nas fachadas (varandas, balcões, poiais, degraus), à uniformização dos materiais e do seu uso, às larguras das ruas, ao dimensionamento de lotes e vãos, entre outras relativas à higiene, saneamento, lixos, segurança contra incêndios, etc.. Desde bem cedo se estabeleceu que qualquer demolição, reconstrução ou construção nova carecia de vistoria, autorização e definição de alinhamentos dadas por funcionários municipais mandatados para o efeito. Pelo menos no plano das intenções em tudo isto é bem clara a vontade de ordenar e uniformizar,[31] pois na prática a fiscalização revelava-se menos eficaz.

Este sistema de produção urbanizadora era extensivo a toda a cidade de Lisboa, como em cópia, a muitas do reino, nomeadamente às ultramarinas. Se no tecido existente a sua aplicação e progressão era lenta, em zonas de extensão veio a revelar-se extremamente eficaz. Os tremores de terra e outras catástrofes de natureza civilizacional destruíram parte considerável,[32] mas felizmente preservou-se o exemplar mais expressivo, o Bairro Alto de S. Roque. Tudo aquilo que hoje se sabe serem imposições desse corpo normativo é verificável nessa extensa mancha de cidade desenvolvida por iniciativa privada a partir dos inícios do século XVI.[33] Durante muito tempo procurou-se ali ler uma imperfeita modernidade importada, demandando-

---

in *Estudos de Arte e História – Homenagem a Artur Nobre de Gusmão*, Vega, Lisboa, 1995, pp. 102-113] e de Oliveira MARQUES ["Lisboa na Baixa Idade Média. Para uma visão monumental-turística" in *Ler História. Lisboa: perspectivas sobre o passado*, Fim de Século Edições, L.da, Lisboa, 1994, n.º 26, pp. 7-19, "As Cidades Portuguesas nos Finais da Idade Média" in *Penélope*, Cosmos, Lisboa, 1992, n.º 7, pp. 27-34 e "Introdução à História da Cidade Medieval Portuguesa" in *Bracara Augusta*, Câmara Municipal de Braga, Braga, 1981, n.º 79/80 (92/93), vol./ano XXXV, pp. 367-387]. Mais recentemente na nossa área disciplinar Helder CARITA tornou públicas algumas vertentes do trabalho de fundo que sobre a matéria tem em curso [(1990) *O Bairro Alto – tipologias e modos arquitectónicos*, Câmara Municipal de Lisboa, Lisboa, 1994 e "O Bairro Alto e a legislação urbana para Lisboa no século XVI e XVII" in *Colóquio Lisboa Iluminista e o seu tempo*, comunicação dactilografada, Universidade Autónoma, Lisboa, 1994].

[31] A uniformização em alguns casos atingiu o extremo. Por exemplo, em 1462 D. Afonso V tentou que todas as casas da Rua Nova de Lisboa fossem feitas sobre arcos de cantaria e daí até ao telhado em alvenaria de pedra e cal sem tabuados.

[32] Além da ocupação de hiatos da malha urbana, durante este período foram inúmeras e, por vezes, profundas (violentas?) intervenções de *correcção* e alargamento.

[33] Ver os textos específicos de Helder Carita referidos na nota 30.

-se desenhos e modelos, aventando-se autorias quando, afinal, se trata da cristalização de um conjunto de procedimentos antigo, um método apurado internamente. Como tal é um exemplar perfeito.

A necessidade de uma expansão da cidade com aquela escala leva-me a evocar a outra vertente do reformismo urbanístico manuelino no território português-europeu, a qual uso designar como *nova centralidade*.[34] Na realidade foi fundamentalmente neste período que as cidades portuguesas cresceram para além dos seus limites medievais, sendo facto comum a deslocação da Casa da Câmara e Cadeia para um novo edifício num largo, quantas vezes estruturado junto a uma velha porta da muralha onde pontificam o Pelourinho, o açougue e o mercado e, ou por perto, a Misericórdia com os seus espaços assistenciais. Nem sempre tradução directa da real situação topográfica, os centros cívicos abandonaram então a *alta* gerando e marcando o desenvolvimento da *baixa*. É nesta necessidade de desafogo, de renovação e inovação de equipamentos – a que se devem acrescentar chafarizes, pontes, calcetamentos, cais, diques – que reside a força que hábitos normativos já existentes adquiriram tornando-se úteis, visíveis e expressão de uma modernidade portuguesa, eventualmente arcaica, mas castiça.

De facto não é sensato esperar que tudo tenha surgido do nada. Como disse a sistematização normativa tem antecedentes evidentes no início da dinastia de Avis, ou seja desde finais de trezentos, mas material recente[35] permite vislumbrar o estabelecimento de regras matricialmente semelhantes, pelo menos, uma centúria atrás. Os reinados de D. Afonso III e de D. Dinis foram marcados por uma forte política de povoamento e de implantação do Estado. Muito recentemente alguns especialistas têm admitido que foi precisamente nesse período que Portugal se definiu enquanto Estado e Nação, independentemente de desde há um século o território estar unificado sob uma linhagem de soberanos que laboriosamente criaram as con-

---

[34] É no texto "A Cidade Portuguesa" que aqui tenho vindo a referir que exploro esta temática de forma mais articulada, nomeadamente no que diz respeito à estrutura preexistente e sua caracterização.
[35] Um já considerável conjunto de trabalhos académicos de História Urbana com centro no Departamento de História Medieval da Faculdade de Ciências Sociais e Humanas da Universidade Nova de Lisboa constitui o núcleo mais importante. Para apenas usar um autor, exemplifico com os trabalhos de Amélia Aguiar ANDRADE *Um espaço urbano medieval: Ponte de Lima*, Livros Horizonte, Lisboa, 1990, (1992) "Um Empreendimento Régio: a Formação e Desenvolvimento de uma Rede Urbana na Fronteira Noroeste de Portugal durante a Idade Média" in *Penélope*, Cosmos, Lisboa, 1993, n.º 12, pp. 121/5 e *Vila, poder régio e fronteira*, dissertação de Doutoramento apresentada à Faculdade de Ciências Sociais e Humanas da Universidade Nova de Lisboa, Lisboa, 1994.

dições para que tal pudesse suceder. A política de povoamento da primeira Dinastia tem, na realidade, a sua expressão máxima no século contado entre os meados dos séculos XIII e XIV, sendo fundadas ou renovadas dezenas de vilas e emitido um número ainda superior de forais. Parte destas vilas, pela toponímia e pela análise sumária do seu espaço urbano, conduzem-nos de imediato ao modelo *bastide*. Têm de facto um padrão geométrico[36] semelhante: contornos fusiformes ou circulares, quarteirões alongados, perpendicularidade lata através da hierarquia rua/travessa que viria a ser consagrada nos regulamentos manuelinos, etc. Muitas foram as que desapareceram por evolução ou atrofia. Aliás, a centúria fundamental ao processo foi marcada por muitas fomes e pestes que nos piores momentos terão reduzido a população entre um a dois quartos, o que em alguns casos pôs em causa a eficácia do controle urbanístico que, de momento quase só por análise formal, parece ter sido montado. Um aspecto essencial é o facto de nem todas terem sido instaladas com base num modelo encerrado por muralhas o que se compreende, pois ao contrário do referente formal a que a deformação profissional nos conduz – a *bastide* – em muitos dos nossos objectos já não estavam em causa aspectos ligados a marcações territoriais ou afirmações de soberania.[37] Talvez seja esta a razão pela qual a tradição oral para muitas nos tenha transmitido o termo *póvoa* que a todos os níveis se me afigura mais adequado à especificidade portuguesa[38]. Sobre o assun-

---

[36] É este a designação usada naquele que terá sido o seu primeiro estudo ainda que realizado com motivações próprias da área da Geografia, o texto de Jorge GASPAR "A morfologia urbana de padrão geométrico na Idade Média" in *Finisterra, Revista Portuguesa de Geografia*, Centro de Estudos Geográficos da Universidade de Lisboa, Lisboa, 1969, n.º 8, vol./ano IV, pp. 198-215. Mais recentemente Paulo Ormindo de AZEVEDO ("Urbanismo de trazado regular en los primeros siglos de la colonización brasileña" in *Estudos sobre urbanismo Iberoamericano – siglos XVI al XVIII*, Junta de Andalucia, Consejeria de Cultura, Sevilla, 1990, pp. 306-322), na esteira de conhecimentos que de há muito são básicos na disciplina ao nível internacional, ao chamar a atenção para a importância do estudo dos antecedentes medievos em Portugal colocou a questão da regularidade nos termos com que ela de facto deve ser vista, ou seja, simplificando, dependente da existência ou não de vontade e poder político centralizador. Este estudo, depois das tímidas referências no de Roberta Marx DELSON já referenciado, precisamente por essas duas componentes, é, segundo a leitura que faço da globalidade do urbanismo português, o ponto de partida para a renovação da história do urbanismo do Brasil. É que o racionalismo urbanístico surge quando a realidade é refeita e surge complexa; é a reacção ao vazio do caos...
[37] No entanto não deixa de ser suspeito o papel que a componente franco-borgonhesa da Corte, se não mesmo a idêntica origem da Dinastia, pode ter desempenhado na importação de políticas e formas para sua implementação.
[38] Já há muito Alberto SAMPAIO [(1923) "As Póvoas Marítimas'" in *Estudos Históricos e Económicos*, 2 vols., Editorial Vega, Lisboa, 1979, vol./ano 2.º, pp. 7-100] deu início ao estudo parcial do fenómeno, interessando-se fundamentalmente pelos casos do litoral, as *póvoas marítimas*. No entanto, com particular clarividência sabia o que estava em jogo ao afirmar (p. 9) "Chamaram-se «Póvoas» os grupos urbanos, nascidos em geral à sombra dos forais, outorgados pelos reis da dinas-

to importa ainda deixar anotado que a par com esta actividade urbanística à escala do território, assistiu-se então a um surto de renovação e reestruturação dos núcleos existentes, em especial através da abertura de ruas. Aliás, nos processos de transformação urbanística programada que conhecemos no universo português até ao fim da Dinastia de Aviz, é sempre a rua, não a praça ou o largo, o elemento estruturante. Nestas matérias não deixa de ser importante ter sempre presente que Portugal foi o primeiro país da Europa a ter estabilizadas as suas fronteiras que, aliás, com muito pequenas alterações manteve até hoje.

São ainda inúmeras as *póvoas* cuja estrutura urbana se manteve. No Minho, por exemplo, uma operação de instalação do poder real no seio do mais característico foco de desestabilização senhorial, levou à criação de uma rede de seis *vilas novas* cuja morfologia é facilmente verificável[39] na colecção de plantas relativas à sua fortificação no início do século XVIII que, em anexo, torno públicas: Viana, Caminha, Valença, Monção, Melgaço e Vila Nova de Cerveira. Tomar é um caso, aliás bastante precoce, que devemos à iniciativa dos Templários, apesar de só no século XV, com o Infante D. Henrique, ter adquirido a consistência e a extensão com que hoje se apresenta.

É revelador que Tomar seja frequentemente referida a par com o Bairro Alto, dois casos de uma mesma família bastante separados no tempo. Confrontássemo-los com as primeiras cidades coloniais, dos Açores à Índia, e verificaríamos como não estão sós. Recordemo-nos dos equipamentos, da regularidade não geométrico-racionalizada, das características do lote e do quarteirão, do protagonismo urbanístico da rua, do plano em aberto e a concomitante independência morfológica relativamente a um eventual cerco muralhado, etc. Mas muito para além de tudo o que é visível e palpável, no célere percurso que acabámos de fazer fomos anotando um conjunto de aspectos processuais que nos permitem vislumbrar aquilo que o esforço conjugado de vários especialistas poderá perseguir visando exumar o que de mais específico e português há no nosso urbanismo. Não é um modelo, é uma maneira de fazer, um método apurado entre dois grandes momentos que se o foram da história também o são da nossa produção urbana: o da definição do espaço e do Estado portugueses (D. Afonso III/ D. Dinis) e o da redefinição do espaço e reformulação do Estado de acordo

---

tia borgonhesa, ou por entidades sucedâneas da coroa. Houve-as no interior e na costa;... ". Por exemplo, Amélia ANDRADE (1994) na pág.ª VI da dissertação atrás referida, transcreve de um documento coevo relativo a Vila Nova de Cerveira a expressão régia de se estar a "fazer pobra".
[39] Ver as obras de Amélia Aguiar Andrade referenciadas na nota 35.

com conceitos modernos e o concomitante alargamento de horizontes (D. Manuel). Sendo uma das suas características fundamentais a formulação através de leis e posturas, numa consciente opção pelo confronto com *regular*, de há algum tempo para cá tenho vindo a propor a designação desse urbanismo como *regulado*.

Regulado por via processual e descritiva com base numa fortíssima tradição demarcadora produzida a partir das necessidades de uma independência precoce e da distribuição de território conquistado ao Islão. Regulado sem recurso ao desenho enquanto matéria, mas denotando o seu uso como conceito – um pré-desenho – obtido, tudo o indica, através do primado das Matemáticas. A produção teórica, o método, da *escola portuguesa* de urbanismo e engenharia militar a que atrás me referi, é constituída essencialmente por compêndios de Matemáticas que, acompanhando as correntes da vanguarda de então,[40] associam a Álgebra à Geometria[41] pondo-as conjuntamente e cartesianamente ao serviço da concepção do espaço. A ausência do modelo em desenho, específica desta *escola*, resulta da suficiência que o conhecimento das propriedades das formas constituía para os seus membros. É Serrão Pimentel quem o declara implicitamente: "Basta o que até aqui havemos dito por mayor. O Engenheiro experto e de juízo poderá acomodar as mais particularidades com bom discurso e consideração. Não trago figura com as disposições das ruas, praças e sítios das casa em planta (...) e porq muito poucas vezes se podem dispor na forma apontada para a praça em tudo ser regular."[42] Nas nossas colecções de desenhos de arquitectura do século XVIII como se explica a quase ausência de desenhos além das plantas e, em especial, a inexistência de cortes ou secções? E já agora, como explicar a renitência em usar e/ou guardar o desenho[43] no período antes da *escola*, se não pela sua óbvia inutilidade conceptual?

---

[40] Rene DESCARTES no apêndice "La Geometrie" ao seu *Discours du Méthode* publicado em 1637 fundou a Geometria Analítica que, grosso modo, resulta, precisamente da fusão da Álgebra com a Geometria. Surgira a possibilidade científica de análise rigorosa das propriedades das formas...
[41] É óbvio que outras áreas das Matemáticas estão presentes. À Trignometria, por exemplo, é dedicado um capítulo. No entanto o eixo do conhecimento proposto é o daquelas.
[42] No *Método Lusitânico*... atrás referenciado. Lembremo-nos também do tema tratado por Azevedo Fortes na sua *Lógica Racional, Geométrica e Analítica*,... de que também já dei as coordenadas.
[43] Apesar de na documentação serem frequentes as referências a desenhos, aparentemente estes não foram guardados. As catástrofes não explicam tudo, até porque também as houve em países que hoje têm consideráveis colecções. Para mim a única explicação é o papel secundário desempenhado por este instrumento. O desenho não interessa, o que importa é a obra, a construção. Quando surge referenciada a sua existência parece dever-se a fins de registo de ordens para um

Ora esta especificidade é também castiça. Da produção teórica de António Rodrigues destinada à publicação de um tratado[44] de engenharia militar nos finais dos anos 70 de quinhentos, fazem parte as "Proposições Matemáticas", um verdadeiro e original manual de Geometria que, para além de se inspirar e recorrer à cópia de autores conhecidos, refere um antigo "Livro de Geometria". Uma simples pista daquilo que é do conhecimento comum: o desenvolvimento que as Matemáticas – Aritmética, Geometria, Álgebra, Astrologia, Trignometria, Cartografia, etc.[45] – tiveram em Portugal no ciclo dos *descobrimentos*.Medir o mundo e codificá-lo em desenho é um dos maiores feitos científicos da Idade Moderna e exigiu uma capacidade de abstracção única que não pode ter surgido do nada nem de um dia para o outro. A meu ver, e isto é meramente uma intuição resultante do conhecimento de processo de ordenamento do território medieval no período que atrás referi, tal potencialidade desenvolvia-se há muito. A documentação medieval é rica em descrições rigorosas de território sem o recurso ao desenho. É uma matéria cujo estudo tem de ser iniciado apoiando-se, eventualmente, no papel desempenhado pela presença activa nos mais diversos níveis da vida nacional das etnias orientais às quais a civilização então devia a exclusividade do desenvolvimento das Matemáticas. Por outro lado seria interessante avaliar as mudanças operadas com as perseguições que lhes foram movidas no período da Contra--Reforma. Por exemplo, se em Portugal as ciências Matemáticas acabam por ser herdada pelos Jesuítas, a fuga de judeus para os Países Baixos não terá sido determinante no desenvolvimento que a escola holandesa de engenharia militar registou a partir de então? E o concomitante crescimento e sucesso das suas armadas?

---

estaleiro com arquitecto ausente ou transporte da ideia, isto é, quando se torna necessário obter junto de alguém distante aprovação. Entre outros aspectos repare-se na facilidade com que um engenheiro larga mão de um *original* na transcrição parcial que aqui deixo de um documento publicado por Souza VITERBO [p. 59 do vol. III, de (1899-1922) *Diccionario historico e documental dos Architectos, Engenheiros e Constructores Portuguezes ou a serviço de Portugal*, 3 vols., Imprensa Nacional Casa da Moeda, Lisboa, 1988]: "O engenheiro Julio Simão, que hora veyo de S. Thome me deo planta da fortificação daquella cidade, que com esta envio a V. Mad.de e vay na primeira via, por elle não ter lugar de a fazer por outra, por ella podera V. Mag.de sendo servido mandar ver a obra, que hora alli deixou traçada, e a mais que dantes havia, ..." (trata-se de uma carta do Vice--Rei da Índia ao rei datada de 1621/02/18).
[44] Ver de Rafael MOREIRA *Um tratado português de arquitectura do século XVI*, dissertação de Mestrado apresentada à Faculdade de Ciências Sociais e Humanas da Universidade Nova de Lisboa, Lisboa, 1982 e "Arquitectura" in *Os Descobrimentos Portugueses e a Europa do Renascimento*, XVII Exposição Europeia de Arte, Ciência e Cultura, Lisboa, 1983, vol./ano Arte Antiga I, pp. 346-7.
[45] A própria Arquitectura por vezes surge então entendida como uma área das Matemáticas.

É, pois, matéria complexa, desconhecida e especificamente portuguesa esta do *urbanismo regulado*. Como vimos atravessa de ponta-a-ponta a produção urbana e urbanística portuguesa da Idade Moderna. Sem o seu estudo e caracterização sistematizados não poderemos comparar as nossas cidades com as de qualquer outra cultura. O panorama traçado limita-se a aspectos muito específicos da questão. Quando estivermos em condições de estabelecer comparações, por exemplo, com as cidades ibero-americanas, convém confrontarmos outras vertentes que vão do processo histórico à definição do estatuto da propriedade.

A realidade histórica de Portugal e Espanha é diversa nos acontecimentos e no tempo. Já nos referimos à importância que tem o facto de Portugal ser a Nação cuja identidade e território são as mais antigas da Europa. Por outro lado não é menor o peso de uma relativamente baixa densidade demográfica. Ambos os factos são suficientes para entendermos porque é que a nossa *expansão* se deu com um sistema diametralmente oposto ao espanhol. Para além das múltiplas questões já abordadas, das quais destaco a opção de índole mercantilista que leva a que Portugal numa primeira fase tenha no mar o verdadeiro território do seu Império, registe-se como a colonização/conquista empreendida pelos monarcas espanhóis do império asteca é o prolongamento da Reconquista ibérica concluída pelos Reis Católicos em Granada.[46] O entendimento de expansão é, logo à partida, territorial e implica a subjugação de um território já minimamente estruturado.[47] Em oposição, quando confrontados com civilizações estabelecidas, os portugueses instalam-se em franjas dos territórios. A vastidão do vácuo civilizacional do que hoje é o Brasil viria a ser mais um dos factores de catalisação da lenta metamorfose desta realidade no programa ordenador do século XVIII. Curiosamente, enquanto o modelo português é mais próximo de uma extensão do reino, os espanhóis colonizam, isto é, criam unidades administrativas autónomas. É que no território europeu enquanto para eles o Reino é o conjunto de retalhos de povos e territórios aglutinados sob uma Coroa, para nós o entendimento é sempre o de uma única unidade, uma Nação. Se não como podemos explicar a mudança da Corte para o Rio em inícios de oitocentos?

Muitos outros seriam os planos de comparação com incidência sobre as questões do urbanismo e do ordenamento do território que a partir do que

---

[46] Nunca é demais recordar que a conquista de Granada e o achamento da América ocorreram no mesmo ano, 1492.

[47] Jorge E. HARDOY em "La forma de las ciudades coloniales em hispanoamerica" in *Psicon, revista internazionale di architettura*, Centro Studi Architettura OUROBOROS, Firenze, 1975, n.º 5, vol./ano II, pp. 8-33 torna, de forma particular, este aspecto definitivamente claro. Ao conquistarem o império asteca os espanhóis recebem também uma rede urbana já estabelecida.

foi dito interessaria analisar aqui. Entre outros: a questão do lote e dos tipos arquitectónicos que Ramon Gutierrez tão perspicazmente lançou,[48] mas para a qual o contributo exterior à disciplina de Gilberto Freyre é marcante;[49] a correlativa oposição pátio/logradouro;[50] os procedimentos de fundação;[51] as questões *normativas*, nas quais, afinal, também o urbanismo português é prolixo!

É, no entanto, essencial completar o que me propus tratar aqui. Se bem repararam, quando fizemos a sumaríssima abordagem às *cidades reguladas*, não houve qualquer referência às brasileiras.

Como se sabe no reinado de D. Manuel I a colonização do Brasil não foi entendida como prioritária. Só com D. João III se pode dar como iniciada, mais precisamente em 1534 quando da criação das capitanias, mas o processo de urbanização apenas foi aberto com a fundação da cidade de São Salvador da Bahía em 1549, já no preâmbulo do último dos dois bem diferenciados períodos daquele reinado. Nessa primeira metade do século surgiram uma série de estabelecimentos precários e não planificados de que hoje resta e se sabe muito pouco com excepção, talvez única, para Olinda que, pelos escassos elementos disponíveis, me parece formada com processos idênticos aos das ilhas atlânticas. Sabemos dessa global insipiência urbanística pelas notícias que o primeiro Governador-Geral do Brasil, Tomé de Sousa, deu ao rei acerca das medidas[52] que tomou na sua viagem de inspec-

---

[48] *Arquitectura y Urbanismo en Iberoamerica*, Ediciones Cátedra, Madrid, 1992, p.72.
[49] Por exemplo no clássico (1933) *Casa-grande & Senzala*, Editora Record, Rio de Janeiro, 1995 ou ainda em *Sobrados e Mucambos – decadência do Patriarcado Rural e desenvolvimento urbano*, Comp.ª Ed.ª Nacional, S. Paulo, 1936 e *Oh de casa! – em torno da casa brasileira e de sua projeção sobre um tipo nacional de homem*, Editora Artenova, Recife, 1979.
[50] Em S. Luís, por exemplo, mercê da estruturação filipina esta dualidade é por demais evidente.
[51] Para além de todas as implicações de natureza cultural que acarreta, o que desta questão tem importância imediata é o facto de, enquanto nas cidades hispano-americanas desde o início serem correntes rituais normalizados de fundação, nas cidades portuguesas só termos notícias de procedimentos equivalentes após o período filipino. Para o caso espanhol contamos, pelo menos, com o excelente estudo de Marcelo FAGIOLO, "La fondazione delle città latino-americane. Gli archetipi della Giustizia e della Fede" in *Psicon, revista internazionale di architettura*, Centro Studi Architettura OUROBOROS, Firenze, 1975, n.º 5, vol./ano II, pp. 34-58. Já para o universo luso-brasileiro a obra onde, sem tal fim, apesar de tudo esta matéria está mais concentrada é a de Vasco da Costa SALEMA (1982) *Pelourinhos do Brasil*, Sociedade Histórica da Independência de Portugal, Lisboa, 1992.
[52] O mais importante é a facilidade com que parece terem sido realizadas. Se os núcleos existentes tivessem consistência não teria sido tão fácil.
A documentação aqui usada relativa ao papel de Tomé de Sousa como primeiro Governador--Geral do Brasil e de Luís Dias como seu arquitecto anda transcrita na *História da Colonização Portuguesa do Brasil*, vol. III, Rio de Janeiro, 1921/4.

ção pela costa realizada nos finais de 1552: fez cercar vilas e povoações de engenhos, fez mudar para a costa as implantações do interior e mandou "... em todas as vilas fazer casas de audiência e de prisão e endireitar algumas ruas, o que tudo se fez sem oposição do povo e com folgarem muito de o fazer...". De 1549 a 1580 decorreu, pois, o primeiro ciclo do urbanismo português em território brasileiro. Período curto, no qual apenas Salvador e Rio constam da lista das cidades então fundadas, uma vez que casos como o de Vitória (1550) não chegaram a adquirir naquele período características urbanas. São aquelas as únicas cidades portugueso-brasileiras da *expansão*.

Casos diametralmente opostos aos do Oriente. Para além da total disparidade entre as preexistências, o enquadramento histórico determinou políticas diferentes. Na *idade manuelina* eram os ideais que ditavam as políticas de expansão, forjando-se sonhos da recompensa material e espiritual, a Oriente, para o esforço empreendido. Por tal razão o Brasil foi inicialmente entendido como uma etapa do percurso para a Índia e tratado como as ilhas atlânticas e a costa ocidental da África Austral-Continental, ou seja, adoptou-se o sistema de donatarias ou capitanias hereditárias, completamente estranho à Índia Portuguesa.[53]

Para os estudiosos do universo quinhentista português a década de 40 é um momento de viragem que atravessa os principais sectores da sociedade e da actividade governativa: foi a mudança de orientação na reforma da Universidade; foi a assunção de preponderância pelos sectores religiosos integristas e pela Inquisição, o que teve como consequência imediata a erradicação prática dos ideais humanistas; foi a mudança para uma postura colonial relativamente à Índia com o abandono de ideais como o de cruzada e o do V *Império*; foi a concentração dos esforços do Estado na militarização dos territórios; foram as referências cada vez mais frequentes à utilização do desenho como instrumento necessário à definição das construções, paralelas, aliás, à definição das diferenças entre engenharia e arquitectura; foi a contratação de alguns engenheiros militares estrangeiros com vista à saída do beco de ineficácia em que o experimentalismo da fortificação manuelina havia introduzido os nossos sistemas de defesa passiva; etc.. No fundo trata-se da passagem da fase *arcaica* – manuelina – da nossa Idade

---

[53] Não abdicando da soberania sobre o território, a Coroa delegava nos donatários toda a iniciativa colonizadora e, assim, urbanizadora. A eles competia a fundação de cidades e a emissão das respectivas cartas de foral. Mas na generalidade a falta de motivação era tanta que, em alguns casos, os capitães donatários acabavam por ir para o íman da *expansão* portuguesa, a Índia. Lembro o incontornável exemplo de Martim Afonso de Sousa que depois de em 1532 fundar aquela que terá sido a primeira vila do Brasil – S. Vicente – surgiu quatro anos depois na tomada e fortificação de Diu, chegando a ser Governador da Índia entre 1542 e 1545.

Moderna ao seu período *clássico* – "entre especiarias e diamantes", como diria George Kubler.[54] Ocorreu fundamentalmente no sentido do reconhecimento das realidades. A realidade de uma civilização e sistema económico instalados, a realidade de um estado de guerra constante para manter os estabelecimentos em terra e as rotas comerciais, a realidade de um trato local mais rentável e viável que o trans-continental, a realidade da inoperacionalidade do sistema administrativo a longa distância, a realidade da fraqueza carnal e material do *herói-tipo* português... Então também toda a Europa se virava para realidades difíceis verificando, uma vez mais, a triste realidade de humanismo puro e fervor clássico catalisarem sempre exageros e a sua consequente repressão.

Como tenho vindo a insistir, foi nessa viragem dos anos 40 de quinhentos que a Coroa, guiada pelos sucessos espanhóis e ameaças de outros reinos europeus na América, esboçou um plano de colonização do Brasil sendo o seu principal instrumento as *cidades reais*. O caso de Salvador é importante não só por ser pioneiro, mas também porque pela primeira vez em todo o universo português há notícias de desenhos. Estava-se em 1548 e só em 1565 surgiu o primeiro impulso para a fundação do Rio.

Na célebre planta do *Livro que dá razão do Estado do Brasil* de cerca de 1616, na mais precisa congénere holandesa de 1624 e no complementar *Roteiro general de la costa del Brasil y memorial de las grandezas da Bahia* feito em 1587 por Gabriel Soares de Souza, Salvador apresenta-se como uma cidade dividida em dois núcleos: o mais recente a Norte e estabelecido a partir da Matriz (futura Sé) e do Colégio Jesuíta; o fundacional, mais perto da Barra, polarizado em "...uma honesta praça ...(...) ... em quadro..." onde primeiro existiu o Pelourinho. Esta praça era aberta sobre o mar e conformada pela Casa da Câmara e Cadeia, o Paço do Governador, a Fazenda e a Alfândega, para além de algumas casas. Curiosa era a existência do "guindastte das fazendas" destinado a erguer mercadorias do cais para a Alfândega. Bem perto, na rua que conduzia à Matriz e à porta da muralha que dava para o campo onde se vieram a instalar os Jesuítas,[55]

---

[54] É o subtítulo do já clássico *Portuguese Plain Architecture, between spices and diamonds, 1521--1706*, Wesleyan University Press, Middletown, 1972. Nesta obra o autor abriu caminho ao estudo coerente da arquitectura portuguesa daquele período que, numa síntese ímpar após o auge do *manuelino* e do *primeiro renascimento*, conjugou as tradições da arquitectura castiça com os *ares do tempo*, a arquitectura clássica. O *estilo chão* é isso mesmo, a atitude clássica na arquitectura de um país (operativamente) periférico numa conjuntura particularmente difícil.
[55] Esta questão foi polémica até que Paulo Santos, no estudo já referenciado, a clarificou (pp. 81-82). No entanto hesita em aceitar que o primeiro cerco deixasse de fora a Misericórdia, a

e, tal como aquela, com as traseiras sobre o penhasco, o porto e o mar, encontrava-se a Misericórdia com o seu hospital.[56] Tudo leva a crer que nos primeiros anos a assistência religiosa era prestada na capela de N.ª S.ª da Ajuda criteriosamente (organicamente!) implantada ao centro e em função da "porta de terra" da cidade. A morfologia urbanística de ambos os núcleos é claramente diversa e confere com as datas das respectivas estruturações. O núcleo inicialmente e deliberadamente implantado por Tomé de Sousa no morro mais pequeno apresenta as características do urbanismo *regulado* cuja caracterização genérica aqui já foi adiantada. O núcleo estabelecido com a Matriz e os Jesuítas, gerado em finais do século XVI, senão mesmo em inícios de seiscentos, é já muito mais próximo da racionalização geométrica do traçado em xadrez. Como explicação não bastará apenas a maior área e mais favorável topografia...

Repare-se, no entanto, como apesar das referências às "...traças e amostras que levais..." o muito comentado excerto do *Regimento de Thomé de Souza* torna claro que tais desenhos são para que ele com eles se conforme e "...praticando com os oficiais que para isso mando e com quaisquer outras pessoas que o bem entendam..." decida o que de melhor achar. Umas linhas atrás igual capacidade de decisão era dada ao Governador para a escolha do local. É por demais sabido que com ele seguira Luís Dias, um arquitecto normalmente tido como da confiança de Miguel de Arruda, Mestre-mor das Fortificações do Reino, e por ele hipoteticamente instruído para a missão. Todos estes factos e a notícia documental das tentativas falhadas para fazer chegar ao rei desenhos representando o que então se fazia têm alimentado a hipótese da existência de um plano, um pré-desenho para a cidade. No entanto, em minha opinião a questão é outra e mais simples se, à luz do que tenho vindo a propor, lermos atentamente o Regimento de Thomé de Sousa: Luís Dias levava "traças" (desenhos) e "amostras" (modelos/maquetas?) para a construção de uma "fortaleza" e não de uma "cidade" ou "povoação" – as coisas são bem diferenciadas no texto; sabemos que a "fortaleza" devia ter "disposição e qualidade para aí por o tempo em diante se ir fazendo uma povoação grande", mas onde é que se diz que ele levava as traças relativas à cidade? Como consequencia destas

---

Matriz e o local do futuro Colégio, o que, se reconstituirmos a topografia natural do local com a Ribeira de Goes se torna óbvio. A prova definitiva está na própria planta de cerca de 1616, pois na versão guardada na Biblioteca Pública e Municipal do Porto está bem marcado o primeiro perímetro da cidade. Aliás, a avaliar pelo conteúdo da carta este cerco muito provavelmente terá sido construído com intenções, a bem dizer, efémeras.

[56] Devo fazer notar os equipamentos agrupados de acordo com o principio da *nova centralidade* manuelina no território europeu.

dúvidas e apenas como hipótese de trabalho proponho, portanto, que se admita que o plano tenha sido elaborado no local e, muito provavelmente, a par-e-passo com as obras. O termo usado na carta de Luís Dias ao rei datada de 15 de Agosto de 1551 quando se refere ao desenho que, sem sucesso, lhe tentou enviar é, aliás, "amostra", para além de em todo texto dar especial relevo às muralhas.[57] No essencial o que proponho é que, no contexto geral das cidades da *expansão*, se considere, a par de outras hipóteses, que Salvador tenha sido o primeiro tramo da ligação óbvia entre as cidades *reguladas* e as cidades da *escola*, nunca um caso precoce. O caso já por nós *visitado* de Damão constituir-se-ia como o segundo.

Para o período que nos propusemos abordar, o estudo do Rio de Janeiro é um caso fácil. As razões fundamentam-se em factos por demais conhecidos.

Se tem uma fundação institucional em 1565, nos anos imediatos não passou de uma "praça forte" (designação que encontramos nos documentos da época) alcandorada no colo entre dois morros – Cara de Cão e Pão de Açúcar – com o desenho incaracterístico que tal impôs. A sua estrutura ligeira permitiu, aliás, o abandono e mudança para o morro de S. Januário logo após a vitória sobre os franceses cuja presença na Baía da Guanabara foi o móbil principal para a fundação da cidade. Ali pouco mais coube que o que Mem de Sá em dezasseis meses fez[58]: pura e simplesmente instalar os equipamentos mínimos necessários a qualquer cidade da *expansão*, ou

---

[57] Para além destas dúvidas fundamentais subsistem ainda outras relativas à própria figura de Luís Dias. Rafael Moreira (AAVV, 1989, *História das Fortificações Portuguesas no Mundo*, Alfa, Lisboa, 1989, p.155) após afirmar que Miguel de Arruda foi o "criador de uma verdadeira escola nacional de arquitectura militar e urbanismo cujos discípulos levaram aos quatro continentes as directrizes, se não os próprios planos, traçadas no seu *atelier*" incluiu o primeiro engenheiro de Salvador nesse grupo de discípulos. Não é um facto histórico, mas uma hipótese. Desenvolvendo-a, observa-se que Luís Dias, se não era mais velho, estaria pela idade do próprio Miguel de Arruda, pois na p.181 do vol.I de *A Arquitectura do Renascimento no Sul de Portugal – a encomenda régia entre o Moderno e o Romano* (2. vols., dissertação de doutoramento apresentada à Universidade Nova de Lisboa, Lisboa, 1991) Rafael Moreira dá-o a trabalhar no Norte de África em meados da década de 1520, dado extraído do *Diccionario historico e documental dos Architectos, Engenheiros e Constructores Portuguezes ou a serviço de Portugal* (3 vols., Imprensa Nacional Casa da Moeda, Lisboa, 1988) de Souza Viterbo que, aliás, levanta ainda a hipótese de aquele arquitecto ter estado no Brasil ainda antes da sua missão com Tomé de Souza. Por outro lado, na carta que escreveu ao rei em 1551/08/15, Luís Dias pedia para regressar ao reino por estar muito velho e ser quase inútil. Ora Miguel de Arruda morreu apenas em 1563. É possível, mas muito pouco provável, que Miguel de Arruda tenha tido como *discípulo* Luís Dias, o que levanta dúvidas sobre a preponderância e um eventual pré-desenho urbanístico de Miguel de Arruda para S. Salvador da Bahía.

[58] Ver "Instrumento dos Serviços de Mem de Sá" in *Anaes da Biblioteca Nacional do Rio de Janeiro*, vol. XXVIII, pp. 129-218.

seja, a Câmara e Cadeia, a Fazenda e Alfândega e a Sé, para além da igreja jesuíta, item que então se começava a impor persistentemente. Nem que fosse pela necessidade de instalação de outros equipamentos, a curto prazo era inevitável a descida da encosta e a urbanização da várzea[59]. Esta deu-se já no período filipino seguindo um inequívoco plano ortogonal estruturado a partir de um caminho que preliminarmente e organicamente se estabeleceu ligando o núcleo inicial ao mosteiro beneditino instalado no morro a montante. Ao processo não pode ser estranha a permanência no Rio durante sete meses do ano de 1581 de Juan Batista Antonelli, o engenheiro militar italiano que em inícios do século XVII a Coroa espanhola viria a encarregar de estudar e executar um plano integrado de defesa de toda a costa oriental da América então hispânica. Esta tarefa, em 1604 levou novamente Antonelli ao Rio, sendo também obrigatória a sua passagem por Salvador.

Face a esta pacífica realidade devemos concluir que até a segunda das duas únicas cidades brasileiras da *expansão* acaba, em função do seu tardio desenvolvimento urbanístico, por o não ser.

É precisamente no Rio que deixo este contributo para o debate acerca das *cidades portuguesas* com o tom de desafio à coragem científica para o estudo integrado das suas realidades históricas e formais. Se a história brasileira começa em 1500, é também verdade que em simultaneidade com o curso final da sua pré-história se desenvolviam em Portugal processos cujo conhecimento é fundamental para a compreensão das transformações que o território que hoje é o Brasil sofreu no processo gradual da sua entrada na História.

---

[59] O processo está bem descrito e comentado em variados trabalhos de que, a título de exemplo e para além do de Paulo Santos já referenciado, registo o de Eduardo Canabrava BARREIROS *Atlas da evolução urbana da cidade do Rio de Janeiro – ensaio*, Instituto Histórico e Geográfico Brasileiro, Rio de Janeiro, 1965 e de Giovanna Rosso Dal BRENNA "La citta coloniale portoghese. Rio de Janeiro tra il XVI e il XVIII secolo" in *Estudos sobre urbanismo Iberoamericano – siglos XVI al XVIII*, Junta de Andalucia, Consejeria de Cultura, Sevilla, 1990, pp. 448-462. Mas fundamental, pois expõe antigas polémicas e, cuidadosamente, estabelece o enquadramento, é o "Curso sobre a fundação da cidade do Rio de Janeiro" in *Revista do Instituto Histórico e Geográfico Brasileiro*, Departamento de Imprensa Nacional, Rio de Janeiro, 1967, vol./ano 276.

Fotografia aérea de Tomar, 1958, Instituto Geográfico Português, Lisboa

Gaspar Nicolás, *"tábua do Tratado da Prática D'Arysmética"*, excerto, Lisboa, 1519

DA CERTEZA À INTERROGAÇÃO
BREVE REFLEXÃO ACERCA DOS TRILHOS DA HISTORIOGRAFIA
DO URBANISMO COLONIAL PORTUGUÊS DA IDADE MODERNA *

A HISTORIOGRAFIA do urbanismo e da urbanística portuguesas registou até há alguns anos uma evolução irregular. A um momento inicial de formulação e respostas de problemáticas nas décadas de cinquenta e de sessenta, sucedeu um quase interregno que só na década de oitenta foi resolvido, desenvolvendo-se desde então um profícuo processo de fundação e evolução da disciplina.

A tal inércia não são alheias as condicionantes criadas pelos regimes políticos que vigoraram nos dois países sob os quais, até meados da década de setenta, se manteve a soberania da quase totalidade dos territórios que sofreram processos de urbanização portugueses: Portugal e Brasil. Com efeito não deixa de ser revelador que os primeiros debates tenham ocorrido quase exclusivamente no Brasil antes do evento da ditadura militar (1964) e que só após o restabelecimento da democracia em ambos os países (1985) tenham sido retomados de forma contínua. Se a publicação das duas únicas grandes sínteses circunscritas ao caso brasileiro ocorreu já em 1968, a verdade é que foram produzidas sobre uma mesma linha de investigação e que a primeira corresponde a uma prova académica concluída em 1964.[1] Em Portugal, à parte a contribuição dos geógrafos, foram casos isolados os

---

* Comunicação encomendada e apresentada ao *Congresso Portugal-Brasil: memórias e imaginários* organizado pelo Grupo de Trabalho do Ministério da Educação para as Comemorações dos Descobrimentos Portugueses, o qual teve lugar nas instalações da Fundação Calouste Gulbenkian em Lisboa em Novembro de 1999, tendo posteriormente sido publicada nas respectivas actas (Lisboa, 2000, vol. II, pp.339-348). Corresponde a uma evolução do artigo "De la certidumbre a la interrogación – una breve reflexión sobre los caminos de la historia del urbanismo colonial portugués de la Edad Moderna" encomendado e publicado na revista *Ciudad y Territorio – Estudios Territoriales*, Ministério de Fomento, Madrid, 1998, n.º 116, vol./ano XXX, pp.503-511.

[1] Nestor Goulart Reis (1964), *Contribuição ao Estudo da Evolução Urbana do Brasil (1500/1720)*, Liv. Pioneira Editora e Univ. de S. Paulo, 1968 e Paulo F. Santos (1968) "Formação de cidades no Brasil colonial" in *Actas do V Colóquio Internacional de Estudos Luso-Brasileiros*, 5 vols., Univ. de Coimbra, 1968, vol./ano V, pp. 7-116.

estudos que aprofundaram matérias processuais e/ou teóricas.[2] Este facto, de simples constatação sobre a bibliografia básica da disciplina, torna evidente como é importante ao especialista o usufruto de uma História objectiva que evite o que possa ofuscar a correcta contextualização dos fenómenos da urbanização do universo de espaços que outrora foram portugueses. E na realidade tem sido por mercê de uma historiografia renovada que os avanços disciplinares se têm dado, ao que não são estranhas as iniciativas que o ciclo comemorativo dos *descobrimentos* (1986-2000) tem vindo a suscitar.

É nesse âmbito que, com base numa proposta minha e sob a gestão de um pequeno comissariado que para o efeito integro com os meus colegas Renata de Araujo e Helder Carita, a Comissão Nacional para as Comemorações dos Descobrimentos Portugueses (CNCDP) tem vindo a pôr em prática um projecto que não só visa congregar o conhecimento disponível sobre o urbanismo e a urbanística portuguesas daquela época, mas também pretende pôr em interacção científica os seus agentes. Além de já ter permitido a circulação eficaz de diversos trabalhos[3] levou também à recente realização da primeira reunião científica global dedicada a estas matérias na qual surgiram ideias novas e, fundamentalmente, um posicionamento disciplinar. Assim se congregaram investigadores provindos de todas as áreas geográficas em questão – o *Universo Urbanístico Português 1415-1822* – além de outros cujo contributo se constituiu como a necessária referência externa.[4] Não me proponho aqui fazer um balanço, nem sequer uma abordagem crítica e/ou geral desse evento, mas tão só tornar claro que é este o primeiro esboço posterior de uma reflexão pessoal sobre o tema que, apesar de uma aparente especificidade, no fundo coincide com o que para este congresso me foi proposto. É que, na realidade, se por entre toda a sua enorme complexidade o Brasil é também a maior criação da *cultura do território* portuguesa, no domínio estrito do conhecimento disciplinar a sua dimensão e importância global não só não ofuscam como tornam imprescindível um conhecimento global de todo o universo espacial português.

---

[2] Além da obra diversificada de Orlando Ribeiro, merece destaque o trabalho isolado de José A. França (1962), *Lisboa Pombalina e o iluminismo*, Bertrand, Lisboa, 1987.
[3] Essencialmente na *Colectânea de Estudos: Universo Urbanístico Português 1415-1822*, CNCDP Lisboa, 1998.
[4] Trata-se do projecto *a Cidade como Civilização: universo urbanístico português 1415-1822* (para uma informação cotejada vejam-se todos os números da respectiva *Newsletter* na Internet em http://www.cncdp.pt/cidade/). A reunião a que me reporto foi o *Colóquio Internacional Universo Urbanístico Português 1415-1822* realizado de 2 a 6 de Março de 1999 em Coimbra, cujas actas já se encontram em adiantada fase editorial. Está também em preparação a edição de uma bibliografia e de uma exposição de cartazes com o respectivo guia.

Está mal resolvida (ou permanece por resolver) a principal questão então levantada pelos pioneiros da disciplina. Com efeito ainda não temos uma explicação consensual e vulgarizada para as (óbvias) diferenças entre as soluções de transformação espacial adoptadas pelos Portugueses e pelos Espanhóis no Novo Mundo. O papel de ambos na expansão europeia e a adjacência dos territórios europeus e americanos eram razões suficientes para formular a comparação sem que, até hoje, se tenha laborado em paralelos com outras potência coloniais também então presentes no terreno.

Foi esse o debate lançado por Sérgio Buarque de Holanda no famoso capítulo 4 de *Raízes do Brasil*, obra editada em 1937, mas que só ganhou a forma que neste contexto nos interessa dez anos depois na 2.ª edição. Trata-se de um texto que, sem ser de alguém com interesse continuado na matéria, acabou por fazer uma longa carreira suscitando, por assim dizer, o surgimento da disciplina no Brasil. Com efeito na década de 1950 surgiram, entre outros, os artigos e excertos de Robert C. Smith[5] bem como os estudos de Aroldo de Azevedo.[6] A cultura brasileira vivia então um período efervescente e de revisão da identidade, no qual também tinha lugar o estudo e valorização do património edificado pela mão dos mais distintos arquitectos modernistas.[7] Na década seguinte continuaram a surgir trabalhos, por regra de menor âmbito geográfico e balanceamento científico. Como excepções destaquem-se as já referidas obras de 1964 e 1968 de Nestor Reis e Paulo Santos, respectivamente. Aí uma investigação orientada e aprofundada teve como resultado uma leitura diversa e o apontar de caminhos que só anos mais tarde seriam retomados.

Entre outros factores naquelas reflexões iniciais não se teve em conta que, ao contrário das principais cidades hispano-americanas, as brasileiras então observadas tiveram processos de estabelecimento anteriores à implementação régia de uma política sistemática de colonização e, concomitantemente, de urbanização. Também pouco se valorizaram dados essenciais

---

[5] Na sua vasta bibliografia os títulos dirigidos a esta temática são "Colonial Towns of Spanish and Portuguese America" publicado em 1956 no *Journal of the Society of Architectural Historians*, 14:4 e "Urbanismo colonial no Brasil" comunicação apresentada ao *II Colóquio de Estudos Luso-Brasileiros* realizado em S. Paulo em 1955 e publicada na revista *Bem Estar*, 1:1 em 1958.
[6] Entre outros "Vilas e Cidades do Brasil Colonial. Ensaio de geografia urbana retrospectiva" in *Boletim*, Faculdade de Filosofia, Ciências e Letras da Universidade de São Paulo, 1956, n.º 208/ Geografia n.º 11, pp. 1/96 e "Embriões de cidades brasileiras" in *Boletim Paulista de Geografia*, São Paulo, 1957, n.º 25, pp. 31/69.
[7] O Serviço do Patrimônio Histórico e Artístico Nacional, SFHAN e hoje IPHAN, foi criado em 1937, sendo assim a primeira instituição estadual de estudo e salvaguarda de património na América Latina.

como o facto de, ao invés do que sucedia com os territórios dos Portugueses, os ocupados pelos Espanhóis terem importantes marcas civilizacionais e urbanas. Em síntese pode dizer-se que as principais cidades da América Latina são, de forma quase global, as primeiras cidades fundadas nos respectivos territórios e que foram esses os primeiros casos a serem observados pelos historiadores do urbanismo. Por conseguinte, enquanto do lado espanhol então se identificavam estruturas espaciais de matriz geométrica, do lado português sucedia o inverso. Ou seja, no seu todo as cidades coloniais brasileiras eram caracterizadas como estruturas morfológicas determinadas por um crescimento orgânico e/ou aditivo com referentes espaciais evocando aqui e ali cidades portuguesas com matriz considerada medieval. Por oposição ao caso hispânico onde foi marcante o recurso a estruturas morfológicas geométricas – de quadrícula – cujas regras já em pleno desenrolar do processo se viram codificadas nas famosas *Ordenanzas* de Felipe II de 1573. No encalce de uma comparação era o resultado imediato, possível e, por consequência, impressionista.

Contudo a realidade vai-se revelando complexa à medida que a investigação se desenvolve.

Universalmente a disciplina tem vindo a tornar claro como, na essência, os processos urbanísticos ditos *orgânicos* têm matrizes de comportamento/evolução que, face aos contextos específicos de cada caso, acabam por se revelarem previsíveis. Variáveis são as suas expressões, com especial destaque para a arquitectónica. Acresce o facto de em toda a História ser este o tipo de estabelecimento e evolução urbana corrente, ainda que mestiçado com outros em diversos graus. No extremo oposto – com muito menor expressão numérica, mas, até hoje, de muito superior impacto/divulgação cultural – também não existem casos que correspondam à pureza da sua formulação urbanística. Por razões óbvias tem sido este o alvo dos investigadores o que, por sua vez, tem implicado uma especial incidência sobre a produção urbanística do poder central. No entanto começam agora a interessar-se pelos processos mistos e de promoção diversificada – entre o *vernacular* e o *erudito* – onde de facto se revela uma muito maior riqueza cultural.

Do lado hispano-americano uma historiografia em renovação tem-nos prendado com trabalhos que vão dando um quadro urbano e urbanístico bastante mais diverso e menos dogmático que aquele que ainda hoje constitui a sua imagem de senso comum – a realidade sempre acaba por reduzir os arquétipos à sua própria razão...

Do lado português o investimento no conhecimento dos contextos tem vindo a tornar complexo o panorama disciplinar. E para o caso em questão tornam-se cada vez mais e mais evidentes as diferenças e desfasamentos cronológicos entre os processos coloniais das duas potências ibéricas – com corolário óbvio nas políticas e nas respectivas *culturas do território*.

A colonização portuguesa deu-se de forma gradual e dispersa, para o que em boa medida terá contribuído a míngua demográfica. Para além de o interesse disciplinar primeiro lá ter singrado, o peso que o Brasil veio a adquirir no todo justifica a menor atenção prestada a outras paragens. Porém, se a este raciocínio acrescentarmos o facto de ter sido aquele o último território colonizado,[8] teremos uma ideia de como o desconhecimento da globalidade do sistema colonial português pode criar equívocos. Ao invés e sem ignorar as excepções das Canárias, Filipinas, Carolinas, Palaos e Marianas, todas as políticas coloniais espanholas se jogaram no Novo Mundo logo desde o final do século XV.

Não faria sentido aqui advogar as motivações expansionistas de Portugal, essa nação matricialmente estruturada no litoral de transição entre o Mediterrâneo e o Atlântico, ou seja, então implantada na periferia do mundo conhecido. Contudo, de forma inquestionavelmente redutora, pode dizer-se que se as operações empreendidas desde 1415 no Magrebe foram pautadas por um corportamento de cruzada e/ou *natural* expansão além fronteiras, o sonho das navegações também iniciadas de forma programada nessa altura era um misto de aventura e cobiça. Ansiava-se atingir paragens onde o comércio fosse fácil e superiormente lucrativo. Assim, com base em mitos, notícias e crónicas com tanto de fantasia como de verdade, foi-se esboçando o desejo de chegar ao Oriente por mar e assim se estabelecer em monopólio uma rota, a *Carreira da Índia*. E até meados do século XVI tudo foi planeado e decidido segundo esse desígnio a que o tal espírito de cruzada, vertido em missionação, se juntou com expressão determinante e prenunciando o inevitável processo colonializante.

Nas ilhas atlânticas e, aqui e ali, na costa africana, logo desde meados do século XV se foram estabelecendo entrepostos de comércio e de apoio à navegação. Em alguns casos rapidamente evoluíram como estruturas urbanas ordenando pequenos territórios contidos pelo mar onde a agricultura oscilou entre a experiência e a subsistência. Foram esses os espaços essenciais para a experimentação de soluções, desde a ciência agrícola à propriedade e ao sistema administrativo.

---

[8] É obvio que apenas me refiro aos processos da Idade Moderna, pois a colonização das possessões portuguesas na África Continental (Angola, Moçambique e Guiné) deu-se depois da independência do Brasil, ou seja, a partir de meados do século XIX em contextos estruturalmente diversos.

Chegados à Índia o procedimento foi semelhante. Porém, tal como no Magrebe, a resistência local, movida por interesses económicos instalados e por crenças religiosas arreigadas, forçou aquela dúbia orientação entre o comércio e a missionação à conversão numa política de orientação talassocrática. O controle, implicando taxação, das actividades económicas de todo o espaço do Índico em breve se tornou mais importante que o comércio inter-continental. Num contexto destes era inevitável o despontar de acções particulares, nomeadamente para além do Cabo Camorim, ou seja e por norma, bem longe da fiscalização da Coroa. Em função das possibilidades e das necessidades os estabelecimentos em terra evoluíram para tipos extremamente diversificados e jamais *puros*: feitorias e/ou simples fortes ou fortalezas em situações sem conteúdo urbano/urbanístico português; praças de guerra e cidades posteriormente fortificadas resultantes de uma estruturação inicial ou de um processo, normalmente lento, de reforma portuguesa. Em qualquer dos casos a implantação dava-se no litoral, dominando cidades preexistentes e em espaços destacáveis de terra firme por canais existentes ou de fácil execução. Note-se como a rede urbana ali criada não era complementar nem autónoma, mas sim *parasita*, da preexistente.

A auto-suficiência do Estado da Índia Portuguesa implicava, contudo, a tenência de algum território. Aconselhava-o ainda a resolução das pressões pró-senhoriais, não só de alguns cooperantes locais, mas também de um funcionalismo imigrado da Europa que era fundamental fixar e contentar. Com suficiência, a obtenção para tal de espaço em Goa – o vórtice do Império Português do Oriente – apenas foi possível na segunda metade do século XVIII, resultando de uma restruturação em boa medida motivada pela perda gradual e quase integral, desde o domínio filipino, dos postos no sul do Hindustão e no Extremo-Oriente e do território e praças da Província do Norte. Capitaneada pela cidade de Baçaím desde a década de 1540 – hoje em ruínas à porta da metrópole de Bombaím – tinha sido até então esta o verdadeiro alfoz português no Oriente.[9] Mas, quiçá, a aposta mais forte foi a do domínio integral da ilha do Ceilão, objectivo malogrado depois de mais de um século de elevado esforço.

No processo assim sumariamente esboçado, torna-se evidente como a evolução em urbe dos estabelecimentos ultramarinos portugueses da *fase dos descobrimentos* decorreu das suas contingências intrínsecas e, de certa

---

[9] Recentemente publiquei um ensaio sobre esta cidade e o território dependente – "Baçaim – 7 alegações para uma aproximação ao espaço físico" in Catálogo da Exposição *Os Espaços de um Império – estudos*, CNCDP Porto, 1999, pp. 105-123.

forma, prenunciava a passagem à *fase colonial*. Refira-se a propósito como, ao invés do que sucedeu nas ilhas atlânticas, a impossibilidade de um claro domínio territorial implicou que as praças no Magrebe nunca tenham evoluído para situações urbanas inequívocas. Ali, mesmo em Mazagão, os estabelecimentos portugueses jamais deixaram de ser, na sua essência, praças de guerra, ainda que administrativamente tivessem o estatuto de vila ou cidade. Nas ilhas, pelo contrário e como já atrás se indiciou, a necessidade fez com que a colonização fosse precoce.

Por todas essas paragens, as cidades ou sectores urbanos onde historiografica e/ou morfologicamente se reconhece uma programação urbanística portuguesa – instaladora ou reformista – demonstram-na como desenvolvimento natural dos procedimentos urbanísticos em uso na metrópole. Também só há relativamente pouco tempo se começaram a reconhecer e caracterizar no espaço português medieval políticas de ordenamento territorial e urbanístico comuns e contemporâneas de outros processos europeus. Com especificidades inevitáveis, nos séculos XII e XIII a estruturação de Portugal como suporte espacial de uma nacionalidade levou à fundação ou profunda reforma de dezenas de urbes, as *póvoas*. Por entre as mais comuns, uma série de contingências políticas e demográficas coevas esbateu os traços morfológicos mais evidentes do que já poderia ter sido claramente registado num *corpus* do urbanismo regular medieval português.[10] Nessa prática devemos ainda englobar o lento, muito variado e quase iludido urdir de uma teia de normas urbanísticas que acabaram vertidas em diplomas que regulavam de forma global a vida urbana de cada aglomerado.

A urbanística medieval portuguesa, hoje em plena fase de descoberta e estudo, parece ter tido um desenvolvimento sem soluções de continuidade até, pelo menos, meados do século XVI, imediatamente após o auge no período a que, de forma lata, apelidamos de *manuelino*. Verificou-se então uma ampla reforma urbanística das principais urbes caracterizada pela deslocação do centro, no qual para além de equipamentos renovados também se implantavam programas novos como as Misericórdias. Tal desenvolvimento usufruiu claramente da nebulosa científica com a qual também se contextualiza a gesta das navegações e a concomitante *modernidade à portuguesa*. Com efeito têm-se vindo a apurar dados relativos a aplicações directas – por exemplo no traçar e marcar do terreno (*arruar*), na hierar-

---

[10] A primeira reflexão sobre esta matéria foi registada por Jorge Gaspar em "A morfologia urbana de padrão geométrico na Idade Média" in *Finisterra, Revista Portuguesa de Geografia*, Centro de Estudos Geográficos da Universidade de Lisboa, 1969, n.º 8, vol./ano IV.

quia viária, na modulação e dimensionamento e nas normas compositivas e volumétricas a que tinha de obedecer a arquitectura – mas também em tudo o que diz respeito à conceptualização do espaço, à consciência do urbano ou, se quisermos, à capacidade e desígnio comunitários de o conceber. Na realidade tudo leva a crer que aquém de uma racionalização morfológicamente evidente, a tradição urbanística de então se revelava numa prática colectiva de regulação inteligente do espaço, ou seja, na marca urbana do equilíbrio social. A descodificação e crítica das fontes legislativas trará por certo novidades, em especial se feita à luz dos interesses que visava servir. Enfim, estamos perante um componente fundamental da cultura difusa...

Esta praxis urbanística, que em trabalhos anteriores intitulei de *urbanismo regulado*,[11] é tão directamente reconhecível nas matrizes espaciais de cidades insulares como Angra, Ponta Delgada ou Funchal, como no Oriente em Cochim, Chaul, Baçaím ou Colombo, como ainda nos ensanches de Lisboa (Bairro Alto), Évora, Coimbra e Goa ou ainda em cidades de fundação na metrópole como Portimão, para apenas citar alguns casos de cada uma dessas áreas do universo português cuja implementação ocorreu sob tutela do(s) poder(es) central(is) entre os meados dos séculos XV e XVI. Igual não parece ter sucedido nos estabelecimentos fomentados por particulares, como os donatários de capitanias, onde se reconhecem estruturas morfológicas essencialmente orgânicas ou processos de abandono e/ou reforma quando ocorreu a inevitável *retoma* régia. De tal são exemplo algumas vilas nas ilhas atlânticas e nas costas do Brasil onde a única hipótese para uma excepção parece ser Olinda.

Como indiciei atrás, por meados de quinhentos e após o reconhecimento global da realidade civilizacional do Índico, estavam concluídos os *descobrimentos*. Em simultâneo a revelação da cobiça de outros países sobre os territórios na América e as dificuldades em manter as posições magrebinas catalisaram a militarização do sistema a par com a assunção de uma postura efectivamente colonial. Entre várias razões, a escassez demográfica e de outros meios ditou opções essencialmente defensivas, políticas de miscisgenação e sincretismo, a solidarização de todos os pólos nodais do Império pelo estabelecimento de uma admirável prática de mobilidade dos recursos, etc. Avultava o comungar de uma praxis na qual o *munus* da rotina era

---

[11] "A cidade portuguesa" in *História da Arte Portuguesa*, Círculo de Leitores, Lisboa, 1995, vol./ano III, pp. 233-323 e, essencialmente, em "O urbanismo regulado e as primeiras cidades coloniais portuguesas", comunicação ao *IV Seminário de História da Cidade e do Urbanismo* realizado no Rio de Janeiro em 1996 e publicada na obra referida na nota 3 a pp. 507-536.

a adaptabilidade às conjunturas. Foi também esse um importante momento de abertura do reino à influência formal da Europa. O Renascimento, na vanguarda da sua fase integrista ou concomitantemente contra-reformista, era então *observado* em Portugal. Com ele a engenharia militar moderna.

Inicia-se então a assunção directa pela Coroa da administração do Brasil e, a partir da capital para tal fundada em 1549 na Baía de Todos-os-Santos, tibiamente se desencadeia o processo de urbanização do maior território do universo português. S. Salvador nega na inteligência do sítio – o topo de um morro sobre a praia – o que a morfologia e a documentação parecem indiciar: um projecto urbano moderno ou o último estádio de evolução da anterior urbanística portuguesa. Igual sucedeu no Rio de Janeiro antes deste se estender do morro para a várzea já no período dos Áustrias.

Neste percurso – o da *formalização em moderna* da urbanística portuguesa – seguiu-se Damão, a última cidade fundada pela Coroa no Oriente. Sobre uma plataforma do litoral oeste do actual território indiano na década de 1560 foi arruada com rigor uma quadrícula. A posterior construção de um perímetro muralhado de traçado moderno resultou na formação de um conjunto que formalmente se posiciona na linha das cidades ideais militares cuja divulgação a tratadística do Renascimento italiano então proporcionava. Contudo subsistem dúvidas de conteúdo e método que contingências várias ainda não permitiram esclarecer.[12]

O episódio seguinte é tão pouco conhecido quanto importante. As referências já aqui feitas ao período da união das coroas ibéricas (1580-1640) propõem-nos o relacionamento de dois factos essenciais: o declínio territorial do Império Português do Oriente iniciou-se enquanto a rede urbana no Brasil ganhava expressão. Mas a investigação mais recente não nos tem esclarecido de forma inequívoca acerca da sustentabilidade do que, à primeira vista, tal poderia levar a concluir. Temos de aguardar. Por outro lado, se em algumas cidades brasileiras fundadas então – nomeadamente S. Luís (Maranhão) e Filipeia (Paraíba) – se nos apresentam morfologias similares às hispânicas no que diz respeito ao arruar e à arrumação espacial e funcional do quarteirão, já o mesmo não sucede com a escala e a escolha dos lugares. Tendo consciência do contrabandeamento científico e de estruturas de gestão entre Lisboa e Madrid que ultimamente tem vindo a ser inventariado, ao que deve ser anexado o desempenho de acções comuns aos

---

[12] Pesem embora imprecisões entretanto detectadas, ver o meu relatório (1996) *Cidades Indo--Portuguesas – contribuição para o estudo do urbanismo português no Hindustão Ocidental*, CNCDP, Lisboa, 1997.

territórios do espaço atlântico pelos mais destacados engenheiros militares, não é contudo possível olvidar a celeridade com que após a restauração da independência (1640) Portugal ergueu estruturas académicas e corporativas específicas de grande eficácia e identidade.

As Academias de Fortificação espalhadas por todo o Império e a importância crucial da engenharia militar na guerra com Espanha e na reposição do domínio sobre parte considerável das colónias entretanto usurpadas por outras potências coloniais, foi acompanhada da formulação explícita de um *método português*.[13] Se nele se reconhecem contributos fundamentais da vanguarda europeia de então, não menos evidente é a reformulação de algumas matrizes que parecem remontar a períodos bem recuados, em especial na especificidade profunda da apologia de uma postura profissional pragmática, da adaptabilidade às conjunturas e da atenção à inovação desde que assim enquadrada. Contributo da cultura dita difusa para a presumidamente erudita...

É esse o comportamento/método que até ao final do Antigo Regime verificamos na evolução prática e teórica[14] com o clímax erroneamente catalogado de *pombalino*. Em paralelo, e ainda como novidade coeva fundamental, registe-se o estabelecimento da Engenharia Militar como corpo de elite que, além das obrigações castrenses, tinha como ofício o agenciamento da territorialização do Império, ou seja, o estabelecimento e desenvolvimento da rede urbana do Brasil para além da faixa litorânea. Assim aconteceu onde, por exemplo, a diplomacia o exigiu – na demarcação da fronteira terrestre e nas respectivas ligações – e na afirmação da soberania estatal sobre processos despoletados fora da sua esfera, como os das regiões mineiras e das sublevações indígeno-jesuíticas, neste caso em significativa e conveniente parceria com os Espanhóis. Mas foi sobretudo pelo facto de ali constituírem a vanguarda científica e de usufruírem de um elevado

---

[13] O texto inaugural foi o de Luis Serrão Pimentel (1680), *Método Lusitânico de Desenhar as Fortificações das Praças Regulares e Irregulares*, fac-símile pela Direcção da Arma de Engenharia, Lisboa, 1993.

[14] Depois de Pimentel surgiram com abundância textos nesta área disciplinar. Contudo os marcos essenciais são, em géneros diversos, *Lógica Racional, Geométrica e Analítica, obra utilíssima e absolutamente necessária para entrar em qualquer ciência e ainda para todos os homens, que em qualquer particular, quiserem fazer uso do seu entendimento, e explicar as suas ideias por termos claros, próprios e inteligíveis*, José António Plates, Lisboa, 1744 e (1728) *O Engenheiro Portuguez*, 2 vols., fac-símile pela Direcção da Arma de Engenharia, Lisboa, 1993 de Manuel de Azevedo Fortes e ainda, de José Manuel de Carvalho e Negreiros, *Jornada pelo Tejo. Devidida em doze dias em cada hum dos quaes se tractão varias materias concernentes á Architectura Civil e seus pertences Obra utilissima, não só p..ª os Professores de Architectura Civil e Militar como tão bem p..ª todos os curiozos. Composto e oferecido ao Serenissimo Principe N. Senhor o Senhor D. João Por...*, manuscrito, Lisboa, 1793/7.

grau de autonomia e mobilidade que os engenheiros militares foram extremamente importantes num processo colonial demográficamente deficitário no que dizia respeito a imigrados, em especial qualificados.

Por todo o século XVIII, de uma expressão económica colonial mercantilista às inovações territoriais implícitas no fisiocratismo, fundaram-se centenas de cidades no Brasil, a par com profundas reformas em toda a rede e sistemas urbanos do Império. Formalmente as respostas foram do mais variado em desenho, escala, topografia funcional, eleição de locais, etc. Foi o período áureo de uma virtual *escola portuguesa de urbanismo e engenharia militar*, o mais documentado, estudado e, por conseguinte, compreendido,[15] dispensando-se assim outras considerações.

No final deste célere percurso, feito ao sabor da comparação formulada pelos pioneiros da disciplina, além de poder ser oportuno chamar de novo a atenção para os desfasamentos metodológicos, formais e cronológicos entre os processos colonizadores de ambas as potências ibéricas, é fundamental deixar claro que o interesse disciplinar não se esgota aí e que para o domínio cabal da matéria muito falta apurar. A mero título de exemplo, e reposicionando em jeito de conclusão questões já aqui levantadas, registem-se sumariamente algumas notas acerca de três grandes temas.

Entre as matérias com maiores potencialidades sugere-se-nos o que pode estar por trás da abastada variedade de itens toponímico-lexicais entretanto caídos em desuso. Com excepção para os estabelecimentos no Magrebe e no Oriente, onde por certo as preexistências ditaram regras diversas, no universo colonial português apenas as urbes com cátedra episcopal tinham a categoria de *cidade*. As restantes, independentemente de serem mais importantes ou maiores que algumas cidades eram, por regra, *vilas*. Relacionado com isso é interessante o facto de nas cidades indo-portuguesas não episcopais a igreja matriz ser designada *sé* (equivalente em Português de *catedral*). Na documentação surgem ainda outras categorias como a de *praça* (de *praça de guerra*). Em contrapartida *aldeia* parece ser a designação comum aos aglomerados rurais. Com articulação directa surgem-se-nos de imediato domínios de sub-redes administrativas, eclesiásticas, rurais, militares, a par com outras atrás enunciadas e relativas a funções mais prosaicas como o comércio, o reabastecimento e aguada marítimas, etc. Com

---

[15] Cumprindo o critério seguido desde início, impõe-se aqui a referência ao trabalho pioneiro de Roberta Marx Delson (com origem em outro de 1975) *New Towns for Colonial Brazil – spacial and social planning of the eighteenth century*, Department of Geography of Siracuse University and UMI, Siracuse, 1979, recentemente publicado em Português como *Novas Vilas para o Brasil--Colônia – Planejamento Espacial e Social no Século XVIII*, Ed. Alva-Ciord, Brasília, 1997.

efeito no domínio do léxico e/ou da semântica continua por apurar a aplicação e evolução daquilo que disciplinarmente deveria constituir a nossa terminologia essencial. Para concluir uma provocação: *póvoa, pova, povo, populare,...* enfim, poderá *povoamento* ser considerado o equivalente coevo de *urbanização*?

Outro âmbito de questões a explorar poder-se-ia inscrever num capítulo relativo a *invariáveis de tempo longo*. Algumas já aqui foram indiciadas, mas existem muitas outras como as relativas aos diversos estatutos de propriedade e de taxação da terra, aos sistemas de progressão territorial com recurso a incursões longas e a sistemas móveis de defesa. É também revelador o facto de invariavelmente a Coroa assegurar directamente ou por via institucional a soberania integral sobre todos os novos territórios, apenas alienando parcelas após a sedimentação de acções de ordenamento territorial. De herança medieval é ainda a marca urbanística da exclusão sócio-espacial com base na confissão religiosa, facto que, por razões óbvias, apenas teve expressão nas urbes do Oriente. Mas entre as *invariáveis*, a mais versada (ou mítica) e ainda por resolver é a do *lugar* e de tudo o que lhe gira em torno, com especial destaque para a dualidade *alta/baixa*, característica descontinuada nas opções espaciais da engenharia militar quando instituída. Similar é também a complementaridade entre pólos urbanos próximos, mas autónomos, expressa na toponímia sob o binómio *...de cima* e *...de baixo*. Trata-se de uma matéria equívoca até pelo abuso de ilações a que tem sido sujeita. Igual sucede com temas como *praça, largo, terreiro, campo, rossio, adro, rua, travessa, beco, azinhaga, viela...*[16]

Por último uma questão com tanto de equívoco como de desafio: o *caracter islâmico* da cidade portuguesa. Este tema tem proporcionado abordagens que vão desde o exacerbar da sua importância à sua anulação. Contudo, e por regra, tem-se contornado aquela que me parece ser a única via séria de aproximação: a da História. É necessário fazer o percurso da sedimentação da cultura portuguesa e saber de que cultura urbana/urbanística islâmica se está a falar, pois como se sabe do Extremo Oriente ao Magrebe não é uma. E nessa linha também não se poderá incorrer no facilitismo de confundir cultura mediterrânica com cultura islâmica, nem urbanismo de processo orgânico com o de eventual matriz muçulmana. Na realidade as diferenças parecem não estar tanto no traçado em si, mas fundamentalmente na arquitectura e na hierarquização urbana, ou seja, na diferenciação

---

[16] Algumas ideias sobre esta matéria foram sintetizadas de uma investigação que estou a desenvolver com a Prof. Doutora Amélia Andrade em "La plaza portuguesa. Acerca de una continuidad de estructuras y funciones" in *Catálogo da Exposição La plaza en España y Iberoamérica – El escenario de la ciudad*, Museo Municipal de Madrid, 1998, pp. 99-109.

entre público e privado, essas sim marcas culturais de inegável matriz religiosa. No fundo a questão resume-se ao reconhecimento do quadro da síntese entre a cultura preexistente e a invasora, quer no que diz respeito à entrada árabe e berbere no ocidente peninsular, quer na sua posterior invasão pelo norte asturiano-leonês, mas também franco e centro-europeu. O problema situa-se, pois, no papel do moçarabismo nas matrizes culturais e na fundamentação da nação portuguesa, não na influência directa de uma pretensa cultura urbanística muçulmana como alguma historiografia brasileira nos tem querido fazer crer. E depois é necessário acompanhar as respectivas evoluções ao longo de toda a Baixa Idade Média e só então daí partir para portos como os do Brasil...

Enfim, é essa a essência da mensagem que aqui projectei deixar. Como a História a construção do espaço corresponde invariavelmente a um processo contínuo, ou seja, sem soluções de continuidade. Entre várias, tal é a principal característica partilhada entre a realidade espacial e a *cultura do território* de qualquer nação e/ou processo civilizacional. Aliás, foi de continuidades que, errando entre certezas e interrogações, aqui essencialmente se arengou.

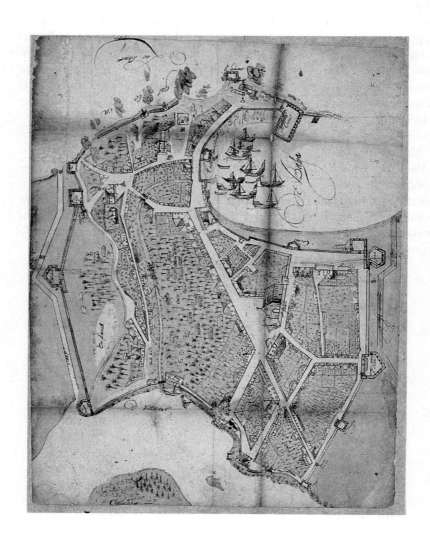

Colombo, 1ª metade do séc. XVII, Algemeen Rijksarchief, Haia

NO PRIMEIRO DOS ELEMENTOS
DADOS PARA UMA LEITURA SINTÉTICA DO URBANISMO
E DA URBANÍSTICA PORTUGUESES DA IDADE MODERNA *

NA NOSSA CULTURA, *descobrimentos* acabou por ser a designação global de um processo histórico para o qual uma mais precisa utilização do termo resultaria em restrição da sua aplicação a apenas um dos primeiros episódios. É, contudo, uma opção inquestionável, pois foi esse o período mais vibrante e revelador da têmpera das gentes que levaram a cabo o todo que foi a *expansão*. Mas tudo teria sido em vão se, em sincronia, outros se não lhe tivessem seguido.

E foram então muitos os ensaios, as hesitações e os insucessos. Pelo insuspeito número de variáveis, algumas das quais em processo de descoberta, a formulação de um plano não era possível. Guiados por alguns objectivos claros progrediu-se na montagem de um sistema que, durante muito tempo, foi simultaneamente projecto em elaboração e obra em reformulação: o Império. Certo é que, evocando também o que terá sido boa parte da sua essência, em algumas das respectivas dimensões estruturantes qualquer *império* acaba por sempre ser mais pequeno que o desejo e algo maior do que as reais possibilidades de quem o constrói.

Por razões evidentes e daí decorrentes – de entre as quais convém aqui destacar as características dos limites do (limitado) espaço nacional – desde sempre que no imaginário colectivo o aspecto essencial do Império Português provém da sua vertente marítima. Assim se evoca o meio de articulação entre os diversos pólos e territórios, mas também a coragem e destreza náutica dos nossos antepassados de inatos e épicos contornos míticos. Artificialmente, prolonga-se na fruição da História aquilo que no seu tempo próprio apenas constituiu parte da realidade. É que o Império, enquanto tal, bem cedo partilhou com terceiros o domínio dos mares e, em estruturação, demandou territorializar-se.

---

* Texto de Fevereiro de 2000 encomendado e publicado pela revista *Oceanos*, Comissão Nacional para as Comemorações dos Descobrimentos Portugueses, Lisboa, 2000, n.º 41, pp. 8-21.

Limitações por demais conhecidas tornaram óbvia a necessidade de criar e desenvolver comunidades instaladas que assegurassem em permanência a soberania Portuguesa, provessem à exploração do espaço e dos recursos existentes e assegurassem a eficácia, fluência, segurança e lucro das carreiras marítimas. Enfim e por outras palavras, requeriam-se estruturas implantadas em suporte fixo que viabilizassem e ampliassem o sistema por terra e por mar. É que, definida e comprovada a dimensão (parte considerável do globo), impunha-se reconhece-la e dominá-la em extensão. Como lapidarmente o definiu Charles Boxer no próprio título do seu clássico *The Portuguese Seaborne Empire 1415-1825* (mas apenas na língua em que o redigiu), o mar era a infra-estrutura, um fluido suporte de comunicações e transporte sem memória, a *chave*, não o Império em si.

A sumaríssima evocação desse conjunto de realidades, quiçá desnecessária ou redundante, tem aqui como único objectivo focar uma parte da atenção do leitor para uma das outras realidades da expansão Portuguesa: a da sua específica *cultura do território*. Foi através das suas manifestações operativas que se materializaram as marcas mais perenes da gesta Portuguesa, sendo sobre elas que, em boa medida, ainda hoje se prossegue a construção desse estar civilizacional que é a *portugalidade*.

Já o número anterior desta revista se orientou neste sentido, embora sob o domínio de macro-escalas e, por razões óbvias, versando o caso brasileiro. Agora pretende-se deixar registado um conjunto de problemáticas e de linhas de abordagem para aquilo que, fisicamente e num âmbito estrito, foi a concretização do Império, ou seja, a urbanização dos seus espaços. Da dimensão passamos à extensão, do continente ao conteúdo.

Trata-se de um elenco temático necessariamente não exaustivo e evitando as referências mais conhecidas, mas dando conta da diversidade de enfoques, escalas e áreas geográficas. Para além de algumas reflexões mais dirigidas a contextos e conceitos (por isso referenciados a casos de um âmbito geográfico mais vasto), de um exemplo (em apontamento) a vincar a importância matricial do Oriente no todo, de outro a relacionar todo esse passado com as realidades do presente e de um estudo incidindo sobre as ilhas atlânticas fazendo ressaltar a sua relação directa com o Brasil, é sobre este que novamente se lança o mais amplo olhar.

E não foi apenas o calendário das *comemorações* a ditar o maior enfoque sobre o território matricialmente estruturado pelas dinâmicas coloniais Portuguesas na América do Sul. É que na realidade foi ali que a territorialização, já desejada e ensaiada a Oriente sobre matrizes culturais fortes, se consumou num dos maiores espaços de todo o globo directamente relacionados com um só Estado/Nação. E se a memória colectiva tem oscilações de clarividência e nitidez, os vincos materiais persistem teimosamente, como se de um subconsciente urbano se tratasse.

No entanto é indispensável manter presente que se por entre toda a sua enorme complexidade cultural o Brasil é também a maior criação da *cultura do território* Portuguesa, no domínio estrito do conhecimento disciplinar a sua dimensão e importância globais não só não ofuscam como tornam imprescindível um conhecimento abrangente de todo o universo espacial Português. Nomeadamente do que é imediatamente anterior ou contemporâneo ao início, pelos meados de Quinhentos, do seu desenvolvimento como colónia régia.

Mas foi de facto perante o enorme desafio da Terra de Vera Cruz que se consumou a gestação do *corpus de teoria e praxis* que hoje designamos *Escola Portuguesa de Urbanismo*. E não será por acaso que parte dos crescentes esforços de investigação e de divulgação que ultimamente a ela se vão dedicando têm igual origem. Assim se vai consumando a fundação de uma disciplina.

Com efeito a *História do Urbanismo e da Urbanística Portugueses* registou até há alguns anos uma evolução irregular, tendo-se, como é natural, iniciado com estudos dirigidos às realidades espaciais existentes e/ou conhecidas – o *urbanismo* – e só depois progredido em direcção ao(s) suporte(s) e arquétipo(s) teórico(s) – a *urbanística*. A um momento inicial de formulação e resposta a problemáticas nas décadas de 50 e de 60, sucedeu uma solução de continuidade que só nos anos 80 foi revertida, desenvolvendo-se desde então um profícuo processo de fundação e evolução, ao ponto de já hoje se conhecerem os sempre inevitáveis exageros, tendências, retrocessos e desvios.

À inércia inicial não são alheias as condicionantes criadas pelos regimes políticos que vigoraram nos dois países sob os quais, até meados da década de 70, se manteve a soberania da quase totalidade dos territórios que sofreram processos de urbanização portugueses: Portugal e Brasil. Com efeito não deixa de ser revelador que os primeiros debates tenham ocorrido quase exclusivamente no gigante da América Latina antes do advento da ditadura militar (1964) e que só após a descolonização Portuguesa e o restabelecimento da democracia em ambos os países (1985) tenham sido retomados de forma contínua. Se a publicação das duas únicas grandes sínteses circunscritas ao caso brasileiro ocorreu já em 1968, a verdade é que terão sido produzidas sobre uma mesma linha de investigação: a prova académica concluída em 1964 por Nestor Goulart Reis.

Em Portugal, à parte a contribuição dos geógrafos, foram casos isolados os estudos, normalmente monográficos, que aprofundaram matérias processuais e/ou teóricas. Este facto, de simples constatação sobre a bibliografia básica da disciplina, torna evidente como é importante ao especialista o usufruto de uma História objectiva que evite o que possa ofuscar a correcta contextualização dos fenómenos da urbanização do universo de espaços do outrora Império Português. E na realidade tem sido por mercê de uma historiografia renovada que os avanços disciplinares se têm dado, ao que não são estranhas as iniciativas que o ciclo comemorativo dos *descobrimentos* (1986-2000) tem vindo a suscitar.

Foi nesse âmbito que – com base numa proposta minha e sob o desenvolvimento e a gestão científica de um pequeno comissariado que para o efeito formei com a Renata de Araujo e o Helder Carita – a Comissão Nacional para as Comemorações dos Descobrimentos Portugueses pôs em prática um projecto que não só visou congregar o conhecimento disponível, mas também pretendeu pôr em interacção científica os seus agentes: *a Cidade como Civilização: universo urbanístico Português 1415-1822*. Além de já ter permitido a circulação eficaz de diversos trabalhos, tal projecto levou também à recente realização da primeira reunião científica global dedicada a estas matérias. Assim se congregaram investigadores provindos de todas as áreas geográficas em questão, além de outros cujo contributo se constituiu como a necessária referência externa. Ali despontaram ideias novas e, fundamentalmente, uma postura disciplinar.

Não me proponho aqui fazer um balanço, nem sequer uma abordagem crítica e/ou geral desse projecto, mas tão só registar o trilho que também neste domínio a CNCDP abriu e a que aqui quis dar continuidade. Pretendo, isso sim, contribuir para uma generalizada divulgação da temática, esboçando o enquadramento daquilo que, no meu entender, têm sido parte dos seus principais debates e algumas das mais promissoras linhas de trabalho a desenvolver.

É também por isso que, assumindo os riscos e responsabilidades inerentes, optei por não sobrecarregar este texto com o habitual aparato científico das notas e reduzi a bibliografia de referência a uma deficiente e, segundo uma perspectiva académica, certamente injusta lista de 9 títulos, número com reservado significado... Os mais exigentes ficarão compensados nos conteúdos e nas abundantes referências dos demais artigos.

Está mal resolvida (ou permanece por resolver) a principal questão levantada pelos pioneiros da disciplina. Com efeito ainda não temos uma explicação consensual e vulgarizada para as (óbvias) diferenças entre as soluções de transformação espacial adoptadas pelos Portugueses e pelos Espanhóis no Novo Mundo. O papel de ambos na expansão europeia e a adjacência dos territórios europeus e americanos eram razões suficientes para formular a comparação sem que, até hoje, se tenha laborado em paralelos com outras potência coloniais também então presentes no terreno como os Franceses, os Ingleses e os Holandeses. A singularidade de um tal paralelismo geográfico implicou ainda a marginalização dos restantes espaços dominados pelas potências ibéricas: todas as importantes possessões Portuguesas no Índico e Espanholas no Pacífico.

Foi aquele o debate lançado por Sérgio Buarque de Holanda no famoso Capítulo 4 de *Raízes do Brasil*, obra editada em 1937, mas que só ganhou a forma que neste contexto nos interessa dez anos depois na 2.ª edição. Trata-se de um texto que, sem ser de alguém com interesse continuado na matéria, acabou por fazer uma longa carreira suscitando, por assim dizer, o surgimento da disciplina no Brasil. Com efeito nas duas décadas seguintes surgiram conhecidos (e ainda hoje excessivamente valorizados) artigos, estudos e excertos de Robert Smith e de Aroldo de Azevedo, entre outros.

A cultura brasileira vivia então um período efervescente e de revisão da identidade, no qual também tinha lugar o estudo e valorização do património edificado pela mão dos mais distintos arquitectos modernistas. É de tal muito significativa a criação, também em 1937, do Serviço do Patrimônio Histórico e Artístico Nacional (SFHAN e hoje IPHAN), a primeira instituição estadual de estudo e salvaguarda de património na América Latina.

Como já trás se referiu, na década de 60 continuaram a surgir trabalhos, por regra de menor âmbito geográfico e balanceamento científico. Como excepções de valor seminal refiram-se as já aqui indiciadas obras de Nestor Goulart Reis e Paulo Santos. Nelas uma investigação orientada e aprofundada teve como resultado uma leitura diversa e o apontar de caminhos que só anos mais tarde seriam retomados.

Entre outros factores, nas demais reflexões iniciais não se teve em conta que, ao contrário das principais cidades hispano-americanas, as brasileiras então observadas tiveram processos de estabelecimento anteriores à implementação régia de uma política sistemática de colonização e, concomitantemente, de urbanização. Enquanto os Espanhóis ainda nos finais do século XV ali encontraram copiosos filões de metais preciosos, tal apenas sucederia no actual território brasileiro dois séculos depois, factos que só por si espelham a diversidade dos tempos e estímulos colonizadores de cada um dos lados. Também pouco se valorizaram outros elementos essenciais como o facto de, ao invés do que sucedia com os territórios dos Portugueses, os ocupados pelos vizinhos ibéricos terem importantes marcas civilizacionais e urbanas. Se as principais cidades da América Latina são, de forma quase global, as primeiras cidades fundadas nos respectivos territórios, é assim bem certo que de um e de outro lado surgiram no seio de conjunturas completamente diversas. É essencialmente por isso que, em conjunto, tendo sido esses os primeiros casos observados pelos historiadores do urbanismo, os resultados dessa acção não poderiam ter sido os mais fiáveis.

Por conseguinte, enquanto do lado Espanhol então se identificavam estruturas espaciais de matriz geométrica, do lado Português sucedia o inverso. Ou seja, no seu todo as cidades coloniais brasileiras eram caracterizadas como estruturas cuja morfologia fora determinada por um desenvolvimento orgânico e/ou aditivo, com referentes espaciais evocando aqui e ali cidades portuguesas de matriz também erroneamente classificada como medieval. Tudo isso numa excessivamente vincada oposição ao caso hispânico, onde foi marcante o recurso a estruturas com morfologia de expressão geométrica – de quadrícula – cujas regras já em pleno desenrolar do processo se viram codificadas nas famosas *Ordenanzas*... promulgadas por Felipe II em 1573.

No encalço de uma comparação era o resultado imediato, possível e, por consequência, impressionista. O problema era o desconhecimento básico dos antecedentes e da globalidade do *Urbanismo e da Urbanística Portugueses*, não se podendo então formular as questões adequadas ao caso concreto.

Um pouco por todo o lado a disciplina tem vindo a tornar claro como, na essência, os processos urbanísticos ditos *orgânicos* têm matrizes de comportamento/evolução que, face aos contextos específicos de cada caso, acabam por se revelarem previsíveis. Variáveis são as suas expressões, com especial destaque para a arquitectónica. Acresce a isso o facto de em toda a História ser este o tipo de estabelecimento e evolução urbana corrente, ainda que mestiçado com outros em graus diversos. No extremo oposto – com muito menor expressão numérica, mas, até hoje, de muito superior impacto/divulgação cultural – também não existem casos que correspondam à pureza da sua formulação urbanística. Tem sido muito enriquecedor acompanhar o desenvolvimento de estudos que vão encontrando regras e intervenções racionalizadas por entre aquilo que até à bem pouco tempo era apenas uma pitoresca expressão de espontaneidade – como, por exemplo, as cidades ou ensanches de fundação medieval ou as urbes de Minas Gerais.

Os especialistas começam agora a interessar-se pelos processos mistos e de promoção diversificada – entre o *vernacular* e o *erudito* – onde de facto se revela uma muito maior riqueza formal e cultural. Mas por razões óbvias o principal alvo da investigação têm sido os casos mais facilmente relacionáveis com a produção teórica, o que, por sua vez, tem implicado uma especial incidência sobre a produção do poder central ou de organismos com evidente peso institucional.

Do lado hispano-americano uma historiografia em renovação tem-nos prendado com trabalhos que vão dando um quadro urbano e urbanístico bastante mais diverso e menos dogmático que aquele que ainda hoje constitui a sua imagem de senso comum. É que a realidade sempre acaba por reduzir os arquétipos à sua própria razão de ser...

No que diz respeito ao *universo Português*, o investimento no conhecimento dos contextos tem vindo a tornar complexo o panorama disciplinar. O considerável aumento dos dados disponíveis acerca das especificidades da Arquitectura e da Engenharia Militar Portuguesas têm aberto definitivas brechas nas barreiras ao conhecimento específico da correlativa Urbanística.

Para o caso em questão tornam-se cada vez mais e mais evidentes as diferenças e desfasamentos cronológicos entre os processos coloniais das duas potências ibéricas, com corolário óbvio nas políticas e nas respectivas *culturas do território*. Mas nada impede – de certa forma até teria sido estranho que tal não acontecesse em culturas de matriz aberta – que em determinados contextos possam ter sido adoptadas soluções normalmente identificadas como marcas de outrém.

A colonização Portuguesa deu-se de forma gradual e dispersa, para o que em boa medida terá contribuído a míngua demográfica. Para além de o interesse disciplinar primeiro por lá ter singrado, o peso que o Brasil veio a adquirir no todo justifica a menor atenção prestada a outras paragens. Porém, se a este raciocínio acrescentarmos o facto de, no contexto do Império Português anterior à queda do Antigo Regime, ter sido aquele o último território colonizado, teremos uma ideia de como o desconhecimento da globalidade do sistema colonial Português pode criar equívocos. Ao invés e sem ignorar as excepções das Canárias, Filipinas, Carolinas, Palaos e Marianas, todas as políticas coloniais espanholas se jogaram no Novo Mundo logo desde o final do século XV.

Não faria sentido aqui advogar as motivações expansionistas de Portugal, essa nação matricialmente estruturada no litoral de transição entre o Mediterrâneo e o Atlântico, ou seja, então implantada na periferia do mundo conhecido. Contudo, e de forma inquestionavelmente redutora, pode dizer-se que se as operações empreendidas desde 1415 no Magreb foram pautadas por um comportamento de cruzada e/ou *natural* expansão além fronteiras, o sonho das navegações também iniciadas de forma programada por essa altura era um misto de aventura, curiosidade e cobiça.

Ansiava-se conhecer e atingir paragens onde o comércio fosse fácil e superiormente lucrativo. Com base em mitos, notícias e crónicas com tanto de fantasia como de verdade, assim se foi esboçando o desejo de chegar ao Oriente por mar e de se estabelecer sob monopólio uma rota, a *Carreira da Índia*. E até aos anos 40 do século XVI tudo foi planeado e decidido segundo esse desígnio a que o tal espírito de cruzada, vertido em missionação, se juntou com expressão determinante e prenunciando o inevitável processo colonializante.

Nas ilhas atlânticas e, aqui e ali, na costa africana, o sistema de concessão da exploração a particulares designado por *capitanias*, logo desde o início se foi articulando com o estabelecimento de entrepostos de comércio e de apoio à navegação. Em alguns casos rapidamente evoluíram como estruturas urbanas polarizando e ordenando esses pequenos territórios contidos pelo mar onde a agricultura oscilou entre a experiência, o suporte e a subsistência. Foram esses os espaços essenciais para a experimentação de soluções, desde as práticas agrícolas à propriedade e ao sistema administrativo.

Chegados à Índia, território com uma fortíssima marca civilizacional e para o qual os objectivos iniciais não apontariam no sentido da ocupação, o sistema de capitanias não fazia qualquer sentido. Mas em termos de entrepostos comerciais o procedimento foi semelhante, em especial na gradualidade da sua evolução. Porém, tal como no Magreb, a resistência local, movida por interesses económicos instalados e por crenças religiosas arreigadas, forçou aquela dúbia orientação entre o comércio e a missionação à conversão numa política de orientação talassocrática. O controle, implicando taxação, das actividades económicas de todo o espaço do Índico em breve se tornou mais importante que o comércio intercontinental. Num contexto distante e com todas essas contingências era inevitável o despontar de acções particulares, nomeadamente para além do Cabo Camorim, ou seja e por norma, bem longe da fiscalização da Coroa, pese embora o esforço para o estabelecimento do pólo régio de Malaca.

Em função das possibilidades e das necessidades, os estabelecimentos em terra evoluíram para tipos extremamente diversificados e jamais *puros*: feitorias e/ou simples fortes ou fortalezas em situações sem conteúdo urbano/urbanístico Português; praças de guerra e cidades posteriormente fortificadas resultantes de uma estruturação inicial ou de um processo, normalmente lento, de reforma Portuguesa. Em qualquer dos casos a implantação dava-se no litoral, dominando cidades preexistentes e em espaços destacáveis de terra firme por canais naturais ou de fácil execução. Até certo ponto a única excepção foi a Província do Norte. Note-se que em geral a rede urbana criada no Oriente não era complementar nem autónoma, mas sim *parasita*, da preexistente.

A auto-suficiência do Estado da Índia Portuguesa implicava, contudo, a tenência de algum território. Aconselhava-o ainda a resolução das pressões pró-senhoriais, não só de alguns cooperantes locais, mas também de um funcionalismo emigrado da Europa que era fundamental fixar e contentar. Com suficiência, a obtenção para tal de espaço em Goa – o vórtice do Império Português do Oriente – apenas foi possível na segunda metade do século XVIII, resultando de uma restruturação em boa medida motivada pela perda gradual e quase integral, desde o domínio filipino, das posições no sul do Hindustão, no Extremo-Oriente e do território e praças da Província do Norte.

Política e militarmente capitaneada pela cidade de Baçaím – hoje em ruínas à porta da metrópole de Bombaím – desde a década de 1540 tinha sido até então aquela o verdadeiro alfoz Português no Oriente. Isso, pese embora o facto de a aposta mais forte ter sido a do domínio integral da ilha do Ceilão, objectivo malogrado depois de mais de um século de grandiosos esforços.

No processo assim sumariamente esboçado, torna-se evidente como a evolução em urbe dos estabelecimentos ultramarinos Portugueses da *fase dos descobrimentos* decorreu das suas contingências intrínsecas e, pela evidente inoperacionalidade, prenunciava a passagem à *fase colonial*. Refira-se a propósito como, ao invés do que sucedeu nas ilhas atlânticas, a impossibilidade de um claro domínio territorial ter implicado que as praças no Magreb nunca tenham evoluído para situações urbanas claras. Na sua essência, os estabelecimentos Portugueses naquelas paragens jamais deixaram de ser embriões daquilo que posteriormente viria a ser sistematizado como *praça de guerra*, ainda que administrativamente tivessem o estatuto de vila ou de cidade.

Nas ilhas atlânticas, pelo contrário e como já atrás se indiciou, a necessidade fez com que a colonização fosse precoce. No Brasil, para as primeiras cinco décadas foi essencialmente adoptada a solução já anteriormente experimentada para o caso de territórios desocupados – o sistema de *capitanias* – o qual em breve demonstraria as suas debilidades e total inadequação à defesa e aproveitamento das enormes potencialidades do território.

Por todas essas paragens e até meados do século XVI, as cidades ou sectores urbanos onde historiográfica e/ou morfologicamente se reconhece uma programação urbanística Portuguesa – instaladora ou reformista – demonstram-na como desenvolvimento natural dos procedimentos em uso na metrópole. Também só há relativamente pouco tempo se começaram a reconhecer e caracterizar no espaço Português medieval políticas e modelos de ordenamento territorial e urbanístico comuns e contemporâneas a outros processos europeus.

Com especificidades inevitáveis, nos séculos XII e XIII a estruturação e viabilização do território Português como suporte espacial de uma nacionalidade levou à fundação ou profunda reforma de dezenas de urbes, as *póvoas*. Por entre as explicações mais comuns destacam-se uma série de contingências políticas e demográficas que, com especial expressão ao longo do século XIV, fizeram esbater e/ou inviabilizar os traços morfológicos mais evidentes do que já poderia ter sido claramente registado num *corpus* do urbanismo medieval Português não espontâneo.

Naquela prática ordenadora devemos ainda englobar o lento, variado e quase iludido urdir de uma teia de normas que, para além de também se terem imposto por via consuetudinária, acabaram disseminadas em diplomas (forais, posturas, regimentos, cartas régias, etc.) que regulavam de forma global a vida urbana de cada aglomerado. Incluíam procedimentos, normativas e directivas específicas aplicáveis a qualquer intenção de transformação do espaço.

A urbanística medieval Portuguesa, hoje em plena fase de descoberta e estudo, parece pois ter tido um desenvolvimento e aplicação sem soluções de continuidade até, pelo menos, meados do século XVI, ou seja, imediatamente após o auge a que corresponde o período vulgarmente designado por *manuelino*. Sem grande margem para dúvidas, este constituiu o seu ponto de chegada, refinamento e sistematização. Assim se promoveu uma ampla reforma urbanística das principais urbes, normalmente caracterizada pela renovação ou deslocação do centro, no qual para além de equipamentos melhorados também se implantavam programas novos: uma *nova centralidade*.

Mais do que por qualquer outra forma, foi através destes e pelo desígnio reformador que a modernidade se foi introduzindo, assim se mesclado com práticas, métodos e arquétipos formais e conceptuais identificáveis, pelo menos, desde a segunda metade do século XII. Era a intensificação da evocação régia através da consumação urbanística do seu mais vulgarizado e eficaz cenário do poder (a *praça*), da sua liberalidade para com os súbditos (a assistência, o abastecimento de água, os espaços para mercadejar, etc.), do seu desígnio de justiça (o pelourinho). Também assim se revelava a política de centralização administrativa e de intervenção e normalização nos municípios cujo expoente máximo pode ser encontrado na própria *Leitura Nova*.

Mas como ponto de chegada, paradoxalmente este desenvolvimento usufruiu da nebulosa científica, também ela de profundas raízes medievais, com a qual também se contextualiza a gesta das navegações e a concomitante *modernidade à Portuguesa*. As capacidades implícitas ao domínio de técnicas dependentes das ciências puras, com central destaque para a Matemática, permitiram a gradual racionalização, pela abstracção, do processo conceptual e construtivo, assim se sublimando a própria essência do pensamento arquitectónico e urbanístico. Antes da afirmação do desenho como instrumento principal para a concepção do projecto, é uma mentalidade de ainda muito nebulosos (empíricos?) contornos pré--cartesianos o instrumento e método para os desígnios de transformação espacial.

Com efeito têm-se vindo a apurar dados relativos a aplicações directas – por exemplo no traçar e marcar do terreno (*arruar*), na hierarquia dos tipos viários, na modulação e dimensionamento e nas normas compositivas e volumétricas de progressões aritméticas a que tinha de obedecer a arquitectura – mas também a tudo o que diz respeito à conceptualização do espaço, à consciência do urbano ou, se quisermos, à capacidade e vontade comunitárias de o conceber.

Na realidade tudo leva a crer que aquém de uma racionalização morfologicamente evidente, a tradição urbanística de então se revelava numa prática colectiva de regulação inteligente do espaço, ou seja, na marca urbana do novo equilíbrio (ou sistema) social. A descodificação crítica das fontes normativas trará por certo novidades, em especial se feita à luz dos interesses que visava servir. É que, no fundo, estamos perante um componente fundamental da cultura colectiva (ou *difusa*).

Esta praxis urbanística, que em trabalhos anteriores melhor caracterizei e intitulei de *urbanismo regulado*, é tão directamente reconhecível nas matrizes espaciais de cidades insulares como Angra, Ponta Delgada ou Funchal, no Oriente em Cochim, Chaul, Baçaím ou Colombo, ou nos ensanches de Lisboa (Bairro Alto), Tavira, Évora, Aveiro, Coimbra e Goa, em cidades de fundação na metrópole como Portimão e Vila Viçosa ou submetidas a uma renovação e ampliação de matrizes urbanísticas já existentes como Tomar, para apenas citar alguns casos de cada uma dessas áreas do *universo Português* cuja implementação ocorreu sob tutela do(s) poder(es) central(is) entre os meados dos séculos XV e XVI.

Igual não parece ter sucedido nos estabelecimentos fomentados por particulares, como os donatários de capitanias, onde se reconhecem incipientes estruturas morfológicas de expressão orgânica ou processos de deslocação e(ou) reforma quando ocorreu a inevitável *retoma* régia. De tal são exemplo algumas vilas nas ilhas atlânticas e no litoral do Brasil onde a única hipótese para uma excepção parece ser Olinda que, aliás, o foi também no que diz respeito à perenidade.

Como aqui tem vindo a ser indiciado, por meados de Quinhentos e após o reconhecimento global da realidade civilizacional do Índico, estavam concluídos os *descobrimentos*. Em simultâneo, a instauração do integrismo de sinal contra-reformista, a revelação da cobiça de outros países sobre os territórios Portugueses na América e as dificuldades em manter as posições magrebinas, foram importantes elementos catalisadores da formulação de uma estratégia e da militarização do sistema, a par com a assunção de uma postura efectivamente colonial. Entre várias razões, a escassez demográfica e de outros meios ditou opções essencialmente defensivas, políticas de miscigenação e sincretismo, a solidarização de todos os pólos nodais do Império pelo estabelecimento de uma admirável prática de mobilidade e racionalização dos recursos, etc.

No domínio de que aqui nos ocupamos, avultava o comungar de uma praxis na qual o múnus da rotina era a adaptabilidade às conjunturas. Foi também esse um importante momento de abertura do reino à influência formal da Europa. A *arquitectura reformada* e o urbanismo dos tratados (as *cidades ideais*) eram então *observados* em Portugal com uma interpretação/filtro próprio. E com tudo isso a engenharia militar moderna que encontrou um encaixe perfeito, de sinal evolutivo, no ambiente científico preexistente. Terá sido isso o que de essencial aconteceu no célebre episódio da fortificação de Mazagão em 1541: o encontro dos até então principais mestres-pedreiros portugueses com um engenheiro militar para o efeito cedido por Carlos V: o italiano Benedetto da Ravenna. A partir desse momento podemos dar como consumada a fundação da *escola*.

Quase em simultâneo, e na medida do possível, territorializaram-se as posições no Oriente: com base em Colombo intensificou-se a luta pela ilha do Ceilão, obteve-se a soberania do que viria a ser o distrito de Baçaím da Província do Norte e passou-se a controlar as províncias de Bardez e de Salcete que emolduravam a ilha onde se localizava a cidade de Goa.

No final dessa década de 1540, a Coroa assumiu finalmente a directa administração do Brasil, com base na capital para tal fundada em 1549 na Baía de Todos-os-Santos. Tibiamente assim se desencadeou o processo de urbanização do maior território do *universo Português*. O pequeno núcleo inicial de S. Salvador nega na inteligência do sítio – o topo de uma arriba sobre a praia – e na matriz do cadastro, o que a morfologia e a documentação parecem indiciar. Tratar-se-ía de um projecto urbano moderno ou do último estádio de evolução da anterior urbanística portuguesa? Pouco depois igual sucedia na Baía da Guanabara para em acto contínuo, e já no período dos Áustrias, o Rio de Janeiro se estender do Morro do Castelo para a várzea.

Neste percurso – o da *formalização em moderna* da urbanística portuguesa – a S. Salvador seguiu-se Damão (Grande), a última cidade fundada pela Coroa no Oriente. Sobre uma plataforma do litoral oeste do actual território indiano, na década de 1560 foi arruada com rigor uma quadrícula cujo modelo foi o forte islâmico preexistente. O simultâneo, ou imediato, início da construção de um perímetro muralhado de traça moderna, resultou na formação de um conjunto que, formalmente, se posiciona na linha das cidades ideais militares cuja formulação e divulgação fora feita pela tratadística do Renascimento italiano. Por aquela altura decorria também a estruturação de La Valetta em Malta (1566), caso normalmente apontado nos manuais internacionais como a primeira aplicação daqueles arquétipos. Em Damão, porém, subsistem dúvidas de conteúdo e método que contingências várias ainda não permitiram esclarecer cabalmente.

O episódio seguinte é tão pouco conhecido quanto importante. As referências já aqui feitas ao período da união das coroas ibéricas (1580-1640) propõem-nos essencialmente o relacionamento de dois factos: o declínio territorial do Império Português do Oriente iniciou-se enquanto a rede urbana no Brasil ganhava expressão. Mas a investigação mais recente não nos tem esclarecido de forma inequívoca acerca da sustentabilidade do que, à primeira vista, tal poderia levar a concluir. Nomeadamente no que diz respeito ao Oriente, cujos orçamentos parecem ter renovado o viço nesse período. Temos de aguardar.

Por outro lado, se em algumas cidades brasileiras então fundadas – nomeadamente S. Luís (Maranhão) e Filipeia (Paraíba), mas também em Belém (Pará) e até no (significativamente jesuíta) primeiro ensanche de S. Salvador – no que diz respeito ao arruar e à arrumação espacial, cadastral e funcional do quarteirão se nos apresentam morfologias similares às hispânicas, já o mesmo não sucede com a escala, o dimensionamento, a arquitectura e a escolha dos lugares.

Para uma melhor compreensão deste período crucial, abandonem-se os tabus nacionalistas e assuma-se o contrabandeamento científico, de personagens e de estruturas de gestão entre Lisboa e Madrid que ultimamente tem vindo a ser inventariado. Tenha-se ainda em linha de conta o desempenho de acções comuns aos territórios do espaço atlântico pelos mais destacados engenheiros militares da época ao serviço das Coroas unidas e a adopção de quase insuspeitas medidas similares para o Oriente: relatórios, levantamentos, leituras e propostas estratégicas de âmbito global, planos de sistematização, etc. Então, melhor e com maior objectividade, se poderá ler a quase naturalidade com que, após a restauração da independência, identificando necessidades e hierarquizando prioridades, Portugal ergueu estruturas académicas e corporativas específicas de grande eficácia e identidade recorrendo, é certo, ao concurso de especialistas de várias nacionalidades.

As Academias de Fortificação espalhadas por todo o Império e a importância crucial da engenharia militar na guerra com Espanha e na reposição do domínio sobre parte considerável das colónias entretanto usurpadas por outras potências coloniais, foi acompanhada da formulação explícita pelo seu fundador (Luís Serrão Pimentel) de um *método português*. Se nele se reconhecem contributos fundamentais da vanguarda europeia de então, não menos evidente é a reformulação de algumas matrizes que parecem remontar a períodos bem recuados. Tal é evidente na especificidade profunda da apologia de uma postura profissional pragmática, na adaptabilidade às conjunturas e na atenção à inovação desde que assim enquadrada.

As muitas cartas de fundação de cidades por todo o Brasil, promulgadas essencialmente a partir do início do século XVIII, assentam de forma evidente num arquétipo onde o programa funcional e institucional tem implícito o domínio formal. Nele é marcante (ou quase obsessivo) o desígnio da estandardização, uma arquitectura de programa que consumou a imagem comum às cidades portuguesas em todas as paragens do globo e em todas as vertentes da morfologia e do desenho urbano. As especificidades locais surgem no recorte da paisagem, nos materiais, na cor e nos detalhes decorativos e de adaptação ao clima. Efectivamente a urbanística da *Escola Portuguesa* consubstanciou-se pela definição de um programa formal da cidade – uma arquitectura de *tempo urbano e humano* – e não como uma proposta urbanística formal. Claro contributo da cultura dita difusa para a presumidamente erudita...

É esse o comportamento/método que até ao final do Antigo Regime verificamos na evolução prática e teórica, com óbvio clímax no específico Iluminismo Português erroneamente catalogado de *pombalino*. Na realidade, este está para a fase institucional e moderna da *escola*, como o *manuelino* para a urbanística medieval portuguesa. Ambos são pontos de chegada e cadinhos experimentais do lançamento de sistemas diversos e ambos renegam a postura estática e idealista (platónica?) das linhas de pensamento urbanístico mais divulgadas nos manuais internacionais.

Em paralelo, e ainda como novidade coeva fundamental, registe-se o estabelecimento da Engenharia Militar como corpo de elite que, além das obrigações castrenses, tinha como oficio o agenciamento da territorialização do Império, ou seja e na prática, o estabelecimento e desenvolvimento da rede urbana do Brasil para além da faixa litorânea. Assim aconteceu onde, por exemplo, a diplomacia o exigiu – na demarcação da fronteira terrestre e nas respectivas ligações – e na afirmação da soberania estatal sobre processos despoletados fora da sua esfera, como os das regiões mineiras e os das sublevações indígeno-jesuíticas (neste caso em significativa e conveniente parceria com os Espanhóis). Mas foi sobretudo pelo facto de ali constituírem a vanguarda científica e de usufruírem de um elevado grau de autonomia e mobilidade, que os engenheiros militares foram extremamente importantes num processo colonial demograficamente deficitário no que dizia respeito a quadros qualificados.

Por todo o século XVIII, de uma expressão económica colonial mercantilista às reformas estruturais do território implícitas no fisiocratismo, fundaram-se centenas de cidades no Brasil, a par com profundas transformações em toda a rede e sistemas urbanos do Império. É também então que se volta a pensar na reforma dos sistemas do território de origem, primeiro com uma série de ensaios inspirados pela administração de D. João V para a sua capital, depois com a ampla intervenção promovida pelo Marquês de Pombal. No domínio estrito da forma urbana, e porque o essencial estava culturalmente estruturado a montante, as respostas foram do mais variado em desenho, escala, topografia funcional, eleição de locais, etc. Foi o período áureo da *Escola Portuguesa de Urbanismo e de Engenharia Militar*, o mais profícuo, documentado, estudado e, por conseguinte, compreendido, dispensando-se assim outras considerações.

No final deste célere percurso sobre a *cultura do território* portuguesa, feito a partir do mote da comparação formulada pelos pioneiros da disciplina, além de poder ser oportuno chamar de novo a atenção para os desfasamentos metodológicos, formais e cronológicos entre os processos colonizadores de ambas as potências ibéricas, é fundamental deixar claro que o interesse disciplinar não se esgota aí e que para o domínio cabal da matéria muito falta apurar. A mero título de exemplo e reposicionando em jeito de conclusão questões já aqui levantadas, registem-se de forma sumária algumas notas acerca de três grandes temas.

Entre as matérias com maiores potencialidades tem-nos vindo a interessar tudo o que possa estar por trás da abastada variedade de itens toponímico-lexicais, alguns dos quais entretanto caídos em desuso, inclusive na passagem entre as Idades Média e Moderna. Vejamos alguns exemplos.

Com excepção para os estabelecimentos no Magreb e no Oriente, onde por certo as preexistências ditaram regras diversas, no universo colonial Português apenas as urbes com cátedra episcopal tinham a categoria de *cidade*. As restantes, independentemente de serem mais importantes ou maiores que algumas cidades eram, por regra, *vilas*. Durante algum tempo a única fundação *ex-nuovo* que desde logo mereceu a designação de cidade foi S. Salvador. As razões para tal são óbvias e o significado de um tão simples facto é ampliado quando constatamos que do restrito programa inicial não fez parte qualquer catedral ou igreja. Como se de uma simples *praça de guerra* se tratasse, apenas se ergueu uma capela. O templo condigno ficou para a fase imediata à erecção do *padrão urbano* do poder régio: a primeira capital do Brasil.

Ainda relacionado com esse tema e na linha da respectiva evolução ao sabor da estruturação do Império, é interessante o facto de nas cidades indo-portuguesas não episcopais a igreja matriz ser designada *sé* (equivalente em Português de *catedral*). Na documentação surgem ainda outras categorias como a de *praça* (de *praça de guerra*). Em contrapartida *aldeia* parece ser a designação comum aos aglomerados rurais. Com articulação directa sugerem-se-nos de imediato domínios de sub-redes administrativas, eclesiásticas, rurais, militares, a par com outras atrás enunciadas e relativas a funções mais prosaicas como o comércio, o reabastecimento e aguada marítimas, etc.

E o que dizer acerca da caracterização espacial de tipos urbanos como *rua, azinhaga, largo, praça, terreiro, travessa, beco, campo, rossio, adro, viela, porta* e *postigo*, da hierarquização urbana das *ruas direitas*, das *ruas da corredoura* ou *da carreira* (dos cavalos) ou de importantes equipamentos urbanos como *bica, chafariz, fonte, cano, aqueduto*? Com se pode concluir, o domínio das aportações formais, funcionais e espaciais do léxico e/ou da semântica continua por apurar, bem como a aplicação e evolução daquilo que disciplinarmente deveria constituir a nossa terminologia essencial. Para concluir uma provocação: *póvoa, pova, povo, populare*,... enfim, poderá *povoamento* ser considerado o equivalente coevo de *urbanização*?

Outro âmbito de questões a explorar poder-se-ía inscrever num capítulo relativo a *invariáveis de tempo longo*. Algumas já aqui foram indiciadas, mas existem muitas outras como as relativas aos diversos estatutos de propriedade e correlativa taxação, aos sistemas de progressão territorial com recurso a incursões longas e a sistemas móveis de defesa. É também revelador o facto de, invariavelmente, a Coroa assegurar directamente ou por via institucional a soberania integral sobre todos os novos territórios, apenas alienando parcelas após a sedimentação de acções de ordenamento territorial. De herança medieval é ainda a marca urbanística da exclusão socio-espacial com base na confissão religiosa, facto que, por razões óbvias, apenas teve expressão nas urbes do Oriente.

Entre as *invariáveis*, a mais versada (ou até mítica) e ainda por resolver é a do *lugar* e de tudo o que lhe gira em torno, com especial destaque para a dualidade *alta/baixa*, característica de sinais orgânico e medieval descontinuada nas opções espaciais da *escola* quando instituída. Porém era ainda evidente nos locais de estruturação tardia mais insuspeitos, como em S. Paulo de Luanda. Similar é também a complementaridade entre pólos urbanos próximos, mas autónomos, expressa na toponímia sob o binómio ...*de cima* e ...*de baixo*. Trata-se de uma matéria equívoca, até pelo abuso de ilações a que tem sido sujeita.

Outro elemento constante é o da estruturação cadastral dos quarteirões. Tem, aliás, uma muito estreita relação com os tipos de espaço urbano atrás listados. A hierarquização *rua/travessa*, provavelmente terá uma origem comum à dos mais glosados modelos do povoamento medieval europeu. Advém da consolidação de um tipo de lote profundo e estreito o qual, em conjunção com os limítrofes, como que em círculo vicioso implica aquela hierarquia. Curioso e específico é que, e por exemplo, tenha sido usada na composição do projecto fixado em 1756 para a reconstrução iluminista da Baixa de Lisboa, excepto no que diz respeito à profundidade. E até em situações onde o dimensionamento viário o não exprime – como a quadrícula do Bairro das Águas Livres (Amoreiras) em Lisboa, projectado em 1759, ou a rectícula de Vila Real de Santo António definida em 1774 – a estrutura cadastral, a ocupação do lote, a composição arquitectónica e a toponímia tornam evidente o recurso a esse assim característico sistema.

É uma opção consciente, não um arcaísmo, pois algumas foram as experiências. Recordem-se os já referidos casos de S. Luís (Maranhão) e de Filipeia (Paraíba), de clara inspiração hispânica, e comparem-se os diversos tipos ainda perceptíveis no cadastro dos dois primeiros momentos de S. Salvador.

Um tal tipo de ocupação deu também origem a uma extraordinária compacidade e seriação das frentes urbanas dos quarteirões e à ocupação do logradouro com uso agrícola: os quintais invariavelmente impostos para todos os lotes por quase todas as cartas de fundação de cidades no Brasil. Como curiosidade note-se que em Vila Real de Santo António (1774) tal espaço seria compreensivelmente destinado à função industrial que esteve na base do programa/razão para a fundação da cidade.

Interessantes, mas de conhecimento ainda pouco sistematizado, são as relações de directa proporcionalidade entre as dimensões do lote e a volumetria das edificações, para já não falar dos elementos arquitectónico-compositivos dos alçados. Assim se entra no domínio das métricas, linha de trabalho que permite encontrar relações semelhantes entre a espacialidade das próprias ruas e travessas limítrofes, mas também relações explícitas de hierarquia entre espaços tão distantes quanto as praças projectadas entre 1774 e 1777 para Goa e as das povoações fundadas a partir de finais do século XVII (mas apenas estruturadas na centúria seguinte) a caminho do Rio da Prata no sul do Brasil. E já agora, porque não chamar a atenção para semelhanças (ou meras coincidências) dos 60 palmos das 3 principais ruas da iluminista Baixa lisboeta e os da quinhentista Rua de Santa Sofia em Coimbra?

Por último uma questão com tanto de equívoco como de desafio: o *caracter islâmico* da cidade portuguesa. Este tema tem proporcionado abordagens que vão desde o exacerbar da sua importância à sua anulação. Contudo, e por regra, tem-se contornado aquela que me parece ser a única via séria de aproximação: a da História. É necessário que com o seu concurso e discurso seja reconstruído o percurso da sedimentação da cultura portuguesa e ter a consciência de que cultura urbana/urbanística islâmica se está a falar. É que, como se sabe, do Extremo Oriente ao Magreb não é una. E nessa linha também não se poderá incorrer no facilitismo de confundir cultura mediterrânica com cultura islâmica, nem urbanismo de processo orgânico com o dessa virtual matriz religiosa.

Na realidade as diferenças parecem não estar tanto no traçado em si, mas fundamentalmente na arquitectura e na hierarquização urbana, ou seja, na diferenciação entre público e privado, essas sim marcas culturais de inegável inspiração confessional. No fundo a questão resume-se ao reconhecimento do quadro da síntese entre a cultura preexistente e a invasora, quer no que diz respeito à entrada árabe e berbere no ocidente peninsular, quer na sua posterior invasão pelo norte asturiano-leonês, mas também franco e centro-europeu. O problema situa-se, pois, no papel dos Hispano-Romanos e dos Moçárabes nas matrizes culturais e na fundamentação da Nação Portuguesa, não na influência directa de uma pretensa cultura urbanística islâmica, como alguma historiografia nos tem querido fazer crer.

E depois é necessário acompanhar as respectivas evoluções e variações regionais ao longo de toda a Baixa Idade Média e só então daí partir, com uma bagagem de *síntese* recheada de *conhecimento*, para portos universais como os do Brasil.

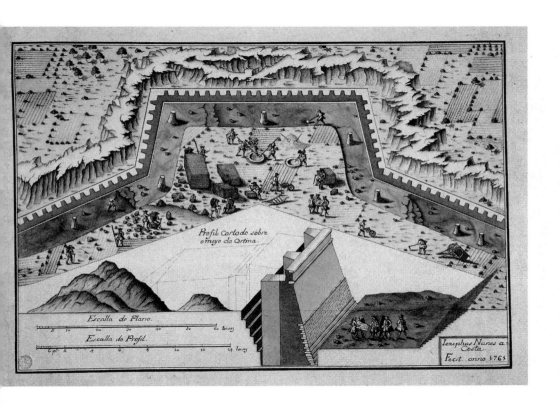

José Nunes da Costa, *"Profil Cortado sobre o meyo da Cortina"*, 1761, Biblioteca Nacional, Lisboa

N. Simões, *Modelo 3D da volumetria de Salvador nas primeiras décadas do séc. XVII*, 2000

RECENSEANDO AS INVARIANTES
ALINHAMENTO DE ALGUNS CASOS DE MORFOLOGIA URBANA
PORTUGUESA DE PADRÃO GEOMÉTRICO *

UM DOS MAIORES obstáculos ao progresso da ciência é o *pré-conceito*. É de facto difícil resistir à tentação de teorizar sobre o vazio e, ainda mais, fazê-lo com a abertura indispensável à sua revisão face ao progressivo conhecimento da realidade.

Lidando em primeira mão com objectos e só depois com factos, a História da Arte está especialmente exposta a esse problema, pois a primeira ideia que se faz de um objecto é o resultado da interacção entre a sua aparência e o nosso conhecimento. Este risco metodológico acompanha em dimensão a complexidade dos objectos, culminando assim na cidade, essa obra de arte imensa, verdadeira síntese de civilização em permanente mudança e que não oferece com facilidade o flanco à ruptura.

A nosso ver, têm sido essencialmente as ideias feitas, a estreiteza de vista metodológica, a ausência de contextualização territorial e a falta da crítica do objecto e das respectivas fontes, a constituir-se no principal ónus do desenvolvimento negativo do estudo do *urbanismo português* do período dos descobrimentos e da era colonial, em especial no que concerne à sua vertente especificamente artística, enfoque que aqui se nos impõe ter.

Amiúde a *cidade portuguesa* tem sido: massacrada com comparações descontextualizadas com a sua congénere espanhola, ignorando-se as demais; vasculhada e deformada na senda de fenómenos de inovações precoces; vista segundo parcelas de míope italianismo; lida parcelarmente no que respeita ao seu âmbito geográfico e territorial; ignorada como expressão

---

* Comunicação apresentada em co-autoria com Antonieta Reis Coelho, Isadora Coelho, Nuno Simões e Pedro Barão (a quem se agradece a autorização para aqui se publicar este trabalho colectivo) ao V *Colóquio Luso-Brasileiro de História da Arte* organizado pela Universidade do Algarve em Faro em Setembro de 2001.

colectiva de uma vivência civilizacional; confundida entre o desígnio e/ou plano e a sua concretização; interpretada em segmentos temporais que em nada correspondem à escala grandiosa da sedimentação de uma cultura, de uma escola, de tendências, etc.

Então e a realidade? O que é, afinal, isso de *cidade portuguesa*? Onde é que está o conhecimento?... Em alguns textos frequentemente esquecidos (ou até deliberadamente ignorados), sob a forma de sínteses abertas ao aferimento que só a muito longínqua saturação de estudos de caso permitirá consolidar. É trabalho duro e, compreensivelmente, evitado.

Foi sob este mote temático e metodológico que um grupo de finalistas da Licenciatura em Arquitectura da Universidade de Coimbra se juntou a um docente dando corpo ao seminário[1] que conduziu à produção das respectivas Provas Finais (vulgo *teses de licenciatura*), algumas delas em vias de publicação. Claro que a finalidade destes trabalhos não está orientada para a formação de historiadores ou investigadores, mas tão só para fazer dos futuros arquitectos apaixonados pelo saber e pela procura de informação antes de formular propostas e/ou intervir.

Na medida do possível e para tal fim, aqueles alunos finalistas muniram-se previamente dos instrumentos teóricos e metodológicos que os seus colegas de antanho terão utilizado para a produção da matriz formal dos objectos em análise – como o sistema de medidas – e espevitaram a curiosidade em saber como e porquê tinham produzido os objectos urbanos que cada um estudou. A propósito é importante que se diga que, com uma excepção, todos estudaram as suas terras de origem, sendo assim a escolha dos casos absolutamente aleatória.

Do trabalho de cada um, todos diversos na dimensão, enfoque e profundidade, resultaram dados e conclusões seguras sobre alguns dos itens que poderão um dia descritivamente integrar a definição da *cidade portuguesa*, aquilo a que os especialistas – vagamente e ainda sem aprofundar a elencagem e caracterização – têm carinhosamente vindo a designar por *invariantes*.[2]

Parte dos dados e conclusões de cada um desses trabalhos são passíveis de alinhamento com outros, o que sucede com as *urbanografias* de Valença

---

[1] Trata-se do Seminário de Prova Final em *História do Urbanismo e da Cultura do Território Portugueses*.

[2] No nosso âmbito disciplinar, o recurso declarado a este termo-conceito da Matemática moderna foi inaugurado por F. Chueca Goitia. Para o efeito ver F. Checa GOITIA (1966), "Invariantes en la arquitectura hispanoamericana" *in* «Revista Occidente», 38, Madrid, 1966 e ainda, por outros, Juan de la ENCINA (1982), «Fernando Chueca Goitia. Su obra teórica entre 1947 y 1960», Escuela Nacional de Arquitectura de la Universidad Nacional Autónoma de México, 1982.

(Minho)[3], Tavira (Algarve, ainda não concluído)[4], Angra (Açores)[5] e Salvador (Bahia)[6] no que respeita ao cadastro e matrizes métricas de alguns dos seus sectores – ou seja, as raízes das respectivas regularidades indiciadoras de um plano, pré-desenhado ou não. Para se poder juntar aos seus autores nesta comunicação, o docente acrescentou alguns estudos de sua lavra: Coimbra e Porto[7] com mais uma ou outra referência.

Estes casos têm a vantagem de pontilhar o *universo urbanístico português* da rota destes congressos – Portugal/Brasil – mas por certo que em outros rumos se corroboraria o que temos para vos mostrar. Cronologicamente é que não são tão cumpridores, pois recuam sobre a Idade Média, mas as razões para tal ficarão claras daqui a pouco.

Os estudos em torno da expressão artística do urbanismo acabam por andar sempre em torno da *regularidade*. É que, por definição e em tese, a expressividade plástica das estruturas urbanas de morfologia/formação dita *orgânica*, acaba por ser sempre uma resultante da(s) arquitectura(s) e não de uma pré-concepção do espaço colectivo. Daqui resulta a necessidade de entender o que é isso de regularidade, o que embora o não pareça é uma matéria complexa, mas sobre a qual não temos a pretensão de aqui dissertar.

Na bibliografia da especialidade são frequentes as referências a malhas *tendencialmente regulares* ou até, com outras implicações, ditas *medievo--renascentistas*, assim se enunciando um princípio inaceitável que é o da possibilidade de um *frouxo* desejo de ordenamento. Frouxos podem ter sido o poder, a vontade, o processo de urbanização, mas nunca o desígnio de pré-concepção que, pura e simplesmente, existiu ou não – ou seja, não tem graus intermédios.

Essencial à detecção de um eventual desígnio de regularidade na morfologia de um sistema ou conjunto urbano, é a constatação da existência de estruturas cadastrais moduladas, as quais em tese deverão surgir rela-

---

[3] Isadora Gabriela Afonso COELHO (2001), «Valença do Minho, do núcleo urbano medieval à praça de guerra, evolução de um espaço urbano», Prova Final de Licenciatura em Arquitectura apresentada à Faculdade de Ciências e Tecnologia da Universidade de Coimbra, Coimbra, 2001.
[4] Trata-se de um trabalho em fase de finalização da autoria de Pedro Barão.
[5] Antonieta Reis LEITE (2000), «Angra – um porto no percurso da Cidade Portuguesa», Prova Final de Licenciatura em Arquitectura apresentada à Faculdade de Ciências e Tecnologia da Universidade de Coimbra, Coimbra, 2000.
[6] Nuno Miguel Marques SIMÕES (2000), «www.salvador16.crochet.com – análise urbanística – cidade de Salvador da Bahia no século XVI», Prova Final de Licenciatura em Arquitectura apresentada à Faculdade de Ciências e Tecnologia da Universidade de Coimbra, Coimbra, 2000.
[7] Walter ROSSA (2001), «DiverCidade – urbanografia do espaço de Coimbra até ao estabelecimento definitivo da Universidade», dissertação de doutoramento apresentada à Faculdade de Ciências e Tecnologia da Universidade de Coimbra, Coimbra, 2001.

cionadas com o próprio traçado e dimensionamento do espaço público, nomeadamente com a largura dos arruamentos. Enfim, deverão afectar a globalidade do sistema urbanístico que em boa parte estruturam.

Nos edifícios intemporalmente erguidos sobre essas estruturas cadastrais, mas também geométricas e seminalmente indutoras de proporcionalidade, terão quase necessariamente resultado arquitecturas que, apesar de simples, acabam por reproduzir e recriar essas regras compositivas, sendo essa, no fundo, a essência de uma das mais marcantes e características *invariantes* daquilo a que a disciplina designa por *arquitectura de programa*, ou seja, o ar de família de inúmeros trechos de cidades de matriz portuguesa espalhadas pelo mundo.

Para a maior parte dos casos e, lamentavelmente, com maior relevo nas últimas décadas, por ignorância dos autores dos projectos, os processos de renovação obliteraram por completo essa simbiose entre a modulação do traçado urbano e a arquitectura, sendo um bom (aliás péssimo!) exemplo o próprio caso de reconstrução/salvaguarda da cidade de Angra, *património da humanidade*, onde o próprio decreto regulador define um dimensionamento de vãos estranho ao que de facto existia antes do terremoto de 1980. Igual acontece aqui bem perto, com os instrumentos constituídos para a salvaguarda patrimonial do conjunto urbano de Tavira.

Sem querer avançar na definição desse conceito crucial para a História do Urbanismo Português (a *arquitectura de programa*) – pois decerto que o Prof. Doutor José Eduardo Horta Correia melhor o fará na comunicação a tal dirigida que tem inscrita para hoje à tarde – importa contudo aqui trazer o que um de nós a esse propósito já oportunamente escreveu: "...na gestão e análise permanente das relações entre a Arquitectura e o Urbanismo [...torna-se evidente a...] fusão de ambos no domínio daquilo a que, disciplinarmente, há muito se convencionou designar por *arquitectura de programa*. Não é ela mais do que a formalização edificada dos desígnios de ordem que sempre presidem a programação, estudo e formulação de um plano./Nesse domínio [...é...] gratificante verificar como o suporte para esse desiderato é, invariavelmente do século XIII ao XVI, o estabelecimento de uma matriz geométrica com a qual se administra a distribuição do espaço e [...] o estabelecimento do sistema construtivo. Curioso e invariável é que a estrutura conceptual implícita tenha como ponto de partida o quadrado (e consequentemente o cubo), sendo também muito frequente a sua evolução para o rectângulo através do rebatimento da sua diagonal – a proporção de √2."[8] Com maior sofisticação assim continuou a acontecer com a produção da dita *Escola Portuguesa de Urbanismo e Engenharia Militar*.

---

[8] Walter ROSSA, 2001, 848-849.

A verdade é que a organização regular do espaço é a de desejo mais comum em qualquer tempo ou cultura e a forma mais simples de efectivamente actuar. Por isso teremos de estar atentos a algo mais se queremos compreender os mecanismos de concepção e composição que influem na percepção e fruição do espaço público da *cidade portuguesa*.

Depois do trabalho de doutoramento de Horta Correia de 1984 relativo a Vila Real de Santo António[9], o primeiro caso onde vimos confirmada a existência de uma sofisticada *rotina de algebrização* do desenho urbano e arquitectónico da já referida *Escola Portuguesa...*, foi na tese de mestrado de Walter Rossa de 1990, neste caso relativa à urbanização da 2.ª fase da Fábrica das Sedas[10], no Bairro das Amoreiras em Lisboa e também numa urbanização satélite, de iniciativa privada, na actual Rua Maestro de Freitas Branco.

Daí em diante passou a ser muito claro que qualquer realização urbanística da *engenharia militar portuguesa* do período das *aulas do risco* e das *academias de fortificação* obedecia a esses princípios. Só então se tomou conhecimento de um estudo sumário levado a cabo com tal fim por José Manuel Fernandes, que o apresentara em Paris em 1988 num colóquio de título sugestivo, mas que só surgiu impresso bastante mais tarde[11]. A relação métrica entre as duas praças e as três ruas da Baixa Pombalina com as demais realizações daquele período na Índia Portuguesa e no sul do Brasil passou a ser uma importante referência banal.

Na realidade, um escol de profissionais cartesianamente formados sob o primado das matemáticas e da disciplina militar não poderia ter actuado de outra forma. Porém o mais interessante é aquilo que evidenciaram, essencialmente pelo grande rigor e aparato dos conjuntos arquitectónicos e ainda pela obsessão em regrar o que organicamente brotara fora de regra. Disso são bons exemplos trechos urbanos tão diversos quanto os abordados em Ouro Preto e Coimbra ou a matriz de cidades inteiras como Goiás ou Goa, esta em três projectos inconsequentes. Como hoje, a cidade regular vingava-se então das permanentes *contaminações* da cidade orgânica. A verdade é que nunca existirá um único caso *puro*, sendo um bom exemplo inverso Vila Real de Santo António, fundada *ex-nihilo* aqui perto.

---

[9] José Eduardo Horta CORREIA (1984), "Vila Real de Santo António – urbanismo e poder na política pombalina", FAUP, Porto, 1998.
[10] Walter ROSSA (1990), "Além da Baixa – indícios de planeamento urbano na Lisboa Setecentista", IPPAR, Lisboa, 1998, Cap. 9.
[11] José Manuel FERNANDES (1988), "L' Inde et le sud du Bresil – Plans de l'Urbanisme Portugais au XVIIIème siècle" *in* «Colóquio La Ville Regulière», Flamarion, Paris, 1997.

Essa fase, que poderemos apelidar de *clássica*, da *urbanística portuguesa* teve antecedentes, o que aqui verdadeiramente nos importa. Pouco tempo antes dessa ainda verdadeira *caixa negra* (ou *tabu*) da História do Urbanismo Português, que são as oito décadas de dominação espanhola, foram criadas estruturas urbanas que, de certa forma, já nos indicam esse caminho posterior.

A verdade é que o apuramento teórico, metodológico e político-administrativo no sentido do aumento da rigidez geométrica, ocorreu durante a governação dos Áustrias. S. Luís (Maranhão) e Filipeia (hoje João Pessoa) são casos claros de fundação, cadastro e quadrícula espanholas e assim estranhos ao que aqui nos importa. Mas Salvador e Damão, iniciadas em meados do século XVI e consolidadas ao longo de mais de meia década, acabam por, de forma bastante diversa, serem os melhores (se não os únicos) exemplos daquela evolução, sendo sem dúvida Salvador o caso com maiores potencialidades de estudo.

Apesar de muito adulterada, no que diz respeito ao traçado, dimensionamento e cadastro, a primeira fase da urbanização de Salvador, iniciada em 1549, coincide em tudo o que aqui nos trouxe com outros casos anteriores que de imediato abordaremos. A segunda fase, consubstanciada nos momentos da transição entre as dinastias de Avis e dos Áustrias, apesar de uma maior disciplina na implantação e traçado, apresenta um sistema cadastral, métrico e volumétrico extremamente rico.

Na sua morfologia lê-se, de forma clara, a tentativa de conjugação entre a expressão apática da quadrícula espanhola – na qual a quadra é o ponto de partida para toda a estruturação – com a vincada hierarquia viária da tradição do urbanismo medieval de padrão geométrico. Como se sabe, o *lote espanhol* resulta sempre da divisão sucessiva por metades da quadra, enquanto o *lote português* – designemo-lo, quiçá impropriamente, desta forma – é o resultado da partição normalmente geométrica das frentes, a qual é, por regra, directamente relacionável com o próprio dimensionamento da secção da rua e, em progressão de sentido inverso, com o posicionamento e dimensionamento dos vãos.

Por razões óbvias, o *lote espanhol* é menos permeável à influência da topografia e da estrutura urbana no seu todo, enquanto o *lote português* tende a moldar-se a uma lógica que parte da valorização do espaço público como elemento inspirador de todo o sistema compositivo. Como é óbvio, por entre diversas implicações (*invariantes!*) isso tem uma influência fundamental nas respectivas arquitecturas, não só na expressão das frentes de rua – ou seja no já referido domínio da *arquitectura de programa* – mas também na organização interna do lote e das construções. A dicotomia entre pátio e quintal é de facto uma matéria fulcral, mas pela qual não podemos enveredar nesta oportunidade.

Em suma, o plano da fase filipina de Salvador denuncia em registos diversos um princípio compositivo estranho ao *universo urbanístico espanhol* e experimental no que diz respeito ao português.

Claro que as ideias que acabamos de apresentar, por si só têm pouca consistência científica. Apesar da forma necessariamente sumária como o fizemos, salta à vista a necessidade de provar a existência de antecedentes. Como se disse, caso não tivesse sido profundamente transformado, o núcleo inicial – *o forte* de Salvador – seria por certo a melhor prova. Mas Angra, na quadrícula (que afinal não o é) das suas duas fases essenciais – a do 2.º quartel daquele século e a que cronologicamente coincide com a consubstanciação de Salvador – oferece-nos uma boa alternativa.

A imagem 6 mostra-nos a estrutura cadastral e o sistema métrico-compositivo de um dos quarteirões da 1.ª daquelas fases, sendo evidenciado o encadeamento, ou melhor, o seu sistema de relações *algébrico-geométricas*. Note-se também como é aqui bem claro o que atrás se disse acerca da hierarquização do sistema viário pela própria configuração e distribuição dos lotes na composição do quarteirão.

Em jeito de parêntesis, veja-se ainda como no fundo foi essa a estrutura seguida dois séculos depois, em realizações como Vila Real de Santo António, a Baixa e o Bairro das Amoreiras em Lisboa. No último destes três exemplos tal ocorrência é particularmente expressiva, pois dá-se sobre uma malha composta em quadrícula, que assim perde o seu desnorte e, apesar de todas as vias terem larguras iguais, funcional e toponimicamente se hierarquizaram em *ruas* e *travessas*.

Agora repare-se na imagem 7 como com uma proporção diversa, mas com um sistema compositivo idêntico, um dos quarteirões da 2.ª fase de Angra e, em particular, uma das últimas casas a ali serem erguidas, corroboram tudo quanto até aqui tem sido dito. O mais interessante é a casa analisada, erguida em pleno período de dominação filipina e provavelmente ocupada por soldados espanhóis numa zona que ainda hoje é conhecida como "o quartel", obedece a todo o sistema.

Nesses detalhes é, aliás, idêntica a uma infinidade de outras espalhadas pelo Universo Urbanístico Português, como, já agora, as de um loteamento de iniciativa privada – a Vila Nova – promovido em Aveiro sob alvará de D. Sebastião datado de 1576. Muito adulteradas, as casas das ruas do Vento e do Norte alinhavam-se segundo um rigoroso sistema geométrico, ao longo dessas duas artérias que ligaram o limite norte do antigo arrabalde da cidade a um canal ainda mais para norte.

Para além da semelhança do modelo económico e social destes casos com o do Bairro Alto de S. Roque produzido em Lisboa cerca de três quartos de século antes, é de facto na expressão resultante da interpenetração da arquitectura, do espaço urbano e do território – que é, afinal, a verdadeira essência do urbanismo – que reside o interesse da sua breve evocação no contexto desta comunicação.

Outra urbe do reino a registar uma explosão urbana de grande escala na esteira do sucesso da *empresa da expansão* foi Tavira. O estudo ainda em curso tem também vindo a demonstrar como o sistema de organização e composição do espaço urbano ao longo do século XVI coincide com as *invariantes* que aqui temos vindo a recensear.

Claro que a estes casos quinhentistas poderíamos juntar outros já estudados por terceiros, assim consolidando a ideia de já então, no primeiro patamar da Idade Moderna, estar formado o embrião do método e princípios de composição da *escola portuguesa de urbanismo*, a qual se corporizaria após a Restauração e atingiria o auge sob o *consulado pombalino*.

Porém, o mais interessante é que também encontramos tais *invariantes* em realizações anteriores. Apesar das múltiplas transformações a que, como qualquer *praça de guerra* fronteiriça, foi sujeita ao longo da Idade Moderna, a estrutura morfológica e cadastral de Valença denuncia ainda tudo quanto o seu processo de fundação em meados do século XIII e o próprio topónimo indiciam: uma *bastide*.

Curioso é que no seu seio encontremos aquilo que há pouco parecia ser uma conquista da modernidade e, porque não, do desenvolvimento científico/matemático dos *descobrimentos*. A existência de regras de proporcionalidade em alguns trechos do seu cadastro urbano poderia até ser uma coincidência ou uma ocorrência posterior, se não tivéssemos conhecimento de outros casos também medievos e no território português de origem.

No domínio da urbanística, o magnete compositivo do impulso inicial da urbanização da zona portuária do Porto – a Ribeira – é, sem dúvida, a Rua Nova ou, como carinhosamente a apelidou o seu fundador, a Rua Formosa. No domínio estrito da política e da economia, a abertura desta rua por D. João I na rendição do século XIV pelo XV, foi o resultado da montagem de uma notável operação de engenharia financeira. Através dela foi possível a transferência para a Coroa do senhorio da cidade e, em simultâneo, o estabelecimento no local de um importante pólo marítimo e comercial.

O processo implicou a urbanização e a construção de casas pelo Coroa de um e do outro lado da rua, as quais só então foram comercializadas com um elevado lucro. Independentemente da importância para a História do Urbanismo Português dessa rua/praça – matéria de que um de nós em estudo recente já deu conta[12] – interessa-nos aqui fazer notar como os trechos de cadastro existentes levam a crer que, no que respeita à frente para a rua, o loteamento era invariavelmente regular, correspondendo a frente de cada lote a 1/3 da largura da rua.

Nem as sucessivas e profundas transformações posteriores daquilo que até há bem poucas décadas foi o centro de negócios da segunda mais importante cidade do reino, logrou apagar essa profunda marca do desígnio regulador e centralista da governação do primeiro monarca da Dinastia de Avis.

Por último queremos agora recuar ao limiar da nacionalidade. Como de melhor forma já o demonstrou um de nós[13], também a urbanização da Baixa de Coimbra frente ao Mosteiro de Santa Cruz, provavelmente ainda iniciada em vida de D. Afonso Henriques, apresenta evidências inequívocas de um ordenamento *algébrico-geométrico* do seu traçado urbano, o qual se estende do lote, ao quarteirão e à rua. Ainda mais interessante é o facto de se relacionar com o adro e igreja daquele cenóbio agostinho, verdadeiro magnete da cultura, inspiração e legitimação de Portugal enquanto nação independente.

Julgamos não necessitar de mais para deixar claro o que aqui vos viemos propor. Ao que sabemos, data de 1969 a primeira abordagem à existência em território nacional de morfologias urbanas de origem medieval com padrão geométrico[14], e de 1923 a primeira nota sobre as evidências de um processo planeado de povoamento e ordenamento do território, desde a fundação da nacionalidade no século XII, mas com especial destaque nos séculos XIII e XIV[15]. Apesar de esparsas abordagens recentes, até parece que nunca se logrará romper a esterilidade a que foi votada esta matéria no domínio da História do Urbanismo do Universo Português.

Continuamos inconscientemente empenhados em considerar que Portugal não foi um país europeu durante a Idade Média, quando, aliás, foi o primeiro dos actuais a formar-se enquanto sistema nação-território. Estudamos o papel das civilizações da Antiguidade na Península Ibérica, mas não fazemos as ligações à história nacional. Pelo menos no que diz respeito ao espaço, lemos islamismo um pouco por todo o lado, mas não sabemos efectivamente ao que correspondeu neste extremo do extenso Islão. Etc.

---

[12] Walter ROSSA, 2001, 751-757.
[13] Walter ROSSA, 2001, 465-472.
[14] Jorge GASPAR (1969), "A morfologia urbana de padrão geométrico na Idade Média" *in Finisterra, Revista Portuguesa de Geografia*, Centro de Estudos Geográficos da Universidade de Lisboa, Lisboa, 1969, n.º 8, vol./ano IV, 198-215.
[15] Alberto SAMPAIO (1923), "As Póvoas Marítimas" *in Estudos Históricos e Económicos*, 2 vols., Editorial Vega, Lisboa, 1979, vol./ano 2.º, 7-100.

Efectivamente vivemos na redutora, mas confortável, ilusão de que a nossa cultura espacial e do território só floresceu quando sulcámos o mar com destino desconhecido. Como teria isso sido possível sem a existência prévia e forte dessa cultura?... Como teria sido possível consolidar um país sem graves problemas de identidade na ausência de uma política de leitura e ordenamento do território?... Porém, temos consciência de que, séculos mais tarde, só por essa forma foi viável voltar a formar uma nação-território na América do Sul.

A verdade é que as misteriosas *invariantes* de que nos falam muitas das sínteses sobre a arquitectura e o urbanismo castiços existem, só que desde há bem mais tempo do que aquele que por regra se contabiliza. Sem dúvida que isso se deve ao facto de apenas se terem afirmado com maior rigor quando, com o advento da Idade Clássica, se constituíram uma escola e um escol de *engenheiros militares portugueses*. Essas *invariantes* aguardam apenas que um conjunto alargado, metódico e sistemático de *urbanografias* seja construído, para então se proceder a leituras sincrónicas e diacrónicas com a extensão da globalidade da nossa cultura.

Como contributo e estímulo gerais, homenagem ao nosso mestre e anfitrião Horta Correia e declarando a relevância para esta matéria dos estudos de terceiros, registemos então provisoriamente a caracterização de uma dessas *invariantes* da cultura espacial portuguesa. De forma breve e esquemática podemos dizer que a *cidade portuguesa* planeada, anterior ao final do Antigo Regime se caracteriza em parte:

1. pela ocorrência de um padrão morfológico e cadastral regular;
2. pelo traçado e dimensionamento global em função do espaço público;
3. pelo mono-direccionamento da malha e correspondente hierarquização de ruas e travessas;
4. pelo recurso a sistemas proporcionais *algébrico-geométricos* abrangentes, os quais se baseiam no quadrado e progridem para rectângulos de proporção $\sqrt{2}$, $\sqrt{3}$, duplos, etc.;
5. pela integração estrita da arquitectura nesse sistema de relações regulares e proporcionais e consequente florescimento de uma *arquitectura de programa*.

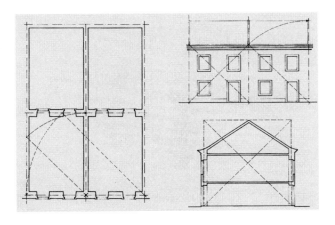

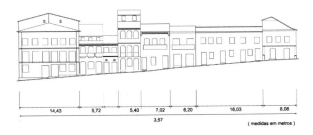

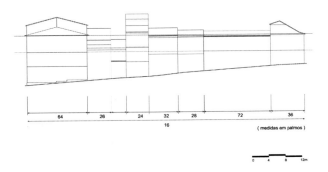

W. Rossa, *Bairro das Águas Livres — reconstituição do fogo-tipo*, 1990

N. Simões, *Análise "algébrico-geométrica" (sumária) dos alçados de um quarteirão da Rua Maciel de Baixo em Salvador*, 2000

A. Reis Leite, *As duas primeira grandes fases da urbanização de Angra*, (1ª a claro e 2ª a escuro), 2000

A. Reis Leite, *Análise "algébrico-geométrica" (sumária) do cadastro de um quarteirão da Rua Direita em Angra*, 2000

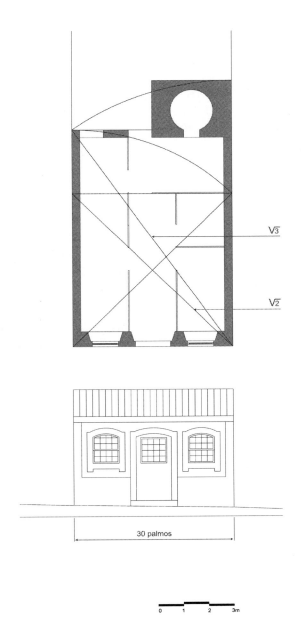

A. Reis Leite, *Análise "algébrico-geométrica" (sumária) de uma casa da Rua dos Canos Verdes em Angra*, 2000

P. Barão, Análise "algébrico-geométrica" (sumária) do alçado de um quarteirão da antiga ribeira
(Rua Dr. José Pires Padinha) de Tavira, 2001

I. Coelho, *Reconstituição planimétrica de Valença em finais da Idade Média*, 2001

I. Coelho, *Análise "algébrico-geométrica" (sumária) do alçado de algumas casas do quarteirão de Valença assinalado na imagem anterior*, 2001

Augusto G. Telles Ferreira (dir.), "Carta topográfica da Cidade do Porto", detalhe com a Rua Nova (ou Formosa, aqui designada por Infante D. Henrique), 1892

W. Rossa, *Análise "algébrico-geométrica" (sumária) de um tramo do cadastro da Rua Nova (ou Formosa) do Porto*, 2001

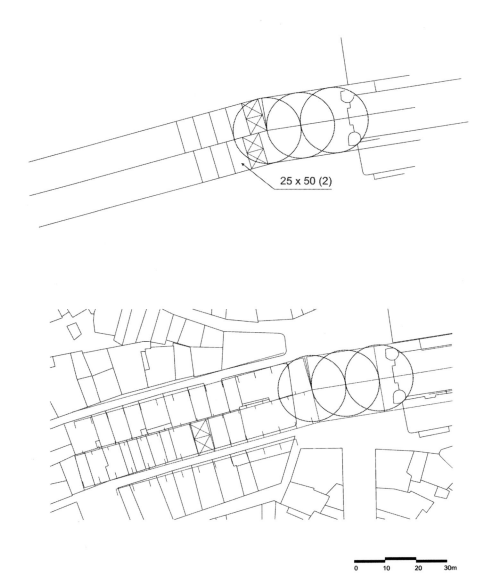

W. Rossa, *Análise "algébrico-geométrica" (sumária) do cadastro do quarteirão fronteiro à igreja do Mosteiro de Santa Cruz em Coimbra*, 2001